I0770018

WILLIAM FAULKNER

CUENTOS COMPLETOS

TOMO I

astria

CUENTOS COMPLETOS TOMO I
WILLIAM FAULKNER

©Colección Erandique
Supervisión Editorial: Óscar Flores López
Diseño de portada: Andrea Rodríguez
Administración: Tesla Rodas—Jessica Cordero
Director Ejecutivo: José Azcona Bocock
Primera Edición
Tegucigalpa, Honduras—Agosto 2025

CONTENIDO

GAMBITO DE CABALLO

I

Uno de ellos golpeó. Pero la puerta se abrió en medio de los golpes, girando mientras los nudillos golpeaban, de modo que los dos visitantes estuvieron dentro de la habitación antes de que Charles y su tío levantasen los ojos del tablero de ajedrez. Y entonces su tío, a su vez, los reconoció.

Su nombre era Harriss. Eran hermano y hermana. A primera vista podrían haber sido gemelos, no solo para los extraños, sino también para la mayor parte de los habitantes de Jefferson. En efecto, posiblemente no había ni media docena de personas en el distrito de Yoknapatawpha que supiera en realidad cuál era el mayor de los hermanos. Vivían a seis millas del pueblo, en lo que veinte años atrás fuera simplemente una de las tantas plantaciones en las que se cultivaba algodón para el mercado, y maíz y heno para alimentar las mulas y caballos que trabajaban en dichos cultivos. Ahora, en cambio, estaba transformada en un lugar famoso del distrito, más aún, de todo el norte de Mississippi: una milla cuadrada de parque y campos de pastoreo, caballerizas de paneles blancos, cercos y cuadros, establos con luz eléctrica y una casa que en una época fuera simple y austera, transformada ahora en algo sin estilo, en algo poco más pequeño que un escenario de Hollywood de antes de la guerra.

Entraron y se detuvieron, sonrosados, jóvenes, delicados, vistiendo ropas costosas, ateridos por el frío de la noche de diciembre. El tío de Charles se levantó.

—Miss Harriss, Mr. Harriss —dijo—. Pero como ya han entrado, no puedo invitarlos a...

Pero el muchacho no esperó tampoco a que terminara de hablar. Y Charles advirtió que el hermano tenía a la hermana, no del brazo o del codo, sino del antebrazo, arriba de la muñeca, como en las viejas litografías que muestran al agente policial con su detenido o al soldado arrebatado por la victoria, con su cautiva sabina. Y solo entonces advirtió el rostro de la muchacha.

—Usted es Stevens —dijo el muchacho. No formuló una pregunta, sino que mencionó el hecho, simplemente.

—Correcto en parte —dijo su tío—. Pero, dejemos eso. ¿Qué puedo hacer…?

Tampoco esperó el muchacho esta vez. Volviéndose hacia su hermana, le dijo:

—Es Stevens. Díselo.

Pero ella no habló. Estaba de pie, vistiendo un traje de noche y un abrigo de piel que había costado más que lo que cualquier muchacha o señora en Jefferson y en el distrito de Yoknapatawpha podían gastar en tales prendas, mirando al tío con aquella expresión helada, de terror o de temor, o lo que fuere, que había en su rostro, mientras los nudillos de la mano de su hermano palidecían cada vez más sobre su muñeca.

—Dile —dijo el muchacho.

Por fin habló. Apenas se la podía oír.

—El capitán Gualdres. En casa…

Su tío había dado uno o dos pasos hacia ellos. Ahora se detuvo, en medio de la habitación, contemplándola.

—Sí —dijo—. Cuénteme todo.

Pero parecía que todo había terminado con aquel impulso inicial. La muchacha estaba allí, inmóvil, tratando de decirle algo, lo que fuera, con los ojos; tratando de decirlo a ambos, puesto que el sobrino, Charles, también estaba presente. Mas muy pronto descubrieron de qué se trataba, o lo que el hermano quería que ella dijese, y para lo cual la había traído por la fuerza hasta el pueblo; o por lo menos, lo que él creía que ella deseaba contar. Porque debió saber desde un principio que probablemente el tío sabía ya más de lo que tanto él como ella tenían intención de contar; quizás, aun en aquel momento, todo. Pero transcurriría algún tiempo antes de que Charles lo supiera a su vez. Y el motivo de que tardase tanto tiempo en descubrirlo fue el tío mismo.

—Sí —dijo el muchacho, exactamente con el mismo tono de voz con que se negara a dirigirse al hombre mayor con algún título de cortesía, o con la deferencia que merecía su edad. El sobrino, Charles, vio que el hermano miraba a su tío también: el mismo rostro delicado de su hermana, pero sin ninguna ternura en los ojos, que contemplaban al tío sin tomarse siquiera el trabajo de ser duros: aguardaban, simplemente.

—El capitán Gualdres, nuestro supuesto huésped. Queremos que abandone nuestra casa y también el distrito.

—Comprendo —observó el tío. A continuación añadió—: Estoy en el comité de conscripción militar de este lugar. No recuerdo haber visto su nombre en el registro. Pero la mirada del muchacho no registró cambio alguno. No era ni siquiera despreciativa. Aguardaba, simplemente.

Y luego el tío miró a la hermana; su voz era muy diferente ahora.

—¿Se trata de eso? —preguntó.

Pero ella no repuso. Se limitó a contemplar al tío con aquella desesperación insistente, un brazo caído a un costado y los nudillos de la mano de su hermano lívidos en torno a su muñeca. Ahora el tío se estaba dirigiendo al hermano, a pesar de que seguía mirando a la muchacha, y su voz era todavía suave, o por lo menos, serena:

—¿Por qué ha venido a mi casa? ¿Qué le hace suponer que puedo ayudarlo, que lo ayudaré?

—Usted representa a la Ley aquí, ¿no? —dijo el muchacho.

El tío seguía mirando a la hermana.

—Soy el fiscal del distrito —todavía se dirigía a ambos—. Pero aun cuando pudiese ayudarlo, ¿por qué habría de hacerlo?

Una vez más habló el muchacho:

—Porque no estoy dispuesto a que un cazador de fortunas se case con mi madre.

Entonces se le antojó a Charles que su tío miraba al muchacho por primera vez.

—Comprendo —dijo el tío. Y su voz era diferente ahora. No más fuerte, ni tampoco tenía mayor suavidad, sino que era como si por primera vez hubiese dejado de dirigirse a la hermana—. Ése es asunto suyo y está en su derecho. —Nuevamente le preguntó—: ¿Por qué habría de hacer yo nada para impedirlo, aun cuando me fuese posible hacerlo? —y ahora ambos hablaron, el tío y el muchacho; hablaron concisa y rápidamente; era casi como si estuviesen en puntas de pie y se golpearan uno al otro, mutuamente.

—Estaba comprometido para casarse con mi hermana. Cuando descubrió que el dinero seguiría siendo de mi madre mientras viviera, se echó atrás.

—Comprendo. Desea recurrir a las leyes de deportación del gobierno federal para vengar a su hermana y a la vez vengarse del que la dejó.

Esta vez el muchacho ni siquiera contestó. Miró simplemente al hombre mayor con una malevolencia tan fría, tan controlada, tan adulta, que el sobrino, Charles, vio que su tío hacía una pausa deliberada antes de encararse con la hermana, hablando luego una vez más con aquella voz suave, a pesar de que debió repetir la pregunta antes de que ella respondiese:

—¿Es verdad eso?

—No estábamos comprometidos —murmuró ella.

—Pero ¿usted lo quiere?

El hermano no le dio tiempo, ni a ella ni a nadie.

—¿Qué sabe ella de amor? —dijo—. ¿Tomará este caso, o también deberé denunciar a usted ante sus superiores?

—¿Puede arriesgarse a dejar su casa durante tanto tiempo? —preguntó el tío con aquella voz tranquila que él, Charles, conocía tan bien, y que, de haberse dirigido a él, le habría hecho saltar y ponerse alerta. Pero el muchacho ni siquiera se detuvo.

—Hable claro, si le es posible —dijo.

—No tomaré su caso —replicó el tío.

Durante un momento el muchacho contempló al tío, mientras aferraba a su hermana de la muñeca. Luego él, Charles, creyó que la sacudiría, la arrojaría contra el suelo. Pero en cambio la soltó, mientras él mismo, que no era el dueño de casa, ni el propietario de aquella puerta que ya atravesara una vez sin esperar autorización, por no decir invitación, la abrió, y se apartó para que su hermana le precediese al salir por ella. Fue un gesto, una parodia de cortesía y deferencia, automático al cabo de largos años de hábito y educación. Automático, sí, surgido de hábitos prolongados y de la mejor educación bajo los mejores maestros y preceptores, en medio de lo que las señoras del distrito de Yoknapatawpha habrían denominado el mejor de los ambientes. Pero ahora no había ninguna diferencia en su gesto; solo arrogancia, una arrogancia insolente, insultante, no solo para quienes iba dirigida, sino para todos los presentes, sin una mirada para la hermana por quien sostenía la puerta abierta, pero fija en cambio en el hombre que podía ser su padre y cuyo domicilio había violado ahora dos veces.

—Muy bien —dijo el muchacho—. No diga que no se lo advertí.

Y entonces partieron. El tío cerró la puerta, pero durante un segundo no se movió. Fue una pausa, una tregua, un instante infinitesimal de inmovilidad, tan fugaz que probablemente nadie, excepto Charles, lo habría notado. Y Charles lo notó solo porque nunca había visto a su tío, aquel hombre rápido y nervioso, expresarse torpemente en el habla o en el movimiento, ni vacilar o detenerse una vez iniciada alguna de estas formas de expresión. Luego el tío se volvió y se acercó a Charles que seguía sentado frente al tablero de ajedrez, sin advertir siquiera —tan rápido y movido había sido todo el incidente—, no solo que no se había puesto de pie, sino que, de haber pensado en ello, tampoco habría tenido tiempo para hacerlo. Y tal vez tuviese la boca algo entreabierta, pues no tenía aún dieciocho años, y a los dieciocho años hay todavía algunas situaciones que hasta un hombre de la capacidad de su tío ante las emergencias reconocía como imposibles de asimilar inmediatamente, en un instante, mientras se golpea una puerta. O por lo menos Charles todavía no había tenido necesidad de hacerlo, sentado frente al tablero de ajedrez, con la partida empezada, mirando a su tío mientras éste se sentaba nuevamente y al mismo tiempo tomaba su pipa de marlo de maíz, que había caído de la mesita de fumar.

—¿Una advertencia? —inquirió Charles.

—Así dijo —repuso su tío, arrellanándose en el asiento, al tiempo que acercaba la boquilla de la pipa a la boca y tomaba un fósforo de la mesita de fumar, de modo que el acto de encender la pipa fue simplemente la continuación del de regresar a la mesa —. Personalmente, yo lo llamaría una amenaza.

Y Charles repitió también esta palabra, quizás con la boca todavía entreabierta.

—Bien —dijo su tío—. ¿Cómo lo llamarías tú? —y con un solo movimiento encendió el fósforo y acercó la llama a las cenizas frías de la pipa, y luego siguió hablando con la pipa entre los labios, esperando en vano las nubes de humo de tabaco. Cuando advirtió que todo lo que le quedaba por fumar era el fósforo, lo arrojó al cenicero y con la otra mano hizo el movimiento que sin duda planeara mucho antes de que sonasen los golpes sobre la puerta, aquellos golpes a los que había tardado demasiado en contestar, por lo menos con un «Adelante». Hizo el movimiento sin mirar siquiera, desplazando con la otra mano el peón que dejaba expuesta la torre de Charles a la torre que desde hacía mucho rato, según estaba convencido, aquél había olvidado vigilar; luego se quedó inmóvil, con su rostro delgado y ágil y su mata de cabellos prematuramente blancos, y su insignia de Phi Beta Kappa, y la ordinaria pipa de marlo de maíz, y el traje en el cual parecía haber dormido todas las noches desde que lo comprara. Por fin dijo:

—Juega.

Pero él, Charles, no era tan tonto, aun cuando su boca estuviese ligeramente entreabierta. En realidad, no estaba ni siquiera sorprendido, pasado el choque inicial de la irrupción, aquella irrupción abrupta y sin ceremonia, a esa hora, tarde en la noche y con ese frío: el muchacho sin duda arrastrando a su hermana del brazo hasta obligarla a cruzar la puerta del frente, sin molestarse en tocar el timbre ni golpear, a través del vestíbulo desconocido —pues si lo había visto una vez, había sido diecisiete o dieciocho años atrás, siendo un niñito con niñera—, hasta llegar a una puerta extraña y golpear esta vez, es verdad, pero sin esperar respuesta, y entrar por fin en una habitación en la cual bien podría haber hallado, aunque ello no le importaba, a la madre de Charles desvistiéndose para acostarse.

Lo que le sorprendía era su tío, aquel hombre tan locuaz que, sobre todo, hablaba tanto de cosas que no le concernían en lo más mínimo, al punto de que la suya era verdaderamente una doble personalidad: la del abogado, la del fiscal del distrito que caminaba, respiraba y ocupaba espacio, y la de la voz charlatana y locuaz, tan charlatana y locuaz que aparentemente no tenía conexión con la realidad, y que por momentos daba la impresión a quien lo escuchaba, de ser no ya ficción, sino literatura.

Sin embargo, dos extraños se habían introducido en su hogar, en su sala privada, y habían pronunciado primero una orden perentoria, luego una amenaza, y por fin habían salido otra vez. Y su tío se había sentado calmosamente a reanudar la partida de ajedrez interrumpida y a continuar fumando su pipa, completando una jugada planeada de antemano como si no hubiese advertido ninguna interrupción; más aún, como si ésta no hubiese ocurrido. Esto, en presencia de lo que habitualmente habría proporcionado a su tío material para hablar incansablemente el resto de la noche, ya que, de todo lo que podría haber llegado a aquella habitación de los confines más alejados de todo el distrito, esto era lo que menos le concernía: las complicaciones domésticas, situaciones o enredos de una familia, de una casa situada a seis millas del pueblo, acerca de cuyos cuatro miembros, o por lo menos habitantes, no más de una docena de personas en el distrito sabían más de lo que se puede saber cambiando unas palabras en la calle. La viuda rica, millonaria, según aclaraba la gente del distrito, la mujer levemente marchita, pero de suave belleza todavía, de menos de cuarenta años, y los dos hijos malcriados, con un año de diferencia de edad entre ellos, de menos de veintiún años ambos, y el huésped, un capitán retirado del ejército, un capitán sudamericano: los cuatro semejantes a los personajes de rigor en las elegantes novelas de las grandes revistas, hasta por la presencia de un cazador de fortunas extranjero.

Por esta razón, quizás, su tío no necesitaba realmente hablar del asunto, si bien habría sido necesario mucho más que su increíble taciturnidad para convencer a Charles. Durante veinte años, en verdad desde antes de que nacieran los hijos, y aún desde mucho antes de que nada justificase la aparición de un cazador de fortunas, todo el distrito había visto desarrollarse esta novela, en la misma forma en que los suscriptores de una revista leen y esperan la aparición del próximo número para leer la entrega correspondiente.

Y estos veinte años eran también anteriores a la época de Charles. Con todo, era también su época: la había heredado, como a su debido tiempo heredaría de su madre y de su padre —quienes por su parte los heredaran también— los anaqueles de la biblioteca de la habitación del lado opuesto del vestíbulo, exactamente frente a ésta donde estaba sentado ahora con su tío, y que contenían no los libros que eligiera su abuelo o que heredara a su vez de su padre, sino los que comprara su abuela en sus viajes semestrales a Memphis, los tomos sombríos anteriores a la era de las cubiertas de colores chillones, con el nombre y la dirección de su abuela en la contratapa, y hasta el de la tienda o librería donde los adquiriera, y la fecha de mil ochocientos noventa y tantos o de principios de mil novecientos, con desteñidos rasgos de academia de señoritas, volúmenes que se cambiaban y prestaban y devolvían para ser tópico de las principales charlas en las reuniones de los clubes literarios, y entre cuyas páginas amarillentas aparecían aún, cuarenta y cincuenta años más tarde, los rastros de flores secas y desaparecidas, a través de las cuales se movían, con gestos de sombras estereotipados, los hombres y las mujeres que habrían de dar sus nombres de pila a toda una generación: las Clarisas y Judiths y Marguerites, los St. Elmos y Rolands y Lothairs: mujeres que siempre eran damas, y hombres que eran siempre valientes, moviéndose todos en una especie de eterna claridad lunar, sin angustia y sin dolores, desde su nacimiento sin mácula hasta su muerte sin corrupción, de modo que era posible llorarlos sin tener que sufrir ni lamentarse, y regocijarse con ellos sin tener que triunfar o conquistar.

Así, pues, la leyenda era también de Charles. Hasta había recibido parte de ella directamente de su abuela, mediante el inevitable método de los niños de escuchar a hurtadillas, desobedeciendo a su madre, quien en cierto modo había participado a su vez en dicha leyenda. Y hasta aquella noche ésta se había mantenido tan inofensiva e irreal como los viejos volúmenes amarillentos: la vieja plantación a seis millas del pueblo, que era vieja ya en la época de su abuela, no tan grande en extensión, pero de tierra buena, debidamente cuidada y cultivada, con la casa, que tampoco era grande, sino simplemente una casa, un domicilio, más espartano que confortable, aún en aquellos días en que la gente deseaba y necesitaba comodidades en su hogar, debido a que pasaba parte de su tiempo en él. Luego el propietario viudo que permanecía en su propiedad y cultivaba la tierra ancestral, con su eterno vaso de whisky muy aguado, cerca del codo, y una vieja perra setter dormitando a sus pies, sentado durante las largas tardes de verano en un rústico sillón en medio del corredor, leyendo los poetas romanos en latín.

Y la niña, su hija, la niña sin madre que creciera en el aislamiento más conventual, sin compañeros ni camaradas de juego, sin nadie en realidad, salvo unos pocos servidores negros y el padre de edad madura que le prestaba, también según comentarios del distrito, poca o ninguna atención, y quien por lo tanto, sin haberlo dicho nunca a nadie, naturalmente, quizás ni siquiera a sí mismo, cargaba contra la vida de la hija la muerte de la mujer que parecía ser el único amor de su vida. Esta niña, en fin, que a los diecisiete años, y en forma inesperada para todos, por lo menos para el distrito, se había casado con un hombre de quien nadie oyera hablar nunca en aquella región de Mississippi.

Y había algo más, como apéndice, o de todos modos, como secuela: una leyenda relacionada o bien encerrada u oculta detrás de la leyenda original o inicial; digamos, apéndices apócrifos a una leyenda apócrifa. No solo no podía recordar si era de boca de su madre o de su abuela que lo había oído, sino que ni siquiera recordaba si su madre o su abuela lo habían visto en realidad, conocido directamente, o por el contrario lo habían oído de otra persona. Era algo relacionado con un romance anterior, anterior al matrimonio: un compromiso, una promesa recíproca, en realidad con el consentimiento formal del padre —según decía la leyenda—, un compromiso luego roto, deshecho, invalidado a raíz de algo, antes de que el hombre con quien ella se casó apareciera en la escena; en efecto, un compromiso recíproco —según la leyenda— pero tan nebuloso que aún veinte años más tarde, años de chismes de corredor, lo que su tío llamaba las tías solteronas de ambos sexos del distrito de Yoknapatawpha, podrían haber tendido aquel manto romántico sobre los hombros de todo hombre menor de sesenta años que alguna vez bebiera en la casa de su padre o le comprara un fardo de algodón. El pretendiente carecía no solo de nombre sino de fisonomía, lo cual tenía por lo menos el otro, el forastero, a pesar de haber aparecido sin aviso de alguna parte, de haberse casado con ella apresuradamente, en un instante, sin intervalo, sin lo que se llamaba período de compromiso, por no decir ya de noviazgo prolongado. Así, pues, el primero, el otro, el verdadero compromiso, merecedor de tal título por la sencilla razón de que de él no surgió nada, salvo los efímeros epílogos de las leyendas apócrifas, se había desvanecido ya: un aroma, una sombra, un susurro; el sí tembloroso de una muchacha en un viejo jardín al atardecer, una flor cambiada o guardada; de todo ello, nada, salvo quizás la flor, la rosa apretada entre las páginas de un libro, como solían hacerlo a veces los sucesores de la generación de su abuela, y todo debió ser, probablemente, el epílogo de algún romance de los días escolares. Pero indudablemente dicho romance se refería a alguien de Jefferson, o por lo menos, del distrito. Porque hasta ahora ella nunca había vivido en ninguna otra parte para haberse envuelto o para haber comprometido sus inclinaciones y luego perder su amor.

Pero el hombre, o el muchacho, no tenía rostro, ni nombre. En verdad, no tenía ninguna sustancia. No tenía pasado, ayer; protagonista del efímero romance de una joven, era sombra, mancha, y en sí mismo virgen como las pasiones latentes de aquella doncella enclaustrada y casta. Ni siquiera las cinco o seis muchachas —entre ellas, la madre de Charles— que fueran casi amigas de ella cuando concurrió durante tres o cuatro años al sector femenino de la Academia, llegaron a saber con certeza que existiese un compromiso, sin considerar ya un pretendiente de carne y hueso. Ella nunca habló del tema. El rumor o la leyenda sin base de otra leyenda, nació un día de un comentario casual de su padre y se incorporó así a la leyenda principal. El comentario fue que el compromiso de una muchacha de dieciséis años era como el de un ciego al adquirir un manuscrito original de Horacio.

Pero por lo menos su tío tenía motivos para no hablar de esta parte del romance, porque él ignoraba el episodio del primer compromiso, o por lo menos no se enteró de él directamente hasta dos o tres años más tarde. En realidad, su tío no estaba en el país, a la sazón; era 1919, y una vez más Europa —Alemania— había abierto sus puertas a estudiantes y turistas con certificados de estudiantes, y por lo tanto había vuelto a Heidelberg a terminar su doctorado en filosofía; cuando regresó, cinco años más tarde, ella estaba ya casada con otro, con alguien que tenía un rostro y un nombre, a pesar de que nadie en el pueblo ni en el distrito había visto el primero u oído mencionar el segundo casi hasta que llegaron al altar de la iglesia. Luego había tenido los hijos y a su vez partido para Europa, y de todos modos aquel antiguo episodio romántico nunca fue más que una sombra, y se había olvidado aun en Jefferson, con excepción quizás de ocasiones aisladas en que surgía someramente en medio de tazas de té o café o bebidas para damas, o bien entre el vaivén de alguna cuna, cuando las seis muchachas que fueran sus amigas se reunían.

Se casó con aquel forastero, desconocido no solo en Jefferson, sino también en todo el norte de Mississippi, y quizás en el resto de Mississippi, dentro de lo que era posible juzgar; con aquel forastero acerca del cual el pueblo no sabía nada, excepto que no era la materialización de aquella sombra anónima del otro romance que nunca surgiera lo suficiente como para que en él participasen dos personas. Porque en esta oportunidad no se trató ya de un compromiso largo ni de un compás de espera hasta que ella cumpliera un año más; y la madre de Charles había comentado que bastaba mirar a Harriss para saber que nunca cedería un ápice, que nunca postergaría ni un instante la toma de posesión de lo que consideraba suyo.

Casi le doblaba en edad, siendo lo suficientemente viejo como para poder ser su padre: un hombre grande, rubicundo, alegre, en quien se advertía inmediatamente que sus ojos no reían; era una comprobación tan rápida, que solo después se advertía que su risa nunca había pasado mucho más lejos de sus labios; un hombre con lo que su tío llamaba la suerte de Midas; un hombre que, siempre al decir de su tío, caminaba en medio de un halo de viudas y menores despojados, como algunos hombres marchan en medio del fracaso o de la muerte.

En verdad, su tío opinaba que toda la estructura estaba al revés. Él, su tío, estaba en el pueblo una vez más, definitivamente ahora, y su hermana y su madre —la madre y la abuela de Charles— así como todas las mujeres a quienes no pudo evitar escuchar, le habían contado la historia del casamiento y también de aquel otro misterioso romance. Todo lo cual debió haber sido suficiente para desatar su lengua cuando la violación de su hogar no lo lograra, por aquella misma razón de que no solo no le concernía, sino que, no teniendo relación con ninguna realidad próxima a él, no encerraba nada que pudiese confundirlo o contenerlo.

Por su parte, él, Charles, no había estado nunca en la sala de su abuela hasta dos años atrás, pero en su imaginación veía a su tío, en el pasado, con el mismo aspecto que tenía ahora, y que tendría siempre, sentado allí, junto a la hamaca y al banquillo de la abuela de Charles, la pipa de marlo de maíz llena una vez más de tabaco local, y bebiendo el café que la madre de Charles les preparaba, pues la abuela no podía soportar el té: decía que era para enfermos. Su tío, con su rostro delgado y ágil y los cabellos alborotados, que ya comenzaban a encanecer cuando regresó en 1919, luego de haber actuado tres años como camillero en el ejército francés. Pasó aquella primavera y el verano sin hacer nada, aparentemente, antes de volver a Heidelberg a completar su doctorado en filosofía. Y hablaba constantemente, no porque le agradase hablar, sino porque sabía que mientras lo hacía, nadie más podía expresar lo que él no expresaba.

Toda la trama estaba al revés; decía su tío que todos los papeles y las partes estaban mezclados y confusos: la niña repetía lo que debieron ser las líneas del padre, suponiendo, naturalmente, que el ambiguo comentario de éste acerca del manuscrito de Horacio tuviese algún significado; no ya el padre, sino la hija, repudiaba al novio de la infancia (por efímeras que hubiesen sido esas relaciones, como decía su tío, quien preguntaba, según su madre contó a Charles, si alguien se había enterado alguna vez del nombre del pretendiente, o qué había sido de él), y esto con el objeto de levantar la hipoteca sobre la propiedad ancestral; la niña misma elegía a un hombre que le doblaba en edad, pero con la mano de Midas, que en verdad hubiera correspondido elegir a su padre; y a su padre, también en caso necesario, habría correspondido ejercer la presión necesaria para que el viejo romance fuese descartado y olvidado y para que el nuevo matrimonio se consumase. En este punto, la madre de Charles comentó que su tío había dicho una vez más que no interesaba su carácter efímero y sin valor. Pero aunque hubiese sido el padre quien eligió al marido, la trama habría estado siempre al revés, porque el dinero era ya del padre, aun cuando no fuese mucho, pues, como decía su tío, un hombre que leía en latín para su placer no habría querido más dinero del que tenía ya. La madre de Charles le contó, en fin, que en este punto su tío había hecho la siguiente pregunta, en dos oportunidades: si Harriss era ya rico, o bien si tenía el aspecto de que con tiempo y hombres suficientes llegaría a serlo.

Se casaron. Luego, durante los cinco años subsiguientes, toda aquella extensa generación de lo que su tío llamaba las tías solteronas, sobrevivientes aún después de la Guerra de Secesión, y que forma la estructura y el sostén de toda la solidaridad social, política y económica del Sur, observó a ese matrimonio como nosotros observamos la historia que se desenvuelve en los números sucesivos de una revista.

Fueron a Nueva Orleans a pasar la luna de miel, como solía hacerlo en aquel tiempo todo aquél que considerase legal su matrimonio. Luego regresaron, y durante dos semanas aproximadamente se los vio a diario en el pueblo, en un coche viejo (el padre de ella nunca había tenido ni tendría automóvil), destartalado y sucio, pues con frecuencia se refugiaban en él los pollos y quizá también las lechuzas, tirado por un par de caballos de arado y conducido por un peón de color. Posteriormente el coche fue visto de vez en cuando en la plaza durante un mes o más, ocupado solo por la recién casada, antes de que el pueblo se enterase de que el marido había partido de regreso a Nueva Orleans, llamado por sus negocios: fue la primera vez que alguien se enteró de que tenía un negocio y dónde estaba situado. Pero ni aun entonces, ni tampoco durante los cinco años que siguieron, supieron de qué se trataba.

Ahora, pues, solo quedaba al pueblo y al distrito observar a la mujer, sola en el viejo coche, recorriendo las seis millas hasta el pueblo para visitar quizás a la madre de Charles o alguna de las seis muchachas que fueran sus amigas, o para pasear por el pueblo y por la plaza, lo que hacía ahora una vez por semana, cuando antes lo hiciera diariamente. Después transcurrió un mes y ni siquiera el coche apareció en el pueblo. Era como si hubiera comprendido por fin, como si se le hubiera ocurrido lo que todo el pueblo y todo el distrito habían estado pensando y diciendo durante dos meses. Tenía solo dieciocho años, y según la madre de Charles, no aparentaba tener esa edad; era menuda, de cabellos oscuros y ojos negros, y no parecía mucho mayor que una niñita, sentada sola en medio de la abertura de caverna de la capota del coche, cuya capacidad habría permitido ubicar a cinco o seis como ella. Una muchacha que no había sido demasiado lista en la escuela y que nunca había intentado tampoco serlo, y que, como decía su tío, quizás no necesitaba ser inteligente, criada como había sido para el amor y el sufrimiento, simplemente. Por cierto que no había sido criada para la altivez y el orgullo, puesto que había fracasado, si es que alguna vez lo ensayó, en el intento de desplegar seguridad, sin haber llegado siquiera a la baladronada.

Y había más personas, además de las que su tío llamaba las tías solteronas, que creían saber qué tipo de negocio tenía Harriss, y que recientemente sus ocupaciones lo habían llevado mucho más lejos de Nueva Orleans, probablemente a cuatrocientas o quinientas millas, ya que si bien era la década que siguió a 1920, época en la cual quienes huían de algo todavía consideraban que México era un lugar lo suficientemente seguro y alejado, este hombre no habría hallado dinero suficiente en aquella familia o en aquella plantación como para que México fuese una necesidad factible. Pero, en realidad, no estaba establecido que la huida fuese una necesidad, y probablemente eran sus propios temores los que lo habían impulsado a cubrir las trescientas millas que representaba Nueva Orleans.

La gente estaba equivocada. Regresó en Navidad. Y una vez que estuvo de regreso, donde todos podían verlo, fue el hombre de siempre: el mismo, de edad indefinida, afable, rubicundo, sereno, sin elegancia y sin imaginación, y todo marchó bien nuevamente. En realidad, nada había marchado mal en ningún momento, y aun quienes habían afirmado con mayor convicción y apresuramiento que la había abandonado, nunca lo habían creído; cuando partió una vez más después de Año Nuevo, como cualquier otro marido con la desgracia de tener su trabajo y sus negocios en un punto, y su familia en otro, nadie señaló el día. Tampoco se preocuparon ya de la naturaleza de sus negocios. Sabían ahora de qué se trataba: contrabando de bebidas alcohólicas. Y no era el pequeño contrabando y la venta de botellas de medio litro en las peluquerías de los hoteles, porque cuando ella paseaba por la plaza en el coche, iba envuelta en un abrigo de piel. Y con el abrigo de piel, tan pronto como todos lo vieron, el hombre mismo ganó considerablemente en la opinión y aun en el respeto del pueblo y del distrito. No solo era un hombre de éxito en los negocios, sino que, siguiendo la mejor tradición, gastaba sus ganancias en su mujer. Más aún: la suya era una tradición norteamericana más vieja y más firme todavía. Tenía éxito no solo a pesar de la Ley, sino por encima de la Ley, como si la Ley en sí, y no el fracaso, fuese el adversario vencido. Y ahora, cuando regresaba a casa, se movía entre todos en medio de una aureola no ya de éxito, de romance y arrogancia y olor a pólvora, sino también de delicadeza, puesto que había tenido el buen gusto de desplegar sus actividades comerciales en otro Estado, a trescientas millas de distancia.

Y eran grandes negocios. Aquel verano volvió al pueblo en el automóvil más grande y más reluciente que se hubiera visto en los límites del distrito, con un negro extraño, uniformado, que no hacía otra cosa que conducir el vehículo, lavarlo y lustrarlo. Y vino el primer hijo y tomaron una niñera: una cuarterona mucho más elegante, o por lo menos más moderna, que ninguna otra mujer blanca o de color de Jefferson. Y luego Harriss se fue una vez más, y ahora todos los días los cuatro —la mujer, el niño de meses, el chófer uniformado y la niñera— paseaban en el gran automóvil reluciente por la plaza y por el pueblo dos y tres veces por día, y muchas veces sin detenerse en ninguna parte, hasta que muy pronto todo el distrito y el pueblo supieron que eran los dos negros quienes decidían a dónde irían y hasta cuándo saldrían a pasear en automóvil.

Harriss regresó para Navidad, y al verano siguiente. Y llegó el segundo vástago, y el primogénito comenzó a caminar, y para ese entonces todo el distrito, además de la madre de Charles y de las otras cinco muchachas que fueran sus compañeras de adolescencia, sabían ya por fin si era niño o niña. Murió el abuelo, y aquella Navidad, Harriss asumió el control de la plantación, efectuando en nombre de su mujer un acuerdo o convenio con los arrendatarios negros para el cultivo de las tierras durante el año siguiente. Era un convenio que, según todo el mundo sabía, no podía dar buenos resultados, y Harriss mismo ni siquiera se molestó en que los diera. Porque no le importaba: él estaba ganando dinero, y haberse detenido a dirigir una modesta plantación de algodón aunque fuese durante un año, habría sido como si un inveterado jugador de carreras interrumpiese su actividad en medio de la temporada para dirigir un reparto de leche.

Harriss ganaba el dinero y aguardaba, y un día no tuvo que aguardar más. Cuando volvió al hogar aquel verano, permaneció dos meses, y cuando partió había luz eléctrica y agua corriente en la casa, y el rumor ininterrumpido de la bomba y de la dínamo, día y noche, fueron los sonidos mecánicos que reemplazaron al chirrido del balde del pozo y del balde de hacer helados en las mañanas de domingo; y ahora no quedaba ya nada del viejo plantador, que se sentara en el corredor del frente con su whisky aguado y su Ovidio, su Horacio y su Cátulo, durante cincuenta años, salvo su sillón hamaca de nogal de fabricación casera, y las huellas digitales en los lomos de cuero de sus libros, y el vaso de plata en que acostumbrara beber, y la vieja perra setter que siempre dormitaba a sus pies.

El tío de Charles dijo que el impacto de tanto dinero había sido más fuerte que el fantasma del viejo estoico, del cosmopolita sedentario y provinciano. Tal vez su tío pensaba que era más fuerte aún que la capacidad de su hija para el sufrimiento. De todos modos, el resto de

Jefferson lo pensaba. Porque transcurrió aquel año y Harriss volvió para Navidad, y luego permaneció un mes durante el verano, y los dos niños ya caminaban; es decir, se creía que caminaban, porque nadie podía afirmarlo con certeza, pues nadie los vio nunca, salvo en el automóvil en marcha. Y también había muerto la perra. Y aquel año Harriss arrendó las tierras en un solo lote a un hombre que ni siquiera residía en el distrito, un hombre que recorría setenta millas desde Memphis todos los domingos por la noche, durante la época de plantación y de cosecha, y habitaba una de las cabañas abandonadas por los negros, hasta el momento de regresar a Memphis, el sábado siguiente a mediodía.

Llegó el año siguiente, y aquella primavera el arrendatario trajo sus propios peones de color, de modo que hasta los negros que habían dejado el sudor de su frente en las viejas tierras debieron partir a su vez, y entonces no quedó nada del antiguo propietario, porque su sillón de fabricación doméstica y su vaso de plata, y los cajones con los viejos libros encuadernados en cuero estaban en el altillo de la madre de Charles; y el hombre que arrendaba las tierras de cultivo vivía en la casa como cuidador.

Un día estaba allí, en la casa que, según Jefferson suponía, nunca habría deseado abandonar, hiciera él lo que hiciere en ella, aun cuando la casa donde naciera y viviera toda su vida, salvo durante la luna de miel de dos semanas en Nueva Orleans, fuese ahora una especie de mausoleo de alambres eléctricos y cañerías, de cocinas automáticas y máquinas de lavar, de cuadros y muebles sintéticos.

Y al día siguiente, se había ido ella con los niños, con los dos negros que aún al cabo de cuatro años en el campo seguían siendo negros de la ciudad, y con el automóvil largo y reluciente como una carroza fúnebre. Se decía que a Europa, por la salud de los niños, y nadie sabía tampoco quién lo había dicho, pues no había sido ni la madre de Charles ni tampoco las otras cinco que, en todo Jefferson, y en todo el distrito eran las únicas que sabían que se iba. Tampoco lo había dicho ella, sin duda. En definitiva, se había ido, huyendo de algo que la gente del pueblo creía conocer. Pero si había huido en busca de algo, o si en verdad buscaba algo, nadie lo sabía, ni siquiera su tío, que siempre tenía algo que decir, y a menudo algo que tenía mucho sentido, aun cuando se refiriese a cosas que no le concernían; o si lo sabía, por lo menos no lo dijo.

Y entonces no solamente Jefferson, sino todo el distrito se dedicó a contemplar el espectáculo, y no solo lo que su tío llamaba las tías solteronas que opinaban por rumores o inferencias, y quizás por esperanzas, desde los corredores de sus casas, sino también los hombres, y no solamente los hombres del pueblo que tenían que recorrer seis millas, sino los hortelanos que debían recorrer todo el distrito. Llegaban familias enteras, en automóviles deteriorados y carros polvorientos, o bien a caballo o en mulas retiradas la noche anterior del arado, para detenerse junto a la carretera y contemplar las cuadrillas de hombres desconocidos en el lugar, con maquinaria suficiente para construir una carretera principal o un depósito, ocupados en nivelar los campos que en una época estuvieran destinados a la simple producción lucrativa de algodón y maíz, y en sembrar pastos finos que costaban por libra más que el azúcar.

Recorrían en sus vehículos o cabalgaduras milla tras milla de cercos de tablas blancas, o bien, sentados cómodamente, contemplaban la construcción de largas hileras de caballerizas, con materiales mejores que los de sus propios hogares, con luz eléctrica y relojes luminosos y agua corriente y ventanas con alambre tejido, como no las tenía la mayoría de las casas de la región; solían regresar en sus mulas, a veces sin ensillar, con el correaje del arado cruzado simplemente sobre la grupa para que no arrastrase, a contemplar los camiones que descargaban los hermosos caballos de pura sangre, los potrillos, las yeguas, cuyos antepasados durante cincuenta generaciones —como lo habría comentado el tío de Charles, aunque no lo hizo, porque todo aquello tuvo lugar durante ese año en que al parecer, no estaba dispuesto a hablar mucho acerca de nada— habrían palidecido frente a una matadura causada por una correa tanto como un ama de casa frente a un pelo en la mantequera.

Él, Harriss, reconstruyó la casa. A la sazón realizaba semanalmente visitas en avión; decían que era el mismo aparato que transportaba el whisky desde el Golfo hasta Nueva Orleans. La nueva casa iba a ocupar el mismo terreno que la antigua; es decir, el mismo terreno, si hubieran habido cuatro casas una al lado de la otra. Había habido en cambio, una sola casa, de un piso, con el corredor al frente, donde su antiguo dueño solía sentarse en su sillón rústico con su whisky aguado y su Cátulo. Cuando Harriss completó su obra, parecía una mansión del Sur según las películas cinematográficas, solo que cinco veces mayor, y diez veces más típicamente sureña.

A continuación Harriss comenzó a traer amistades desde Nueva Orleans, a pasar los fines de semana y aun temporadas, no solo para Navidad o durante el verano, sino cuatro o cinco veces por año, como si el dinero estuviese afluyendo tan rápida y uniformemente que ni siquiera tuviese necesidad de permanecer él allá para vigilar todo. A veces no venía, sino que enviaba a sus amigos. Tenía un cuidador que residía permanentemente en la mansión: no el antiguo mayordomo, el primer arrendatario, sino uno nuevo de Nueva Orleans a quien llamaba su mayordomo: un italiano o griego, grueso, en mangas de camisa de seda sin cuello y con una pistola en el bolsillo trasero del pantalón, hasta que llegaban los invitados. Entonces se afeitaba, se ponía una corbata de moño de suave seda escarlata, y también un saco, cuando hacía mucho frío. Y decían en Jefferson que llevaba la pistola aun cuando servía la comida, a pesar de que ningún habitante del pueblo ni del distrito había comido alguna vez allí para poder comprobarlo.

Harriss solía enviar, pues, a sus amigos, encomendándolos a la atención del mayordomo: hombres y mujeres de aspecto duro, elegante, con aire de solteros, aun cuando a veces algunos de ellos eran casados. Los extraños forasteros llegaban en grandes automóviles para pasear a través del pueblo y por el camino, que todavía era camino rural durante un trecho, por grandiosa que fuese la obra que él había construido al final del mismo, y sobre el cual se tendían pollos y perros en busca de fresco, y por donde merodeaban cerdos, terneros y mulas. A menudo se producía una explosión, un remolino de plumas, una sacudida, un aullido o un chillido (o bien si se trataba de un caballo, de una mula o de una vaca, o peor aún, de un cerdo, un paragolpes o un guardabarros torcido); pero el automóvil no se detenía siquiera. Hasta que al cabo de un tiempo el mayordomo colocó una cantidad de monedas, billetes y unos cuantos cheques de Harriss, en blanco, en una bolsa de arpillera colgada del picaporte interior de la puerta principal, y el hortelano, su mujer o su hijo llegaban hasta ella diciendo simplemente «cerdo», o «mula», o «gallina»; y el mayordomo no necesitaba alejarse de la puerta, siquiera, para tomar la bolsa, contar el dinero o bien llenar un cheque y pagarles antes de despedirlos. En verdad, aquello se había transformado en una fuente adicional de ingresos rurales para esas seis millas de carretera, como lo era la recolección y venta de moras o huevos.

Había además un campo de polo. Estaba junto a la carretera principal: los hombres del pueblo, los comerciantes, los abogados y los miembros de la policía rural solían llegar hasta él en automóvil para ver los partidos sin bajar de sus vehículos. Y también los hombres del campo, los agricultores, los colonos, los arrendatarios, medieros y aparceros, los hombres que usaban botas solamente cuando tenían que caminar en el barro, y que solamente montaban sus caballos para trasladarse de un lugar a otro sin tener que caminar, y que, con las mismas ropas que vistieran al despertarse, llegaban a caballo y en mulas retiradas del arado, para detenerse junto a los cercos a contemplar los hermosos caballos, pero más a menudo las ropas: las ropas de los hombres y mujeres que no cabalgaban sino con botas relucientes y pantalones especiales, y las del resto, con pantalones, botas y galeras y que ni siquiera cabalgaban.

Y a poco llegaron a contemplar algo más. Habían oído hablar del polo, y creyeron en él aun antes de verlo. Pero lo otro no lo creyeron ni aun cuando llegaron a ver las cuadrillas de hombres que retiraban tablones enteros de los costosos cercos de vigas blancas, y también de los cercos exteriores más caros aún por ser de alambre tejido; y luego en las brechas así abiertas, colocaban barreras más bajas de listones poco más gruesos que fósforos, que no habrían detenido ni a un perro, mucho menos a un ternero o a una mula; y en un punto, una sección moldeada y pintada de tal modo que parecía una pared de piedra. Decían que era de papel, pero la gente del distrito no lo creía, naturalmente; es decir, sabía que no era piedra por lo mismo que parecía piedra, y ya estaban preparados para oír mentiras acerca de lo que era en realidad. Y dos hombres tomaban esta parte de la barrera por sus extremos y la apartaban como lo hubieran hecho dos mucamas al mover un catre de lona. En otro punto, en medio de un espacio de césped de cuarenta acres, tan liso y desnudo como una cancha de béisbol, había una sección de cerco natural que ni siquiera crecía directamente en la tierra sino en una tina alargada de madera, como un bebedero de caballos, y detrás de ella, una zanja artificial llena de agua que bombeaban desde la casa, situada a una milla de distancia, y que enviaban por una cañería de hierro galvanizado.

Y cuando esto hubo ocurrido dos o tres veces y se divulgó la noticia, la mitad de los hombres del distrito acudieron a contemplar el espectáculo: los dos muchachos negros colocando un señalador de papel roto desde un salto hasta el siguiente, y luego los hombres, uno de ellos con una casaca roja y una corneta de bronce, y las mujeres con pantalones y botas cabalgando los caballos de mil dólares.

Al año siguiente había, además, una jauría de lebreles, animales hermosos, demasiado hermosos para ser simplemente perros —como también lo eran los caballos para ser simplemente caballos—; demasiado limpios, demasiado delicados, quizás, que vivían en casillas cuidadosamente construidas para preservarlos de las inclemencias del tiempo, con agua corriente y hombres dedicados especialmente a cuidarlos, como ocurría con los caballos. Y ahora, en lugar de dos negros con dos grandes bolsas para recolectar algodón llenas de papel desmenuzado, había uno que cabalgaba una mula, arrastrando por el suelo con fatigoso esmero después de cada salto, algo envuelto en una bolsa de arpillera, sujeta al extremo de una soga; desmontando luego y atando la mula a algún poste cercano mientras conducía cuidadosamente la bolsa en torno a los obstáculos, y por fin montando nuevamente y arrastrando la bolsa hasta el obstáculo siguiente, de modo que completaba el largo círculo al volver al punto de donde partiera en la pista cubierta de césped, el punto más próximo a la carretera y al cerco, junto al cual las mulas y los caballos de arado cubiertos de mataduras aguardaban con sus jinetes inmóviles.

Entonces el negro detenía la mula y se sentaba sobre ella, mientras sus ojos se movían dejando ver el blanco, y uno de los observadores que había contemplado ya el espectáculo otras veces, seguido por los seis o diez o quince que no lo habían visto, saltaba el cerco, y, sin mirar siquiera al negro, pasaba junto a la mula y levantaba la bolsa en el aire mientras cada uno de los seis, de los doce o de los quince, olían su contenido. Entonces el hombre dejaba la bolsa en el suelo, y siempre sin pronunciar una palabra ni hacer el menor ruido, todos regresaban y saltaban el cerco y una vez más se ubicaban a lo largo del mismo: hombres que acostumbraban pasar la noche entera sentados en el suelo en torno a una damajuana de whisky de maíz y de un tronco ardiendo, mencionando correctamente los nombres de los perros de caza, reconocidos por el tono y por el timbre de sus ladridos a una milla de distancia. Observaban ahora, no solo a los caballos que no necesitaban de una presa para correr, sino también el bullicioso alboroto de los perros mismos, persiguiendo no ya a un fantasma, sino a una quimera; hombres apoyados contra el cerco, inmóviles, sardónicos y contenidos, masticando tabaco y escupiendo.

Y todas las Navidades y Años Nuevos, la madre de Charles y las otras cinco que fueron las amigas de la adolescencia, recibían las tarjetas alusivas a las festividades. Llevaban el sello postal de Roma, de Londres, de París, de Viena o de El Cairo, pero no las habían comprado en aquellas ciudades. No las habían comprado en ninguna parte en los cinco o diez años últimos, sino que las habían elegido, adquirido y reservado, en una época más tranquila que ésta, en una época en que en las casas donde nacía la gente no se advertía siquiera la falta de electricidad y de agua corriente.

Hasta tenían el olor característico de aquella época. Ahora había no solamente los veloces transatlánticos, sino también los aviones postales que sobrevolaban el océano, y Charles solía pensar en las bolsas de correspondencia procedentes de todas las capitales del mundo, franqueadas un día y entregadas, leídas y prácticamente olvidadas al siguiente, y entre ellas, aquellas anticuadas tarjetas postales de una época desaparecida, exhalando aquel levísimo perfume de viejos sentimientos y pensamientos, invulnerables a nombres e idiomas extranjeros, como si su madre las hubiese llevado consigo a través del océano desde un cajón del escritorio de la vieja casa que no existía desde hacía cinco o diez años.

Y entre las tarjetas, para el cumpleaños de su madre y los de las otras cinco, llegaban las cartas que al cabo de diez años no habían cambiado, cartas constantes en sentimientos y en expresión, de ortografía vacilante, escritas con la letra de una niña de dieciséis años, que no solo aludían a todos los triviales temas locales, sino que utilizaban los viejos términos provincianos, como si en diez años de brillo mundano todavía no hubiese visto nada que no poseyese ya; hablando no de nombres y lugares, sino de la salud y la actividad escolar de los niños, no de embajadores y millonarios y reyes exiliados, sino de las familias de los porteros y camareros que se habían mostrado generosos o por lo menos gentiles con ella y con los niños, y de los carteros que entregaban la correspondencia procedente del pueblo natal. No siempre se acordaba de mencionar, y menos aún de subrayar, los nombres de las escuelas famosas y de moda a las que concurrían sus hijos, como si ignorase que eran famosas y de moda.

Así, pues, la reserva señalada no era algo reciente. Ya entonces solía ver a su tío, leyendo una de las cartas recibidas por la madre de Charles; el solterón inveterado, en presencia de algo que por primera vez en su vida no le inspiraba ningún comentario, exactamente como en este momento, diez años más tarde, en que estaba sentado frente al tablero de ajedrez, silencioso, reservado, taciturno.

Pero ni su tío ni ninguna otra persona podrían haber afirmado que la estructura de los Harriss estaba al revés. Y él mismo, Harriss, la seguía, y rápidamente: casarse con una muchacha cuya edad doblaba, y en diez años multiplicarle la dote. Y por fin, una mañana el secretario de su abogado había telefoneado a Europa e informado a la mujer que su marido acababa de morir sentado frente a su escritorio.

Tal vez, en verdad, murió sentado frente a su escritorio; tal vez fue frente a un escritorio en una oficina, como lo implicaba el mensaje. Porque es posible ser muerto de un tiro por encima de un escritorio en una oficina con la misma discreción que en cualquiera otra parte. Y quizás murió, sí, mientras estaba sentado frente al suyo, porque para entonces había sido abolida la Ley Seca y él era ya muy rico cuando terminó la época de la Prohibición. No se volvió a abrir el ataúd una vez que el abogado y ocho o diez de los mayordomos con sus ropas chillonas y sus pistolas suspendidas debajo del brazo lo trajeron a su casa para el pomposo velatorio en su mansión ancestral construida hacía diez años. Había un mayordomo con pistola en cada habitación de la planta baja, de modo que cualquiera que lo deseara en Jefferson podía pasar junto al ataúd con su prolija tarjeta litografiada apoyada entre las flores, y la suma de 5500 dólares escrita en ella, y recorrer el interior de la casa, antes de que el abogado y los mayordomos llevasen el cadáver de regreso a Nueva Orleans, o adondequiera que fuese, para enterrarlo.

Aquello ocurrió el primer año de la nueva guerra en Europa, o mejor dicho, de la segunda fase de la anterior, aquélla en que participara su tío. Pero de todos modos, la familia habría debido regresar al cabo de tres meses.

Regresaron en menos de dos. Por fin los vio Charles por primera vez, es decir, al muchacho y a su hermana. No vio a Mrs. Harriss entonces. Pero no era necesario. Durante demasiado tiempo había escuchado las anécdotas relatadas por su madre; sabía de antemano cómo era, y tenía la sensación de que no solo la había visto con anterioridad, sino que la conocía desde hacía tanto tiempo como su madre: la mujer menuda, de cabellos oscuros, que parecía aún una muchacha a los treinta y cinco años —en realidad no mucho mayor que sus hijos—, tal vez porque tenía el poder, o la capacidad, o lo que fuere, o bien el don, o la suerte, de haber pasado diez años entre lo que la tía abuela de Charles habría llamado las testas coronadas de Europa, sin advertir realmente que había salido del distrito de Yoknapatawpha. Y no era solo que aparentaba ser poco mayor que sus hijos, sino que parecía más suave, más tranquila, más serena, quizás.

Charles no los vio más que en unas pocas ocasiones, como les ocurría a todos. El muchacho andaba a caballo, pero solo dentro de la propiedad, en el paddock o en la cancha de polo, y aparentemente no por placer, sino para elegir los mejores animales y conservarlos, porque antes de transcurrir un mes se efectuó un remate en uno de los paddocks más pequeños y se vendieron todos los caballos, con excepción de una docena. El muchacho entendía de caballos, pues los que conservó eran los mejores.

Y quienes lo habían visto decían que sabía montar, aunque de una manera extraña, probablemente extranjera, con las rodillas muy altas; una manera desconocida en Mississippi, o por lo menos en el distrito de Yoknapatawpha. El distrito se enteró al poco tiempo de que dominaba otro arte, y con mayor destreza aún que el de la equitación: había sido el discípulo predilecto de un famoso profesor de esgrima italiano. También solían ver a la hermana, de vez en cuando, en uno de los automóviles, recorriendo las tiendas como todas las muchachas, que son capaces de encontrar todo lo que desean o que por lo menos están dispuestas a comprar en cualquier tienda, por pequeña que sea, aunque hayan crecido en París, Londres y Viena, o simplemente en Jefferson, Mottstown y Hollyknowe, Mississippi.

Pero él, Charles, no vio en esa época a Mrs. Harriss. Por eso, la imaginaba caminando por aquella casa increíble, que probablemente reconocía tan solo por su ubicación topográfica, pero no como un fantasma, porque para Charles no tenía nada de etéreo. Era demasiado…, demasiado…, y por fin halló la palabra: «resistente». Resistencia: aquella constancia, aquella invulnerabilidad, aquella maleabilidad suave y tranquila que le había permitido vivir diez años en las resplandecientes capitales europeas sin siquiera advertir que se había resistido a ellas; simplemente blanda, simplemente maleable; un hálito de un viejo manojo de espliego, como si uno de los cajones de alguna cómoda de la vieja casa se hubiese mantenido firme y constante contra todos los cambios y alteraciones, no solo inalterable, sino ignorante de haber resistido el cambio, dentro de aquella monstruosa excrecencia levantada por el nuevo rico, y como si alguien al pasar hubiese sacudido el cajón hasta abrirlo. Y de pronto Charles vio, sin aviso alguno, la verdadera yuxtaposición, la verdadera perspectiva: no era ella el fantasma; el espíritu etéreo era la monstruosa casa de Harriss: un hálito, un levísimo aroma de espliego en aquel cajón abierto, y toda la vasta masa de paredes, la estructura y majestad de los pórticos, se volvían inmediatamente transparentes y sin substancia.

Pero Charles no la vio en esa oportunidad. Porque dos meses más tarde partieron nuevamente, para América del Sur esta vez, por cuanto

Europa les estaba prohibida. Y durante un año más llegaron las cartas y las tarjetas para su madre y las otras cinco, sin hacer más mención de las tierras extrañas que las que se habrían hecho si hubiesen sido escritas en el distrito vecino, y hablaba no solo sobre los hijos ahora, sino también sobre el hogar; no solo sobre esa monstruosidad en que lo había convertido Harriss, sino sobre el hogar como existiera antes; como si viendo otra vez el solar en el espacio, recordara su forma en el tiempo; y como si, escapando del tiempo, el antiguo hogar subsistiera intacto esperando, esperando… Era como si cerca ya de los cuarenta años, ella tuviese menos inclinación que nunca a lo novedoso, a la experiencia de nuevas cosas y nuevos escenarios.

Al cabo de un tiempo regresaron. Eran cuatro, ahora: estaba además el sudamericano, el capitán de caballería retirado, que perseguía, o seguía, o por lo menos parecía atraído, no por la hija, sino por la madre. Y aquí la trama estaba una vez más al revés, porque el capitán Gualdres era tanto mayor que la muchacha como lo fuera su padre con relación a su madre. En este punto, por lo menos, el cuadro era consistente.

Una mañana Charles y su tío atravesaban la plaza, mientras Charles pensaba en cualquier cosa salvo en aquello, cuando levantó la vista y la vio. Y tenía razón Charles. Era exactamente como él la imaginara; y entonces sintió su perfume aun antes de acercarse; el perfume de hierbas secas en un cajón de cómoda antigua, perfume a lavanda, a tomillo, que —cualquiera podía pensarlo— el primer contacto con el brillo del mundo debería haber borrado, hasta que al segundo siguiente se advertía que aquel perfume, aquel hálito, aquel susurro, era el elemento constante e inalterable, y que lo que pasaba era el brillo inconstante y mutable.

—Éste es Charles —dijo su tío—. El hijo de Maggie. Que seas muy feliz.

—¿Qué? —dijo ella.

Su tío repitió:

—Que seas muy feliz.

Y en aquel momento Charles intuyó que algo andaba mal, aún antes de que ella hubiera hablado.

—¿Feliz?

—Sí —dijo el tío de Charles—. ¿Acaso no lo he visto en tu expresión? ¿O no debiera haberlo visto?

Y entonces Charles advirtió qué era lo que andaba mal. Algo que se relacionaba con su tío. Era como si desde aquella vez, diez años atrás, en que su tío dejara de hablar, hubiese transcurrido demasiado tiempo.

En efecto, probablemente el hablar era como el golf o el tiro: no es posible dejar de practicarlo un día; y cuando por alguna razón se pierde todo un año, nunca se recuperan la destreza ni la puntería.

Y Charles se quedó también inmóvil, observándola, mientras ella miraba a su tío. Y entonces ella se ruborizó; y Charles vio cómo el rubor subía lentamente por el cuello y le cubría gradualmente el rostro, como la sombra de una nube al cruzar un trozo iluminado del cielo. Y hasta cubrió sus ojos, como la nube—sombra al llegar al agua, cuando es posible ver no solo la sombra, sino también la nube. Todo ello mientras contemplaba a su tío. Luego desvió algo la cabeza en un rápido movimiento, y su tío se apartó para dejarla pasar. Y a su vez su tío se volvió bruscamente, tropezando con Charles, y en seguida reanudaron el camino, y aún luego de que Charles y su tío hubieron recorrido una cierta distancia, le pareció a aquél que todavía percibía el perfume.

—Tío —dijo.

—¿Qué?

—Dijiste algo.

—¿Sí?

—Dijiste: «menos frecuente es la paz».

—Esperemos que no —dijo su tío—. No, no me refiero a la paz, sino a la cita. La verdad es que seguramente lo dije. ¿Para qué sirven Heidelberg, Cambridge, la Escuela Secundaria de Jefferson o la de Yoknapatawpha, sino para proporcionar a un hombre una cierta afortunada volubilidad que pueda aplicar mediante sus millares de lenguas?

De modo que quizás había estado equivocado. Quizás su tío no había malgastado aquel año, después de todo, como el golfista avezado o el tirador diestro que, a pesar de estar fuera de entrenamiento y aún en momentos en que está errando tiro tras tiro, todavía puede hacer un esfuerzo excepcional, no solamente cuando sobreviene una presión externa, sino también cuando lo desea. Porque casi antes de que hubiese tenido tiempo de pensar en todo esto, su tío habló sin disminuir su paso, voluble, familiar, rápido, incorregiblemente ampuloso, incorregiblemente locuaz. Su tío, que siempre tenía algo curiosamente exacto y a la vez extraño que decir sobre casi todo lo que no le concernía, dijo:

—No, lo dejaremos tranquilo. Lo menos que podemos desear al capitán Gualdres, un forastero en nuestra tierra, es que la paz sea más frecuente o que por lo menos no desaparezca del todo.

Para entonces, todo el distrito conocía al capitán Gualdres de oídas, y la mayoría hasta de vista. Y un día también él, Charles, lo vio. El capitán Gualdres estaba cruzando la plaza en uno de los caballos de Harriss, y su tío, el tío de Charles, lo describió muy bien. No solo quién o qué era el hombre, sino lo que eran el hombre y el caballo juntos: no un centauro, sino un unicornio. Tenía un aspecto sólido, pero no aquella solidez blanda de la vida fácil de que disfrutaran muchos de los mayordomos de Harriss, sino la dureza del metal, del acero templado y del bronce, una dureza disecada, casi epicena. Y tan pronto como lo dijo el tío, él, Charles, lo advirtió a su vez: el caballo—hombre de la antigua poesía, con su único cuerno, no de hueso, sino de algún metal tan curioso y durable y extraño que aun los hombres más sabios no acertaban a darle nombre; algún metal forjado del principio mismo de los sueños del hombre, y también de sus deseos y sus temores, cuya fórmula se perdiera o quizás fuera deliberadamente destruida por el propio Artífice; algo mucho más remoto que el acero o el bronce y mucho más resistente que toda la capacidad de sufrimiento y terror y muerte encerrados en el oro o la plata. Así era como, dijo su tío, el hombre parecía parte del caballo que montaba; tal era la cualidad del hombre que formaba parte viva del caballo vivo: aquella criatura compuesta podría morir, y moriría, como era inevitable, pero solo el caballo dejaría huesos; y con el tiempo los huesos se reducirían a polvo y desaparecerían de la tierra, pero el hombre, en cambio, permanecería intacto e inalterable donde enterraran a ambos.

Pero el hombre mismo era interesante. Hablaba un inglés duro y rígido, cuyo sentido no siempre era claro, pero lo hablaba con cualquiera, con todos. Muy pronto todos lo conocían, lo conocían bien, no solo en el pueblo, sino también en el distrito. Pasados un mes o dos, había recorrido los diversos puntos del distrito a donde era posible llegar a caballo, hasta los caminos y senderos apartados que ni el tío de Charles había visto nunca, seguramente, a pesar de las extensas recorridas que solía hacer antes de las elecciones.

No solo conocía el distrito, sino que se hizo de amigos en él. Muy pronto toda clase de gente acudía a visitar no ya a los Harriss, sino al extranjero, no como invitados de la dueña de casa cuyo apellido habían conocido toda la vida, así como el de sus antepasados, sino del forastero, de quien nunca habían oído hablar y cuyo lenguaje no comprenderían totalmente todavía ni aun un año más tarde; eran hombres que vivían al aire libre, generalmente solteros, hortelanos, mecánicos, un fogonero, un ingeniero civil, dos jóvenes que trabajaban en el mantenimiento de carreteras, un vendedor profesional de caballos y de mulas. Todos iban allá, a invitación suya, a cabalgar los animales de propiedad de la mujer que lo hospedaba y que era su amante, según la convicción de todo el distrito desde antes de conocer los intereses y las intenciones del capitán. Estaban, sí, convencidos de ello, aún antes de saber que tenía puestos los ojos en la mujer mayor, la madre, que tenía el control del dinero; en cualquier momento y mucho antes de abandonar su país, podría haberse casado con la hija, y también podría casarse con la viuda cuando lo desease. Lo cual, según la opinión unánime, ocurriría cuando no tuviese otra alternativa, ya que se trataba no solo de un extranjero, sino además de un latino, que descendía probablemente de un largo linaje de Don Juanes célibes y que debía ser adúltero no ya por inclinación, sino simplemente por la misma causa por la que un leopardo nace con la piel manchada.

En realidad, al poco tiempo llegó a decirse que si Mrs. Harriss hubiese sido un caballo en lugar de una mujer, se habría casado con ella inmediatamente, hacía mucho tiempo. Porque muy pronto se supo que los caballos eran su gran amor, así como la bebida, las drogas o el juego son la pasión de otros hombres. Todo el distrito oía decir que iba a las caballerizas de noche, con luna o sin ella, y que ensillaba media docena de caballos y los cabalgaba por turno hasta el amanecer. Y aquel verano hizo construir una pista de obstáculos en comparación con la cual la que había instalado Harriss era una pista para niños de corta edad: secciones de empalizada y vallas no ya incrustadas en los cercos, sino más elevadas, y no del diámetro de palillos esta vez, sino vigas capaces de soportar techos, no de papier maché, sino de roca viva transportada a través de largas distancias desde el este de Tennessee y Virginia.

Y ahora mucha gente del pueblo iba también allá, porque había algo que ver: el hombre y el caballo fundidos, unidos, convertidos en una unidad, para sobrepasar luego ese punto, esa etapa, no ya desafiando, sino probando, palpando casi físicamente el punto hasta donde aquella combinación mutuamente integrada, llevada hasta el máximo absoluto, se convertía una vez más, violentamente, en dos partes. Como el hombre—proyectil, que se dirige hacia su vértice definitivo, en el cual el vehículo transportador explota y desaparece, mientras su contenido de carne tierna y desnuda continúa lanzándose vertiginosamente hacia el otro lado del sonido.

Pero en este caso, en el del jinete y el caballo, el fenómeno era a la inversa. Era como si el hombre supiese que él mismo era invulnerable e indestructible, y que de las dos partes integrantes, solo el caballo podía fallar, y como si el hombre hubiese dispuesto la pista y levantado los obstáculos simplemente para comprobar dónde vacilaría el caballo. Todo lo cual, dentro de la tradición de aquella tierra agraria y ecuestre, era totalmente correcto: aquélla era la forma de cabalgar un caballo. Rafe McCallum, uno de los asiduos observadores del capitán, que había criado, adiestrado y vendido caballos toda su vida y que probablemente sabía más acerca de caballos que nadie en todo el país, apoyaba esta teoría. Es decir, que si el animal está en su caballeriza, debemos tratarlo como si hubiese costado mil dólares; pero en cambio cuando lo utilizamos para algo que debemos hacer, o bien que nos gusta hacer a los dos, debemos tratarlo como si pudiésemos comprar diez como él por otros tantos centavos.

Y ocurrió algo más, o comenzó a ocurrir, hace más o menos tres meses; una cosa de la cual debió enterarse, o por lo menos formarse una opinión todo el distrito, porque aquélla era precisamente la única fase o aspecto de la vida del capitán Gualdres en Mississippi que había tratado de mantener, si no secreta, por lo menos para su fuero privado.

Tenía que ver con un caballo, naturalmente, puesto que tenía que ver con el capitán Gualdres. En verdad, el distrito sabía concretamente de qué caballo se trataba. Era el único animal —o criatura, incluyendo al capitán Gualdres— en toda aquella extensión cercada y cuidada, que no pertenecía ni aun nominalmente a los Harriss.

Este animal era de propiedad del capitán Gualdres. Lo había adquirido por su propia elección y pagado con su propio dinero, o con lo que usaba como dinero propio. Y el hecho de que hubiese comprado un caballo con lo que según creencia del distrito era el dinero de su amante era el mejor gesto que pudo tener el capitán Gualdres para acreditarse ante la opinión de los norteamericanos del lugar. Si hubiera utilizado el dinero de Mrs. Harriss para comprarse una muchacha —lo cual todos habían esperado que ocurriría tarde o temprano, pues se trataría de una mujer mucho más joven que ella—, el desprecio y la repugnancia que el distrito sentiría hacia él habrían sido sobrepasados solo por el desprecio y la repugnancia que sentiría hacia Mrs. Harriss. En cambio, habiendo invertido decentemente su dinero en un caballo, el distrito lo absolvió de antemano aceptando el hecho prima facie; así había ganado con él una especie de honorabilidad varonil mediante la honestidad dentro del adulterio, y la fidelidad y la continencia dentro de su dudoso estado. Así, pues, el capitán Gualdres disfrutó de este crédito durante casi seis semanas, y fue personalmente a St. Louis, donde adquirió el caballo, y finalmente lo trajo él mismo en el camión.

Era una yegua, un animal joven, hija de un famoso caballo de salto, importado, que tenía una ceguera progresiva de origen traumático; según suponía el distrito fue adquirida, sin duda, para cría. Eso era prueba para ellos de que el capitán Gualdres consideraba que su permanencia en Mississippi justificaba sus planes para un año, por lo menos. Evidentemente, no se podía hacer ninguna otra cosa con la yegua, por adiestrada que estuviese, ya que al año siguiente estaría completamente ciega. Y el distrito continuó creyendo esto durante las seis semanas subsiguientes, aun después de descubrir que estaba haciendo algo más con el animal, además de esperar simplemente la obra de la naturaleza. No descubrió lo que estaba haciendo con la yegua, pero sí que algo estaba haciendo con ella, precisamente porque era la primera de sus actividades relacionadas con caballos que tratara de mantener oculta.

En realidad, en esta oportunidad no había espectadores, porque fuera lo que fuere lo que estaba haciendo el capitán Gualdres con la yegua, ello tenía lugar durante la noche, y generalmente tarde, y además él mismo les pidió que no fueran a observarlo. Lo pidió con aquella muestra latina de decoro y cortesía que se ha hecho instintiva en el contacto recíproco de esa raza rápida de genio, y su cortesía aparecía aun a través de la torpeza lingüística:

—No deben venir a mirar, porque, palabra de honor, no hay nada que mirar ahora. Así, pues, se abstuvieron de ir. Se inclinaron, no quizás frente a su honor de latino, pero se inclinaron. Tal vez no había nada que ver en realidad, ya que no podía ocurrir tanto allá, a esa hora, que justificase recorrer esa distancia; solo de vez en cuando, alguien, un vecino que regresaba tarde a su casa, pasando por el lugar en el silencio de la hora avanzada de la noche, oía los cascos en uno de los picaderos detrás de las caballerizas, a cierta distancia de la carretera, los cascos de un solo caballo: trote, luego trote largo durante unos instantes, y por fin carrera, pasando de pronto del ruido a un silencio absoluto, durante el cual quien escuchaba podía contar quizás hasta tres, y luego comenzaba nuevamente una carrera, que por fin disminuía en trote largo o trote, como si el capitán Gualdres hubiera asido, sacudido, arrancado al animal y lo hubiera hecho pasar de la velocidad máxima a la inmovilidad, manteniéndolo así durante dos o tres segundos, lanzándolo luego nuevamente a la carrera. Qué le estaba enseñando, nadie lo sabía, a menos que fuese, según dijo una vez el chistoso de la peluquería, en vista de que se estaba volviendo ciega, a eludir el tránsito en el trayecto en que lo conducía para cobrar su pensión.

—Tal vez le esté enseñando a saltar —dijo el barbero, un hombre atildado y prolijo, con un rostro fatigado, hastiado, y la piel del color de una seta, sobre la cual brillaba el sol por lo menos una vez al día, porque a mediodía debía cruzar la calle abierta para trasladarse de su peluquería al restaurante donde acostumbraba almorzar, y quien, si alguna vez había andado a caballo, había sido durante su indefensa infancia, antes de haber sido capaz de protegerse por sí mismo.

—¿De noche? —dijo el parroquiano—. ¿En la oscuridad?

—Si el caballo está casi ciego, ¿cómo puede saber que es de noche? —repuso el barbero.

—Pero ¿por qué saltar a caballo de noche? —dijo el otro.

—¿Por qué saltar a caballo a ninguna hora? —dijo a su vez el barbero, agitando la brocha dentro de la vasija llena de espuma—. ¿Y por qué en un caballo?

Pero eso era todo. No tenía sentido. Y si el capitán Gualdres tenía una cualidad, según la opinión del distrito, ella era indudablemente la sensatez, la cual, o por lo menos su espíritu práctico, se había probado a raíz de la acción misma que manchaba su reputación en otro aspecto. Ahora conocían la respuesta, la explicación de la yegua, de la yegua ciega que él utilizaba de noche: él, el jinete inigualable, estaba utilizando un caballo no como caballo, sino como pantalla; él, el amoral perseguidor de viudas de cierta edad, estaba traicionando la integridad de su amoralidad.

No se hablaba de su moral, sino de su moralidad. Nunca habían abrigado muchas ilusiones acerca de su moral, tratándose de un extranjero, de un latino además, de modo que habían aceptado su falta de moral ya de antemano, antes de que él exigiera o solicitara siquiera esta aceptación. En cambio, lo habían adornado y vestido con una moralidad, con un código que según había demostrado ahora tampoco era suyo; y esto nunca se lo perdonarían.

Se trataba de una mujer, de otra mujer; por fin se vieron obligados a aceptar aquello que, según comprendían ahora, siempre habían esperado de un extranjero y latino; y supieron por fin el porqué del caballo, de aquel caballo casi ciego, el rumor de cuyos cascos, en la madrugada, nadie podía explicar, probablemente, o por lo menos nadie estaba dispuesto a investigar. Era un caballo troyano. El extranjero, que por ahora apenas hablaba el inglés, se había trasladado hasta St. Louis, tan distante como estaba, para encontrar y adquirir con su propio dinero, un animal que llenase ciertos requisitos, la ceguera, por ejemplo, para que sirviera de excusa aceptable para sus ausencias nocturnas; un caballo ya adiestrado, o bien que él mismo pudiese enseñar a hacer una señal, quizás un sonido eléctrico cada cinco o diez minutos por medio de un cronómetro porque para esa fecha la imaginación de todo el distrito se había elevado a alturas que ni los traficantes de caballos, mucho menos los simples entrenadores, eran capaces de alcanzar, en aquellos breves períodos de galope alrededor de un picadero desierto, hasta que terminaba su misión, desensillaba el animal y lo recompensaba tal vez con azúcar o avena.

Naturalmente, debía ser una mujer más joven, quizá una muchacha. Sí, seguramente una muchacha, puesto que había en él una hombría dura, implacable, sin imaginación, que le hacía llevar con armonía su formalidad latina, como lleva un joven su ropa de etiqueta porque le sienta y le proporciona prestigio, mas sin esfuerzo alguno de su parte. Pero todo ello no tenía importancia. En realidad, solo aquéllos con imaginación sensual se preguntaban quién podría ser la muchacha. Para los otros, para el resto, para la mayoría, la nueva víctima no era más importante que Mrs. Harriss. Dirigían la mirada severa del repudio no hacia el seductor, sino simplemente hacia el mocetón de otras tierras que merodeaba por las de ellos, como si la producción local de jóvenes mujeriegos no fuese suficiente. Cuando pensaban en Mrs. Harriss era como si fuesen los albaceas o los administradores de su millón de dólares. No pensaban nunca en la «pobre mujer», sino en la «pobre tonta».

Y durante algún tiempo, durante los primeros meses de aquel primer año, después que todos regresaron de América del Sur, el muchacho solía pasear a caballo con el capitán Gualdres. Y él, Charles, sabía desde mucho tiempo atrás que el muchacho cabalgaba muy bien; pero solo cuando se lo veía tratando de seguir al capitán Gualdres en la pista de obstáculos se llegaba a comprender qué significaba ser un buen jinete. Y él, Charles, pensaba que, con un invitado de sangre española en la casa, el muchacho tendría probablemente con quién tirar esgrima. Pero si tiraban o no, nadie lo supo nunca. Al cabo de un tiempo, el muchacho dejó de salir a caballo con el invitado o amante de su madre, o bien futuro padrastro, o lo que fuera, y el pueblo solo veía al muchacho cuando pasaba por la plaza en el poderoso automóvil de paseo con la capota baja y la parte trasera repleta de equipaje, ya fuera yendo hacia algún sitio o regresando a su casa. Y pasados los seis meses, cuando Charles vio al muchacho lo suficiente como para observar su mirada, pensó: Aunque hubiese solo dos caballos en el mundo y ambos fuesen suyos, yo tendría que tener muchas ganas de cabalgar uno de ellos para salir con él, aun cuando mi nombre fuera Gualdres.

II

Sin embargo, éstas eran las personas, los fantoches, los muñecos de papel; ésta la situación, el impasse, el drama alegórico moral, la demostración de curas maravillosas, o lo que se prefiera, que cayó del cielo sobre las rodillas de su tío a las diez de la noche de aquel día frío, cuatro semanas antes de Navidad; y todo lo que éste consideró conveniente o se sintió inclinado o bien obligado a hacer, fue volver al tablero de ajedrez, mover el peón y decir «Juega», como si el incidente nunca hubiera ocurrido, nunca hubiera existido. Y no solo lo alejó de su mente, sino que lo repudió, lo rechazó.

Pero Charles no movió ninguna pieza. Y esta vez se repitió a sí mismo, obstinadamente:

—Es el dinero.

Y esta vez también el tío repitió las palabras con voz todavía brusca, concisa, dura, si se quiere:

—¿Dinero? ¿Qué le importa el dinero a ese muchacho? Probablemente lo aborrece, se enfurece cada vez que se ve obligado a llevar una buena cantidad encima cuando desea comprar algo o ir a alguna parte. Si fuera solamente el dinero, nunca me hubiera enterado yo de nada. No hubiera tenido necesidad de venir aquí, tan abruptamente a las diez de la noche, primero con un ucase real, luego con una mentira, y por fin con una amenaza, todo ello para impedir que su madre se case con un hombre que no tiene dinero. No lo hubiera hecho ni aun cuando el hombre no tuviese ningún dinero, lo cual puede no ser la realidad en el caso del capitán Gualdres.

—Muy bien —insistió Charles—. No quiere que su madre ni tampoco su hermana se casen con ese extranjero. El que no le agrade el capitán Gualdres es motivo suficiente para su actitud.

Ahora su tío había terminado de hablar; estaba sentado frente a él junto al tablero, esperando. Y entonces comprobó que su tío lo estaba observando, firme, especulativa e intensamente.

—Bueno, bueno —dijo su tío—. Bueno, bueno, bueno.

Y mientras su tío lo miraba así, Charles descubrió que todavía no había olvidado tampoco cómo ruborizarse. En realidad, debía de estar acostumbrado a ello para esta fecha, o por lo menos, al hecho de que su tío lo recordase todavía, aun cuando Charles no hubiera reparado en ello. Por lo menos, se mantuvo con la cabeza alta, sosteniendo la mirada de su tío, el rostro cubierto de rubor, mirándolo tan intensamente como éste lo miraba a él, y respondiendo por fin:

—Y no mencionemos el hecho de que haya arrastrado aquí a su hermana a decir esa mentira.

El tío lo estaba observando, no irónicamente ya, ni siquiera con fijeza: lo miraba, simplemente.

—¿Por qué será —dijo su tío— que los jóvenes de diecisiete años…?

—Dieciocho —lo corrigieron—. Casi dieciocho, por lo menos.

—Muy bien —dijo su tío—, ¿de dieciocho o casi dieciocho años… están tan convencidos de que los octogenarios como yo somos incapaces de aceptar, de respetar o siquiera de recordar lo que los jóvenes consideran pasión y amor?

—Quizás sea porque los mayores ya no pueden señalar la diferencia entre eso y la simple decencia, como sería no arrastrar a tu hermana seis millas a las diez de la noche, de una fría noche de diciembre, para que diga una mentira.

—Muy bien —dijo su tío—. Touché. ¿Estás satisfecho? Porque yo conozco un octogenario de cincuenta años capaz de imaginar cualquier cosa de un joven de diecisiete, dieciocho o diecinueve años, y aun de dieciséis, y especialmente, la pasión y el amor y la decencia, y el hecho de arrastrar a una hermana seis o veintiséis millas en medio de la noche para obligarla a decir una mentira, violar una caja de hierro o cometer un asesinato. Y eso, si en verdad tiene que arrastrarla. Ella no tenía por qué venir; por lo menos, no observé que llevase grillos.

—Pero ella vino —dijo Charles—. Y dijo la mentira. Negó que el capitán Gualdres y ella hubiesen estado comprometidos alguna vez. Pero en cambio cuando tú le preguntaste inesperadamente si lo quería, te dijo "Sí".

—Y la sacaron de aquí por haberlo dicho —observó su tío—. Entonces fue cuando dijo la verdad, lo cual, dicho sea de paso, no considero tampoco una imposibilidad en jóvenes de diecisiete, dieciocho y aun diecinueve años, cuando existe una razón práctica para ello. La muchacha entró aquí, o mejor dicho, entraron los dos, con la mentira que debían decirme ya ensayada. Pero ella se asustó. Y en vista de ello, cada uno trató de utilizar al otro para lograr un fin. Solo que los respectivos fines no eran iguales. Pero por lo menos ambos renunciaron a la tentativa cuando vieron que había fracasado. Él abandonó su intento con bastante rapidez y con la misma violencia con que lo iniciara. Durante un minuto creí que la iba a arrojar al vestíbulo como si fuera una muñeca de trapo. Sí. Con excesiva rapidez. Abandonó el plan para ensayar otro tan pronto como descubrió que no podía contar con ella. Y ella ya había renunciado. Había renunciado tan pronto como se convenció de que su hermano se estaba escapando de todo control, o bien de que yo no estaba dispuesto a tragarme el engaño y quizás a mi vez me escaparía de todo control. Así, pues, ambos han decidido ensayar otra cosa, y ello no me agrada nada. Porque son peligrosos. Peligrosos, no porque sean tontos. La estupidez —y perdona que lo diga, Charles— es de esperar a esa edad. No; son peligrosos porque nunca han tenido a alguien que les diga que son jóvenes y tontos, a alguien a quien respeten lo suficiente como para creerle. Mueve.

Aparentemente eso fue todo, en cuanto se refería a su tío; por lo menos, no parecía dispuesto a explayarse más sobre el asunto.

Y en verdad era todo. Charles movió su pieza. Había planeado esta movida con mucha anticipación, mucho más que su tío, calculando, como los aviadores, no por el tiempo transcurrido, sino por el contiguo, ya que no había tenido que hacer aterrizajes tan prolongados como para repeler la fuerza invasora y levantar vuelo nuevamente, como le ocurriera a su tío. Dio jaque a la dama de su tío y a su torre con el caballo. A continuación, su tío le entregó el peón que solo él, Charles, pensaba que ninguno de los dos había olvidado; hizo la movida, luego movió su tío, y por fin, como siempre, todo terminó.

—Quizás debí tomar la dama hace veinte minutos, mientras podía hacerlo, y dejar escapar la torre —dijo.

—Lo de siempre —dijo su tío, comenzando a separar las piezas blancas de las negras, mientras él, Charles, traía la caja del estante inferior de la mesita de fumar—. No podías haber tomado ambas piezas sin hacer dos movidas. Y un caballo puede saltar dos cuadros a la vez y también en dos direcciones a la vez. Pero en cambio no puede moverse dos veces. —Dicho esto, empujó las piezas negras hacia Charles—. Tomaré las blancas, esta vez, y puedes ensayarlo.

—Son más de las diez —dijo Charles—: Las diez y media, casi.

—Así es —dijo su tío, distribuyendo las piezas negras—. Siempre sucede eso.

—Se me ocurre que es hora de acostarme.

—Quizás sea mejor —dijo su tío, siempre absorto en su tarea inmediata, siempre sereno—. No tienes inconveniente en que me quede levantado, ¿no?

—Seguramente tendrás una partida mucho más interesante, jugando solo, y por lo menos tendrás la experiencia novedosa de sorprenderte frente a los errores de tu adversario.

—Muy bien, muy bien —dijo su tío—. ¿Acaso no te dije ya touché? Por lo menos distribuye las piezas en el tablero, vayas a usarlas o no.

Eso es todo lo que supo, entonces. Ni siquiera sospechó algo más. Pero se enteró rápidamente, o bien lo advirtió. Esta vez oyeron primero los pasos, el staccato leve y marcado que hacen las muchachas al caminar, mientras se aproximaban por el vestíbulo. Ya había aprendido, al cabo de tantas horas pasadas en la casa de su tío, que en realidad nunca se oye el ruido de los pasos en cualquier casa o edificio que tenga como mínimo dos departamentos más o menos separados entre sí. En el mismo momento, o sea antes de que ella golpeara la puerta, antes de que su tío dijera «Ahora te toca a ti llegar demasiado tarde para abrirla», comprendió que éste sabía que volvería, y seguramente él, Charles, también lo había sabido de antemano. Solo que él, Charles, pensó en un principio que la había enviado su hermano; solo más tarde se le ocurrió preguntarse cómo se las había arreglado para deshacerse de él tan pronto. Tenía el aspecto de haber estado corriendo desde que saliera; de pie, inmóvil en la puerta abierta apretando el abrigo de piel contra su garganta con una mano, mientras el largo vestido blanco flotaba por debajo. Y tal vez el terror estaba todavía presente en su rostro, pero no había en cambio confusión en los ojos. Y esta vez hasta miró a Charles, en tanto que la otra, dentro de lo que él pudiera juzgar, ni siquiera había advertido su presencia en la habitación.

En seguida dejó de mirarlo. Entró y cruzó rápidamente la habitación hacia donde estaba su tío, de pie ahora, junto al tablero de ajedrez.

—Quiero verlo a solas —dijo.

—Estamos a solas —dijo su tío—. Éste es Charles Mallison, mi sobrino —y retirando una de las sillas de al lado del tablero, añadió—: Tome asiento.

Pero ella no se movió.

—No —dijo—. A solas.

—Si no puede decirme la verdad con tres personas en la habitación, seguramente no me la dirá con dos —dijo su tío—. Siéntese.

La joven permaneció inmóvil. Él, Charles, no podía ver su rostro, porque le daba la espalda. Pero su voz había cambiado completamente.

—Sí —dijo, y se dirigió a la silla. Luego se detuvo una vez más, ya inclinada para sentarse, vuelta a medias hacia la puerta, como si esperase oír los pasos del hermano aproximándose por el vestíbulo, o más bien como si estuviese por correr nuevamente a la puerta principal y observar la calle para ver si él venía.

Pero fue una pausa, apenas, porque inmediatamente se sentó, dejándose caer sobre la silla con aquel rápido movimiento de faldas y piernas, como lo hacen las mujeres, como si sus articulaciones tuviesen un mecanismo distinto del de los hombres, en puntos también distintos.

—¿Puedo fumar? —preguntó.

Pero antes de que su tío alcanzase la caja de cigarrillos que él personalmente no fumaba, ella extrajo uno de alguna parte, no de una cigarrera de platino y piedras preciosas, como cabía esperar: era un único cigarrillo doblado y arrugado, del cual se había escapado ya el tabaco al estar suelto en su bolsillo durante días. Se inclinó para encenderlo en la llama que le ofreció el tío. Luego exhaló una sola bocanada de humo y dejó el cigarrillo en el cenicero, cruzando las manos sobre el regazo, sin apretarlas, entrelazándolas, simplemente, pequeñas e inmóviles sobre la piel oscura.

—Está en peligro —dijo—. Tengo miedo.

—¡Ah! —dijo su tío—. Su hermano está en peligro.

—No, no —repuso ella casi con petulancia—. Max, no. Sebas…, el capitán Gualdres.

—Comprendo —murmuró el tío—. El capitán Gualdres está en peligro. He oído decir que anda muy bien a caballo, pero nunca lo he visto cabalgar.

Ella tomó el cigarrillo y lo aspiró dos veces rápidamente, y en seguida lo aplastó contra el cenicero y colocando la mano nuevamente en el regazo, miró al tío de Charles.

—Sea —dijo—. Lo quiero. Se lo dije ya. Pero no importa. Son cosas que suceden. Eso no se puede evitar. Mamá lo vio primero, o bien él la vio a ella. De todas maneras, pertenecen a la misma generación. Y yo no, puesto que Se… el capitán Gualdres es por lo menos ocho o diez años mayor que yo, quizás más. Pero no importa. Porque no es eso. Está en peligro. Y aun cuando me haya dejado por mamá, a pesar de ello, no quiero que le hagan mal. Por lo menos, no quiero que encierren a mi hermano en la cárcel por haberlo hecho.

—Especialmente cuando el encerrarlo no desharía lo ya hecho —observó el tío—. Estoy de acuerdo con usted: es mejor encerrarlo antes.

Ella lo miró:

—¿Antes? ¿Antes de qué?

—Antes de que haga eso por lo cual sería necesario encerrarlo —dijo el tío de Charles con aquella voz rápida, fantástica, serena y a la vez concisa que confería no solo un elemento de perspicacia, sino también de sólido sentido común a la inconsecuencia más fantástica.

—¡Ah! —dijo ella y lo miró otra vez—. ¿Encerrarlo ahora? Personalmente, no sé mucho sobre leyes, pero sé que no es posible mantener encerrado a nadie por lo que esté contemplando hacer. Además, entregaría simplemente doscientos o trescientos dólares a un abogado de Memphis y al día siguiente estaría nuevamente en libertad. ¿No es verdad?

—Es verdad —repuso el tío—. Es increíble lo que puede trabajar un abogado por trescientos dólares.

—Entonces eso sería inútil, ¿no es así? —dijo ella—. Deportarlo.

—¿Deportar a su hermano? —preguntó el tío—. ¿Adónde? ¿Para qué?

—¡Basta! —dijo ella—. ¡Basta! ¿Acaso no sabe usted que si tuviera alguien más a quien dirigirme, no estaría aquí? Deportar a Se... al capitán Gualdres.

—¡Ah! —murmuró el tío—. Al capitán Gualdres. Temo que las autoridades de inmigración carezcan no solo de la buena voluntad necesaria, sino también del campo de acción que tienen los abogados de Memphis y de los trescientos dólares. Llevaría semanas, quizás meses, deportarlo, cuando, si sus temores son justificados, dos días serían demasiado tiempo. Porque, ¿qué estaría haciendo su hermano durante todo ese tiempo?

—¿Quiere decir que usted, un abogado, no podría tenerlo encerrado en alguna parte hasta que Sebastián haya salido del país?

—¿Tener a quién? —dijo el tío—. ¿Encerrado dónde?

Ella dejó de mirarlo, pero no se movió.

—¿Tiene un cigarrillo? —preguntó.

El tío le dio uno de la caja que estaba sobre la mesita y luego se lo encendió, y ella se reclinó en su asiento, fumando rápidamente, y hablando entre cada bocanada de humo, siempre sin mirarlo.

—Muy bien —dijo—. Cuando las cosas se pusieron tan mal finalmente entre Max y él, cuando por fin comprendí que Max lo odiaba tanto que algo iba a suceder, persuadí a mi hermano de que...

—De que salvase al novio de su madre —dijo el tío—; su futuro padrastro.

—Como usted quiera —dijo ella, entre las rápidas bocanadas de humo, sosteniendo el cigarrillo entre dos dedos con uñas puntiagudas y pintadas—. La verdad es que no había nada decidido entre él y mamá, si es que alguna vez hubo algo que decidir. Así, pues, mi madre por lo menos no tenía interés en decidir nada, porque... Y él habría tenido los caballos, o bien el dinero para comprarlos, cualquiera de las dos que... —aquí se detuvo y siguió fumando rápidamente, sin mirar al tío de Charles ni a nada—. Cuando descubrí que tarde o temprano Max lo mataría si nadie hacía nada para impedirlo, hice un convenio con mi hermano de que si esperaba veinticuatro horas, yo lo acompañaría aquí y lo persuadiría a usted de que lo hiciese deportar, de vuelta a Sudamérica...

—... donde no tendría nada salvo su sueldo de capitán —señaló el tío—. Y entonces usted lo seguiría.

—Muy bien —dijo ella—. Está bien. Entonces vinimos a verlo, y yo me di cuenta de que usted no nos creía ni haría nada, de modo que lo único que se me ocurrió hacer fue mostrar a Max, en presencia suya, que también yo lo quería, a fin de que Max reaccionara en forma tal que usted descubriese sus intenciones serias contra el capitán. Reaccionó así, como usted vio, y tiene malas intenciones, y es peligroso y usted tiene que ayudarme. ¡Tiene que ayudarme!

—También usted debe hacer algo —dijo el tío—. Debe comenzar a decirme la verdad.

—Se la he dicho. Se la estoy diciendo.

—No toda la verdad. Lo que ocurre entre su hermano y el capitán Gualdres no es una bagatela, como dicen a veces.

La muchacha miró al tío durante un segundo, en medio del humo del cigarrillo, tan consumido ya, que casi le quemaba las uñas pintadas.

—Tiene razón —dijo ella—. No es el dinero. A Max no le interesa el dinero. Hay todo el que se quiera para Se... y para todos nosotros. Tampoco es por mamá. Es porque Sebastián siempre lo supera en todo, en todo. Sebastián llegó sin su caballo propio, siquiera, y Max anda bien a caballo, pero Sebastián, le gana, le gana con los propios caballos de mi hermano, con los mismos caballos que, según piensa Max, serán suyos tan pronto como mamá se decida y diga que sí. Y Max ha sido el mejor discípulo de esgrima que tuviera Paoli en diez años, y un día Sebastián tomó una escoba de la chimenea y lo venció en dos asaltos, hasta que Max sacó de un tirón el botón de la punta y lo atacó, y Sebastián, usando la escoba como sable, también paró este golpe, hasta que alguien contuvo a Max…

No respiraba afanosamente, sino con rapidez, con dificultad casi, tratando aún de aspirar el cigarrillo, que era ya demasiado corto a pesar de que su mano era lo suficientemente firme como para sostenerlo. Y estaba acurrucada ahora en su silla, en una nube de tul y raso blanco con el brillo costoso y sombrío de los pequeños animales muertos; y de aspecto no tanto pálido como delicado y frágil; y no tanto frágil como frío, etéreo, como una de las flores blancas del comienzo de la primavera, florecida antes de época en medio de la nieve y la escarcha y condenada frente a nuestros propios ojos, sin saber casi que se está muriendo, sin sentir casi dolor.

—Eso fue después —observó su tío.

—¿Qué? ¿Después de qué?

—Eso sucedió —dijo su tío—, pero posteriormente. No deseamos la muerte de un hombre porque nos haya vencido, ya sea con un caballo o con una espada. Por lo menos, no se dan los pasos concretos para convertir el deseo en hecho.

—Sí.

—No.

—Sí.

—No.

La muchacha se inclinó y dejó la colilla del cigarrillo en el cenicero, con tanto cuidado como si fuese un huevo, o tal vez una cápsula de nitroglicerina, y se sentó nuevamente, pero sus manos no estaban ahora apretadas sino que yacían abiertas sobre su regazo.

—Muy bien —dijo—. Temía esto. Yo le dije… yo sabía que usted no quedaría satisfecho. Es una mujer.

—¡Ah! —dijo el tío.

—Yo pensé que usted lo descubriría —dijo ella, y su voz cambió nuevamente, por tercera vez desde que entrara en la habitación, no hacía aún diez minutos—. Allá, a unas dos millas de nuestro portón trasero. La hija de un hortelano. Sí, sí: lo conozco también. Aquello de Scott o Hardy, o no sé quién, hace trescientos años, aquello sobre el joven señor del castillo y los villanos, droit du seigneur, y el resto. Solo que esta vez no se trataba de esto, porque Max le había dado un anillo de compromiso.

Sus manos descansaban ahora sobre los brazos de la silla, otra vez crispadas, y ya no miraba al tío de Charles.

—Esta vez, como verá, era bastante diferente. Mejor que nada de lo que imaginaron Shakespeare o Hardy. Porque esta vez había dos jóvenes de la ciudad: no solamente el rico príncipe heredero, sino además el amigo extranjero del príncipe, o por lo menos, su invitado, ese romántico caballero extranjero, moreno y audaz, que vencía al joven señor cabalgando los caballos de éste y que luego le quitaba la espada con un golpe de escoba. Hasta que por fin, todo lo que tenía que hacer era ir a caballo durante la noche a la ventana de la novia del príncipe y silbar… Espere.

Se puso de pie, pero antes de haberlo hecho ya parecía estar caminando. Atravesó la habitación y abrió la puerta bruscamente, antes de que el tío de Charles pudiese moverse, y sus pasos se alejaron rápidamente por el vestíbulo. En ese momento la puerta principal se cerró ruidosamente. Y siempre el tío estaba inmóvil, contemplando la puerta abierta.

—¿Qué? —dijo Charles—. ¿Qué?

Pero el tío no repuso: permanecía contemplando la puerta abierta, y entonces, antes de que el tío pudiese responder a la pregunta de su sobrino, oyeron una vez más el golpe de la puerta principal al cerrarse, y a continuación los pasos femeninos en el vestíbulo, dos pares de tacones altos ahora, y la muchacha entró rápidamente, atravesó la habitación, y extendiendo una mano hacia atrás, dijo:

—Aquí la traigo —y se sentó con rapidez en la silla que ocupara antes, mientras Charles y su tío contemplaban a la otra muchacha, una muchacha del campo, cuyo rostro Charles había visto en el pueblo, los sábados. Esto era el único indicio de que vivía en el campo, porque las dos tenían los labios y las mejillas pintados, y también las uñas, y en esta época las ropas del gran almacén de ramos generales Sears Roebuck, emporio de la población rural, no tenían aspecto de ser de Sears Roebuck, y muchas veces ni siquiera procedían de esta tienda, aun cuando no estuvieran adornadas con piel de visón de millares de dólares. Era una muchacha de la misma edad, aproximadamente, que la de Harriss, pero no tan alta; esbelta y sólida a la vez, con el aspecto característico de las muchachas del campo, de ojos y cabellos oscuros. Miró a Charles un instante y luego a su tío.

—Entre —dijo éste—. Soy Mr. Stevens. Su nombre es Mossop.

—Ya lo sé —dijo la muchacha—. No, señor. Mi madre era Mossop. Mi padre es Hence Cayley.

—Tiene el anillo —dijo la muchacha de Harriss—. Le dije que lo trajera porque sabía que usted no lo creía, como no lo creí yo cuando oí hablar de eso. Y no la culpo de que no lo lleve puesto. Yo tampoco usaría un anillo de un hombre que me hubiese dicho las cosas que Max le dijo a ella.

La muchacha de Cayley miró a la de Harriss, con una mirada tranquila, sombría, fija, totalmente serena; la miró durante un minuto, aproximadamente, mientras la de Harriss tomaba otro cigarrillo de la caja. Esta vez nadie se movió para encendérselo.

Luego la muchacha de Cayley miró nuevamente al tío de Charles. Sus ojos no tenían nada extraño en la mirada, sino que estaban simplemente como al acecho.

—Nunca lo usé —dijo—. Debido a mi padre. Él no cree que Max sea una buena persona. Y no pienso conservarlo tampoco. Tan pronto como lo vea se lo devolveré. Yo no creo que sea bueno, ahora…

La muchacha de Harriss murmuró algo. Algo que, según entendió el tío de Charles, no sonaba como nada que pudiese haber aprendido en un internado de señoritas de Suiza. La muchacha de Cayley le dirigió otra mirada fría, fija, escrutadora. Pero todavía no había nada extraño en sus ojos. Luego volvió a fijarlos sobre el tío de Charles. Dijo:

—No me importa lo que me dijo. Pero no me gustó la forma en que lo dijo. Quizás aquélla fuese la única forma en que se le ocurrió decirlo en el momento. Pero debió ocurrírsele otra diferente. A pesar de todo, yo no estaba enojada porque él hubiese sentido la necesidad de decirlo.

—Comprendo —dijo el tío.

—No me hubiera importado que tuviese necesidad de decirlo, de todos modos — añadió ella.

—Comprendo —repitió él.

—Pero estaba equivocado. Estaba equivocado desde el principio. Él fue quien dijo primero que tal vez no debía llevar yo el anillo donde la gente me viese con él, por ahora. Ni siquiera tuve oportunidad de decirle que conocía demasiado a mi padre para dejar que descubriese siquiera que lo tenía…

Una vez más la muchacha de Harriss murmuró algo. Esta vez la otra se interrumpió, volvió la cabeza lentamente y la miró durante cinco o seis segundos, mientras la de Harriss permanecía inmóvil, con el cigarrillo sin encender entre los dedos. A continuación la de Cayley volvió a mirar al tío de Charles.

—De modo que él fue quien dijo que era mejor no estar comprometidos, salvo secretamente. De modo que, puesto que yo no estaba comprometida, salvo secretamente, no veía ninguna razón por qué el capitán Goldez…

—Gualdres —dijo la otra.

—Goldez —repitió la muchacha de Cayley— o cualquier otro, no pudiera venir a conversar en el corredor de nuestra casa. Además, me agradaba cabalgar en animales sin mataduras, para variar, de modo que cuando él podía traerme uno…

—¿Cómo sabía si tenía mataduras o no, en la oscuridad? —dijo la otra.

Ahora la muchacha de Cayley, siempre sin apresurarse, se volvió con todo el cuerpo y miró a la de Harriss.

—¿Qué? —preguntó—. ¿Qué dijo?

—Un momento —dijo el tío—. ¡Basta!

—¡Viejo tonto! —dijo la muchacha de Harriss. Ni siquiera miraba al tío de Charles—. ¿Cree que un hombre, excepto un viejo con un pie en el sepulcro como usted, se pasaría la mitad de la noche cabalgando en una cancha de polo desierta sin ninguna compañía?

Y entonces la muchacha de Cayley se movió. Se movió rápidamente, inclinándose, levantando el ruedo de su vestido y sacando algo de la parte superior de una de sus medias mientras se movía, y se detuvo frente a la silla: y si lo que sacó hubiese sido un cuchillo, Charles y su tío habrían llegado demasiado tarde.

—¡Levántese! —dijo.

Y la muchacha de Harriss dijo a su vez:

—¿Qué? —y levantó la vista, siempre con el cigarrillo sin encender entre los labios.

La muchacha de Cayley no habló más. Se apoyó simplemente sobre los tacones, inclinándose hacia atrás, sólida y a la vez esbelta, y levantó el brazo. El tío avanzó un paso, gritando:

—¡Basta! ¡Basta!

Pero la otra ya se había movido, golpeando el rostro de la muchacha de Harriss, golpeando el cigarrillo y la mano que lo sostenía, golpeándolo con la mano abierta, y la muchacha de Harriss se sacudió en el asiento y luego se quedó inmóvil con el cigarrillo quebrado entre los dedos, y un rasguño largo y delgado en la mejilla; y por último el anillo, un solitario de gran tamaño, se deslizó con un fulgor sobre su abrigo hasta llegar al suelo.

La muchacha de Harriss contempló su cigarrillo un instante. Luego al tío:

—¡Me pegó! —dijo.

—Ya la vi —dijo éste—. Estaba por pegarle yo…

Y entonces él saltó a su vez; tenía que hacerlo; porque la muchacha de Harriss se había levantado en un segundo de la silla, y la otra estaba una vez más apoyada sobre los tacones, como para atacar nuevamente. Pero el tío llegó a tiempo esta vez, interponiéndose entre ambas, arrojando a un lado a la muchacha de Cayley con un brazo y a la de Harriss con el otro, hasta que en el instante siguiente las dos estaban de pie, llorando, llorando a gritos, exactamente como dos niños de tres años que han reñido. El tío las contempló un momento, y luego se inclinó y recogió el anillo.

—¡Suficiente! —dijo—. Basta. Las dos. Vayan al cuarto de baño y lávense la cara. Por esa puerta de allá. —Dijo y agregó rápidamente—: ¡Juntas, no! —cuando vio que ambas se movían a la vez—. Primero una y después la otra. Usted primero — dijo a la muchacha de Harriss—. En el botiquín encontrará desinfectante, si quiere; hay que temer a la hidrofobia en lugar de creer simplemente en ella. Llévala, Chick.

Pero ella ya había entrado en el dormitorio. La muchacha de Cayley estaba de pie en el mismo sitio, enjugándose la nariz con el dorso de la mano, hasta que el tío le dio su pañuelo.

—Perdone —dijo ella, suspirando, o, mejor dicho, resoplando—. Pero no debió provocarme.

—No debió haber sido capaz de ello —observó el tío—. Me imagino que la tuvo esperando en el automóvil todo el tiempo, que fue hasta su casa y que la hizo venir aquí.

La muchacha se sonó ruidosamente con el pañuelo.

—Sí, señor.

—Entonces tú deberás llevarla a su casa —dijo el tío a Charles—. No pueden volver juntas…

Pero la muchacha de Cayley ya estaba serena. Se enjugó la nariz vigorosamente en uno y otro sentido, y estaba por devolver el pañuelo al tío de Charles, cuando se detuvo y dejó caer el brazo a un costado.

—Volveré con ella —dijo—. No le tengo miedo. No son más que dos millas hasta casa, aun cuando no me lleve más lejos de su portón.

—Muy bien —dijo el tío—. Tome —y le ofreció el anillo. Tenía un solitario muy grande, pero ello no tenía importancia. La muchacha apenas lo miró.

—No lo quiero —dijo.

—Tampoco yo en su lugar —dijo el tío—. Pero se debe a sí misma el gesto de devolverlo con sus propias manos.

Ella tomó, pues, el anillo, y luego volvió la muchacha de Harriss. La de Cayley fue a su vez a lavarse la cara, llevándose el pañuelo. La muchacha de Harriss parecía también serena, ahora, y tenía un trozo de tira emplástica en la mejilla. Llevaba una cajita de platino y piedras preciosas que contenía polvos y otras cosas. Se miró en el espejo de la cajita, terminando de maquillarse.

—Supongo que debo disculparme —dijo—. Pero estoy segura de que los abogados están acostumbrados a estas escenas.

—Siempre tratamos de evitar el derramamiento de sangre —murmuró el tío.

—Derramamiento de sangre —repitió ella. Y entonces olvidó su rostro y la cajita de platino, y desaparecieron instantáneamente su aparente despreocupación y su impertinencia, y cuando miró al tío, el terror y la aprensión estaban en sus ojos nuevamente. Y Charles intuyó que, cualquiera que fueran sus opiniones y las de su tío acerca de las intenciones de su hermano, ella por lo menos no tenía ninguna duda.

—Tiene que hacer algo —dijo—. Tiene que hacer algo. Si hubiera sabido de otra persona a quien dirigirme, no lo habría molestado. Pero…

—Usted me dijo que él tenía un pacto con usted de no hacer nada en veinticuatro horas —dijo el tío—. ¿Cree que todavía se considerará atado a ese compromiso, o bien que hará lo mismo que hizo usted? Quiero decir, hacer una tentativa independiente a espaldas suyas.

—No lo sé —repuso ella—. Si usted pudiese encerrarlo hasta que yo…

—Cosa que no puedo hacer, como tampoco podría hacer que deportasen al otro antes del desayuno. ¿Por qué no lo hace deportar usted misma? Me dijo ya que…

Ahora había terror y a la vez desesperación en su rostro.

—No puedo. Lo intenté. Quizás mamá me haya vencido también en esto. Hasta traté de decírselo. Pero él es como usted: no cree que Max sea peligroso. Dice que sería como huir de un niño.

—Eso es exactamente lo que sería —dijo el tío—. Y ésa es exactamente la razón.

—¿La razón de qué?

—De nada —dijo el tío.

No la miraba más, como tampoco a nadie en la habitación, ni a nada, dentro de lo que podía juzgar Charles; estaba inmóvil, acariciando con la yema del pulgar la taza de su pipa de marlo de maíz. Luego ella dijo:

—¿Me da otro cigarrillo?

—¿Por qué no? —repuso el tío.

Ella tomó el cigarrillo de la caja, y esta vez Charles se lo encendió, pasando cuidadosamente entre las piezas de ajedrez desparramadas por el suelo para darle fuego. En aquel momento entró la muchacha de Cayley, sin mirar tampoco a nadie, y dijo al tío:

—Está sobre el espejo.

—¿Qué cosa?

—Su pañuelo. Se lo lavé.

—¡Ah! —exclamó el tío, y la muchacha de Harriss dijo:

—No servirá de nada hablar con él. Usted lo intentó una vez, no lo olvide.

—No lo recuerdo —dijo el tío—. No recuerdo haber oído nada, salvo su voz. Pero tiene razón en cuanto a hablarle. Tengo una idea de que todo este asunto comenzó porque alguien habló demasiado.

Pero ella no prestaba atención.

—Y nunca conseguiremos que vuelva aquí. De modo que usted tendrá que ir allá…

—Buenas noches —dijo el tío.

Ella no escuchaba.

—… por la mañana, antes de que pueda levantarse e ir a alguna parte. Yo le telefonearé por la mañana, cuando sea la hora más oportuna…

—Buenas noches —repitió él.

Se fueron, atravesando la puerta de la salita, y dejándola abierta, naturalmente; es decir, la muchacha de Harriss la dejó abierta, pero cuando el tío de Charles fue a cerrarla, la muchacha de Cayley se había vuelto a medias para hacerlo, hasta que advirtió que él estaba ya allí. Pero cuando Charles iba a cerrarla, su tío le dijo:

—¡Espera!

Y Charles se quedó con la puerta abierta y ambos oyeron el ruido seco de los tacones alejándose por el vestíbulo, y por fin, como esperaban, el de la puerta principal al cerrarse tras ellas.

—Eso es lo que creímos la otra vez —dijo su tío—. Ve y asegúrate.

Pero se habían ido. De pie, en la puerta principal abierta a la oscuridad vívida, fría y serena de diciembre, Charles oyó el motor poderoso y vio el automóvil enorme lanzarse a toda velocidad con un quejido, con un chillido de neumáticos sobre el pavimento, doblando luego la esquina, absorbidas bruscamente las luces traseras con tanta rapidez, que aún mucho tiempo después de que hubiesen cruzado la plaza, seguramente, creyó percibir todavía el olor del caucho martirizado.

En seguida Charles volvió a la sala. Su tío estaba ahora sentado entre las piezas de ajedrez dispersas, llenando su pipa. Entró sin detenerse, levantó el tablero y lo puso sobre la mesa. Afortunadamente, la riña había tenido lugar en una sola dirección, de modo que no habían pisoteado ninguna de las piezas. Charles las recogió de entre los pies de su tío y las colocó una vez más sobre el tablero, adelantando luego el peón de la dama en la movida inicial ortodoxa en la cual insistía siempre su tío. Éste seguía llenando su pipa.

—Tenías razón acerca del capitán Gualdres —dijo Charles—. Era una muchacha.

—¿Qué muchacha? —preguntó su tío—. ¿Acaso una de ellas no recorrió seis millas dos veces esta noche solo para asegurarse de que habíamos comprendido que quería que asociasen el nombre de la otra con el capitán Gualdres, y acaso la otra no solo apeló a sus puños para refutar la insinuación, sino que además apenas sabía el nombre del capitán?

—¡Ah! —dijo Charles, pero no añadió lo que había pensado decir, sino que acercó su silla a la mesa y se sentó. Su tío lo miró:

—¿Dormiste bien? —preguntó.

Esta vez, como en las anteriores, Charles tardó en captar el significado del comentario. Pero solo le quedaba esperar, porque las únicas oportunidades en que su tío se negaba categóricamente a explicar sus comentarios eran cuando éstos eran verdaderamente ingeniosos, verdaderamente brillantes; nunca cuando eran simplemente intencionados.

—Hace media hora estabas ya por dormirte. No pude detenerte, entonces.

—Y por poco pierdo algo —dijo Charles—. No tengo intención de que me suceda otra vez.

—No perderás nada esta noche.

—Así lo creí la otra vez. Esa muchacha de Cayley...

—... está sana y salva en su casa —dijo su tío—. En donde, confío y espero, se quedará. Y la otra también. Mueve las piezas.

—Ya he movido.

—Mueve otra vez, pues —dijo el tío, atacando al peón blanco—. Y esta vez fíjate en lo que haces.

Charles estaba convencido de haberlo hecho, siempre, en todas las movidas. Pero toda su atención le había servido esta vez para demostrarle, un poco antes que lo habitual, que su movida terminaría exactamente como la anterior, hasta que de pronto su tío retiró todas las piezas del tablero con un solo movimiento y presentó un problema aislado, con los caballos, las torres y dos peones.

—Ahora no tenemos ya una partida —observó Charles.

—Nada mediante lo cual es posible reflejar todas las pasiones, esperanzas e insensateces humanas puede considerarse como una partida o un juego —dijo su tío—. Mueve.

Y esta vez fue el teléfono; y esta vez Charles sabía que sería el teléfono, y sabía asimismo qué diría el teléfono, sin tener siquiera necesidad de escuchar; su tío no tardó en adivinarlo:

—Sí... Con él habla... ¿Cuándo?... Comprendo. Cuando llegó a su casa le dijeron simplemente que él había preparado una valija y tomado su automóvil diciendo que iba a Memphis... No, no. Nunca recete nada a un médico ni invite a un cartero a caminar.

El tío depositó el auricular sobre la horquilla, y permaneció sentado sin retirar la mano del aparato, sin respirar, aparentemente, sin acariciar la taza de su pipa con la yema del pulgar. Permaneció inmóvil tanto tiempo, que cuando Charles se disponía a hablar, su tío levantó el auricular y solicitó un número, y tampoco esto requirió mucho tiempo: el número de Mr. Robert Markley en Memphis, un abogado y político de la ciudad, que había estado en Heidelberg con él:

—No, no. La policía no; no podrían detenerlo. No quiero que lo detengan, de todos modos. Quiero que lo vigilen, a fin de que no salga de Memphis sin que yo me entere. Un buen detective particular, simplemente para vigilarlo sin que él lo sepa... a menos que intente salir de Memphis... ¿Cómo? Yo nunca autorizo el derramamiento de sangre; por lo menos no lo hago cuando se trata de testigos... Sí, hasta que yo llegue y le eche mis propias manos encima, mañana o pasado... En el hotel... Hay uno solo: el Greenbury. ¿Alguna vez oíste hablar de un nativo de Mississippi que se haya enterado de que existe otro hotel? (Era verdad. Se decía en el norte de Mississippi que el estado comenzaba en el vestíbulo principal del hotel Greenbury). ¿Nombre supuesto? ¿Él? De lo que menos quiere escapar es de la publicidad. Probablemente informará a todos los diarios a fin de que registren su nombre y su dirección... No, no, telegrafíame por la mañana que ya lo tienes vigilado, y haz mantener la vigilancia hasta que yo te avise.

Luego de dejar el teléfono en su sitio, se levantó y se dirigió no al tablero de ajedrez, sino a la puerta, y la abrió y se detuvo con la mano apoyada en el picaporte, hasta que por fin Charles comprendió, y a su vez se puso de pie y levantó el libro que pensaba llevar al piso superior tres horas atrás. Pero esta vez Charles habló y su tío le contestó.

—¿Qué quieres hacer con él?

—No quiero hacer nada —repuso su tío—. Solo quiero estar seguro de que se encuentra en Memphis y de que permanece allí. Y lo hará. Desea que yo y el resto del mundo estemos convencidos de que se halla segura e inofensivamente en Memphis o en cualquier parte excepto Jefferson, Mississippi. Lo desea con un interés diez veces mayor que el mío.

Una vez más Charles tardó en comprender, y tuvo que formular otra pregunta.

—Su coartada —dijo su tío—. Para lo que sea que está planeando, para la estratagema que urde a fin de asustar al novio de su madre y lograr que se vaya del país.

—¿Estratagema? ¿Qué estratagema?

—¿Cómo puedo saberlo yo? —dijo el tío—. Pregúntate a ti mismo: tú tienes dieciocho años, o casi dieciocho años, de modo que has de saber qué es capaz de hacer un muchacho de diecinueve. Quizás una carta de la Mano Negra, o un tiro cuidadosamente dirigido contra él a través de una ventana de dormitorio. Yo tengo cincuenta años. Lo único que sé es que a los diecinueve años se puede hacer cualquier cosa, y que lo único que protege al mundo adulto contra las personas de esa edad es el hecho de que están tan convencidos de antemano de alcanzar el éxito que el simple deseo y la voluntad son para ellos como el hecho logrado, y no prestan atención a los simples detalles mecánicos y vulgares.

—Entonces, si la estratagema no ha de dar resultado, no necesitas preocuparte —dijo Charles.

—Yo no me preocupo —dijo su tío—. Me preocupa a mí. Más: me molesta. Quiero simplemente mantener puesto el ojo, o mejor dicho, el de Mr. Markley, en él hasta poder telefonear mañana a su hermana y ella… o su madre, o cualquiera de la familia que tiene o confía tener algún control sobre él, o las dos, pueda ir hasta allí y traerlo, o hacer lo que quiera con él. Yo propondría que lo aten en una de las caballerizas y que su futuro padrastro trabajase un poco con un látigo. Y creo que éste debe ser un incentivo suficiente como para que el capitán Gualdres abandone sus vacilaciones de doncella y consienta en un matrimonio inmediato.

—¡Ah! —observó Charles—. Y sea como fuere, esa muchacha de Cayley parece muy buena. Quizás si él hubiera estado aquí esta noche y hubiera visto cuando su hermana…

—Nadie creyó que hubiese nada, salvo la hermana —dijo su tío—. Ella fue quien lo convenció en primer término de que había algo, quien empezó todo, para conseguir su hombre. Tal vez pensaba que, tan pronto como su hermano tomase la espada una vez más, el capitán Gualdres saldría del país. O tal vez esperaba que la simple discreción y el sentido común serían suficientes para conmoverlo; en cualquiera de los dos casos, todo lo que tenía que hacer ella era seguirlo, a algún otro punto de los Estados Unidos y aun hasta Sudamérica, donde, naturalmente, no haya otras mujeres, y ya sea por el elemento de sorpresa o bien por simple rendición, ganar la victoria final, volviéndolo, por lo menos, monógamo. Pero ella lo subestimó, adornando su carácter con ese crimen de la madurez.

El tío mantenía la puerta abierta, mientras lo miraba.

—Ninguno de ellos sufre de nada serio, excepto, quizás, de juventud. Solo que, según creo haberlo señalado hace un rato, la juventud se asemeja mucho a la viruela o a la peste bubónica.

—¡Ah! —dijo nuevamente Charles—. Quizás es lo que le ocurre al capitán Gualdres, también. Nos equivocamos acerca de él. Yo creía que tenía cuarenta años. Pero la muchacha dijo que no es más de ocho o diez años mayor que ella.

—Lo cual quiere decir que es quince años mayor —dijo su tío—. Lo que significa, a su vez, que seguramente es veinticinco años mayor.

—¿Veinticinco? Con ello quedaría una vez más en la edad que le atribuimos.

—¿Alguna vez dejó de tenerla? —dijo su tío. Estaba siempre junto a la puerta abierta—. ¿Bien? ¿Qué esperas?

—Nada —repuso el muchacho.

—Bueno, buenas noches, entonces. Vete a tu casa, tú también. El jardín de infantes se ha cerrado por hoy.

<h1 style="text-align:center">III</h1>

Y allí quedó todo. Charles subió a su habitación. Se acostó, luego de quitarse el uniforme de aspirante, de «pelarse la cáscara», como decían en el Cuerpo. Era jueves, y el batallón siempre hacía sus ejercicios militares los jueves. Y este año era no solo teniente coronel en el cuerpo de cadetes, sino que además nadie dejaba de asistir a la instrucción militar, porque, a pesar de ser la Academia una escuela preparatoria, simplemente un liceo militar, tenía las calificaciones más altas del país entre las instituciones semejantes, en cuanto a instrucción militar. En la última revista, el inspector general en persona les había dicho que cuando viniese la guerra, todos los que pudiesen probar que tenían dieciocho años serían casi automáticamente candidatos para las escuelas de oficiales.

Lo cual lo incluía a él, puesto que estaba tan cerca ya de los dieciocho años, que no era posible apreciar la diferencia a simple vista. Salvo que ahora no importaba que tuviese dieciocho u ochenta; sería demasiado tarde, aunque al despertar a la mañana siguiente tuviese ya los dieciocho años. Todo habría terminado y la gente ya habría empezado a olvidarlo antes de que él llegase a ingresar siquiera en la escuela de oficiales, y antes de que acabase el curso.

Ya había terminado en cuanto a los Estados Unidos se refería: los ingleses, el grupo de muchachos, algunos de ellos no mayores que él, y otros probablemente menores aún, que volaban en las escuadrillas de caza de las Fuerzas Aéreas Reales, habían logrado detener al enemigo en el oeste, y ahora no quedaba nada, para la avalancha irresistible de victoria y destrucción, salvo dispersarse en las inconmensurables profundidades de Rusia, como avanza un estropajo empapado en agua sucia por el piso de una cocina. Sí, su uniforme de sarga de color pardo era igual al que llevaban los verdaderos oficiales, pero sin las auténticas jinetas, sino, en lugar de ellas, los distintivos de color azul claro de los cuerpos de adiestramiento de reserva, que recordaban los de las sociedades fraternales universitarias, y las inocentes insignias sin pasado, idénticas a las que se suele ver en los hombros de un portero de hotel elegante o del director de una banda de circo, divorciándolo así más aún del dominio del valor y del riesgo, y del ansia espiritual de gloria y renombre. Cada vez que veía aquel uniforme con los ojos de su ansia espiritual, si en verdad era eso lo que sentía, e indudablemente con la nostalgia que había hecho presa de él aquellos últimos meses, cuando comprendiera que era ya demasiado tarde, que se había demorado, que se había entretenido demasiado, careciendo no solo del coraje sino además de la voluntad y de las ansias, el color pardo se alteraba, se transformaba en algo extraño y heterogéneo, disolviéndose como en ciertas tomas cinematográficas, hasta convertirse en el azul de los uniformes británicos, con las alas enlazadas de un halcón en vuelo descendente y el modesto galón del rango. Pero sobre todo veía el azul, el color cuya tonalidad aquel grupo de jóvenes anglosajones estableciera y decretara como un símbolo tal de gloria, que la primavera anterior una asociación de comerciantes de artículos para hombres en los Estados Unidos lo había adoptado como lema comercial, de modo que a cualquier habitante masculino del país que podía pagarlo le era permitido entrar en la iglesia una mañana de Pascua envuelto en el halo auténtico del valor y al mismo tiempo a salvo de las insignias de la responsabilidad y de las jinetas del riesgo.

Había hecho, empero, algo que se asemejaba a una tentativa, y exageraba la importancia de esta tentativa por el hecho mismo de que el recordar haberla hecho no le proporcionaba ningún consuelo. Estaba el capitán Warren, un agricultor que residía a pocas millas de la ciudad, y que había sido comandante de escuadrilla en el antiguo Cuerpo Aéreo Real, antes de que se convirtiera en las Fuerzas Aéreas Reales; había ido a visitarlo aquel día, hacía cerca de dos años, cuando acababa de cumplir dieciséis.

—Si pudiese llegar a Inglaterra de algún modo, me aceptarían, ¿no? —le dijo entonces.

—Dieciséis años… demasiado joven. Y llegar a Inglaterra es un poco difícil ahora.

—Pero me aceptarían si lograse llegar, ¿no? —insistió.

—Sí —dijo el capitán Warren—. Pero, mira: hay mucho tiempo. Habrá bastante para todos, y para más de nosotros, antes de que esto termine. ¿Por qué no esperar? Y Charles esperó. Esperó demasiado. Podía repetirse a sí mismo que lo había hecho siguiendo el consejo de un héroe, lo cual, por lo menos, tenía el siguiente efecto sobre su ansia espiritual: el haber aceptado y seguido el consejo de un héroe le impediría olvidarlo. No lo olvidaría nunca. Por mucho que careciese de coraje, por lo menos no le faltaba vergüenza.

Era demasiado tarde ahora. En realidad, en cuanto se refería a los Estados Unidos, no había comenzado siquiera; de modo que lo único que costaría al país sería dinero, el cual, al decir de su tío, era lo más barato que uno podía gastar o perder. Y por ello la civilización había inventado el dinero: para que fuese la sustancia única con la cual el hombre podría comerciar y obtener provecho, comprara lo que comprase.

En apariencia, entonces, el único objeto de la conscripción había sido simplemente establecer un medio que permitiese a su tío identificar a Max Harriss, y como la identificación de Max Harriss no había tenido como consecuencia otra cosa que la interrupción de una partida de ajedrez y un llamado de sesenta centavos a Memphis, ni aun ello justificaba su precio.

Charles se acostó y se dispuso a dormir: el día siguiente sería viernes, y no tendría que ponerse el pseudo—uniforme a fin de «pelarse la cáscara» posteriormente, y durante otra semana, sufrir aquella sed espiritual, si era eso en realidad. Y tomó el desayuno; su tío había comido ya y partido, y en marcha hacia la escuela se detuvo en la oficina de su tío para recoger el cuaderno que dejara allí el día anterior, y se enteró de que Max Harriss no estaba en Memphis. El telegrama de Mr. Markley llegó mientras estaba aún en la oficina:

Príncipe ausente aquí, ¿y ahora qué?

Y todavía estaba allí cuando su tío dijo al muchacho que esperase y redactó la respuesta:

Y ahora nada; gracias.

Y eso fue todo, aparentemente; así lo creía él, cuando regresó a mediodía a la esquina donde lo esperaba su tío para caminar con él hasta la casa y almorzar, y ni siquiera se le ocurrió preguntar; fue su tío quien le dijo espontáneamente que Mr. Markley había telefoneado diciendo que Harriss parecía una figura familiar no solo entre todos los empleados, telefonistas, porteros de color y botones del Hotel Greenbury, sino también en los comercios de bebidas alcohólicas y entre los conductores de taxímetros de aquel sector de la ciudad. Por último, que él, Mr. Markley, había visitado otros hoteles, en la suposición fantástica de que existiese algún nativo de Mississippi que hubiese oído hablar de otros hoteles en Memphis.

Y Charles dijo, como dijera antes Mr. Markley:

—¿Ahora, qué?

—No lo sé —repuso su tío—. Quisiera creer que se ha deshecho de todos ellos definitivamente y que está actualmente a unos cuantos centenares de millas de aquí, y, a estas horas, viajando todavía, salvo que me cuesta mucho insultarlo atribuyéndole un poco de sentido común, aun a espaldas suyas.

—Quizás lo tenga —dijo Charles.

Su tío se detuvo.

—¿Qué? —dijo.

—Tú dijiste anoche que los jóvenes de diecinueve años son capaces de cualquier cosa.

—¡Ah! —comentó su tío—. Sí. Naturalmente. Quizás lo tenga.

Y eso fue todo. Almorzar. Caminar con su tío hasta la esquina de la oficina. Pasar la tarde en la escuela, en clase de historia que Miss Melissa Hogganbeck llamaba ahora Sucesos Mundiales, ambos términos con mayúscula, y que, teniendo lugar dos veces por semana, era seguramente mucho más insoportable para su sed espiritual que los inevitables próximos jueves en que debería vestir su uniforme una vez más, el sable inútil y las jinetas sin pasado y moverse maquinalmente a través del mundo falso de su comando, que no era nada en realidad. La voz incansable, culta, de señorita distinguida, hablando con una especie de frenético fanatismo, de paz y de seguridad; de que estaban seguros porque las gastadas naciones de Europa habían aprendido su lección muy bien en 1918; de que no solo no se atrevían a afrentarnos, sino que ni siquiera podían permitírselo, hasta que toda la masa tambaleante y furiosa del mundo se reducía a aquel murmullo sin substancia, interminable, sin eco dentro de las paredes aisladas y polvorientas de un aula de academia militar, y cuya relación con la realidad era cien veces menor que la de los sables y las jinetas. Porque por lo menos los sables y las jinetas eran una copia de lo que parodiaban, en tanto que para Miss Hogganbeck toda la organización de adiestramiento de reservas militares era un fenómeno ineludible e inexplicable del edificio educacional, como la necesidad de que hubiese niños en los cursos inferiores.

Y eso era todo, aun después que hubo visto el caballo. Estaba dentro de un camión especial cubierto de barro, detenido en un callejón detrás de la plaza, cuando pasó por allí al salir de la escuela; y había una media docena de hombres contemplándolo desde una distancia decididamente respetuosa, y solo más tarde advirtió que el caballo estaba atado en el interior del camión, no con sogas, sino con cadenas de acero, como si se tratase de un león o de un elefante. En realidad, no había mirado bien el camión hasta entonces. Ni había llegado aún a afirmar esto, aceptando que hubiese un caballo dentro de él, porque en aquel momento vio a Mr.

Rafe McCallum en persona acercarse por el callejón. Y Charles fue a saludarlo, pues solía ir con su tío a la granja de McCallum a cazar gallinetas en la estación propicia, y hasta que los muchachos fueran reclutados el verano anterior, tenía el hábito de ir allá solo a pasar la noche en el bosque o en el lecho del arroyo, persiguiendo zorros o coatíes con los sobrinos mellizos de McCallum.

Por ello reconoció también al caballo, no a simple vista, porque nunca lo había visto, sino al ver a Mr. McCallum. En verdad todos en el distrito conocían el caballo o bien habían oído hablar de él: un potro de pura sangre y con pedigree, pero sin ningún valor. Todo el distrito sabía que aquélla había sido la única oportunidad en su vida en que McCallum había sido engañado en una transacción de caballos, aun cuando, como en este caso, hubiese adquirido el animal con cupones de tabaco o de jabón.

Lo habían arruinado ya fuera cuando potrillo o bien cuando era un animal muy joven; probablemente algún propietario que intentara quebrantarlo mediante el temor y la violencia. Solo que no se había quebrantado su espíritu, y todo lo que evidenciaba como resultado de la experiencia que sufriera, cualquiera que hubiera sido, era un odio feroz contra cualquier cosa que caminase sobre dos miembros, algo parecido a ese odio e ira y deseo de matar que sienten algunos seres humanos frente a las más inofensivas culebras.

Era imposible cabalgarlo, dominarlo, o utilizarlo para cría siquiera. Se decía que había matado a dos hombres que por casualidad entraron del mismo lado del cerco en que él estaba. Pero eso no era muy probable, porque el animal habría sido sacrificado. Se afirmaba, no obstante, que Mr. McCallum lo había adquirido porque su dueño había querido matarlo. O quizás creyese que podría domarlo. De todos modos, él siempre negaba que hubiese matado a nadie, de manera que por lo menos debía pensar que podría venderlo, puesto que ningún caballo era nunca tan malo como afirmaba su presunto comprador, ni tan bueno como afirmaba su vendedor.

A pesar de ello, Mr. McCallum sabía que era capaz de matar, y el distrito creía que eso era lo que él pensaba. Porque si bien él mismo entraba en el potrero donde estaba el animal (aunque nunca en una caballeriza o box donde pudiese ser acorralado) no permitía que nadie más lo hiciera. Se decía, por último, que una vez un hombre le había propuesto comprarlo, pero él había rechazado la oferta. A su vez esto sonaba a falso, puesto que McCallum mismo afirmaba que era capaz de vender cualquier animal que no pudiese pararse sobre las patas traseras, puesto que aquél era su oficio.

Sea como fuere, allí estaba el caballo, atado, encadenado y cubierto con una manta, a quince millas de su potrero, y Charles dijo a Mr. McCallum:

—De modo que lo vendió, por fin.

—Espero que sí —dijo éste—. Un caballo nunca está vendido hasta que se cierra tras él la puerta de su nueva caballeriza. A veces, ni aun entonces.

—Pero, por lo menos, la venta está en marcha.

—Sí, por lo menos.

Todo lo cual no quería decir mucho; no quería decir nada, en realidad, excepto que Mr. McCallum tendría que correr mucho para probar que no lo había vendido. Y si lo vendía, sería a oscuras y al cabo de bastante tiempo: ahora eran las cuatro de la tarde, y cualquiera que hubiese pensado comprar aquel caballo debía vivir a gran distancia para no haber oído hablar de él.

A continuación pensó Charles que cualquiera que comprase aquel caballo debía vivir demasiado lejos para que fuese posible llegar hasta él en un solo día, aun cuando hubiera sido el veintidós de junio y pleno verano en lugar de ser el cinco de diciembre, de modo que quizás no tenía importancia la hora en que emprendiese la marcha Mr. McCallum.

Así, pues, Charles se encaminó hacia la oficina de su tío y eso fue todo, salvo la postdata, y aun ésta no estaba muy distante. Su tío tenía ya el material jurídico preparado en el escritorio, y junto a él las listas de referencias, y Charles comenzó a trabajar. No transcurrió mucho tiempo antes de que empezase a oscurecer. Encendió, pues, la lámpara de escritorio, y entonces sonó el teléfono. La voz de la muchacha se oía ya cuando levantó el auricular y no se detuvo ni un instante, de modo que transcurrieron uno o dos segundos antes de que la reconociera.

—¡Hola! ¡Hola! ¡Mr. Stevens! Estuvo aquí. ¡Nadie se enteró siquiera! ¡Acaba de irse! Me llamaron desde el garaje, corrí hacia allá, pero cuando llegué ya estaba en el automóvil con el motor en marcha, y me dijo que si usted quería verlo, estaría en la esquina de su oficina dentro de cinco minutos; dijo además que no podría llegar hasta su oficina, de modo que usted debía estar en la esquina dentro de cinco minutos; de otro modo, quizás usted puede obtener una entrevista con él en el hotel Greenbury mañana... —y todavía estaba hablando cuando el tío de Charles entró y tomo el auricular y escuchó unos instantes, y seguramente seguía hablando aún cuando éste colgó el auricular.

—¿Cinco minutos? —dijo el tío—. ¿Seis millas?

—Tú nunca lo viste correr —dijo Charles—. Seguramente está ya atravesando la plaza.

Mas aquello habría sido demasiado rápido aun para Harriss. Charles y su tío salieron a la calle y se detuvieron en la esquina, en la penumbra destemplada, durante un período que Charles calculó como de diez minutos, hasta que por fin empezó a creer que se trataría una vez más de la misma confusión y petulancia y ruido en medio de los cuales, o, por lo menos, al borde de los cuales habían estado desde la noche anterior, durante lo cual lo menos que esperaban era no solo lo que debieran haber esperado, sino lo que les habían advertido que debían esperar.

Pero lo vieron. Oyeron el automóvil, la bocina: la palma de la mano del muchacho estaba apoyada sobre ella, tal vez, o simplemente había hurgado en el interior del tablero o del capot y deshecho la conexión de un tirón, y probablemente si el muchacho hubiera pensado en algo definido en aquel momento, habría sido que lamentaba no llevar puesta una de aquellas gorras antiguas con orejeras. Y él, Charles, pensó en Hampton Killegrew, el sereno policial nocturno, corriendo fuera de la sala de billar o de la fonda, o de dondequiera que estuviese a aquella hora, y llegando tarde, seguramente, mientras el automóvil chillaba y aullaba por la calle en dirección a la plaza, con los faros encendidos, cortando el tránsito y la neblina, y por fin pasando velozmente entre las paredes de ladrillos, por donde la calle se estrechaba antes de llegar a la plaza; y más tarde recordó un gato, cuya silueta se perfiló al saltar frente a las luces fugaces, de modo que durante un segundo pareció tener tres metros de largo y al siguiente ser alto y delgado como una varilla de alambrado.

Pero por fortuna no había nadie, salvo él y su tío en la esquina. En aquel momento el muchacho los vio y enfocó los faros sobre ellos como si se dispusiese a subir a la acera con el automóvil. Entonces se hicieron a un lado de un salto y Charles casi habría podido tocar a Harriss —el rostro con los dientes brillantes—, mientras el automóvil pasaba velozmente hasta llegar a la plaza y la cruzaba patinando, con un rechinar de cubiertas contra el pavimento, en dirección a la carretera de Memphis, oyéndose cada vez más lejos la bocina y los neumáticos, hasta que por fin ambos vieron a Hampton Killegrew corriendo hacia la esquina, maldiciendo y gritando.

—¿Cerraste la puerta de la oficina? —preguntó su tío.

—Sí, tío.

—Pues vamos a casa a comer —dijo—. Durante el trayecto nos detendremos en la oficina de correos y telégrafos.

Se detuvieron allí, y Charles envió el telegrama a Mr. Markley, exactamente como lo redactara su tío:

Está ahora Greenbury. Recurre policía por solicitud Jefe Jefferson caso necesario.

Luego salió y alcanzó a su tío en la esquina siguiente.

—¿Por qué la policía, ahora? —dijo—. Creí que habías dicho que…

—Para escoltarlo fuera de Memphis, a dondequiera que se dirija —dijo su tío—, en cualquier dirección, salvo de regreso a ésta.

—Pero ¿por qué se va a otra parte? Anoche dijiste que el último lugar donde querrá estar es fuera de nuestra vista; el último lugar donde querrá estar es donde nadie pueda verlo, hasta después de su estratagema…

—En ese caso, me equivoqué —dijo su tío—. Y además le hice una injusticia. Por lo visto, atribuí a los diecinueve años no solamente mayor ingenio del que él es capaz de desplegar, sino también mayor malicia. Vamos. Es tarde, para ti. No solo debes comer, sino que luego debes regresar al pueblo.

—¿A la oficina? —dijo Charles—. ¿No pueden telefonearte a casa? Además, si ni siquiera piensa detenerse en Memphis, ¿para qué han de telefonearte…?

—No —dijo su tío—. Al cinematógrafo. Y antes de que lo preguntes, la razón es que ése es el único lugar donde nadie de diecinueve o veintiún años llamado Harriss, ni de cerca de dieciocho llamado Mallison, puede hablarme. Voy a trabajar. Pasaré la velada en compañía de bandidos y rufianes que tienen no solamente el coraje de su maldad, sino además su competencia.

Charles sabía a qué se refería: la traducción. En vista de ello no entró siquiera en la sala de su tío. Y éste fue el primero en levantarse de la mesa, de modo que no lo vio otra vez.

Y si él, Charles, no hubiese ido al cinematógrafo, tampoco habría visto en toda la noche a su tío: comió su cena sin prisa puesto que había mucho tiempo —a pesar de que su tío, y solo su tío, parecía desear evitar todo contacto con la raza humana—; caminó sin prisa, puesto que todavía quedaba bastante tiempo, en medio de la oscuridad vívida y fría en dirección a la plaza y el cinematógrafo, sin saber qué iba a ver y sin que ello le importase; sería quizás otra película sobre la guerra lo que le tocaría ver, pero ni siquiera le preocupaba, y pensó entonces que en un tiempo una película sobre la guerra debió de haber sido lo peor de todo para su sed espiritual, salvo que no lo era, porque había entre ellas y los sucesos mundiales de Miss Hogganbeck una distancia mil veces mayor que la distancia insuperable que mediaba entre los sucesos mundiales de Miss Hogganbeck y las insignias y espadas del cuerpo de adiestramiento de la reserva. Pensó que si la humanidad pudiese pasar todo su tiempo viendo películas cinematográficas, quizás no habrían más guerras ni angustias forjadas por los mismos hombres; pero el hombre no podía pasar tanto tiempo viendo películas, puesto que el hastío es la única pasión humana contra la cual el cinematógrafo es impotente, y los hombres tendrían que pasar por lo menos ocho horas diarias viéndolas, ya que necesitan otras ocho para dormir, y su tío afirmaba que lo único que el hombre puede soportar durante ocho horas, fuera del sueño, es el trabajo.

Charles fue, pues, al cinematógrafo. Y si no hubiera ido al cinematógrafo, no habría pasado frente a la fonda, «Abierta día y noche», donde pudo ver y reconocer el camión para caballos, vacío junto a la acera, con las cadenas y grillos sueltos enganchados en las paredes laterales; y, al mirar por la ventana, a Mr. McCallum en persona junto al mostrador, comiendo, el grueso garrote de roble claro que llevaba invariablemente consigo cuando andaba entre caballos y mulas desconocidos, apoyado contra el mostrador junto a él. Y si no hubieran faltado todavía catorce minutos para el fin del plazo que se le acordaba para regresar a casa los días de trabajo, salvo los sábados, a menos que se tratase de una fiesta, no habría entrado en la fonda ni preguntado a Mr. McCallum quién había comprado el caballo.

Había salido la luna. Una vez que dejó atrás la plaza iluminada, pudo observar las sombras de sus piernas cortando las sombras de los tablones de los cercos, aunque no durante mucho tiempo, porque para cortar camino, saltó uno de ellos, en la esquina del jardín del fondo de su casa, y de esta manera economizó un trecho entre éste y el portón. Y ahora veía ya el suave resplandor de la lámpara del escritorio detrás de la ventana de su tío, y siguió caminando, sin prisa, según creía, impulsado por aquella ola de puro asombro y desconcierto, pero en realidad, aunque en el momento no lo discerniera, con prisa, y su instinto le dictó vagamente detenerse, evitar, eludir toda violación a aquel código tácito, a aquella hora, a aquel ritual de la Traducción, a la cual toda la familia solía referirse con especial énfasis: la traducción del Viejo Testamento una vez más al griego clásico al cual fuera traducido de su perdida infancia hebrea. Su tío estaba dedicado a esta tarea desde hacía veinte años, dos años más que la edad de Charles, y siempre se retiraba a su salita privada una vez por semana, y a veces dos y tres, siempre que ocurría algo que lo indignaba o desagradaba, cerrando la puerta tras sí. Y ningún hombre, mujer o niño, cliente o amigo, osaba tocar siquiera el picaporte de aquella puerta cuando su tío la había cerrado por dentro.

Y él, Charles, pensó que de haber tenido ocho años en lugar de dieciocho, no habría prestado ninguna atención a aquella lámpara de estudiante ni a aquella puerta cerrada. O bien, de haber tenido veinticuatro, en lugar de dieciocho, no habría estado en aquel momento allí, por el hecho de que otro muchacho de dieciocho años hubiera adquirido un caballo. A continuación se le ocurrió que habría sido al revés, que quizás de tener veinticuatro años se habría apresurado más que nunca, y de haber tenido ocho, no habría estado allí, puesto que ahora, a los dieciocho años, todo lo que había en él era la prisa, la prontitud, el asombro, por cuanto, quisiera o no su tío, sus dieciocho años eran exclusivamente suyos y no podían comenzar a predecir siquiera cómo los diecinueve de Max Harriss esperaban impedir algo o vengarse de alguien con aquel caballo.

Pero no necesitaba preocuparse por este último punto. Su tío se ocuparía de ello. Todo lo que se exigía de él era la prisa, la prontitud, la velocidad. Y había cumplido con estos requisitos manteniendo el paso rápido, mitad marcha, mitad trote, desde aquel primer escalón de la puerta de la fonda, cuando doblara la esquina, a través del jardín del fondo, por los escalones que conducían al vestíbulo principal y por fin hasta la puerta cerrada, sin hacer una pausa, mientras sus manos se extendían ya hacia el picaporte. Y así entró en la salita, donde estaba sentado su tío en mangas de camisa, con una visera sobre los ojos, junto al escritorio, debajo de la lámpara, sin levantar la vista, con la Biblia sobre un atril frente a sí y el diccionario griego y la pipa de marlo de maíz cerca de su codo, y buena parte de un manojo de hojas de papel amarillo diseminadas por el suelo a su alrededor.

—Compró el caballo —dijo Charles—. ¿Qué puede hacer con ese caballo?

Y tampoco ahora el tío levantó la vista ni se movió.

—Cabalgarlo, supongo —repuso su tío. Y levantando la vista, tomó su pipa y añadió—: Creí que estaba entendido que…

Y de pronto calló, y la pipa quedó inmóvil antes de llegar a la boca, mientras la mano que la sostenía también quedaba inmóvil en el aire. Charles había visto esto antes, y durante un instante le pareció que lo veía una vez más: el instante durante el cual los ojos de su tío no lo veían, mientras detrás de ellos se delineaba ya con un resplandor de enojo la frase concisa, irónica, fácil, a menudo de menos de dos palabras, con que lo obligaría a salir precipitadamente de la habitación.

—Bueno —dijo su tío—. ¿Qué caballo?

Y Charles repuso concisamente, a su vez:

—El de McCallum. El potro.

—Bien —comentó su tío.

Pero cuando Charles habló nuevamente, no lo hizo con la lentitud habitual, ni tampoco necesitó que le aclarasen nada.

—Acabo de dejarlo en la fonda, comiendo. Lo llevó allí esta tarde. Cuando volvía de la escuela esta tarde vi el camión en la callejuela, pero no...

Su tío parecía no verlo: los ojos estaban tan vacíos como los de la muchacha de Harriss cuando atravesara aquella misma puerta por primera vez la noche anterior. Luego su tío dijo algo. En griego, griego clásico, pues estaba todavía envuelto en aquella época remota en que el Viejo Testamento fuera traducido o escrito por primera vez. A veces su tío hacía esto: decirle en inglés algo que ninguno de los dos hubiera deseado que fuera oído por la madre de Charles, y luego, lo mismo en griego clásico, que aun para él que no lo comprendía, sonaba mucho más vigoroso, mucho más eficaz, en el sentido de expresar exactamente lo que su tío quería decir, aun para quienes no podían entenderlo o que por lo menos no lo habían entendido hasta aquel momento. Y éste era uno de esos momentos, y tampoco sonaba como algo que pudiese haber sido extraído de la Biblia, por lo menos después de que los puritanos anglosajones la tuvieran en sus manos. Y su tío estaba de pie, quitándose la visera y arrojándola lejos, empujando violentamente la silla y tomando precipitadamente su chaqueta y su chaleco de la otra.

—Mi abrigo y mi sombrero —dijo—. Sobre la cama. Corre.

Y Charles corrió. Salieron de la habitación exactamente como un automóvil con un trozo de papel arrastrado tras él, cruzando el vestíbulo, su tío delante de los faldones de su chaqueta que parecían alas y con los brazos extendidos hacia atrás para ponerse el abrigo, y él, Charles, tratando siempre de acercarse lo suficiente como para introducir los brazos de su tío en las mangas de la prenda.

Luego, cruzaron el jardín iluminado por la luna hasta llegar al automóvil, al que subieron mientras Charles sostenía aún el sombrero; y sin calentar el motor, su tío dio marcha atrás precipitadamente, salió a la calle con un rechinar de neumáticos, y cambiando de dirección, partieron ambos a toda velocidad, doblaron la esquina a contramano, cruzaron la plaza casi tan velozmente como lo hiciera Max Harriss, y detuviéronse con brusquedad junto al camión de Mr. McCallum, frente a la fonda.

—Espera —dijo su tío. Y bajando del automóvil entró en la fonda, por cuya ventana Charles podía ver a Mr. McCallum sentado aún junto al mostrador, tomando café, su garrote siempre a su lado, hasta que su tío se acercó y se apoderó de él y dio media vuelta sin detenerse, arrastrando tras sí a Mr. McCallum, como arrastrara a Charles de la salita, cinco minutos antes. De regreso junto al automóvil, abrió la puerta de un tirón y le dijo a Charles que se corriese para conducir, y por fin empujó el garrote y a Mr. McCallum dentro del vehículo y por último subió él mismo, cerrando bruscamente la portezuela.

En realidad, Charles no tenía inconveniente en conducir, porque su tío era peor que Max Harriss, aun cuando no tuviese prisa ni se dirigiese a un lugar especial. Es decir, el velocímetro señalaba solamente la mitad de la cifra registrada por el de Max Harriss, pero en tanto que éste tenía la noción de estar corriendo mucho, su tío, en cambio, estaba convencido de que no corría.

—Apresúrate —le dijo su tío—. Son las diez menos diez. Pero los ricos comen tarde, de modo que es posible que lleguemos a tiempo.

Charles aceleró la marcha. Muy pronto estuvieron fuera del pueblo, y le fue posible correr algo más, a pesar de que la carretera estaba solo afirmada y cubierta con grava. Lo único que el Barón Harriss había olvidado hacer, o por lo menos había muerto demasiado pronto para tener tiempo de hacerlo, era una carretera de cemento a lo largo del trayecto de seis millas entre su propiedad y el pueblo. Sea como fuere, corrían a gran velocidad, el tío de Charles empinado en el borde del asiento y observando la aguja del velocímetro, como si en el momento en que se inclinase estuviese dispuesto a saltar y seguir la marcha a la carrera.

—Déjame de «¿cómo estás, Gavin?» —dijo su tío a McCallum—. Espera y dímelo luego de que te entable juicio como cómplice.

—Conocía el caballo —dijo McCallum—, y a pesar de ello vino hasta casa e insistió en comprarlo. Estuvo al amanecer, dormido en el automóvil detenido junto al portón principal, con cuatrocientos o quinientos dólares sueltos en el bolsillo, como si fuesen un manojo de hojas. ¿Por qué? ¿Dice que es menor de edad?

—No dice nada —repuso su tío—. Aparentemente la cuestión de su edad no es de incumbencia de nadie, ni aun de su tío en Washington. Pero no hablemos de esto. ¿Qué hiciste con el caballo?

—Lo dejé en la caballeriza, en un box —dijo Mr. McCallum—. Pero no te preocupes; era la caballeriza chica, con un solo box, y no había nada más. Me dijo que no me preocupase, porque no pondría nada más en ella. La tenía elegida y lista cuando yo llegué allí. A pesar de ello miré todo, las puertas, el cerco, todo. La caballeriza estaba muy bien. De lo contrario, no habría dejado el caballo, por mucho que me hubiera querido pagar por él.

—Ya sé todo eso —dijo su tío—. ¿Cuál caballeriza chica?

—La que está separada del resto y que él hizo construir el verano pasado, detrás de una arboleda, alejada de las demás y de los paddocks. Tiene paddock individual, y no hay nada en toda la caballeriza, salvo ese único box y un galpón de depósito. También lo revisé, pero no había nada allí: solo una montura y un juego de riendas, mantas, una rasqueta, un cepillo y un poco de forraje. Y él me dijo que cualquiera que tuviese que tocar esas cosas, ya sabría que el caballo estaba allí. Yo le dije que es mejor que lo esté, porque si cualquiera entraba en ese sector y abría la puerta esperando encontrar un caballo común, no solo sería de lamentar para quien la abriera, sino también para el dueño del caballo. Él me dijo que yo estaba a salvo de este riesgo, puesto que era simplemente quien se lo había vendido. Pero la caballeriza estaba perfectamente. Hasta había una ventana al exterior por la cual se puede trepar al altillo y arrojar forraje al caballo hasta que el animal se acostumbre a esa persona.

—¿Y cuándo será eso? —preguntó el tío de Charles.

—Yo aprendí a alimentarlo —observó McCallum.

—Entonces, es posible que dentro de un minuto podamos ver cómo lo haces.

En efecto, estaban casi en la propiedad de Harriss. No habían llegado con la misma rapidez que Harriss, pero estaban ya corriendo entre los cercos blancos que, a la luz de la luna, no parecían más sólidos que si fuesen de azúcar, con los extensos prados bañados por la luna, más allá, donde su tío probablemente podía recordar los cultivos de algodón, o por lo menos, afirmaría recordarlo, con seguridad, mientras el antiguo propietario se sentaba en la silla rústica en el corredor, para estudiarlos un rato y luego volver a su libro y a su whisky con agua.

A continuación cruzaron los portones; tanto su tío como Mr. McCallum estaban sentados en el borde del asiento, y avanzaron rápidamente por el sendero principal entre espacios cubiertos de césped esmeradamente recortado, entre los arbustos y plantas y árboles tan cuidados como el algodón ya cosechado, hasta que avistaron por fin lo que fuera la casa del antiguo propietario; la tremenda masa de columnas, alas y balcones que cubría seguramente medio acre.

Y habían llegado a tiempo. El capitán Gualdres debió salir por la puerta lateral a tiempo para ver los faros del automóvil en el sendero. Sea como fuere, estaba inmóvil bajo la luz de la luna cuando lo vieron, y todavía estaba en el mismo sitio cuando los tres bajaron del automóvil y se aproximaron; estaba con la cabeza descubierta, y llevaba una corta chaqueta de cuero, botas y un rebenque corto colgando de una muñeca.

Comenzó en castellano. Tres años atrás Charles había seguido cursos de castellano en la escuela secundaria, y ahora no recordaba, más aún, nunca había sabido, cómo o por qué había comenzado a seguirlos; no, no sabía exactamente qué había hecho su tío, como consecuencia de lo cual él, Charles, se había encontrado siguiendo cursos que nunca tuviera intención de elegir. No había sido persuasión, ni tampoco soborno, porque su tío afirmaba que no es necesario ser sobornado para hacer algo cuando verdaderamente se desea hacerlo, o se necesita hacerlo, se sepa o no en el momento si se necesita o si se ha de necesitar algún día. Quizás su error había residido en tener tratos con un abogado. De todos modos, seguía tomando cursos de castellano; había leído el Don Quijote, era capaz de entender la lectura de la mayoría de los diarios mejicanos y sudamericanos y había comenzado a leer el Cid. Pero aquello había ocurrido el año anterior, en 1940, y su tío le había dicho: «Pero ¿por qué? Debe de ser más sencillo que el Quijote, porque el Cid trata de héroes». A pesar de ello no podría haber explicado a nadie, y menos aún a un hombre de cincuenta años, aun tratándose de su tío, que no era posible saciar la sed de su espíritu con la polvorienta crónica del pasado, mientras a menos de mil quinientas millas de distancia, en Inglaterra, jóvenes no mucho mayores que él estaban escribiendo diariamente con sus vidas el inmortal epílogo de su propia época.

En vista de todo ello la mayoría de las veces podía comprenderlos; solo una pequeña porción del idioma resultaba demasiado rápida para él. Pero de cualquier manera, una porción del inglés era también demasiado rápida para el capitán Gualdres, y en un momento estuvo por creer que había dos personas presentes que no lograban mantenerse a la par del castellano de su tío.

—Pero usted sale a cabalgar a la luz de la luna —dijo su tío.

—Es verdad —dijo el capitán, todavía cortés, todavía algo sorprendido, con sus cejas negras solo imperceptiblemente arqueadas, tan cortés que su voz no revelaba la más mínima sorpresa, y ni siquiera su tono, el tono de lo que estaba diciendo, expresaba lo que fuera que decía un hombre en castellano en lugar del so what? inglés, del «¿Qué hay con ello?».

—Soy Stevens —dijo su tío con aquel tono rápido que, según advertía Charles, era algo más para el capitán Gualdres que simplemente rápido, puesto que para un hombre de raza española la rapidez y la brusquedad debían ser el peor de los crímenes. Y el castellano, según advertía asimismo, representaba toda la dificultad: su tío no había tenido tiempo de hacer otra cosa que hablarlo—. Éste es Mr. McCallum. Y éste es el hijo de mi hermana, Charles Mallison.

—Conozco bien a Mr. McCallum —dijo el capitán Gualdres en inglés, volviéndose. Durante un segundo vieron su dentadura—. También él tiene un gran caballo. Una lástima —y estrechó la mano de Mr. McCallum con un apretón breve y recio. Pero aun al hacer este ademán parecía de bronce, a pesar del cuero flexible de la chaqueta bañado en luz de luna y de los cabellos relucientes, como si estuviese forjado de metal, cabellos, botas, chaqueta y demás, en una sola pieza íntegra—. No conozco tan bien a este joven. —Estrechó la mano de Charles, con un apretón también rápido y vigoroso. Luego dio un paso hacia atrás. Y esta vez no estrechó la mano del tío de Charles—. Y tampoco conozco muy bien a Mr. Stevens. Una lástima, quizás —y aún en aquel momento el tono de su voz no decía: «Ahora pueden someter a mi consideración sus disculpas». Ni tampoco: «Pues bien, señores». Solo se oía la voz perfectamente cortés, perfectamente fría, sin la menor inflexión—: ¿Han venido a pasear? No hay caballos aquí, pero hay bastantes en el campito. Iremos a buscarlos.

—Espere —dijo el tío de Charles en castellano—. Mr. McCallum ha debido contemplar demasiados caballos todos los días para desear cabalgar uno ahora, y el hijo de mi hermana y yo no necesitamos mirar ninguno para tener ganas de hacerlo. Hemos venido a hacerle un favor.

—¡Ah! —dijo el capitán Gualdres, también en castellano—. ¿Qué favor?

—Bueno —dijo el tío, siempre con aquella voz rápida, con aquel rápido repiquetear del idioma del capitán Gualdres, resonante, no del todo musical, como metal en parte destemplado—. Teníamos mucha prisa. Quizás debí venir tan rápidamente que mis buenos modales quedaron rezagados.

—Cuando un hombre puede dejar atrás su cortesía es porque quizás, fue suya desde el principio —observó el capitán Gualdres, y, con deferencia, añadió—: ¿Qué favor?

Y él, Charles, pensó a su vez: «¿Qué favor?». El capitán Gualdres no se había movido. En ningún momento había habido duda o incredulidad en su voz; ahora no había ni siquiera sorpresa o asombro en ella. Y él, Charles, estaba casi de acuerdo con él en que hubiera algo que se le pudiese hacer y sobre lo cual su tío o cualquiera tuviese necesidad de protegerlo o advertirlo. Y a continuación Charles pensó no solo en el caballo de McCallum, sino en una tropilla de caballos semejantes cayendo sobre él con el ruido atronador de sus cascos, arrojándolo tal vez al suelo y aun ensuciándolo, y aun quizás tocándolo ligeramente y hasta magullándolo levemente, pero nada más.

—Una apuesta, entonces —dijo su tío.

El capitán Gualdres no se movió.

—Un pedido, si usted quiere —dijo su tío.

El capitán Gualdres no se movió.

—Un favor personal para mí.

—¡Ah! —dijo entonces el capitán Gualdres. Pero ni aún entonces se movió. Solo aquella interjección, aquella única palabra que no era castellana ni tampoco inglesa por ser igual en todos los idiomas, que él, Charles, había oído.

—Usted saldrá a caballo esta noche —dijo su tío.

—Es verdad —repuso el capitán Gualdres.

—Permítanos acompañarlo a la caballeriza donde tiene su caballo de cabalgar de noche —dijo su tío.

Nuevamente el capitán Gualdres se movió, aunque esta vez solo movió los ojos. Charles vio su resplandor mientras el capitán Gualdres les dirigía una mirada, volviendo nuevamente la vista hacia el tío de Charles. Y luego, nada, nada más, nada, aparentemente ni respiración, mientras él, Charles, podría haber contado casi hasta sesenta. Y por fin el capitán Gualdres se movió.

—Es verdad —dijo, y emprendió la marcha, seguido por los tres, en torno a la casa demasiado grande; el grupo cruzó el parque donde los arbustos y los árboles crecían abundantemente, dejando atrás el garaje que albergaba más automóviles que los que podrían utilizar cuatro personas, y el jardín de invierno y los invernáculos, con demasiadas flores y uvas para que pudiesen olerías y comerlas las cuatro personas; cruzó aquel dominio feudal de silencio de luna, de palidez de luna, de quietud de luna, con el capitán Gualdres a la cabeza, sobre los pistones arqueados de piernas resplandecientes de cuero, y luego su tío y él y Mr. McCallum con su garrote de roble claro, los tres en fila india detrás del capitán Gualdres, como tres de los gauchos que trabajaban con su familia, si en verdad el capitán Gualdres tenía familia, y si en verdad eran gauchos, y no otro término que Charles no podía recordar y que terminaba en «ones».

Pero no iban en dirección a las grandes caballerizas con relojes y luces eléctricas, con fuentes doradas para beber y con lujosos pesebres; tampoco iban por el sendero que conducía a ellas, sino que lo cruzaron, treparon el cerco blanco y atravesaron un campo bañado por la luna, rodeando un pequeño macizo de árboles. Allí estaba, y Charles imaginó la voz de Mr. McCallum mientras hablara anteriormente: la pequeña caballeriza con su cerco individual, y un solo establo del tamaño de un garaje para dos automóviles, todo ello nuevo desde setiembre último, prolijo, con olor a pintura fresca. La parte superior de la puerta del único box estaba abierta: un cuadrado negro rodeado de blanco deslumbrante. Y de pronto, a sus espaldas, Mr. McCallum emitió un sonido especial.

Y en este punto fue donde las cosas comenzaron a desenvolverse con demasiada rapidez para Charles. Hasta el capitán Gualdres se convirtió en latino ahora, volviéndose de espaldas al cerco, compacto, recio, y por alguna razón misteriosa, más alto, diciendo a su tío lo que hasta aquel momento el tono de su voz no había expresado siquiera, hablando ambos cara a cara en un rápido repiqueteo del idioma nativo del capitán Gualdres, de modo que parecían dos carpinteros escupiendo tachuelas uno contra el serrucho del otro. Y ello, aunque el tío de Charles comenzó en inglés y el capitán Gualdres lo siguió en un principio, como si su tío pensara que Mr. McCallum tenía derecho a enterarse de algo, por lo menos.

—Ahora, Mr. Stevens, ¿quiere explicarse?

—¿Con su permiso?

—Muy bien.

—Aquí es donde usted tiene su caballo nocturno, el ciego.

—Sí —dijo el capitán Gualdres—. No hay ningún caballo aquí, salvo la pequeña yegua, durante la noche. El negrito la deja en la caballeriza grande todas las tardes.

—Y después de comer, cuando está suficientemente oscuro, usted viene aquí, se acerca a esa caballeriza y abre la puerta, a oscuras, como ahora.

Y en un principio Charles había pensado que había demasiada gente allí, una persona de más, por lo menos. Ahora advirtió que faltaba una persona, el barbero, porque el capitán Gualdres dijo:

—Primero coloco los obstáculos.

—¿Obstáculos? —repitió el tío de Charles.

—La pequeña yegua no ve. Muy pronto estará completamente ciega. Pero todavía puede saltar, sin ver, por el tacto y el oído. Yo le enseño…, ¿cómo se dice?…, la fe.

—Creo que la palabra que busca es «invulnerabilidad» —dijo su tío. Y a continuación la conversación prosiguió en castellano, hablando los dos rápidamente, como boxeadores, salvo en cuanto a fluidez. Y Charles podría haber entendido a Cervantes cuando escribía, pero oír a aquel Sansón estatuario y al jefe de los yanquis que hablaban de caballos en su presencia, y en castellano, era demasiado para él, o por lo menos así lo creyó hasta que luego, cuando la conversación hubo terminado, su tío le explicó todo en forma muy parecida a lo que Charles imaginara.

—¿Y qué ocurrió entonces? ¿Qué le dijiste?

—No mucho —repuso el tío—. Le dije simplemente «ese favor». Y Gualdres dijo: «Por el cual, naturalmente, debo agradecerle de antemano». Y yo agregué a mi vez: «Pero en el cual, por supuesto, no cree usted. Aunque, también naturalmente, desea conocer su precio». Nos pusimos, pues, de acuerdo en cuanto al precio, y yo le hice el favor, y eso fue todo.

—Pero ¿qué precio? —dijo Charles.

—Fue una apuesta.

—¿Una apuesta sobre qué?

—Sobre su destino. Así lo llamaba él. Porque si en algo le agrada creer a un hombre como ése, es en su destino. Pero no cree en un destino fijo, ni siquiera lo acepta.

—Muy bien —dijo Charles—. La apuesta. ¿Qué le apostaste?

Su tío no repuso, empero, sino que lo miró silencioso, sardónico, contradictorio, fantástico y siempre familiar, aun cuando él, Charles, acababa de descubrir que no lo conocía en lo más mínimo. Y a continuación el tío dijo:

—De pronto surge un caballo de cualquier parte, del oeste, si lo prefieres, y da jaque a la reina y a la torre en una sola movida. ¿Qué haces tú?

Por lo menos, para entonces, conocía ya la respuesta a esta pregunta:

—Salvo a la reina y dejo ir la torre —y en seguida agregó—: Del oeste de América del Sur. Fue esa muchacha, la de Harriss. Le apostaste la muchacha. A que no cruzaría aquel terreno ni abriría la puerta del establo. Y perdió.

—Perdió —repitió su tío—. ¿Una princesa y medio castillo, contra varios de sus huesos y quizás también sus sesos? ¿Perdió?

—Perdió la reina.

—¿La reina? ¿Qué reina? ¡Ah! Te refieres a Mrs. Harriss. Quizás comprendió que habían movido la reina en el mismo instante en que advirtió que tendría que aceptar la apuesta. Quizás se dio cuenta de que la reina y la torre habían desaparecido en el momento en que desarmó al príncipe con aquella escoba de barrer la chimenea. Si es que alguna vez la quiso.

—¿Qué estaba haciendo allí, pues?

—¿Por qué estaba esperando?

—Tal vez era una plaza muy agradable —dijo Charles—. Un cuadro, mejor dicho. Quizás por el placer de moverse no solo de a dos cuadros por vez, sino además en direcciones opuestas.

—O bien indecisión, puesto que puede hacerlo —dijo su tío—. Una indecisión casi fatal para esta movida, porque debía hacerla. Por lo menos, es mejor que lo haga. Su amenaza y su atractivo residen en su capacidad de movimiento. Y esta vez, olvidó que su seguridad también residía en eso.

Pero aquella conversación tuvo lugar al día siguiente. En aquel momento apenas si podía seguir todo lo que estaba ocurriendo. Él y Mr. McCallum estaban allí contemplando y escuchando al tío y al capitán Gualdres, el uno frente al otro, lanzando las sílabas cortantes y ágiles, hasta que por fin el capitán Gualdres hizo un movimiento que no fue encogimiento de hombros ni tampoco saludo militar. Y su tío se volvió a Mr. McCallum.

—¿Qué piensas, Rafe? —dijo el tío de Charles—. ¿Quieres ir hasta allí y abrir la puerta?

—¿Por qué no? —dijo Mr. McCallum—. Pero no veo...

—He hecho una apuesta con el capitán Gualdres —dijo el tío de Charles—. Si no lo haces, lo haré yo.

—Espere —dijo el capitán Gualdres—. Creo que me corresponde.

—Esperará usted, señor capitán —dijo Mr. McCallum. Levantó su pesado garrote en la otra mano y se quedó contemplando el cerco blanco y más allá de él, la pista bañada por la luna, en dirección a la pared silenciosa y blanca del establo, con su único cuadrado negro de la puerta abierta en la parte superior, durante cerca de medio minuto. Luego cambió el garrote de mano una vez más, trepó al cerco y volviendo la cabeza, dijo al capitán Gualdres—: Acabo de descubrir de qué se trata y también lo descubrirá usted dentro de un minuto.

Lo observaron mientras trepaba sin apresurarse, hasta entrar en el paddock. Era un hombre corpulento, ágil, calmoso, rodeado de una especie de atmósfera semejante a la del capitán Gualdres, con su instinto frente a los caballos, caminando con paso firme a la luz de la luna, en dirección a la caballeriza blanca y al cuadrado negro, negro de vacío, de total y absoluto silencio, en medio de la pared blanca, hasta que llegó por fin a él y levantó el pesado pasador de hierro forjado, abriendo así la parte inferior de la puerta. Y solo entonces se movió con increíble rapidez, abriendo la puerta hasta que giró totalmente sobre sus goznes. Al hacer esto quedó a medias oculto entre la puerta y la pared, aferrando su garrote con una mano, y moviendo la puerta imperceptiblemente cuando el potro, del mismo color que la negrura de tinta de la noche, salió como un estampido en medio del campo bañado por la luna, como si hubiese estado atado a la puerta misma con una soga no más larga que una cadena de reloj.

Salió relinchando. Parecía enorme, alado: una masa furiosa del color del destino o de la medianoche, que se lanzaba hacia la luna en un remolino de crines y cola como llamas negras, con aspecto no ya de muerte, porque la muerte es estática, sino de demonio, un bruto condenado, eternamente condenado, que se arrojaba hacia la luna, piafando, galopando en un círculo breve y alocado mientras sacudía la cabeza hacia un lado y hacia otro, buscando al hombre, hasta que vio a Mr. McCallum por fin y dejó de relinchar y se lanzó hacia él, sin reconocerlo hasta que éste salió de detrás de la puerta y le gritó.

Entonces se detuvo, las patas arqueadas y clavadas, el cuerpo arqueado sobre ellas, mientras Mr. McCallum, otra vez con aquella increíble rapidez, caminó hacia él y descargó el garrote con todas sus fuerzas sobre su cara. El animal relinchó y dio media vuelta, galopando a toda velocidad, y Mr. McCallum se volvió también y caminó hacia el cerco. No corrió, sino que caminó, y a pesar de que el potro describió dos círculos completos en torno a él antes de llegar al cerco y de trepar por él, no lo amenazó abiertamente otra vez.

Y durante otro intervalo el capitán Gualdres no se movió, duro como el metal, inviolable, ni pálido, siquiera. Y luego se volvió hacia el tío de Charles; todavía hablaba en castellano, pero Charles pudo comprender.

—He perdido —dijo.

—Perdido, no —dijo el tío.

—Verdad —dijo el capitán Gualdres—. Perdido, no —y luego añadió—: Gracias.

<h2 style="text-align:center">IV</h2>

Llegó el sábado, y no había clase: todo aquel día sin desafíos en el cual podría haberse sentado en la oficina y presenciado el pequeño resto que quedaba, el resumen, lo poco que quedaba. Por lo menos, así lo creía Charles, quien aun a aquella hora avanzada de la tarde de diciembre no conocía su propia capacidad para sorprenderse y maravillarse.

En realidad, nunca había creído que Max Harriss regresaría de Memphis. Tampoco lo había creído Mr. Markley, en Memphis, según parecía.

—La policía de la ciudad de Memphis no puede trasladar a un detenido de regreso a Mississippi —dijo Mr. Markley—. Ya lo sabes. Tu sheriff deberá enviar a alguien…

—No es un detenido —dijo el tío de Charles—. Dile eso. Dile que solo deseo que venga a conversar conmigo.

Entonces, durante un minuto aproximadamente no se oyó nada en el teléfono, excepto el leve zumbido de la fuerza que mantenía aquella línea, y que costaba dinero a alguien, pasasen o no voces por ella. Y en ese momento Mr. Markley dijo:

—Si yo le diese el mensaje y le dijese que puede irse, ¿esperarías realmente volver a verlo?

—Dale el mensaje —dijo el tío de Charles—. Dile que quiero que vuelva aquí y que converse conmigo.

Y Max Harriss volvió. Llegó apenas antes que el resto, lo suficiente como para poder atravesar la antesala y entrar en la oficina mientras los otros dos estaban todavía subiendo las escaleras. Y él, Charles, cerró la puerta de la antesala, y Max se detuvo frente a ella, observando a su tío, delicado, juvenil y bien vestido, y también con aspecto de cansado y de haber sufrido una gran tensión, como si no hubiese dormido muy bien la noche anterior. Solo sus ojos no tenían el aspecto de los de un joven, ni tampoco parecían cansados, mientras miraban al tío de Charles exactamente como lo miraran dos noches atrás, con una expresión que distaba mucho de ser tranquila y normal. Pero, por lo menos, no había en ellos una expresión atemorizada, hubiese lo que hubiere en su lugar.

—Siéntese —dijo el tío.

—Gracias —dijo Max, y su tono fue rápido, áspero, no despreciativo, simplemente incisivo y negativo. Pero en seguida se movió. Se aproximó al escritorio y comenzó a escudriñar el recinto en todas direcciones, con gestos teatrales y exagerados—. Estoy buscando a Hamp Killegrew —dijo—. O a lo mejor al sheriff mismo. ¿Dónde lo tiene escondido? ¿En la fuente de tomar agua? Si ha puesto allí a cualquiera de los dos, para este momento han de haber muerto de sorpresa.

Pero su tío no repuso, hasta que él, Charles, lo miró a su vez. Su tío no estaba mirando a Max, siquiera. Había hecho girar su silla lateralmente y estaba mirando por la ventana, inmóvil, salvo su pulgar que hacía un movimiento casi imperceptible al acariciar la taza de la pipa.

Entonces Max se detuvo a su vez y se quedó mirando el perfil del tío de Charles con los ojos duros y sin profundidad, en los cuales había poco de juventud, de paz o de ninguno de los elementos que debían haber encerrado.

—Muy bien —dijo Max—. No podrá probar intención ni designio. Todo lo que podrá probar, no tendrá necesidad de hacerlo. Lo admito desde ya. Lo afirmo. Compré un caballo y lo dejé en una caballeriza individual en la propiedad de mi madre. También yo sé algo de la ley, como verá. Probablemente sé exactamente lo necesario para ser un abogadillo de primer orden en un pueblo de Mississippi. Quizás hasta un legislador del Estado, aunque probablemente sé demasiado para que alguna vez me elijan gobernador.

El tío de Charles seguía inmóvil, salvo por el pulgar.

—En su lugar, yo me sentaría —dijo.

—En mi lugar, haría mucho más que eso, en este momento —dijo Max—. ¿Pues bien?

Ahora el tío de Charles se movió. Apoyando la rodilla contra el escritorio, hizo girar rápidamente su silla, hasta mirar de frente a Max.

—No necesito probarlo —dijo—. Porque usted no dejará de admitirlo.

—No —dijo Max. Lo dijo inmediatamente, con desdén. No había siquiera violencia en su tono—. No lo niego. ¿Qué hay con ello? ¿Dónde está su sheriff?

El tío miró a Max. Luego llevó la boquilla de su pipa apagada a los labios y aspiró, como si tuviese fuego y tabaco, y habló con tono tranquilo, y como restando importancia al asunto:

—Supongo que cuando Mr. McCallum llevó el caballo y usted ordenó ponerlo en la caballeriza del capitán Gualdres, dijo a los caballerizos y a los demás negros que el capitán Gualdres lo había comprado él mismo y deseaba que no lo tocara nadie. Lo cual no les habrá costado mucho creer, ya que el capitán Gualdres había comprado antes un caballo que no dejaba que nadie tocase.

Max no repuso, en la misma forma en que no respondiera la otra noche, cuando el tío de Charles mencionó que no se había enrolado para la conscripción. No había siquiera desdén en su rostro, mientras aguardaba que el tío prosiguiese.

—Muy bien —dijo el tío—. ¿Cuándo se casarán el capitán Gualdres y su hermana?

Y entonces fue cuando él, Charles, descubrió qué más había en aquellos ojos duros e impasibles: desesperación y pena. Sí, vio cómo la ira surgía como una llamarada, ardiendo, consumiéndose, desplazando todo de aquellos ojos hasta dejar en ellos solo la ira y el odio, y pensó que quizás su tío tenía razón, y que había cosas más innobles que el odio, y que, si se odia a alguien, es seguramente al hombre a quien no se ha logrado matar, aun cuando él lo ignore.

—Recientemente he hecho algunos tratos —dijo su tío—. Muy pronto sabré si me ha ido mal en ellos o no. Ahora haré otro trato con usted. Usted no tiene diecinueve años, sino veintiuno, pero no se ha enrolado todavía. Alístese.

—¿Alistarme? —dijo Harriss.

—Sí, alístese.

—Comprendo —dijo Harriss—. Alistarme, o de lo contrario…

Y entonces Harriss se echó a reír. Estaba de pie junto al escritorio, mirando al tío de Charles y riendo a carcajadas. Pero en ningún momento su risa había llegado a sus ojos, de modo que tampoco podía dejarlos. Su risa desapareció, pues, solo de su rostro, esfumándose gradualmente aun de esos ojos en los que nunca estuviera, hasta que por fin tuvieron la misma expresión que los de su hermana dos noches atrás: la pena y la desesperación, pero sin el terror y el temor. Entretanto, las mejillas de su tío se hundían en el movimiento de aspirar por la pipa como si ésta estuviese cargada.

—No —dijo el tío de Charles—. Alístese y nada más. No le ofrezco alternativa. Mire. Usted está jugando al poker, o por lo menos, a lo que juega la mayoría de la gente bajo este nombre. Entiendo que usted lo juega. Usted roba cartas. Al hacerlo, usted afirma dos cosas: o bien que tiene algo para hacer juego con las cartas robadas, o que está dispuesto a apoyar con el último centavo que le quede el hecho de que no tiene juego. Usted no roba y luego vuelve a dejar las cartas en el mazo por no ser las que necesitaba, esperaba o deseaba. Y no roba, no, simplemente por el beneficio de su propia alma y bolsillo, sino por el beneficio de los demás participantes en el juego, que han asumido la misma obligación tácita.

A continuación ambos permanecieron inmóviles. Hasta el gesto mecánico de su tío de fumar su pipa vacía cesó. Y entonces Harriss aspiró profundamente. Fue posible oírlo, como también en su inmediata espiración.

—¿Ahora? —dijo.

—Sí. Ahora. Regrese a Memphis y alístese.

—Yo… —dijo Harriss—. Hay cosas que…

—Ya lo sé —dijo el tío de Charles—. Pero no conviene que vaya allí ahora. Cuando se haya alistado le acordarán unos cuantos días para volver aquí y…, digamos…, ordenar sus asuntos. Vaya ahora. Su automóvil está abajo, ¿no? Vaya a Memphis ahora e incorpórese al ejército.

—Bueno —dijo Harriss. Y una vez más respiró profundamente—. Bajar esas escaleras solo, subir a mi automóvil solo, y partir. ¿Qué le hace suponer que usted o el ejército o nadie podrá atraparme otra vez?

—No había pensado para nada en ello —dijo el tío—. ¿Se sentiría mejor si me da su palabra de honor?

Y eso fue todo. Harriss permaneció allí unos minutos más, junto al escritorio, luego regresó a la puerta y se detuvo, con la cabeza levemente inclinada. Y en seguida la levantó. Charles creyó que él habría hecha exactamente lo mismo: pasar por la antesala donde estaban los otros dos. Pero su tío habló a tiempo.

—Por la ventana —dijo, y levantándose de su silla, la abrió y descubrió el corredor exterior desde el cual descendían las escaleras hasta la calle. Max salió por la ventana y el tío la cerró. Eso fue todo. Y esta vez no se oyó el gemido cada vez más distante de la bocina, y si Hampton Killegrew o alguien, más corrió tras él gritando, ni Charles ni su tío llegaron a enterarse. Inmediatamente Charles abrió la puerta de la antesala e invitó a entrar al capitán Gualdres y a la hermana de Harriss.

El capitán Gualdres parecía siempre como forjado de bronce o en otro metal, aun en su traje de saco cruzado de color oscuro, igual al que llevaría cualquier otro hombre y al que poseía la mayoría de los hombres. Y también tenía aspecto de tener algo que ver con caballos, y Charles advirtió que ello se debía a que el caballo no estaba allí: y entonces fue cuando notó asimismo que la mujer del capitán Gualdres era algo más alta que el capitán. Era como si, sin el caballo, el capitán Gualdres estuviese no solo incompleto en cuanto a su movilidad, sino también en cuanto a su estatura, como si sus piernas no tuviesen por objeto ser vistas ni comparadas con otras mientras se apoyaba en ellas.

Ella llevaba un vestido oscuro, del azul marino que las novias llevan para el viaje de luna de miel, con el abrigo de suntuosas pieles oscuras y un ramo de flores en la solapa, orquídeas, naturalmente. Charles había oído hablar de orquídeas toda su vida, de modo que se dio cuenta de que nunca las había visto antes. Pero las reconoció en seguida. Sobre aquel abrigo de aquella novia no podía haber otra cosa sino orquídeas, prendidas a la solapa. El fino rastro de la uña de la muchacha de Cayley todavía era visible en su mejilla.

El capitán Gualdres no quiso sentarse, de modo que Charles y su tío permanecieron también de pie.

—Vengo a decirles adiós —dijo el capitán Gualdres en inglés—. Y a recibir..., ¿cómo se dice?...

—Felicitaciones —dijo el tío de Charles—. Nuestras felicitaciones, y mil votos de dicha. ¿Puedo preguntarle desde cuándo?

—Desde... —el capitán Gualdres miró rápidamente su muñeca— hace una hora. Acabamos de dejar al padre. Nuestra mamá ha vuelto a casa. Nosotros decidimos no esperar. De modo que hemos venido a despedirnos. A decirle adiós, por lo menos, yo.

—Adiós, no —dijo el tío.

—Sí. Ahora. Para la una... —el capitán Gualdres miró nuevamente su reloj—, dentro de cinco minutos, ya no estaremos aquí.

En verdad, como dijera una vez su tío, el capitán Gualdres tenía una buena cualidad: sabía exactamente qué pensaba hacer, y con frecuencia lo hacía.

—Volveremos a mi país. Al campo. Quizás nunca debí dejarlo. Este país… es magnífico, pero demasiado complicado para un hombre de campo, para un paisano. Pero por el momento, no importa. Por ahora, todo ha terminado aquí. De modo que he venido a decirle adiós nuevamente, y nuevamente un millón de gracias.

Y entonces volvió a hablar castellano. Pero Charles pudo entenderlo todo. El capitán añadió:

—Ustedes saben hablar castellano. Mi mujer, educada en los mejores conventos europeos, no tiene un idioma. En mi país, en el campo, hay un dicho: «Casada, enterrada». Pero también tenemos este otro: «Para saber dónde dormirá el jinete esta noche, preguntarle al caballo». De modo que eso tampoco importa. Esto ha terminado también. He venido, pues, a despedirme, a darles las gracias, y a recibir felicitaciones por no tener hijastros que cuidar el resto de mi vida. Pero en realidad tengo confianza de que aun en esas condiciones usted pueda solucionar todo, porque nada está fuera de las posibilidades de un hombre de su capacidad y talento, para no mencionar su imaginación. Volvemos a mi…, a nuestro país, a tiempo, a un país donde no estará usted. Porque considero que es usted un hombre peligroso, y no me agrada nada. De modo que, adiós.

—Adiós —dijo el tío de Charles, también en castellano—. Por mí, no se apresure.

—No tiene importancia —dijo el capitán Gualdres—. No necesita apurarme, no necesita desear poder apurarme siquiera.

Se fueron en seguida, atravesando la antesala. Charles y su tío oyeron cerrarse la puerta exterior, y luego los vieron pasar frente a la ventana del corredor, en dirección a la escalera. El tío sacó del bolsillo del chaleco el pesado reloj con la cadena y la insignia de oro suspendida de ella, y lo colocó sobre el escritorio.

—Cinco minutos —dijo el tío. Que era todo lo que necesitaba Charles para preguntarle exactamente cuál era la otra condición de la apuesta que hiciera la noche anterior con el capitán Gualdres, pero ahora estaba convencido de que no era necesario preguntar. En realidad, no tenía ya necesidad de preguntarlo desde aquel instante, el jueves por la noche, en que cerrara la puerta luego de que Max Harriss y su hermana salieran de la habitación y él descubriera que su tío no tenía intención de acostarse.

Por lo tanto, no dijo nada, y contempló simplemente a su tío mientras dejaba el reloj sobre el escritorio, deteniéndose luego a mirarlo, con los brazos algo separados y apoyados sobre el escritorio a cada lado del reloj, y sin tomar asiento.

—Por decencia. Por moderación —dijo su tío, y luego, inmediatamente—: Aunque tal vez he soportado ya bastante de las dos cosas —y tomando el reloj lo guardó nuevamente en el bolsillo del chaleco, cruzó la antesala, tomó su abrigo y su sombrero y salió por la puerta exterior, sin volverse ni decir a su sobrino la palabra de rigor: «cierra». Y cuando Charles lo alcanzó, estaba ya junto al automóvil, con la portezuela abierta.

—Sube y conduce —dijo—. Y recuerda que no es anoche.

Así, pues, Charles tomó el volante y condujo el automóvil por la plaza llena de gente, por ser sábado, debiendo eludir los vehículos que se dirigían a casa y los camiones y carros una vez que salieron del centro del pueblo. Pero la carretera estaba todavía libre y permitía desplegar cierta velocidad; mucha, en realidad, si en lugar de Charles Mallison conduciendo a su tío a casa, se hubiera tratado de Max Harriss.

—¿Qué ocurre, ahora? —dijo su tío—. ¿Qué ocurre con el automóvil? ¿O acaso se te ha dormido el pie?

—Acabas de decirme que ya no es anoche —dijo Charles.

—Por supuesto que no. Ahora no hay un caballo esperando para matar al capitán Gualdres. Ahora tiene algo mucho más eficaz y fatal que un simple caballo loco.

—¿Qué? —dijo Charles.

—Una paloma —dijo su tío—. ¿Por qué, entonces, vas arrastrándote? ¿Tienes miedo del movimiento?

Siguieron corriendo, a la mitad de la velocidad de Max Harriss, por la carretera que el Barón no tuviera tiempo de asfaltar, pero que probablemente habría asfaltado dejando otras cosas menos urgentes, si le hubieran advertido a tiempo, no para su propia comodidad, ya que él no la utilizaba. Él solía viajar en aeroplano desde Nueva Orleans, de modo que cuando los de Jefferson querían verlo, debían ir hasta su propiedad. No, la habría asfaltado por la experiencia única de gastar dinero en algo que no solo no le pertenecía, sino que nadie que lo conociera esperaba siquiera que utilizara, en la misma forma en que Huey Long, de Luisiana, se había convertido en fundador, propietario y protector de lo que según su tío era una de las mejores revistas literarias existentes. Y Huey Long lo había hecho sin haberla hojeado nunca probablemente, y sin importarle qué pensaban de él las personas que la escribían y editaban, así como el Barón nunca se preocupó tampoco por lo que pensaban de él los granjeros, cuyo ganado saltaba y gritaba y moría bajo las ruedas veloces de sus invitados.

Charles y su tío avanzaban velozmente ahora, en la tarde de diciembre que comenzaba, tarde de invierno, del sexto día de invierno, como lo llamaban los viejos que contaban el invierno a partir del primero de diciembre.

Y la carretera era más antigua que la grava, pues se remontaba a los antiguos tiempos de la tierra rojiza; serpenteaba entre las colinas y luego se extendía en línea recta y negra por las planicies de tierras de aluvión, ricas y fértiles; escasa en cuanto a ancho, puesto que la tierra era demasiado rica, demasiado fecunda en maíz y en algodón, para permitir más espacio que el necesario para el paso de dos hombres; señalada solamente por las finas huellas de los carros y carretas y las marcas de las herraduras de caballos y mulas, cuando el antiguo propietario, el suegro del Barón, dejaba su Horacio y su whisky aguado para ir al pueblo, y esto solamente cuando tenía que votar, vender el algodón, pagar los impuestos o para asistir a un funeral o a una boda, regresando una vez más al whisky y a sus versos latinos, por el simple sendero de tierra en el cual ni siquiera los cascos de los caballos, a menos que corrieran, hacían ruido, para no mencionar las ruedas o los arneses al crujir.

Y ahora, de regreso a las tierras que apenas tenían alambrados, salvo los que él llevaba en su memoria y en su convicción; y a las de sus vecinos, sin cercos de ninguna clase, mucho menos los de roble y nogal cuidadosamente aserrados y diseñados en Virginia y Long Island y fabricados en las fábricas de Grand Rapids; al parque, entonces cubierto de viejos robles, sin rastros de guadañas, tijeras de podar ni jardineros; y a la casa que era simplemente una casa que formaba el fondo de un viejo corredor para sentarse con su vaso de plata y sus tomos de cuero sobado; y al jardín que era simplemente un jardín, agreste, viejo, lleno de plantas perennes, de rosas sin nombre y lilas y margaritas y flox, en el recio florecer polvoriento del otoño, en sí mismo dentro de la tradición del whisky aguado y de las odas de Horacio, modesto, durable.

Era el silencio, según decía su tío. La primera vez que lo había dicho fue doce años atrás, cuando Charles, que no había cumplido aún seis años, era ya lo bastante crecido para escuchar.

—No creo que tengas edad para oírlo, sino que yo soy suficientemente joven como para señalarlo. Dentro de diez años, ya no lo seré.

Y Charles había dicho:

—¿Quieres decir que dentro de diez años ya no será verdad?

—Quiero decir que dentro de diez años no lo diré porque para entonces seré diez años mayor, y lo único que enseña la edad no es el temor, ni tampoco más verdad, sino solamente la vergüenza. Aquella primavera de 1919, como un jardín en el extremo de un túnel de cuatro años de sangre, excrementos y terror, en el cual esa generación de jóvenes de todo el mundo vivió como hormigas enloquecidas, cada uno solo frente al instante en que él también debería entrar en el anonimato sin rostro, oculto detrás de la sangre y de la suciedad, cada uno de ellos solo —y al decir esto su tío probó uno de los puntos que antes alegara, el de la verdad, por lo menos—, con su eterna especulación sobre si su temor era tan evidente para los otros como para él mismo. Porque el infante durante los minutos en que se arrastraba, y el aviador durante sus segundos condensados, no tienen amigos ni camaradas, como no lo tienen el cerdo en su charco, ni el lobo en su manada. Y cuando por fin termina el túnel y salen de él, si salen, tampoco tienen ninguno. Porque —por lo menos Charles esperó en este punto que su tío tuviese razón acerca de la vergüenza— han perdido algo, algo de sí mismos, algo caro e irreemplazable, que está diseminado, disperso y convertido en acervo común entre los otros rostros y cuerpos que también sobrevivieron. Y yo ya no soy John Doe, un habitante cualquiera de Jefferson; soy también Joe Ginotta de East Orange, New Jersey, y Charles Longfeather de Shoshone, Idaho, y Harry Wong de San Francisco; y a la vez Harry y Charley y Joe son todos John Doe de Jefferson, Mississippi. Pero cada uno de esos compuestos es siempre nosotros, de modo que no podemos repudiarlos. De ahí, las legiones americanas. Y aunque hayamos podido hacer frente y desmentir todo lo que hemos visto hacer a Harry y a Joe y a Charley en la persona de John Doe de Jefferson, no podemos hacer frente ni desmentir lo que vimos hacer a John Doe como Charley o Harry o Joe. Y por eso, mientras eran todavía jóvenes y tenían fe en la vida, las legiones americanas se han embriagado de fanatismo en masa.

En verdad solo el punto relativo a la vergüenza era correcto, puesto que su tío había dicho aquello doce años atrás, pero nunca más desde entonces. Pero el resto era equivocado, porque aún doce años atrás, cuando todavía su tío no tenía cuarenta, había perdido ya contacto con lo que era la verdad verdadera: que se va y que los jóvenes siempre irán a la guerra por la gloria, porque no hay otra manera tan gloriosa de ganarla, y el riesgo y el miedo a la muerte son no solamente el único precio a que merece comprarse lo que se compra, sino el más barato que pueda pedirse, y la tragedia no es morir, sino no estar ya presente para contemplar la gloria: y no se desea obliterar el corazón sediento: se desea saciar esa sed.

Pero aquello había sido doce años atrás. Ahora su tío solo dijo:

—Basta. Yo conduciré.

—No —dijo Charles—. Vamos ya demasiado rápido.

En menos de una milla comenzarían a pasar junto a los cercos blancos y al cabo de otra llegarían al portón y hasta verían la casa.

—Era el silencio —dijo su tío—. Al principio era tan grande que no se podía dormir de noche. Pero no importaba; no tenía deseos de dormir; no quería perder aquella parte del silencio: quería quedarme simplemente en cama a oscuras y recordar mañana y mañana y toda la primavera con sus colores, abril y mayo y junio, mañana, tarde y noche, vacías, luego oscuras una vez más, y el silencio en el cual yacía, porque no necesitaba dormir. Entonces la vi. Iba en el viejo coche con los caballos que no formaban un par idéntico, los caballos de arado, y el peón en el pescante, que no llevaba siquiera zapatos. Y tu madre estaba equivocada. No parecía una muñeca exhibiéndose. Parecía una niñita jugando a ser grande en la cochera, pero jugando con toda seriedad. Una niña de doce años, quizás, huérfana a raíz de una inesperada catástrofe, a cuyo cuidado estaban muchos hermanitos y tal vez un abuelo anciano, que vigilaba la alimentación y cambiaba y lavaba pañales de niños; demasiado joven para tener un interés indirecto en ello, y menos aún para tener un concepto y una identificación con la pasión y el misterio que los trajera al mundo, único sentimiento que podía hacer de la monótona tarea de cuidarlos algo soportable, o, por lo menos, explicable. Naturalmente no era ése el caso: tenía solo a su padre, y si se quiere, la situación era a la inversa. El padre, que no solo cultivaba la tierra y dirigía la casa, sino que lo hacía de tal manera que siempre era posible disponer de un par de caballos de arado y de un cochero para viajar las seis millas de trayecto hasta el pueblo y de regreso, con el viejo coche contra cuya enorme extensión de almohadones ella parecía una miniatura antigua, tranquila, serena y callada, diez años mayor que su edad real, y cincuenta años más allá de su época. Pero aquélla era la impresión que yo tenía: una niñita jugando al ama de casa en aquel jardín sereno y sin edad, en el extremo rojo y maloliente del corredor. Y así un día supe inesperada e irrevocablemente que el simple silencio no era la paz. Fue cuando la vi por tercera o décima o trigésima vez, no recuerdo cuándo, en que me detuve junto al coche estacionado, con el negro descalzo en el pescante, y ella, como algo conservado de un viejo estuche o de una caja de bombones contra la desteñida extensión del asiento posterior. Cuando pasaba el coche, se veía solo su cabeza, y desde atrás no se veía ni siquiera su cabeza, aunque evidentemente no podían haber retirado del arado el par de caballos y el peón para que éste diese un paseo hasta la ciudad. Una mañana, estaba yo junto al coche detenido, mientras por todas partes pasaban veloces y ruidosos los brillantes automóviles de reciente aparición, porque habíamos ganado la guerra y todo el mundo sería rico y viviría en paz el resto de su vida. «Yo soy Gavin Stevens», le dije. «Y estoy por cumplir treinta años». «Ya lo sé», dijo ella. Pero yo me sentía de treinta años, aunque no los había cumplido. Ella tenía dieciséis. Y ¿cómo era posible decirle a una niñita, como decíamos entonces: «Déme una cita»? Y ¿qué haría con una cita, por otra parte? Y no se puede invitar a una niña; debe pedirse a los padres autorización para que salga. Así, pues, al atardecer detuve el automóvil de tu abuela junto al portón y bajé. Había un jardín, entonces. No era el sueño de un paisajista. Era bastante más grande que cinco o seis alfombras extendidas una junto a la otra, con viejos arbustos de rosas y calicantos, y enrejados y empalizadas despintados, y canteros de flores perennes que se sembraban solos sin ayuda externa ni interferencia, y ella estaba en medio de él mirándome cuando pasé el portón y avancé por el sendero, hasta que no me vio más. Y yo sabía que no se movería del lugar en que estaba, y subí los escalones hasta donde estaba su padre sentado en la vieja silla de nogal, con la perra setter a sus pies y el vaso de plata y el libro abierto cerca de su mano, y le dije: «Permítame que me comprometa con ella». Fíjate cómo lo expresé: yo con ella. «Lo sé», añadí. «Lo sé: ahora, no. Permítanos estar comprometidos, y ni siquiera tendremos que pensar más en ello». Ella no se había movido de donde estaba, ni siquiera para escuchar. Porque quedaba demasiado lejos para escuchar, y además, no era necesario. Estaba allí, en la penumbra del atardecer, inmóvil. Sin retroceder, inmóvil. Hasta fui yo quien levanté su rostro, aunque bastó el leve movimiento con que se levanta una rama de madreselva. Fue como saborear un helado. «No sé hacerlo», me dijo ella. «Tendrás que enseñarme». «No aprendas», repuse. «No importa. No tiene ninguna importancia. No tienes que aprender». Fue como un helado, el resto de la primavera, el verano, el prolongado fin del verano. La oscuridad y el silencio en los que yacía recordando el helado. No es necesario haber probado mucho, porque no se olvida. Por fin llegó el momento de regresar a Alemania y le llevé el anillo yo mismo. Ya lo tenía suspendido de una cinta que comprara también yo. «¿No quieres que lo use todavía?», me preguntó. «Sí», repuse, «no», me corregí. «Bueno, cuélgalo de este arbusto, si quieres. Es solo un pedacito de vidrio con un poco de hierro coloreado. Probablemente no durará mil años». Regresé a Heidelberg y todos los meses llegaban sus cartas, en las que no hablaba de nada. ¿Cómo podía decir nada? Tenía dieciséis años, y ¿qué puede haber ocurrido a los dieciséis años, que sea tema para escribir, o aun para hablar? Y todos los meses yo le contestaba, sin hablar de nada a mi vez, porque ¿cómo podría traducir lo que yo le hubiese escrito? Y eso es lo que nunca comprendí, lo que nunca pude descubrir —dijo el tío de Charles.

Estaban casi en la casa. Charles estaba ya disminuyendo la marcha para atravesar el portón.

—Cómo hizo para traducir el alemán —dijo el tío de Charles—, ni cómo quienquiera que le tradujo el alemán, le tradujo asimismo el inglés resultante de la traducción.

—¿Alemán? —dijo Charles—. ¿Le escribías en alemán?

—Eran dos cartas —dijo su tío—. Las escribí al mismo tiempo. Las sellé y las envié en los sobres que no correspondían a cada una. ¡Cuidado! —gritó en aquel instante, y ya había extendido la mano hacia el volante, cuando Charles detuvo el automóvil en el momento oportuno.

—La otra era una mujer —dijo—. De modo que…

—Sí —dijo su tío—, era rusa. Había huido de Moscú. Por un precio, pagado en cuotas, durante un largo tiempo, a distintos acreedores. También ella había vivido una guerra, mi querido filisteo. La conocí en París en 1918. Cuando partí de Estados Unidos en el otoño de 1919 para regresar a Heidelberg, creía, pensaba, que la había olvidado. Es decir, un día en medio del océano descubrí que no había pensado en ella desde la primavera. Y por ello comprendí que no la había olvidado. Cambié mi pasaje y fui a París primero. Ella debía seguirme a Heidelberg tan pronto como alguien pudiese visar los pocos documentos de que disponía. Mientras esperábamos convinimos en escribirnos todos los meses. Quizás mientras yo esperaba. Debes tener en cuenta mi edad en aquel entonces. Yo era un europeo, a la sazón. Estaba en aquella menopausia de todo norteamericano con sensibilidad, cuando cree que todo el futuro que puede esperar su pueblo, no ya en cuanto a espíritu humano sino también en cuanto a civilización, se encuentra en Europa. O tal vez estaba equivocado. Tal vez había sido simplemente el helado, y yo no era siquiera alérgico al helado ni refractario a él, sino sencillamente incapaz de él. Haber escrito las dos cartas a la vez, porque componer una de ellas no exigía ningún proceso cerebral, sino que fluía de alguna parte, desde los intestinos, hasta las puntas de los dedos, hasta la lapicera, la tinta, sin pasar por el cerebro, a consecuencia de lo cual nunca pude recordar siquiera qué contenía la carta que fue a donde yo no tenía intención de que fuera, aunque no podía tener muchas dudas. Nunca se me ocurrió tener cuidado con ellas puesto que no existían en un mismo mundo a pesar de que una sola mano las escribió, en el mismo escritorio, sobre hojas sucesivas de papel, con los mismos rasgos continuados debajo de los mismos dos peniques de electricidad, mientras el mismo espacio sobre el cuadrante del reloj reptaba bajo la mano que avanzaba.

En aquel momento llegaron. El tío de Charles no tuvo necesidad de decirle que se detuviese. Charles había estacionado ya el automóvil en el sendero desierto, demasiado ancho, demasiado liso, demasiado limpio y rastrillado, aun para una camioneta rural y un convertible o dos y una limousine y algún otro vehículo para el servicio doméstico. Su tío no esperó ni un instante, sino que bajó con rapidez del automóvil y caminó hacia la casa mientras él, Charles, decía:

—Yo no tengo necesidad de entrar, ¿no?

—¿No crees que has ido demasiado lejos para abandonar ahora? —dijo su tío.

Charles bajó entonces y siguió a su tío por el sendero de lajas, demasiado ancho y con demasiadas lajas, en dirección al pórtico lateral que, a pesar de ser simplemente un pórtico lateral, habría podido contener a un presidente con su gabinete o a una Suprema Corte, si bien era algo reducido para un Congreso, y la casa en sí era algo entre una torta nupcial digna de Gargantúa y un circo recientemente pintado. Y su tío caminaba siempre rápidamente, hablando sin interrupción:

—Tenemos una extraña apatía frente a ciertas costumbres extranjeras decididamente sensatas. Piensa en la fogata que se podría haber hecho con su ataúd sobre travesaños impregnados de gasolina y elevados en medio de ella: la amortización de la casa y la viuda de su creador inmolados en la hoguera funeraria.

Una vez en la casa, el mayordomo de color abrió la puerta y desapareció inmediatamente, mientras Charles y su tío esperaban en la habitación donde el capitán Gualdres, si en verdad había sido oficial de caballería, habría podido desfilar con todas sus tropas y caballos, inclusive. Pero Charles no advirtió mucho más, porque en seguida vio la orquídea, reconociéndola inmediatamente, sin sorpresa y sin excesiva atención. Y luego olvidó hasta el sabor agradable, hasta la opulencia de la simple grandeza, porque entró ella: sus pasos en el vestíbulo y luego en la habitación, aunque él había percibido ya su perfume, como si alguien hubiera abierto un viejo cajón por equivocación, por torpeza, por error, y cuarenta sirvientes con zapatos de suela de goma hubiesen corrido frenéticamente por los largos corredores y las habitaciones de brillo y resplandor para cerrarlo nuevamente. Entró en la habitación, y se detuvo, y extendió las manos con la palma hacia afuera, sin haber tenido tiempo de ver a Charles, porque su tío, que en realidad no se había detenido ni un instante, se dirigía ya hacia ella.

—Soy Gavin Stevens y tengo cerca de cincuenta años —dijo aproximándose a ella aún después de que ella comenzó a retroceder, a alejarse, extendiendo las manos con las palmas hacia afuera en dirección a él, mientras él seguía avanzando hasta tocar con el cuerpo sus palmas y ella seguía intentando contener su avance lo suficiente por lo menos como para decidir si cambiaba de idea y se volvía para huir de la habitación. Era demasiado tarde, ahora, suponiendo que la huida hubiera sido el camino por el que ella optara finalmente. Demasiado tarde, y su tío se detuvo a su vez, y miró a Charles por sobre el hombro.

—¿Bien, Charles? —dijo—. Puedes decir algo, si quieres. Aunque solo sea «Buenas tardes, Mrs. Harriss».

Charles comenzó a decir «Perdone». Pero ya había pensado en algo mejor.

—Mi bendición, niños —dijo.

V

Aquello ocurrió el sábado. El día siguiente era el 7 de diciembre. Pero aun antes de salir de su casa, sabía que los escaparates de las tiendas estaban relucientes de juguetes, papel plateado y nieve artificial, como en cualquier otro diciembre de cualquier otro año; la atmósfera alegre y brillante con el sabor y el aroma de Navidad, a pesar de llevar también el fuego de la artillería, el fuego de los cañones y el silbido de las balas y el ruido que hacían sobre la carne que se preparaba para detenerlas aún allí, en Jefferson, antes de que transcurrieran muchas semanas o meses.

Pero cuando volvió a ver a Jefferson, era la primavera siguiente. Los carros y las carretas de los granjeros de las colinas y los camiones de cinco y diez toneladas de los plantadores de la llanura estaban ya detenidos frente a las plataformas de carga de las semillerías y de los depósitos de fertilizantes, y los tractores y las mulas debían estar moviéndose ya a través de las oscuras franjas de tierra despierta de su sueño invernal: arado y máquina agrícola, aradora, y rastra, y discos. Muy pronto florecerían los cornejos y cantarían los pájaros sus canciones nocturnas; pero era solo 1942 y transcurriría algún tiempo todavía antes de que los teléfonos rurales comenzaran a transmitir los telegramas de los ministerios de Guerra y de Marina, y de que los jueves por la mañana los mensajeros del correo rural depositasen en los solitarios buzones de los postes los números semanales del diario de Yoknapatawpha con la fotografía y la nota necrológica, demasiado familiar para todos y a la vez tan misteriosa como el sánscrito o el chino; con el rostro del muchacho del campo demasiado joven para ser una fotografía de hombre con el uniforme en el cual eran visibles aún los dobleces de los depósitos del ejército o de la armada; con los nombres de lugares que aquéllos que al parecer crearan esos rostros y esa carne para que murieran en medio de la agonía en esos lugares, no habían oído mencionar nunca, y mucho menos podían pronunciar.

Porque el inspector general había tenido razón… En verdad, Benbow Sartoris, que tuviera el décimo noveno lugar en el curso, era ya oficial y estaba en Inglaterra, en una misión secreta. Y también él, Charles, primero en el batallón y con el rango de cadete—coronel, podría haber estado desempeñando una misión semejante antes de que fuera demasiado tarde, solo que, como de costumbre, había cambiado el diablo por la bruja, y no tenía ahora ni siquiera el correaje ni el sable y las insignias sin pasado, sino tan solo la banda azul en la gorra, y ello no obstante ser un cadete coronel. Pero quizás esta situación particular había contribuido a cortar su vuelo preparatorio, aunque transcurriría probablemente un año aún antes de que la insignia alada en la gorra pasase a adornar la parte superior del bolsillo, con el escudo de piloto en el medio, según esperaba Charles, o por lo menos un globo de navegante o la bomba del bombardero.

Y sin haber llegado hasta su casa, en realidad, sino pasando por ella simplemente, en camino desde los cursos preliminares a los básicos, detúvose en la estación el tiempo suficiente para que su madre subiese al tren y lo acompañase hasta la línea principal donde debía trasbordar al tren que se dirigía a Texas, mientras ella tomaba el local de regreso a Jefferson. Aproximarse, pasar, dejar atrás las tierras familiares, las encrucijadas de caminos que conocía, los campos y los bosques que recorriera a pie cuando niño y como boyscout, y donde, al tener por fin edad suficiente para llevar un fusil, cazara conejos primero, y más tarde, codornices al vuelo.

Luego, los pobres alrededores, sin edad, inmutables, familiares como su propio corazón insaciable, voraz, omnívoro, o como su cuerpo y sus miembros o como el crecer de sus cabellos y sus uñas. Las primeras cabañas de negros, curtidas y despintadas hasta que uno advertía que había más que eso, y que estaban además imperceptiblemente torcidas, no tanto fuera de eje, como detrás de su eje, como si hubieran sido hechas para un fin diferente o de cualquier manera con un pasado diferente, por un arquitecto diferente que las había concebido o visto en perspectiva también diferente. Y habían sobrevivido, o por lo menos aguantado sin desmedro y como sin advertirlo, el viento y el tiempo inclementes, o sea lo que fuere, cada una de ellas en su selva en miniatura, hirsuta y a la vez ordenada, con huerto, cada cual con su cerdo —en un corral demasiado pequeño para cobijar cualquier otro cerdo, a pesar de lo cual aquél vivía allí y engordaba— y generalmente con una vaca maneada y con unos pocos pollos, todo ello, cabaña, galpón, corral y pozo, con un aspecto frágil y transitorio, improvisado, extraño, y, a pesar de ello, inviolablemente durable, como la caverna de Robinson Crusoe; por fin las casas de los blancos, no más grandes que las de los negros, pero en ningún caso cabañas o chozas, por lo menos en cuanto a su aspecto exterior, pintadas aunque fuera hacía muchos años, con la única diferencia de que su interior no estaba tan limpio como el de las otras.

Por fin se encontró en casa, mejor dicho, en un cruce pavimentado no muy lejos de la casa donde naciera; y ahora veía ya entre los árboles el tanque de agua y la veleta de la iglesia episcopal, y luego, nada: su rostro apretado contra el vidrio empañado, como si tuviese ocho años, y el tren que se detenía con un ruido metálico de tanques y de cambios entre los vagones de pasajeros y de ganado. Y allí estaban todos, tales como los ve un niño de ocho años, con una especie de sorpresa, destacados allí, débiles y a la vez sorprendentemente fuertes contra el fondo de la vasta tierra conmensurable: su madre, su tío, su nueva tía... Y su madre había estado casada con un hombre durante veinte años y había creado otro hombre; y su nueva tía había estado casada con dos durante el mismo período y había visto a dos más luchando el uno contra el otro en su propia casa, con mangos de escoba y caballos, de modo que Charles no estaba sorprendido ni tampoco sabía en realidad cómo había ocurrido. Su madre estaba ya en el tren y su nueva tía se había retirado al automóvil que los aguardaba, mientras él y su tío cambiaban unas palabras a solas:

—Bien, jefe —dijo Charles—. No solo has ido demasiadas veces a la fuente, sino que esta vez has ido, y luego de arrojar en ella el cántaro has saltado tras él. Tengo un mensaje de tu hijo.

—¿Mi qué? —dijo su tío.

—Muy bien, tu yerno. El marido de tu hija. El que no te quiere. Fue al campamento a visitarme. Está en la caballería, ahora. Quiero decir que es soldado, un soldado americano —y al decir esto, Charles se vio obligado a recapitular—: ¿Comprendes? Una noche un conocido norteamericano intentó matarlo con un caballo. Al día siguiente se casó con la hermana del norteamericano. Al día siguiente un japonés dejó caer una bomba sobre otro norteamericano en una pequeña isla a dos millas de distancia. Entonces, al tercer día se incorporó al ejército, no al suyo propio, en el cual tenía su rango ya en la reserva, sino a un ejército extranjero, renunciando no solo a su rango militar sino a su ciudadanía al hacerlo, utilizando sin duda un intérprete para explicar a su mujer y a su gobierno adoptivo qué trataba de hacer.

Y mientras hablaba, Charles recordó la tarde aquélla en que, sin asombro —o bien, si lo sintió, fue el asombro incansable y eterno del niño que contempla incansable y eterno la función de Polichinela— fuera llamado al casino de la tropa, y encontrara allí, sin aviso, sin tener idea de ello, al capitán Gualdres...

—... y allí estaba el capitán Gualdres con uniforme de soldado raso, y parecía más que nunca un jinete, quizás por el hecho de haberse creado una situación, la única situación o condición de la tierra —en un regimiento de caballería estadounidense— en la cual mientras durase la guerra no tendría contacto alguna con caballos. —Charles se repitió a sí mismo en este punto—. Y no tenía aspecto de valiente, sino de indomable, no de que ofreciera una vida o uno de sus miembros a nadie, a ningún gobierno, como un gesto de gratitud, de protesta o de lo que fuere, sino como si en este momento decisivo y grave no estuviese tampoco dispuesto a adoptar una posición fingidamente sentimental frente al inútil golpear de la artillería, como no lo hiciera frente a los inútiles y frágiles cascos de los caballos; no en actitud de odio a los alemanes, a los japoneses, o a los Harriss, siquiera, sino yendo a la guerra contra los alemanes no porque hubiesen arruinado un continente o estuviesen convirtiendo toda una raza en fertilizante y aceite lubricante, sino porque habían abolido los caballos de la caballería tradicional. Cuando yo entré se levantó de la silla y me dijo: «He venido para que usted me vea. Ahora que me ha visto, deberá ver a su tío y decirle de mi parte que tal vez ahora esté satisfecho conmigo».

—¿Qué? —dijo el tío de Charles.

—Yo tampoco lo entiendo —dijo Charles—. Pero es lo que dijo: que había viajado desde Kansas para que yo lo viese en aquel uniforme pardo y luego viniese a decirte: «Ahora tal vez esté usted satisfecho».

Era el momento de partir. Ya habían retirado la carretilla de equipajes del furgón, y el empleado de correos estaba asomado a su ventanilla mirando hacia atrás, y Mr. McWilliams, el jefe del tren, estaba en los escalones de un vagón con su reloj en la mano; pero por lo menos no le estaba gritando nada, porque él, Charles, vestía uniforme de soldado, y era 1942 y los civiles no se habían acostumbrado a la guerra todavía. Charles dijo:

—Y una cosa más. Esas cartas. Dos cartas. Dos sobres cambiados.

Su tío lo miró.

—¿No te agrada la coincidencia? —dijo.

—Me encanta. Es una de las cosas más importantes en la vida. Como la virginidad. Solo que, como la virginidad, tiene valor solo una vez. Pienso conservar la mía un tiempo, todavía.

Su tío lo miró, desconcertante, fantástico, grave.

—Muy bien —dijo por fin—. Prueba lo siguiente. Una calle. En París. A unos pocos pasos del Bois de Boulogne, de nomenclatura tan reciente que su nombre no es más antiguo que las últimas batallas de 1918 y la mesa de la paz de Versalles; por lo tanto, de cinco años o menos, a la sazón; tan selecta y tan discreta, que solo conocían su ubicación los recolectores de desperdicios, las agencias de colocaciones de servicio doméstico de cierta categoría y los subsecretarios de embajadas. Pero no importa, probablemente no existe ya. Y además, nunca llegarías a verla si todavía existe.

—Quizás la veré —dijo Charles—. Quizás miraré el lugar donde estaba antes.

—Puedes hacerlo aquí —dijo su tío—. En la biblioteca. Simplemente abriendo la página correspondiente de un libro de Conrad: el mismo piso de mosaico rojo y negro encerado, el bronce dorado, la porcelana, el buhl; hasta el largo espejo que parecía encerrar como en una fuente de plata toda la condensación de luz de la tarde, y en cuyas profundidades parecía flotar, como un lirio sobre su propia imagen, aquella frente inocente y virgen de pensamientos, marchita solo por el pesar y la fidelidad…

—¿Cómo sabías que estaba allí? —preguntó Charles.

—Lo leí en el diario —repuso su tío—. En el Herald de París. El gobierno de los Estados Unidos, con tiempo suficiente, era muy eficaz en la tarea de mantenerse al tanto de las actividades de su propia Fuerza Expedicionaria en Francia. Pero esa tarea no era nada en comparación con la forma en que el Herald de París se mantenía al tanto de las actividades de la otra fuerza que comenzó a desembarcar en Europa en 1919. Pero a ella nada la preocupaba: estaba sentada allí, exactamente como una niñita a quien todo el mundo está ayudando a imaginar que es una reina. Y esta vez no se trataba de un hombre que hubiese venido a hacer justicia a un muerto, porque el hombre, el individuo, cuyo mensaje llevaba este visitante, estaba en cualquier estado menos muerto. Había enviado su mensajero desde Heidelberg, no para entregar un mensaje sino una exigencia: quería saber. Y yo lo entregué. «¿Por qué no me esperaste?», le dije. «¿Por qué no me mandaste un cable?».

—¿Y ella te contestó? —preguntó Charles.

—¿Acaso no te he dicho que su frente no tenía arrugas, ni siquiera las de la indecisión? —dijo su tío—. Sí, ella me contestó «No me querías», me dijo. «No era bastante inteligente para ti».

—¿Y qué le dijiste tú?

—Yo le contesté correctamente, a mi vez. Le dije: «Buenas tardes, Mrs. Harriss». ¿Estás satisfecho?

—Sí —dijo Charles.

Era hora de partir. El jefe de estación tocó su silbato. Mr. McWilliams no gritó ni una vez: «Vamos, muchacho, si piensas venir con nosotros», como lo habría hecho cinco años o aun cinco meses atrás. Solo los dos chorros impacientes de vapor. Y todo ello debido, simplemente, al uniforme que Charles llevaba; debido a aquel uniforme sin uso que vestía, un hombre cuyo hábito era hablar en forma continuada y que no habría advertido siquiera el paso por sus cuerdas vocales del aire necesario para gritarle, no había pronunciado un solo sonido. En lugar de ello y por el simple hecho de que Charles llevaba uniforme, un experto experimentado en una locomotora de cien toneladas, que costaba cien mil dólares, había gastado tres o cuatro dólares y muchas libras de costoso vapor para decir a un muchacho de dieciocho años que ya había dedicado bastante tiempo en cambiar chismes con su tío. Y a continuación se le ocurrió a Charles que aquel país, aquella nación, aquel modo de vida eran tal vez invencibles, por cuanto eran capaces de aceptar la guerra, y más aún, de asimilarla en cualquier circunstancia cediendo ante sus exigencias, y de aceptarla, por así decirlo, con la mano izquierda, sin perjudicar, ni siquiera desviar o malograr o forzar la atención de la mano derecha, todavía empeñada en las actividades esenciales y permanentes del camino.

—Sí —dijo—. Está bien. Me parece una respuesta correcta. Y eso fue hace veinte años. Y entonces era la verdad, o por lo menos bastaba entonces, o por lo menos bastaba entonces para ti. Y ahora han pasado veinte años, y ha dejado de ser verdad, o por lo menos no basta ya, o por lo menos no basta para ti. ¿Cómo lograron los años solamente hacer todo eso?

—Me envejecieron —repuso su tío—. He mejorado.

UNA MANO SOBRE LAS AGUAS

I

Los dos hombres siguieron el sendero que corría entre el río y la espesa cortina de cipreses, cañaverales, gomeros y zarzas. Uno de ellos llevaba una bolsa de arpillera que había sido aparentemente lavada y planchada. El otro era un joven de menos de veinte años, a juzgar por su rostro. El río estaba bajo, con el nivel propio de mediados de julio.

—Tendría que haber estado pescando, con este nivel de agua —observó el joven.

—Siempre que quisiera pescar en este momento —repuso el mayor—. Él y Joe tienden la línea solo cuando Lonnie tiene ganas, no cuando los peces pican.

—De todos modos estarán junto a la línea —dijo el joven—. No creo que a Lonnie le importe quién los retire.

A corta distancia el suelo se elevaba ligeramente, formando una punta que se proyectaba, casi como una península. Sobre ella había una choza cónica, de techo puntiagudo, hecha en parte con lonas enmohecidas y tablones, en parte con latas de querosén aplanadas a martillazos. Sobre ella se elevaba fantásticamente una herrumbrada chimenea de cocina; cerca de la choza había una pequeña pila de leña y un hacha, y, apoyadas contra aquella, unas cañas. Luego vieron sobre el suelo, frente a la puerta abierta, una docena más o menos de trozos de cuerda recién cortados de su carretel, y una lata herrumbrada llena de anzuelos grandes, algunos de los cuales habían sido ya unidos a las cuerdas. Pero no había nadie.

—El bote no está —dijo el hombre que llevaba la bolsa—, de modo que no ha ido a la tienda.

En ese instante descubrió que el joven había seguido avanzando, y luego de aspirar profundamente estaba ya por gritar, cuando de pronto salió corriendo un hombre de entre la maleza y se detuvo junto a él, emitiendo un sonido insistente, semejante al llanto de un niño pequeño: era un muchacho no muy alto, pero con tremendos brazos y hombros; un adulto, pero, al mismo tiempo, con algo infantil en su aspecto, en la forma de moverse; estaba descalzo, tenía el mameluco deshecho, y los ojos expresivos de los sordomudos.

—¡Hola, Joe! —dijo el hombre de la bolsa, levantando la voz como se acostumbra hacerlo con quienes no nos entienden—. ¿Dónde está Lonnie? —y levantando la bolsa, añadió—: ¿Hay pescado?

Pero el otro lo miró, simplemente, haciendo aquel ruido rápido, como un lloriqueo. Luego se volvió y tomó el sendero por donde había desaparecido el muchacho, quien en aquel instante gritó:

—¡Pero miren esa línea!

El mayor los siguió. El joven estaba inclinado peligrosamente sobre el agua, junto a un árbol desde el cual pendía, en tirante línea oblicua hacia el medio del río, una delgada cuerda de algodón. El sordomudo se detuvo junto a él, siempre emitiendo sus sonidos quejumbrosos y levantando uno y otro pie alternativamente; pero cuando el otro llegó hasta él, dio media vuelta y salió corriendo en dirección a la choza. Dada la altura del río, la cuerda debía haber estado totalmente fuera del agua, extendida de una orilla a la otra, entre los dos árboles, con solo los anzuelos de las líneas secundarias sumergidos. Estaba, en cambio, curvada hacia el centro, con una profunda desviación río abajo, y hasta el hombre de mayor edad pudo advertir su movimiento.

—¡Es tan grande como un hombre! —gritó el muchacho.

—Y allá está el bote —comentó el mayor. El joven lo vio a su vez, del otro lado del río, enganchado en un tronco de sauce, contra una saliente—. Cruza y tráelo, y veremos de qué tamaño es el pez.

El muchacho se quitó los zapatos, el mameluco y la camisa; y luego de vadear un trecho, comenzó a nadar, manteniendo una dirección transversal para que la corriente lo llevara hasta el bote; luego se metió en él y lo trajo remando, de pie en la embarcación, mientras miraba atentamente la curva descendente de la línea, cerca de cuyo centro el agua se arremolinaba rítmicamente contra el movimiento del objeto sumergido. Trajo el bote a la altura donde estaba su compañero, quien en aquel instante advirtió que el sordomudo estaba nuevamente a su lado, siempre emitiendo sus extraños sonidos guturales, y ahora tratando de subir al bote.

—¡Vete! —le dijo, empujándolo con el brazo—. ¡Vete, Joe!

—Apúrate —dijo el muchacho, escudriñando la línea sumergida, donde, mientras miraba, algo subió lentamente a la superficie y luego se hundió una vez más— ¡Allí hay algo, como que hay cerdos en Georgia! ¡Y es grande como un hombre!

Su compañero subió al bote. Sirviéndose de la línea, lo desplazó a lo largo de ella, tomándola alternativamente con ambas manos.

De pronto, en la orilla, a sus espaldas, el sordomudo dejó oír un fuerte alarido gutural.

II

—¿Indagación? —preguntó Stevens.

—Lonnie Grinnup —el médico forense era el típico viejo médico rural—. Dos individuos lo encontraron ahogado esta mañana, enredado en su propia línea de pesca.

—¡No! —dijo Stevens—. ¡Pobre tonto! Lo acompañaré, doctor.

Como fiscal del distrito no tenía nada que hacer allí, aun cuando no se hubiera tratado de un accidente. Él lo sabía, pero deseaba contemplar el rostro del muerto por una razón sentimental. Lo que era ahora el distrito de Yoknapatawpha había sido fundado, no por un colonizador, sino por tres simultáneamente. Llegaron juntos a caballo, a través del Paso de Cumberland, desde las Carolinas, cuando Jefferson era todavía un puesto de la Agencia Chickasaw; compraron tierras a los indios, establecieron familias, prosperaron y desaparecieron; de modo que ahora, cien años más tarde, quedaba en todo el distrito que contribuyeran a fundar un solo representante de los tres apellidos.

Este era Stevens, porque el último descendiente de la familia Holston había muerto a fines del siglo pasado, y Louis Grenier —y era para contemplar su rostro sin vida que Stevens se disponía a recorrer ocho millas en automóvil en medio del calor de una tarde de julio— nunca supo que era Louis Grenier. Ni siquiera sabía escribir el Lonnie Grinnup con que se llamaba a sí mismo. Huérfano también, como Stevens, era un hombre de unos treinta y cinco años de edad, de estatura inferior a la común, a quien todo el distrito conocía: tenía un rostro que, al contemplarlo por segunda vez, revelaba ser casi delicado, pacífico, sereno, siempre alegre, con la eterna pelusa de una suave barba dorada que nunca conociera una navaja, y ojos límpidos y tranquilos. "Tocado", decían, pero sea lo que fuere, tocado muy suavemente, sin quitarle mucho de lo que fuera lamentable perder. Año tras año Lonnie vivía en la cueva que él mismo había construido con lonas de una carpa vieja, tablas desiguales y latas de querosén aplanadas; lo acompañaba el huérfano sordomudo que había recogido diez años atrás, y que no había crecido mentalmente ni siquiera como él.

En realidad su choza y su línea de pesca estaban en el centro mismo de los mil acres o más que poseyeran sus antepasados en otra época. Pero Lonnie nunca lo supo.

Stevens creía que no le habría importado, y que nunca habría aceptado que ningún hombre pudiera o debiera poseer tanto, de la tierra que es de todos, de todos los hombres para su uso y placer; en su propio caso, en los treinta o cuarenta pies cuadrados donde se levantaba su choza y en el trecho de río sobre el cual se tendía su línea, todos eran bienvenidos en cualquier momento, estuviese él presente o no, y podían usar sus aparejos y compartir la comida que hubiera.

A veces solía asegurar su puerta contra los animales vagabundos y aparecer sin aviso previo con su compañero sordomudo en casas o cabañas a diez y quince millas de distancia; se quedaba en ellas varias semanas, afable, tranquilo, sin exigir nada y sin servilismo; dormía donde fuera conveniente para sus huéspedes, en la paja de los silos, o en camas, en las habitaciones de la familia o de los huéspedes, mientras el sordomudo dormía en el corredor o en el suelo, afuera, pero lo más cerca posible, donde pudiese percibir la respiración de quien era para él padre y hermano a la vez. Aquel era el único sonido que percibía en medio de un vasto mundo silencioso. Infaliblemente lo percibía.

Eran las primeras horas de la tarde. Los espacios aparecían azulados de calor. Luego, a través del largo terreno llano donde la carretera comenzaba a correr como el lecho de un río, Stevens vio el almacén de ramos generales. Habitualmente estaba desierto a esta hora, pero ahora pudo ver, amontonados frente al edificio, los automóviles arruinados y sin capotas, los caballos y mulas ensillados y los carros, los jinetes y los conductores a quienes conocía por su nombre de pila. Y lo que es mejor, lo conocían a él, votaban por él año tras año y lo llamaban familiarmente, a pesar de que no comprendían el significado de la insignia, la Phi Beta Kappa, máxima condecoración académica de las universidades del país, que pendía de la cadena de su reloj. Stevens detuvo su automóvil junto al del médico forense.

Aparentemente la indagación no tendría lugar en el almacén, sino en el molino harinero contiguo, delante de cuya puerta, con los mamelucos limpios y las camisas domingueras, las cabezas descubiertas, y los cuellos curtidos por el sol y surcados por las líneas blancas de las prolijas afeitadas del sábado, había grupos más densos y silenciosos. Le abrieron paso cuando entró. En el interior había una mesa y tres sillas, donde estaban sentados el médico forense y dos testigos.

Stevens vio a un hombre de unos cuarenta años, con una bolsa de arpillera sumamente limpia, doblada y vuelta a doblar tantas veces que parecía un libro, y un muchacho cuyo rostro tenía una expresión de asombro fatigado pero indomable. El cadáver yacía bajo un acolchado, sobre la baja plataforma a la cual estaba fijada la muela, ahora silenciosa. Stevens se aproximó, levantó una esquina del acolchado, miró el rostro, y bajando nuevamente el acolchado se volvió, dispuesto a seguir su viaje al pueblo. Pero de pronto decidió quedarse. Se movió entre los hombres apoyados contra las paredes, con los sombreros en la mano, y escuchó a los dos testigos. Fue causa de su decisión la declaración del muchacho, con su voz asombrada, fatigada, incrédula, mientras terminaba de describir el hallazgo del cadáver. Vio cómo el médico firmaba el certificado de defunción y guardaba su lapicera en el bolsillo; entonces supo que no iría al pueblo aquella tarde.

—Creo que eso es todo —dijo el médico, mirando en dirección a la puerta—. Muy bien, Ike, puedes llevártelo.

Stevens se apartó del resto y contempló a los cuatro hombres que se dirigían hacia el acolchado.

—¿Lo llevarás tú, Ike? —dijo.

El mayor de los cuatro lo miró un instante.

—Sí. Le había dejado el dinero para el entierro a Mitchell, en el almacén.

—Tú, y Pose, y Matthew, y Jim Blake —murmuró Stevens.

Esta vez el otro lo observó con extrañeza, con impaciencia.

—Podemos pagar la diferencia entre todos —dijo.

—Quisiera contribuir —dijo Stevens.

—Gracias —repuso el otro—. Tenemos bastante.

A continuación el médico se acercó al grupo rezongando.

—Bueno, muchachos. Abran paso.

Con los otros, Stevens salió al aire libre, al calor de la tarde. Había ahora un carro muy cerca de la puerta, que no había estado allí antes. La puerta trasera estaba baja, el piso cubierto de paja, y Stevens permaneció descubierto como todos, contemplando a los cuatro hombres salir del molino, cargados con el bulto envuelto en el acolchado, y dirigirse al carro. Tres o cuatro se adelantaron para ayudar, y Stevens se movió a su vez y tocó el hombro del muchacho; vio nuevamente en el rostro de este aquella expresión de asombro intrigado e incrédulo.

—Fuiste a traer el bote antes de saber que ocurría algo —dijo.

—Es verdad —dijo el muchacho. Al principio habló tranquilamente—. Nadé hasta el bote y luego lo traje remando. Yo sabía que había algo en esa línea. Estaba tirando...

—Querrás decir que lo trajiste nadando —dijo Stevens.

—... hacia el fondo de... ¿Cómo, señor?

—Que trajiste el bote nadando. Nadaste hasta él, lo asiste y lo trajiste nadando.

—¡No, señor! Lo traje remando. Remando desde la otra orilla. Y vi esos peces...

—¿Con qué? —dijo Stevens. El muchacho lo miró ofendido—. ¿Con qué remabas?

—¡Con el remo! Recogí el remo y traje el bote remando, y todo el tiempo los veía moverse en el agua. ¡No querían dejarlo! ¡Estaban adheridos a él aun después de sacarlo del agua, comiéndolo! ¡Los peces, digo! ¡Yo sabía que las tortugas comen gente, pero estos eran peces! ¡Comiéndolo! ¡Por supuesto, creímos que eran peces lo que había allí! ¡Sí que eran peces! ¡No comeré pescado nunca más! ¡Nunca!

Aparentemente no había transcurrido mucho tiempo, pero, con todo, la tarde había llegado a su fin, llevándose consigo parte del calor. Una vez más en su automóvil, con la mano en el arranque, Stevens contemplaba el carro, listo para ponerse en marcha. "Algo anda mal", pensó. "Algo no coincide. Algo más que no advertí, que no vi. O bien, algo que no ha ocurrido todavía."

El carro había partido ya, y cruzaba el polvoriento terreno llano en dirección a la carretera, con dos hombres en el pescante y los otros dos a su lado montados en mulas. La mano de Stevens dio vuelta a la llave. El vehículo se puso en marcha y en seguida pasó al carro a regular velocidad.

Al cabo de una milla, Stevens dobló por un camino de tierra, y se dirigió hacia las colinas. El terreno se elevaba, y el sol era intermitente ahora; pues en ciertos puntos de las estribaciones montañosas se estaba poniendo ya. A poco el camino se bifurcaba, y en el vértice de esta bifurcación había una iglesia sin torre, pintada de blanco, junto a un grupo desordenado y sin cerco de losas de mármol barato y otras tumbas señaladas solo por hileras de cascos de botellas, fragmentos de loza y ladrillos enterrados en la tierra.

Sin vacilar se detuvo frente a la iglesia, luego de ubicar el automóvil frente a la V formada por las carreteras y al camino que acababa de recorrer, el cual era visible hasta la curva, donde desaparecía. Debido a esa curva pudo oír el rumor del carro antes de verlo, y en aquel momento oyó, asimismo, el camión. Estaba descendiendo velozmente la colina a sus espaldas, y luego de pasar rápidamente junto a él, disminuyó la marcha. Era un automóvil convertido en una especie de furgón, con un depósito de poca profundidad cubierto por una lona.

Al llegar al vértice se detuvo, una vez más se oyó el rumor del carro, y luego Stevens lo vio con los dos jinetes, doblando la curva en la penumbra; ahora había un hombre de pie junto al camión, y Stevens lo reconoció: Tyler Ballenbaugh, un chacarero, casado y con familia, con fama de arrogante y violento, que había nacido en el distrito, partido hacia el oeste y regresado, trayendo consigo, a manera de lastre, rumores de sumas ganadas en el juego. Se había casado, adquirido tierras, y no jugaba ya; pero en determinados años, hipotecaba su cosecha para comprar o vender cosechas futuras de algodón con el dinero. Ballenbaugh, de pie en el camino, junto al carro, conversaba con los hombres sin levantar la voz ni hacer un gesto. Había otro hombre con él, un hombre con camisa blanca, a quien Stevens no reconoció ni miró dos veces.

Su mano oprimió el botón del arranque, y una vez más el automóvil se puso en marcha. Encendió los faros, salió rápidamente del cementerio, descendió hasta llegar a la carretera y colocarse detrás del camión; en aquel momento el hombre de la camisa blanca saltó sobre el guardabarros y le gritó algo, y Stevens lo reconoció: era un hermano menor de Ballenbaugh que se había ido a Memphis años atrás, donde se decía que había actuado como guardia armado durante una huelga textil; en los tres años últimos se estaba ocultando en casa del hermano, según decían, no de la policía, sino de algunos de sus amigos y relaciones comerciales de Memphis. De tiempo en tiempo, su nombre aparecía en grescas y riñas registradas en bailes y fiestas campestres. En una oportunidad fue sujetado y detenido por dos agentes policiales en Jefferson, donde los sábados, ebrio, solía jactarse de sus hazañas pasadas o bien maldecía su situación actual y al hermano mayor que lo obligaba a trabajar en la chacra.

—¿A quién diablos está espiando? —dijo.

—Boyd —dijo el otro Ballenbaugh. No levantó la voz, siquiera—. Sube al camión.

Él no se había movido: era un hombre grande, de rostro sombrío, que miró a Stevens con ojos claros, fríos, sin la menor expresión.

—¿Cómo estás, Gavin? —dijo.

—Bien, ¿y tú, Tyler? ¿Te llevas a Lonnie?

—¿Alguien se opone?

—Yo no —dijo Stevens, bajando del automóvil—. Te ayudaré a trasladarlo.

Luego subió nuevamente al vehículo. El carro reanudó la marcha. El camión retrocedió y viró, cobrando en seguida velocidad; los dos rostros pasaron fugazmente, y el que vio Stevens ahora no era belicoso, sino asustado; el otro no expresaba nada, con sus ojos fijos, fríos, claros. La lámpara, que estaba rajada, desapareció tras la colina. "El número de la chapa es del distrito de Okatoba", pensó Stevens.

Enterraron a Lonnie Grinnup al día siguiente por la tarde, partiendo el cortejo fúnebre de casa de Tyler Ballenbaugh.

Stevens no estuvo presente.

—Tampoco estaría allí Joe, supongo —comentó—. El mudo de Lonnie.

—No, tampoco estaba allí. Los que fueron al campamento de Lonnie el domingo por la mañana, para examinar la línea de pesca, dijeron que todavía merodeaba por el campamento, buscando a Lonnie. Cuando lo encuentre, esta vez, podrá acostarse a su lado, pero no percibirá su respiración.

—No —dijo Stevens.

III

Estaba en Mottstown, capital del distrito de Okatoba, aquella tarde. Y aunque era domingo, y aunque no sabía, hasta que lo encontró, qué estaba buscando, lo encontró antes de la noche: era el agente de la compañía de seguros que, once años atrás, vendió una póliza por cinco mil dólares, con doble indemnización por muerte accidental; Tyler Ballenbaugh era el beneficiario de esa póliza.

Todo estaba en regla. El médico examinador nunca había visto a Lonnie Grinnup, pero conocía a Tyler Ballenbaugh desde hacía años; Lonnie había hecho una cruz en la solicitud; Ballenbaugh abonó la cuota inicial, y efectuó todos los pagos desde entonces.

No se había mantenido mayor secreto acerca de ello, salvo el de realizar la transacción en otro pueblo; y Stevens comprendía que tampoco eso era muy extraño.

El distrito de Okatoba estaba en la orilla opuesta del río, a tres millas del domicilio de Ballenbaugh, y Stevens sabía de otros hombres, además de Ballenbaugh, que poseían tierras en un distrito y adquirían sus camiones y automóviles y depositaban su dinero en otro, obedeciendo quizás a una sutil desconfianza atávica, inherente al hombre de campo, no tanto frente a los hombres de cuello duro como frente a las calles asfaltadas y la electricidad.

—¿Entonces no deberé certificar la póliza, por ahora? —preguntó el agente de seguros.

—No. Quiero que acepte la solicitud cuando él venga a presentarla, que le explique que necesitará una semana aproximadamente para arreglarlo todo, y luego espere tres o cuatro días antes de comunicarle que pase a verlo en esta oficina a las nueve o diez de la mañana siguiente. No le diga por qué ni para qué. Luego telefonéeme a Jefferson, cuando sepa que ha recibido el mensaje.

A la mañana siguiente muy temprano, casi al amanecer, cedió la ola de calor. Stevens estaba acostado, contemplando los resplandores y escuchando los rugidos de la tormenta eléctrica y la ruidosa furia de la lluvia; pensaba en su implacable golpeteo y en los profundos surcos de agua color de arcilla que debían formarse sobre la árida y solitaria tumba de Lonnie Grinnup, junto a la iglesia sin torre, sobre aquella colina desnuda; también pensaba en el ruido que debía hacer sobre el torbellino del creciente caudal del río, y al golpear la choza de latas y lona donde el sordomudo seguía esperando, probablemente, que él volviese a casa, sabiendo que algo había ocurrido, pero sin saber cómo, ni por qué. "No sabe cómo", pensó Stevens. "De alguna manera lo engañaron. Ni siquiera se molestaron en atarlo. Lo engañaron, simplemente."

El miércoles por la noche recibió el aviso telefónico del agente de Mottstown: Tyler Ballenbaugh había presentado su solicitud.

—Muy bien —dijo Stevens—. Envíele el mensaje el lunes, para que vaya a su oficina el martes; quiero que me avise cuando sepa que lo ha recibido. "Estoy jugando al póker con un hombre que ha demostrado ser un jugador, en tanto que yo no lo soy", pensó. "Pero por lo menos le he obligado a arrojar su carta. Y sabe quién está en el pozo con él."

Así, pues, cuando llegó el segundo mensaje el lunes por la tarde, solo sabía lo que él, Stevens, pensaba hacer. Durante un momento se le ocurrió pedir un empleado al sheriff, o bien llevar a un amigo. "Pero ni un amigo creerá que lo que tengo entre manos es una carta marcada", se dijo, "a pesar de que yo estoy seguro de ello: es decir, que un hombre, aun tratándose de un aficionado en materia de asesinatos, tendría que haber borrado las huellas, luego de cometer el hecho. Pero cuando se trata de dos asesinos, ninguno de los dos está seguro de que el otro no ha dejado huellas.”

Por fin Stevens fue solo. Tenía una pistola. Pero luego de haberla sacado, la guardó nuevamente en el cajón. “Por lo menos, nadie disparará contra mí con esta pistola”, se dijo. Salió del pueblo al oscurecer.

Esta vez pasó junto al almacén de ramos generales, oscuro junto a la carretera. Cuando llegó al camino de tierra, que siguió nueve días atrás, tomó esta vez a la derecha y siguió manejando un cuarto de milla más, hasta desembocar en un potrero muy sucio, y alumbró con los faros una cabaña oscura. No los apagó, sino que avanzó a pie en medio del haz luminoso, en dirección a la cabaña, gritando: “¡Nate! ¡Nate!”

Al cabo de un rato oyó la voz de un negro, si bien no vio luz alguna.

—Voy al campo de Lonnie Grinnup. Si no he regresado antes del amanecer, es mejor que vayas hasta el almacén y les avises.

No hubo respuesta. Luego una voz de mujer dijo:

—¡Apártate de esa puerta!

La voz del hombre murmuró algo.

—¡No me importa! —exclamó la mujer—. Sal de ahí y deja a los blancos tranquilos.

“De modo que hay otros, además de mí”, pensó Stevens, recordando cuán a menudo, casi siempre, hay en los negros un instinto, no para el mal, sino para intuirlo inmediatamente cuando está cerca. Volvió al automóvil, apagó los faros y sacó su linterna del asiento.

Encontró el camión. Bajo el tenue haz de luz leyó una vez más el número de la patente que vio alejarse nueve días atrás colina abajo. Apagó la linterna y la guardó en el bolsillo.

Veinte minutos más tarde advirtió que no debió haberse preocupado por la luz. Estaba en el sendero, entre la negra pared de monte y el río; veía el leve resplandor detrás de la pared de lona de la choza, y oía ya las dos voces: una fría, monótona y firme; la otra, alta y áspera. Tropezó con la pila de leña y luego con algo más; halló la puerta, la abrió rápidamente y se encontró frente a la devastación de la casa del muerto: los colchones de chala retirados de las tarimas de madera, la cocina volcada y los utensilios de cocina desparramados, y, en medio de todo ello, Tyler Ballenbaugh enfrentándolo con una pistola, y su hermano menor, arqueado como si fuera a saltar, junto a un cajón volcado.

—¡Atrás, Gavin! —gritó Ballenbaugh.

—Retrocede tú, Tyler —dijo Stevens—. Has llegado tarde.

El joven se enderezó. Stevens advirtió que lo había reconocido.

—¡Pero, por…! —exclamó.

—¿No hay salida, Gavin? —dijo Ballenbaugh—. Dime la verdad.

—Creo que no. Baja esa pistola.

—¿Quién más está contigo?

—Los suficientes. Baja esa pistola, Tyler.

—¡Miente! —dijo el más joven. Empezó a moverse. Stevens vio que sus ojos se dirigían hacia la puerta a sus espaldas—. ¡Miente, te digo! No hay nadie más. Está espiando, como el otro día, metiendo la nariz donde muy pronto lamentará haberla metido. Porque esta vez se la vamos a cortar.

Avanzaba ahora hacia Stevens, algo inclinado, los brazos separados del cuerpo.

—¡Boyd! —dijo Tyler. El otro siguió avanzando, sin sonreír, pero con una expresión extraña, una especie de brillo o fulgor en el rostro—. ¡Boyd! —repitió Tyler, y a su vez se movió con sorprendente rapidez, y alcanzando a su hermano, con un solo movimiento del brazo lo hizo caer trastabillando sobre uno de los camastros. Ambos se miraron: el uno, frío, inmóvil, sin expresión, con la pistola apuntando al vacío; el otro, arqueado, gruñendo.

—¿Qué diablos pretendes hacer? ¿Dejar que nos lleve al pueblo como dos corderos?

—Eso lo decidiré yo —dijo Tyler. Y luego, mirando a Stevens—: Nunca pensé en esto, Gavin. Yo aseguré su vida, pagué las primas, sí. Pero era un buen negocio: si él hubiese vivido más que yo, el dinero no me habría servido, de todos modos; en caso contrario, yo me habría beneficiado al morir él. No había ningún secreto. Lo hicimos a la luz del día. Cualquiera habría podido saberlo. Quizás él habló de ello. Yo nunca se lo prohibí. ¿Y quién podía criticarlo, de todos modos? Siempre le daba de comer cuando venía a casa, se quedaba tanto como quería, y venía cuando tenía ganas. Pero yo no planeé esto.

De pronto el muchacho empezó a reír, reclinado a medias en el camastro donde lo empujara el otro.

—¡Ah! ¡Conque ese es el asunto, ahora! ¡Conque así andan las cosas! —y entonces no hubo más risa, si bien la transición fue leve, imperceptible. Estaba de pie, frente a su hermano—. Yo no aseguré su vida en cinco mil dólares —dijo—. A mí no iban a tocarme…

—Calla —dijo Tyler.

—… cinco mil dólares cuando lo hallasen muerto en esa…

Tyler avanzó firmemente y lo abofeteó dos veces, con la palma y el dorso de la mano, sin dejar la pistola que sostenía en la otra.

—Te digo que te calles, Boyd —dijo. Miró entonces a Stevens una vez más—. Nunca preví esto. Ahora no quiero el dinero, aunque me lo paguen, porque nunca planeé obtenerlo de esa manera. Yo no juego así. ¿Qué piensas hacer?

—¿Me lo preguntas? Quiero hacer una denuncia por asesinato.

—¡Y luego probarlo! —gritó el otro—. ¡Trate de probarlo! Yo no aseguré su vida por…

—¡Calla! —repitió Tyler, casi con suavidad, mirando a Stevens con aquellos ojos en los que no se reflejaba absolutamente nada—. No puedes hacer eso, Stevens. Tenemos un nombre limpio. Lo ha sido. Quizás nadie haya hecho nada por engrandecerlo todavía, pero hasta ahora nadie lo dañó mucho. Nunca he debido nada a nadie, ni tomado lo que no es mío. No debes hacer eso, Gavin.

—No debo hacer otra cosa, Tyler.

El otro lo miró. Stevens oyó que aspiraba y espiraba profundamente. Pero su expresión no cambió.

—De modo que lo que quieres es ojo por ojo y diente por diente.

—Lo quiere la justicia. Tal vez, Lonnie. ¿No lo querrías tú?

El otro lo miró un instante más. Luego se volvió e hizo un gesto a su hermano y otro a Stevens, los dos firmes y perentorios.

En seguida se encontraron fuera de la choza, alumbrados por la luz que pasaba por la puerta abierta. Arriba, una leve ráfaga se agitó entre el follaje y luego cesó. Al principio Stevens no comprendió la intención de Ballenbaugh. Vio que se volvía hacia su hermano, con la mano extendida, hablándole con un tono severo:

—Este es el fin del escándalo. Lo temí desde la noche que llegaste a casa y me lo dijiste. Debí criarte mejor, pero no lo hice. Ven. Decídete de una vez.

—¡Cuidado, Tyler! ¡No hagas eso! —dijo Stevens.

—No intervengas, Gavin. Si quieres una vida por una vida, la tendrás.

Seguía mirando a su hermano, sin reparar siquiera en Stevens.

—Ven. Tómala y acaba de una vez.

Entonces fue demasiado tarde. Stevens vio que el muchacho saltaba hacia atrás, que Tyler avanzaba un paso, y percibió en la voz de este la sorpresa, la incredulidad, y por fin la comprensión súbita del error cometido.

—¡Deja esa pistola, Boyd! ¡Déjala!

—Conque la quieres, ¿eh? —dijo Boyd—. Cuando aquella noche te dije que tendrías cinco mil dólares en el momento en que alguien descubriese la línea de pesca, y te pedí diez, rehusaste. Diez dólares, y me los negaste. Sí que te la daré. ¡Aquí la tienes! El fogonazo partió desde muy abajo, y el fuego rojizo trazó un surco descendente al caer el otro. "Ahora me toca a mí", pensó Stevens. Estaban frente a frente; una vez más se sintió la ráfaga que agitaba el follaje sobre su cabeza.

—¡Corre mientras puedas, Boyd! —dijo—. Ya has hecho bastante. ¡Corre!

—Sí que correré. Preocúpese por mí, ahora, porque dentro de un minuto ya no tendrá preocupaciones. Sí que correré, después de decir algo a estos señores que meten la nariz donde se lamentarán…

"Ahora tirará", pensó Stevens, y saltó. Por un segundo tuvo la ilusión óptica de verse a sí mismo saltando, en el aire, sobre la cabeza de Boyd Ballenbaugh, reflejado de alguna manera por la tenue luz del río, por esa luminosidad que devuelve el río a las tinieblas. Y entonces advirtió que no era él mismo a quien veía; no, no había sido una ráfaga lo que percibió, cuando la criatura, la forma que no tenía lengua ni la necesitaba, que durante nueve días había esperado el regreso de Lonnie Grinnup, se dejó caer sobre las espaldas del asesino, las manos crispadas y el cuerpo rígido y curvado, con silenciosa y mortal determinación.

"Estaba en el árbol", pensó Stevens. La pistola relució en la oscuridad. Vio el fogonazo, pero no oyó nada.

IV

Estaba sentado en el corredor con su aseado vendaje quirúrgico, después de la comida, cuando llegó el sheriff por el sendero del jardín: era un hombre muy alto, agradable, afable, con ojos más pálidos, más fríos y más inexpresivos aun que los de Tyler Ballenbaugh.

—No llevará más de unos minutos —dijo—. De lo contrario, no te habría molestado.

—¿Cómo, molestarme? —dijo Stevens.

El sheriff apoyó un muslo sobre la barandilla del corredor.

—¿Cómo va tu cabeza?

—Muy bien.

—Me alegro. Creo que oíste decir dónde hallamos a Boyd.

Stevens lo miró con la misma expresión impasible.

—No he recordado nada en todo el día, salvo mi dolor de cabeza.

—Tú nos dijiste dónde debíamos buscar. Cuando llegué ahí, estabas consciente todavía, y tratando de dar agua a Tyler. Nos dijiste que miráramos la línea de pesca.

—¿Sí? ¡Bueno, bueno! ¿Qué no dice un borracho, o un loco? Y a veces dice la verdad.

—La dijiste. Examinamos la línea y allí estaba Boyd muerto, colgado de uno de los anzuelos, exactamente como Lonnie Grinnup. Y Tyler Ballenbaugh, con una pierna rota y otro balazo en el hombro; y tú con una herida en la cabeza, en la cual podría haber escondido un cigarro. ¿Cómo quedó colgado en la línea, Gavin?

—No lo sé.

—Muy bien. Supongamos que en este momento no soy el sheriff. ¿Cómo apareció Boyd en esa línea?

—No lo sé.

El otro lo miró; se miraron mutuamente.

—¿Es eso lo que contestas a un amigo cuando te pregunta algo?

—Sí. Yo estaba herido, como bien sabes. No lo sé.

El sheriff sacó un cigarro del bolsillo y lo estudió un rato.

—Joe, el sordomudo que crió Lonnie… se ha ido, aparentemente. El domingo pasado todavía andaba merodeando, pero nadie lo ha visto desde entonces. Podría haberse quedado. Nadie lo molestaría.

—Quizás extrañaba a Lonnie demasiado para quedarse.

—Quizás lo extrañaba —murmuró el sheriff, poniéndose de pie. Luego cortó el extremo del cigarro con los dientes y lo encendió—. ¿Ese balazo te hizo olvidar también esto? ¿Qué te hizo sospechar que algo andaba mal? ¿Qué era lo que el resto de nosotros no había advertido?

—El remo —repuso Stevens.

—¿El remo?

—¿Nunca tendiste una línea de pesca, una línea en tu propio campamento? No se usa el remo, sino que se empuja el bote con las manos, alternativamente, a lo largo de la línea, desde un anzuelo hasta el otro. Lonnie nunca usaba el remo; dejaba el bote atado al mismo árbol del que partía la línea, y el remo quedaba siempre en la choza. Si alguna vez hubieses ido allí, lo habrías observado. Pero el remo estaba en el bote cuando el muchacho lo encontró.

HUMO

Anselm Holland llegó a Jefferson hace muchos años. De dónde, nadie lo sabía. Pero era joven entonces, y un hombre de variados recursos, o por lo menos, de presencia, porque antes de que hubieran transcurrido tres años estaba casado con la única hija de un hombre que poseía dos mil acres de las mejores tierras del distrito, y fue a vivir en la casa de su suegro, donde dos años más tarde su mujer le dio dos hijos, y donde a los pocos años murió aquel, dejando a Holland en total posesión de la propiedad, que estaba a la sazón a nombre de su mujer. Pero aun antes del hecho, los de Jefferson lo habíamos oído aludir, en tono algo más alto de lo conveniente, a "mi tierra, mi cosecha"; y aquellos de nosotros cuyos padres y abuelos se habían criado en el lugar lo mirábamos con cierta frialdad y recelo, como a un hombre sin escrúpulos, además de violento, según rumores oídos entre los colonos blancos y negros y entre otros con quienes había tenido algún trato.

Pero por consideración a su mujer y por respeto a su suegro, siempre lo tratamos con cortesía, ya que no con afecto. Así, pues, cuando ella murió, siendo los mellizos todavía niños, consideramos que él era el responsable, y que la vida de la pobre se había agostado frente a la torpe violencia de aquel forastero ignorante. Y cuando sus hijos llegaron a la edad adulta, y primero uno y luego el otro dejaron para siempre el hogar, no nos sorprendimos. Por fin, cuando un día, hace seis, Holland fue hallado muerto, un pie trabado en uno de los estribos del caballo ensillado que acostumbraba cabalgar, y el cuerpo horriblemente destrozado, porque, aparentemente, el animal lo había arrastrado a través del cerco de palos, y eran todavía visibles, en el lomo y en los flancos del caballo, las marcas de los golpes que le había dado en uno de sus accesos de ira, ninguno de nosotros lo lamentó, por cuanto poco tiempo atrás había cometido un acto que, para los hombres de nuestro pueblo, nuestra época y nuestras creencias, era el más imperdonable de los ultrajes.

El día en que murió, se supo que había estado profanando las tumbas de la familia de su mujer; y aun la de ella, donde descansaba desde hacía treinta años. De esta suerte, aquel viejo trastornado y carcomido por el odio fue enterrado entre las tumbas que había intentado violar, y a su debido tiempo se presentó el testamento para su legalización. Nos enteramos de la esencia del testamento sin sorpresa alguna. No nos sorprendió saber que aun después de muerto, Holland había asestado un último golpe a los únicos a quienes podía herir y ofender: a su carne y su sangre que le sobrevivía.

En la época de la muerte de su padre, los mellizos tenían cuarenta años. El menor, el joven Anse, como lo llamaban, había sido, según decían, el predilecto de la madre, quizás por ser el más parecido al padre. Sea como fuere, desde que ella murió, siendo los mellizos casi niños, siempre teníamos noticias de dificultades entre el viejo y el joven Anse, con Virginius, el otro mellizo, actuando como mediador y recibiendo en pago de sus afanes las maldiciones de padre y hermano. Virginius era así. El joven Anse también tenía sus cosas, y poco antes de cumplir veinte años huyó de la casa paterna y no volvió en diez años. Cuando volvió, él y su hermano eran mayores de edad, y Anse, a fin de recibir su parte, solicitó formalmente a su padre la división de las tierras que, según se enteraba ahora, este tenía solamente en custodia.

El viejo Anselm rehusó violentamente. Sin duda, la solicitud había sido hecha con igual violencia, ya que ambos, el viejo y el joven Anse, eran tan parecidos. Oímos decir que, por extraño que parezca, Virginius se había puesto de parte de su padre. Lo oímos decir, eso es todo. Pero la tierra quedó intacta; y oímos decir cómo, en una escena de violencia inusitada aun para ellos, una escena de tal violencia que los sirvientes negros huyeron de la casa y se dispersaron hasta la mañana siguiente, el joven Anse partió, llevando consigo el par de mulas que le pertenecía; y desde aquel día hasta el día de la muerte de su padre, aun después de que Virginius se viera a su vez obligado a abandonar el hogar paterno, Anse no volvió a hablar a su padre y a su hermano. Pero esta vez no salió del distrito, sin embargo. Se trasladó simplemente a las colinas, desde donde "podía ver qué hacían el viejo y Virginius" (según decíamos algunos de nosotros y lo pensaban todos).

Y durante los quince años siguientes vivió solo en una choza de dos habitaciones, como un ermitaño, preparando sus comidas y yendo al pueblo con su par de mulas no más de cuatro veces por año. Algún tiempo antes lo habían arrestado y juzgado por destilar whisky. No se defendió, se negó a alegar en contra o en favor de la acusación; se le impuso una multa tanto por su delito como por haber desafiado a la justicia; y cuando Virginius se ofreció a pagarla, tuvo un acceso de ira exactamente igual a los de su padre. Trató de agredir a Virginius en la sala de audiencias, y por propia solicitud fue a la penitenciaría; lo indultaron ocho meses más tarde por su buen comportamiento, y volvió a su choza ese hombre moreno, silencioso, de rasgos aquilinos, a quien tanto vecinos como extraños dejaban severamente solo.

El otro mellizo, Virginius, permaneció en la propiedad, cultivando las tierras a las cuales su padre nunca había hecho justicia mientras vivió. Se decía, en verdad, que el viejo Anse, viniera de donde viniese y como quiera que hubiese sido educado, no lo había sido para agricultor. En vista de ello, solíamos decirnos, convencidos de estar en lo cierto: "Esa es la dificultad entre él y el joven Anse: ver a su padre maltratar la tierra que su madre había destinado para él y Virginius." Pero Virginius se quedó. Sin embargo, no podía pasar una vida muy agradable. Más tarde comentamos que Virginius debió prever que semejante arreglo no perduraría. Y aun más tarde dijimos: "Quizás lo sabía en realidad." Porque así era Virginius. Nunca se sabía, en ningún momento, en qué estaba pensando. El viejo y el joven Anse eran como el agua. Agua turbia, tal vez; pero todos conocían sus intenciones. En cambio, nadie sabía de antemano en qué pensaba o qué haría Virginius. No sabíamos siquiera qué había ocurrido en aquella oportunidad en que Virginius, que lo soportaba todo solo, mientras el joven Anse estuvo lejos, fue por fin expulsado del hogar. No lo dijo a nadie, probablemente ni a Granby Dodge. Pero conocíamos al viejo Anse y también a Virginius, de modo que podíamos imaginar algo como lo que sigue:

Durante el año siguiente a la partida del joven Anse con sus dos mulas hacia las colinas, contemplamos la furia del viejo Anse. Por fin un día se produjo el estallido. Probablemente, de la siguiente manera:

—Crees que ahora que se ha ido tu hermano podrás quedarte simplemente, y guardártelo todo, ¿no?

—No quiero todo —habría dicho Virginius—. Solo quiero mi parte.

—¡Ah! Querrías que se dividiese ahora mismo, ¿no? ¡Recriminarme, como él, porque no se hubiese dividido cuando ustedes fueron mayores de edad!

—Preferiría tener una pequeña parte de la tierra y explotarla bien, a verla como está ahora —habría respondido Virginius, siempre ecuánime, siempre sereno; pues nadie en el distrito vio nunca a Virginius perder la compostura, o siquiera alterarse, ni aun cuando Anse intentó agredirlo en la sala de audiencias, en oportunidad de aquella multa.

—Querrías eso, ¿no? Aunque haya sido yo quien la ha mantenido todos estos años, pagando los impuestos, mientras tú y tu hermano ahorraban dinero año tras año, libres de impuestos.

—Sabes muy bien que Anse nunca ahorró nada en toda su vida —decía Virginius—. Di lo que quieras de él, pero no lo acuses de avaricia.

—¡Tienes razón! Fue bastante hombre como para venir aquí y exigirme lo que consideraba suyo, y para irse cuando no lo obtuvo. En cambio tú… tú te quedas aquí, esperando que me muera, con esa maldita boca de aserrín que tienes. Págame los impuestos de tu mitad desde el día que murió tu madre, y es tuya.

—No —decía Virginius—. No pagaré.

—No. Naturalmente que no. ¿Para qué gastar tu dinero en la mitad de la tierra cuando algún día la tendrás toda sin poner un centavo?

A continuación veíamos mentalmente al viejo Anse, con su cabeza hirsuta y sus pobladas cejas, poniéndose bruscamente de pie, pues hasta ahora los habíamos imaginado conversando sentados, como dos hombres civilizados.

—¡Vete de mi casa! —y Virginius, sin moverse, de pie, observaba a su padre, mientras el viejo Anse iba hacia él con el puño levantado—. ¡Vete! ¡Fuera de mi casa! ¡Mira que te…!

Y entonces Virginius se fue. No se apresuró, ni corrió. Preparó todo lo que le pertenecía, mucho más de lo que llevara Anse. Bastantes cosas; y partió a cuatro o cinco millas de distancia, a vivir con un primo, hijo de una parienta lejana de su madre. El primo vivía solo, y en una buena granja, aunque abrumada de hipotecas; pues tampoco él era agricultor, sino mitad comerciante de caballos y mulas y mitad predicador; un hombre pequeño, rubio, sin ningún rasgo definido, a quien nadie podría recordar un minuto después de haber dejado de mirarlo, y probablemente no más eficiente en esas sus actividades que en la agricultura. Sin prisa se fue, pues, Virginius, y sin la inmensa y violenta decisión de su hermano; pero, por extraño que parezca, aunque fuera violento y lo mostrara, no teníamos en menos al joven Anse. En realidad, siempre miramos también a Virginius con cierta desconfianza; tenía demasiado dominio de sí mismo. Y es propio de la naturaleza humana confiar antes en quienes no saben depender de sí mismos.

Llamábamos a Virginius hombre reconcentrado; no nos sorprendió, pues, enterarnos de la forma en que había usado sus ahorros para levantar la hipoteca de la granja de su primo. Tampoco nos sorprendió cuando, un año más tarde, supimos que el viejo Anse se negaba a pagar los impuestos sobre su tierra y que, dos días antes de expirar el plazo, el oficial de justicia había recibido por correo y en forma anónima una suma en efectivo que saldaba la deuda de Holland hasta el último centavo.

—¡Siempre este Virginius! —dijimos, puesto que, según creíamos, el dinero no necesitaba ir acompañado por el nombre del remitente. El oficial de justicia había notificado al viejo Anse.

—¡Sáquela a la venta y váyase al diablo! —dijo el viejo Anse—. ¡Si cree que solo tiene que sentarse a esperar, esa maldita cría que tengo…!

El oficial hizo avisar al joven Anse.

—La tierra no es mía —repuso este.

A continuación notificó a Virginius, y este vino al pueblo y examinó las planillas de impuestos con sus propios ojos.

—Traigo todo aquello de que puedo disponer en este momento —dijo—. Por supuesto, si él la abandona, espero poder obtenerla. Pero, no sé. Una buena granja como esa no durará mucho ni se desvalorizará.

Y eso fue todo. Ni enojo, ni asombro, ni sentimiento. Pero Virginius era muy reconcentrado; no nos sorprendimos al saber que el oficial de justicia había recibido un paquete de dinero con la siguiente nota anónima: Importe de los impuestos de la granja de Anselm Holland. Enviar recibos a Anselm Holland, padre.

—¡Este Virginius…! —comentamos. Durante el año siguiente pensamos mucho en Virginius, solo en una granja ajena, cultivando tierras ajenas, contemplando la ruina progresiva de la granja y de la casa donde había nacido y que por derecho eran suyas. En efecto, el viejo las estaba abandonando totalmente, ahora: año tras año los anchos campos se cubrían otra vez de maleza y de zanjas, a pesar de que cada año el oficial de justicia recibía invariablemente aquel dinero anónimo y enviaba el recibo al viejo Anse; porque ya este había dejado de venir al pueblo, la casa misma se derrumbaba sobre su cabeza, y nadie, salvo Virginius, se detenía ya frente a ella. Cinco o seis veces por año Virginius solía llegar cabalgando hasta la galería del frente, y el viejo salía y le gritaba salvajes y violentos improperios, mientras Virginius permanecía tranquilo, conversando con los pocos negros que quedaban; y luego de comprobar con sus propios ojos que su padre estaba bien, se alejaba nuevamente. Pero nadie más se detenía allí, a pesar de que, de vez en cuando, desde lejos, alguien veía al viejo recorriendo los campos desolados y cubiertos de maleza, en el viejo caballo blanco que habría de matarlo.

Por fin, el verano pasado nos enteramos de que estaba excavando las tumbas en el bosquecillo de cedros donde descansaban cinco generaciones de familiares de su mujer. Un negro mencionó el hecho, y el funcionario de sanidad del distrito fue hacia allí y halló el caballo blanco atado a un árbol, y al viejo saliendo del bosquecillo con una escopeta. El funcionario regresó, y dos días más tarde un oficial de la policía fue a su vez y halló al viejo tendido junto al caballo, un pie trabado en el estribo, y sobre el anca del animal las marcas terribles del palo; no una correa, sino un palo, con que lo había golpeado una y otra vez.

Lo enterraron entre las tumbas que profanó. Virginius y su primo asistieron al entierro. En realidad, formaban toda la concurrencia, porque el joven Anse no estuvo presente. Ni tampoco se acercó al lugar, a pesar de que Virginius permaneció en la casa el tiempo suficiente para cerrarla y despedir a los negros. Después regresó a casa de su primo, y oportunamente se presentó el testamento del viejo Anse al juez Dukinfield para su legalización. La esencia del testamento no era un secreto para nadie: todos nos enteramos de ella. Todo estaba en regla, y no nos sorprendió su regularidad, su contenido, ni su expresión… con excepción de aquellos dos legados: …dejo y confiero mi propiedad a mi hijo mayor Virginius, siempre que pruebe a satisfacción del magistrado… que fue el antedicho Virginius quien ha estado pagando los impuestos de mis tierras… debiendo ser el magistrado el juez exclusivo e indisputado de dicha prueba.

Los otros dos legados eran:

A mi hijo menor Ame… dejo dos juegos completos de arneses para mulas… con la condición de que Amelm utilice estos arneses para hacer una visita a mi tumba. De lo contrario, dichos arneses pasarán definitivamente a formar parte… de mis bienes, arriba señalados.

A mi primo político Granby Dodge dejo… un dólar en efectivo que deberá utilizar para la compra de un libro o libros de himnos religiosos, como testimonio de mi gratitud por haber alimentado y alojado a mi hijo Virginius desde que… Virginius abandonó mi techo.

Este era el testamento. Y nos mantuvimos a la expectativa para ver u oír qué haría o diría el joven Anse. No vimos ni oímos nada. Luego esperamos ver qué haría Virginius. Y este tampoco hizo nada. No sabíamos, en fin, qué hacía ni qué pensaba. Pero Virginius era así. De todas maneras, todo había terminado. Todo lo que debía hacerse era esperar que el juez Dukinfield legalizase el testamento. Luego Virginius entregaría a Anse su mitad, si en verdad pensaba hacerlo. Sobre este punto las opiniones divergían. "Él y Anse nunca tuvieron diferencias", decían algunos. "Virginius nunca tuvo dificultades con nadie", decían otros. "Si te apoyas en eso, tendría que dividir la granja con todo el distrito." "Pero fue Virginius quien quiso pagar la multa que…", decían los primeros. "También fue Virginius quien se puso de parte de su padre cuando el joven Anse pidió la división de la tierra", argumentaban los segundos.

Así, pues, esperamos y observamos. Ahora observábamos, asimismo, al juez Dukinfield: de pronto, fue como si todo el asunto estuviese en sus manos, como si estuviese sentado como un dios sobre la risa vengativa y burlona de aquel viejo que aun después de muerto y enterrado se resistía a morir, y sobre aquellos dos hermanos irreconciliables que durante quince años parecían haber estado muertos el uno para el otro. No obstante ello, pensábamos que, en su último golpe, el viejo Anse había desvirtuado sus fines; que al designar al juez Dukinfield, la furia de Holland lo había derrotado porque en la persona del juez Dukinfield considerábamos que el viejo Anse había elegido al único entre todos nosotros con probidad, honor y sentido común suficientes; con ese tipo de honor y sentido común que nunca ha tenido tiempo de confundirse ni dudar de sí mismo por excesivo conocimiento de la ley. El hecho mismo de que la legalización de un documento tan sencillo le llevase aparentemente tanto tiempo era para nosotros prueba adicional de que el juez Dukinfield era el único entre todos que creía que la justicia es cincuenta por ciento de conocimiento legal y cincuenta por ciento de serenidad y de confianza en sí mismo y en Dios.

A medida que se aproximaba el fin del plazo legal, observábamos al juez Dukinfield recorrer diariamente el trayecto entre su casa y su oficina, situada en el Ayuntamiento. Se movía lentamente, sin prisa, aquel viudo de sesenta años o más, majestuoso, de cabellos blancos, con ese porte erguido y altivo que los negros llaman "echado para atrás".

Poseía pocos conocimientos de la ley y un sólido sentido común; durante trece años y hasta la fecha no había tenido contrincantes para las elecciones; y aun aquellos que más se enfurecían por su aire de condescendencia serena y afable votaban por él cuando llegaba la ocasión, con una especie de confianza y fe infantiles. Lo observábamos, por lo tanto, con impaciencia, sabiendo que lo que hiciera finalmente estaría bien, no porque lo hiciera él, sino porque nunca permitiría a nadie, ni a sí mismo, hacer nada hasta que estuviera bien. Y todas las mañanas lo veíamos cruzar la plaza a las ocho y diez exactamente, y entrar en el edificio donde estaba su oficina, en la cual su sirviente negro lo había precedido exactamente diez minutos antes, con la precisión cronométrica con que la señal anuncia la llegada de un tren, a fin de abrir la oficina para la jornada. El juez entraba en la oficina, y el negro ocupaba una vez más su sitio en una silla de tijera remendada con alambre, en el corredor embaldosado que separaba la oficina del resto del edificio, y allí permanecía sentado, dormitando, todo el día, como lo hiciera durante diecisiete años. Luego, a las cinco de la tarde, el negro se despertaba y entraba en la oficina, quizás para despertar al juez, quien había vivido lo suficiente para saber que el apremio de cualquier actividad existe tan solo en la mente de ciertos teóricos que no tienen actividades propias; finalmente, veíamos a ambos cruzando la plaza, en fila india, siguiendo la calle que conducía a su casa; los dos con la mirada al frente, y separados unos metros, caminando tan erguidos que las dos levitas confeccionadas por el mismo sastre a la medida del juez caían de los dos pares de hombros en un solo plano, como una tabla, sin insinuación de cintura ni caderas.

Una tarde, poco después de las cinco, la gente empezó de pronto a correr a través de la plaza en dirección al Ayuntamiento. Otras personas vieron esto y corrieron a su vez, con sus pesados pasos resonantes sobre el pavimento, entre carros y automóviles, las voces tensas, insistentes: ¿Qué? ¿Qué pasa...? ¡El juez Dukinfield!, corría la voz; y todos siguieron corriendo hasta llegar al corredor embaldosado entre el edificio y la oficina, donde el viejo negro, con su casaca heredada, estaba de pie agitando las manos en el aire. Pasaron junto a él y entraron rápidamente en la oficina. Detrás de su mesa estaba sentado el juez, echado algo hacia atrás en su asiento, muy cómodo. Tenía los ojos abiertos y un balazo exactamente sobre el puente de la nariz, de modo que parecía tener tres ojos en hilera. Era un balazo, sí, pero a pesar de ello nadie había oído ningún ruido en todo el día: ni la gente en la plaza, ni el viejo negro sentado en su silla en el corredor.

Aquel día Gavin Stevens estuvo ocupado mucho tiempo: Gavin, con su pequeña caja de bronce. En efecto, al principio el jurado no comprendía adónde quería llegar; si en verdad había en el recinto quien lo comprendiera, entre el jurado, los dos hermanos, el primo y el viejo negro. Por fin, el presidente del jurado le preguntó inopinadamente:

—¿Afirma usted, señor Gavin, que hay una conexión entre el testamento del señor Holland y el asesinato del juez Dukinfield?

—Sí —repuso el fiscal del distrito—. Y afirmaré más que eso.

Todos se miraron: el jurado, los dos hermanos. Solo el viejo negro y el primo no levantaron la cabeza. En la última semana el negro había envejecido aparentemente cincuenta años. Su función pública databa del mismo día que la del juez; en verdad, era consecuencia del nombramiento del juez, a quien había servido durante tanto tiempo, que ya nadie recordaba cuánto. Era mayor que el juez, si bien hasta aquella tarde de una semana atrás siempre aparentó tener cuarenta años menos: una figura esmirriada, deforme con su voluminosa levita, que llegaba a la oficina diez minutos antes que el juez, y la abría y barría y quitaba el polvo de la mesa de trabajo sin mover un solo objeto, con experta prolijidad, fruto de diecisiete años de práctica, y por fin se instalaba a dormitar en la silla remendada con alambre en medio del corredor. Aparentaba dormir, en realidad. La otra forma de llegar a la oficina era por la estrecha escalera privada que comunicaba con la sala de audiencias, utilizada solamente por el juez cuando presidía el tribunal durante el período de sesiones. Aun entonces debía cruzar el corredor y pasar a menos de dos metros de la silla del negro, a menos que siguiese el corredor hasta donde formaba una L, debajo de la única ventana de la oficina, y trepase por ella. En realidad, ningún hombre ni mujer había pasado nunca cerca de aquella silla sin ver abrirse instantáneamente los rugosos párpados del negro, y descubrir los ojos castaños sin iris, propios de la vejez. De vez en cuando nos deteníamos a conversar con él, para oír su voz, vertida en la elocuente pero defectuosa pronunciación de la fraseología legal, rotunda, sin sentido, que había adquirido inconscientemente, como quien recoge gérmenes de enfermedades, y que reproducía con aquella profundidad ex cathedra que, a más de uno de nosotros, nos hacía escuchar al juez con afectuoso regocijo. Pero a pesar de todo era muy viejo; a veces olvidaba nuestros nombres y nos confundía mutuamente; y al confundir nuestros rostros y también nuestras generaciones, solía despertar de su ligero sueño para llamar a visitantes que no estaban presentes, que habían muerto hacía muchos años. Aun así, no se sabía de nadie que hubiese logrado pasar inadvertido junto a él.

Pero el resto de los presentes observaba a Stevens: el jurado cerca de la mesa, los dos hermanos sentados en los extremos opuestos del banco, con sus rostros morenos, aquilinos, idénticos, los brazos cruzados en gestos idénticos.

—¿Afirma usted que el asesino del juez Dukinfield está presente? —preguntó el presidente del jurado.

El fiscal del distrito miró a todos los rostros que lo contemplaban.

—Estoy dispuesto a afirmar más que eso —dijo.

—¿Afirmar? —repitió Anselm, el mellizo más joven. Estaba sentado solo, en un extremo del banco, con toda la extensión de este entre él y su hermano, a quien no había dirigido la palabra en quince años, mientras observaba a Stevens con una mirada dura, furiosa, sin pestañear.

—Sí —dijo Stevens.

De pie junto a un extremo de la mesa, comenzó a hablar, sin dirigirse a nadie en particular, con un tono ligero y anecdótico, refiriendo lo que ya sabíamos, y dirigiéndose de vez en cuando al otro mellizo, Virginius, como buscando corroboración. Habló acerca del joven Anse y su padre. Su tono era imparcial y agradable. Parecía estar preparando la defensa de los sobrevivientes. Relató cómo el joven Anse había abandonado el hogar en medio de una disputa, enojado, con un enojo natural frente a la forma en que su padre trataba la tierra que había sido de su madre y cuya mitad era en aquel momento legítimamente suya. Su tono era tranquilo, conciso, sincero; en todo caso, levemente parcial hacia el joven Anselm; eso es. Debido a esta aparente parcialidad, comenzó a surgir una imagen del joven Anselm que lo condenaba por algo a la sazón ignorado; lo condenaba en virtud de aquel mismo deseo de justicia y de aquel afecto por su difunta madre, malogrado por la violencia heredada del mismo ser que lo había agraviado. Y allí estaban sentados los dos hermanos, con un espacio de tabla, gastada por el uso, entre ellos; el menor, contemplando a Stevens con aquella mirada reprimida, intensa; el mayor, con igual intensidad, pero el rostro inescrutable. A continuación Stevens contó cómo el joven Anselm, enojado, había abandonado el hogar, y cómo, un año más tarde, Virginius, el más tranquilo, el que siempre trataba de mantener la paz entre ellos, había sido expulsado a su vez. Y nuevamente pintó Stevens un cuadro plausible y franco de los dos hermanos separados no por el padre vivo, sino por lo que cada uno había heredado de él, y atraídos, alimentados, por aquella tierra que no solo era legítimamente suya, sino donde además yacían los huesos de la madre.

—Y allí estaban ambos —prosiguió diciendo Stevens contemplando desde lejos la ruina gradual de aquellas buenas tierras, el derrumbe de la casa donde nacieron y donde nació su madre, por culpa de un viejo trastornado que, no pudiendo hacerles otra cosa, había intentado al fin privarlos definitivamente de su patrimonio, negándose a pagar los impuestos y exponiendo la propiedad a la subasta. Pero alguien lo derrotó en este punto; alguien con previsión y dominio de sí mismo suficientes como para callar acerca de algo que, de todos modos, a nadie incumbía, en tanto se pagasen los impuestos. Así, pues, todo lo que debió hacer fue esperar hasta que muriese el viejo. Era viejo, no hay que olvidarlo. Y aun cuando hubiese sido joven, la espera no habría sido dura para un hombre con dominio de sí mismo. Lo habría sido, en cambio, para un hombre violento y rápido de genio, especialmente si ocurría que aquel hombre violento conocía o sospechaba la esencia del testamento, y estaba además convencido, más aún, seguro, de haber sido irrevocablemente agraviado y despojado de su ciudadanía y su buen nombre por quien ya le había robado sus bienes, obligándolo a vivir como un ermitaño en una choza entre los montes. Un hombre así no habría tenido tiempo ni inclinación para preocuparse mucho, ni para esperar o dejar de esperar algo.

Los dos hermanos lo miraron. Parecían tallados en piedra, salvo los ojos de Anselm. Stevens hablaba serenamente, sin dirigirse a nadie en particular. Había sido fiscal del distrito tanto tiempo como el juez Dukinfield fuera magistrado. Era egresado de Harvard: un hombre desgarbado, con una mata de rebeldes cabellos de color gris acero, capaz de discutir la teoría de Einstein con profesores universitarios y de pasar tardes enteras entre los hombres que se instalaban junto a los rincones del almacén de ramos generales, conversando en el mismo idioma de ellos. Llamaba a esto sus vacaciones.

—Luego murió el padre, como lo habría previsto cualquier hombre poseedor de previsión y dominio de sí mismo. Y se presentó su testamento para su legalización, y hasta los habitantes de las colinas más apartadas se enteraron de su contenido: se enteraron de cómo, por fin, aquella tierra maltratada pasaría a su legítimo dueño o dueños; pues Anse Holland sabe tan bien como todos nosotros que Virge nunca aceptaría ahora más de la mitad que le corresponde, con o sin testamento; como no lo aceptó cuando su padre le dio oportunidad para ello. Porque si bien ambos eran hijos de Anselm Holland, también lo eran de Cornelia Mardis. Pero aunque Anselm no supiese ni creyese esto, habría sabido que la tierra que había sido de su madre y en la cual yacían sus huesos sería bien tratada ahora. Por ello, quizás, la noche en que se enteró de la muerte de su padre, quizás por primera vez desde niño, desde antes de morir su madre tal vez, cuando ella subía a su habitación durante la noche, lo miraba mientras dormía, y se retiraba luego nuevamente, quizás por primera vez desde entonces, Anse durmió. Todo estaba vengado ahora: el ultraje, la injusticia, el buen nombre perdido, y la mancha de su condena, todo había pasado como en un sueño. Un sueño que era menester olvidar ahora, porque todo estaba bien. Para aquella época, como imaginarán ustedes, Anse estaba ya habituado a ser un ermitaño, a vivir solo; no podría cambiar al cabo de tanto tiempo. Vivía más feliz donde estaba, solo en aquel paraje alejado. Le bastaba saber que todo yacía en el pasado como un mal sueño, y que la tierra, la tierra de su madre, su patrimonio y su mausoleo, estaban ahora en manos del único hombre en quien podía confiar, y confiaría, aun cuando no se hablaran entre ellos. ¿Comprenden?

Lo miramos, sentados en torno de la mesa, intacta desde que murió el juez Dukinfield, sobre la cual estaban todavía los objetos que, aparte del cañón de la pistola, había contemplado en sus últimos instantes; los cuales nos eran a todos familiares desde hacía muchos años: los papeles, el tintero sucio, la lapicera roída a la cual se aferrara el juez, la pequeña caja de bronce que fue su superfluo pisapapeles. Desde sus extremos opuestos en el banco, los mellizos observaban a Stevens, inmóviles, absortos.

—No, no comprendemos —dijo el presidente del jurado—. ¿Adónde quiere ir a parar? ¿Qué relación tiene todo esto con el juez Dukinfield?

—Lo siguiente: el juez Dukinfield debía legalizar el testamento, y entonces fue asesinado. Era un testamento extraño; pero todos esperábamos eso del señor Holland. Todo estaba en regla, y los herederos satisfechos; todos sabemos que la mitad de la tierra es de Anse en el momento en que la solicite. Así, pues, el testamento está bien. Su legalización debió ser una simple formalidad. A pesar de ello, el juez Dukinfield pospuso su decisión durante más de dos semanas, y entonces se produjo su muerte. Y así el hombre que creyó que todo lo que debía hacer era esperar...

—¿Qué hombre? —preguntó el presidente.

—Espere —dijo Stevens—. Todo lo que debía hacer el hombre era esperar. Pero no era la espera lo que preocupaba a quien había esperado ya quince años. Era algo más, que descubrió, o recordó, demasiado tarde. Algo que nunca debió haber olvidado, porque se trata de un hombre perspicaz, un hombre con dominio de sí mismo y previsión; un hombre con suficiente dominio como para esperar su oportunidad durante diez años, y con previsión suficiente como para haber previsto todas las contingencias, salvo una: su propia memoria. Y cuando era demasiado tarde, recordó que otro hombre sabía también lo que él había olvidado. Y este hombre que también lo sabía era el juez Dukinfield, y lo que el juez sabía era que aquel caballo nunca pudo haber matado al señor Holland.

Cuando calló la voz de Stevens, no se oyó un rumor en la sala. El jurado seguía sentado en torno de la mesa, los ojos fijos en Stevens. Anselm volvió su rostro hosco y torturado, miró a su hermano, y luego a Stevens nuevamente, y se inclinó hacia adelante. Virginius no se había movido, ni se observaba ningún cambio en su expresión grave, absorta. Entre él y la pared estaba sentado el primo, con las manos sobre las rodillas y la cabeza baja, como si estuviese en la iglesia. Solo sabíamos de él que era una especie de predicador ambulante, y que, de vez en cuando, reunía tropillas de mulas y caballos estropeados y los llevaba a alguna parte para venderlos o cambiarlos. Como era hombre de pocas palabras, que en su trato con los hombres evidenciaba una timidez y falta de confianza lamentables, lo compadecíamos con esa especie de disgusto compasivo que inspira un gusano maltrecho, y hasta nos resistíamos a someterlo a la agonía de responder afirmativa o negativamente a una pregunta. No obstante ello, habíamos oído decir que los domingos, en el púlpito de las iglesias rurales, se transformaba en otro hombre, cambiaba; su voz era entonces bien timbrada, conmovedora y firme, y fuera de toda proporción con sus características y actitud habituales.

—Ahora imaginen ustedes la espera —dijo Stevens— con este hombre sabedor de lo que ocurriría antes de que hubiese ocurrido, sabedor por fin de que la razón por la cual nada había ocurrido, por la que el testamento había desaparecido aparentemente de este mundo y del conocimiento de los hombres, era su olvido de algo que nunca debió olvidar. Y ello era que el juez Dukinfield sabía que el señor Holland no era quien había golpeado al caballo. Sabía que el juez Dukinfield sabía que el hombre que había golpeado al caballo con el palo hasta dejar marcas en su lomo era el hombre que primero mató al señor Holland, y luego trabó su pie en uno de los estribos y golpeó al caballo con el palo para que se espantase. Pero el caballo no se espantó; el hombre lo sabía de antemano, lo sabía desde hacía años, pero lo había olvidado. Porque cuando aquel animal era todavía un potrillo lo castigaron tan severamente en una oportunidad, que desde entonces, al ver simplemente una correa en manos del jinete, se echaba al suelo, como bien lo sabía el señor Holland y como lo sabían los más allegados a la familia. El caballo se echó, pues, simplemente sobre el cuerpo del señor Holland. Y al principio, eso vino muy bien. Es lo que creyó el hombre durante una o dos semanas, acostado de noche en su cama y esperando, luego de haber esperado quince años. Porque era entonces, cuando era ya demasiado tarde y adivinó haber cometido un error, no recordó tampoco lo que nunca debió haber olvidado. Y recordó esto por fin, cuando era demasiado tarde, una vez descubiertos el cadáver y las marcas del palo sobre el caballo, marcas que fueron objeto de comentarios, y era demasiado tarde para borrarlas. Probablemente habían desaparecido ya para esa fecha, de todos modos. En cambio, tenía solo un instrumento para borrarlas de la memoria de la gente. Imaginemos, pues, a este hombre; su terror, su furia, su sensación de haber sido objeto de una treta para la que no había represalias: ese furioso deseo de hacer retroceder el tiempo un minuto siquiera, para deshacer o completar algo cuando es ya demasiado tarde. Porque lo último que recordó cuando era ya demasiado tarde fue que el señor Holland había adquirido el caballo del juez Dukinfield, del hombre que estaba sentado en un estrado, dispuesto a decidir la validez del testamento por el cual se conferían dos mil acres de las mejores tierras del distrito. Y esperó, puesto que disponía de un solo instrumento para borrar las marcas, y no ocurrió nada. No ocurrió nada, y él sabía por qué. Y esperó tanto como se atrevía a esperar, hasta llegar a la conclusión de que estaba en juego algo más que unas cuantas varas y acres de tierra. En consecuencia, ¿qué otra cosa pudo hacer que lo que hizo?

Apenas cesó de oírse la voz, cuando habló Anselm. Su voz era áspera, hostil.

—Está equivocado —dijo.

Como una sola persona, todos lo miramos: inclinado sobre el banco, con las botas embarradas y las raídas ropas de trabajo, miraba a Stevens. Hasta Virginius se volvió y lo miró un instante. Solo el primo y e! viejo negro no se movieron. Aparentemente no prestaban atención.

—¿En qué estoy equivocado? —preguntó Stevens. Anselm no repuso. Miró a Stevens con odio.

—¿Le corresponderá la propiedad a Virginius si… si…?

—¿Si qué? —repitió Stevens.

—Si… él…

—¿Si él… hubiera sido asesinado?

—Sí.

—Sí. Usted y Virginius recibirán la tierra sea o no válido el testamento, siempre que Virginius la divida con usted. Pero el hombre que mató a su padre no estaba seguro de ello, y no se atrevía a averiguarlo. Porque no deseaba esa solución. Quería que Virginius la tuviese toda. Por ello deseaba que el testamento fuese legalizado.

—Está equivocado —dijo Anselm, con su tono áspero y brusco—. Yo lo maté. Pero no fue por la maldita tierra. Ahora, llame al sheriff.

Y entonces fue Stevens quien, mirando fijamente el rostro furioso de Anselm, dijo en voz baja:

—Y yo afirmo que es usted quien se equivoca, Anse.

Durante unos instantes los que observábamos y escuchábamos permanecimos, en medio de esta inesperada revelación, en un estado de ensueño en el que se nos antojaba saber de antemano qué ocurriría, y conscientes a la vez de que no tenía importancia, porque pronto nos despertaríamos. Era como si estuviésemos fuera del tiempo, contemplando los acontecimientos desde afuera, siempre afuera y más allá del tiempo, desde aquel primer instante en que miramos nuevamente a Anselm como si no lo hubiéramos visto nunca. Se oyó un rumor, un rumor leve como un suspiro, un susurro, quizás de alivio: algo, en fin.

Tal vez todos estábamos pensando que por fin había terminado la pesadilla de Anselm; era como si también nosotros hubiésemos retrocedido de pronto al punto donde, niño una vez más, Anselm estaba en la cama, y su madre, quien, según decían, lo prefería, cuya herencia él había perdido y cuyas cenizas, largo tiempo dormidas, fueron profanadas en su lugar de reposo, entrase una vez más a contemplarlo antes de partir de nuevo. Muy lejos estaba aquello en aquel tiempo, pero el camino era recto. Y recto como era este camino del tiempo, el niño que durmió tranquilamente en aquella cama se había perdido en él, como nos ocurre a todos, como es inevitable que nos ocurra siempre; aquel niño estaba tan muerto como cualquier otro de su sangre en el bosquecillo de cedros profanado, y cuando mirábamos a ese hombre a través de aquel abismo insalvable, lo mirábamos con compasión, tal vez, pero no con misericordia. Por ello el sentido de las palabras de Stevens tardó tanto en penetrar en nuestras mentes como en la de Anse, y Stevens mismo debió repetir:

—Yo afirmo que está equivocado, Anse.

—¿Qué? —dijo Anse. Y entonces se movió. No se levantó, y sin embargo pareció lanzarse de pronto hacia adelante, violentamente—. ¡Miente! Usted…

—Se equivoca, Anse. Usted no mató a su padre. El hombre que mató a su padre es el hombre que pudo planear y concebir el asesinato del anciano que se sentaba aquí, detrás de esta mesa, día tras día, hasta que entraba el viejo negro, lo despertaba y le decía que era hora de regresar a casa; un hombre que nunca hizo sino bien a hombres, mujeres y niños, como él creía que Dios lo quería. No fue usted quien mató a su padre. Usted exigió de él lo que consideraba suyo; y cuando él se negó a dárselo, se fue, se alejó y nunca más le habló. Se enteró de cómo estaba maltratando la propiedad, pero no dijo nada, porque para usted era simplemente "la maldita tierra". Calló hasta que se enteró de que un hombre trastornado estaba excavando las tumbas donde reposaban la carne y la sangre de su madre y la suya propia. Entonces, solo entonces, se acercó a su padre para recriminarlo. Pero nunca sirvió usted para protestar, y él, por su parte, no era hombre de escuchar a nadie. Y lo encontró allá, en el bosquecillo, con la escopeta. Me imagino que no hizo mucho caso de ella: supongo que se la arrebató, simplemente; luego lo castigó con sus propias manos, y lo dejó junto a su caballo, creyendo tal vez que estaba muerto. Entonces ocurrió que alguien pasó por allí, una vez que usted se fue, y lo encontró; puede que ese alguien haya estado allí todo el tiempo, acechando. Alguien que también deseaba su muerte. No por enojo ni por sentimientos ultrajados, sino por cálculo, o bien por deseo de lucrarse a través de un testamento. Este hombre llegó, pues, allí y vio lo que usted había dejado, y terminó la obra: enganchó el pie de su padre en el estribo y trató de espantar al caballo golpeándolo; pero, en su apuro, olvidó lo que no debió haber olvidado nunca. No, no fue usted. Porque usted regresó a casa, y cuando se enteró de que lo habían encontrado, no dijo nada. Y en aquel momento pensó algo que no se atrevió a decirse ni usted mismo. Cuando se enteró del contenido del testamento, creyó conocer la verdad. Y se sintió satisfecho. Había vivido tanto tiempo solo, que había perdido su juventud y todo deseo de poseer bienes: solo quería vivir tranquilo, y que las cenizas de su madre reposasen en paz. Y luego, ¿qué significaban la tierra y la posición para un hombre sin ciudadanía y con un nombre deshonrado?

Escuchamos en silencio, mientras el eco de la voz de Stevens moría lentamente en los ámbitos del pequeño recinto, en el cual nunca corría una brisa ni una ráfaga de aire, debido a su posición dentro del edificio.

—No fue usted quien mató a su padre y al juez Dukinfield, Anse. Porque si el hombre que mató a su padre hubiera recordado a tiempo que en una época el juez Dukinfield fue propietario de ese caballo, el juez Dukinfield estaría vivo hoy.

Respirábamos quedo, sentados junto a la mesa detrás de la cual estuvo también sentado el juez Dukinfield cuando se vio frente al cañón de la pistola. La mesa estaba intacta. Todavía reposaban allí los papeles, la lapicera, el tintero, la pequeña caja de bronce curiosamente tallada que le trajo su hija de Europa doce años atrás; con qué objeto, ni ella ni el juez lo sabían, ya que habría servido solamente para guardar sales de baño o tabaco, y el juez no usaba ninguno de esos dos artículos. Por ello la había conservado como pisapapeles, uso también superfluo allí donde nunca soplaba una corriente de aire. Con todo, el juez la tenía sobre la mesa; todos nosotros la conocíamos y lo habíamos visto jugar con ella mientras conversaba: abriéndola y observando cómo se cerraba bruscamente la tapa de resorte al menor roce.

Cuando pienso en todo ello retrospectivamente, veo que el resto no debió llevarnos tanto tiempo. Siento ahora que debimos saberlo en seguida, y aún siento, asimismo, esa especie de disgusto sin piedad, que, después de todo, hace las veces de compasión; como cuando contemplamos un gusano blando traspasado por un alfiler y sentimos esa náusea de repulsión, mientras, como fascinados, nos disponemos a apretarlo con la palma de la mano, simplemente, pensando: "¡Vamos! Aplástalo. ¡Deshazlo de una vez!" Pero no era este el plan de Stevens. Porque tenía un plan, y más tarde nos dimos cuenta de que, no pudiendo condenar al culpable, este tendría que condenarse a sí mismo. El modo cómo lo logró fue muy tortuoso: nosotros se lo dijimos después.

—¡Ah! —dijo entonces—. ¿Acaso la justicia no es injusta siempre? ¿No se compone siempre de injusticia, suerte y lugares comunes en partes desiguales?

Sea como fuere, no advertimos en el momento adónde se dirigía, cuando comenzó a hablar nuevamente en aquel tono fácil, anecdótico, la mano apoyada ahora en la caja de bronce. Lo que ocurre es que los hombres son movidos siempre, en buena parte, por ideas preconcebidas. No son las realidades ni las circunstancias las que nos sorprenden; sino el choque de lo que debimos haber sabido, si no hubiésemos estado tan absortos en la creencia de lo que, más tarde, descubrimos haber tomado por verdad, sin otra base que el haberlo creído así en aquel momento.

Stevens estaba hablando una vez más del hábito de fumar: de cómo la gente no disfruta verdaderamente del tabaco hasta que comienza a creer que le hace daño, y cómo los no fumadores pierden una de las experiencias más gratas de la vida para un hombre sensible: la convicción de estar sucumbiendo a un vicio que solo lo puede dañar a él.

—¿Fuma usted, Anse? —preguntó.

—No —repuso este.

—Usted tampoco, ¿no, Virge?

—No —repuso Virginius—. Ninguno de nosotros fumó nunca: ni mi padre, ni Anse, ni yo. Ha de ser de familia.

—Un rasgo familiar —comentó Stevens—. ¿Aparece también en la familia de su madre? ¿En su familia, Granby?

El primo miró a Stevens durante una fracción de segundo, y aunque no se movió, pareció que se retorcía lentamente, dentro de su traje ordinario pero aliñado.

—No, señor. Yo nunca he fumado.

—Quizás por ser predicador —observó Stevens. El primo no repuso, sino que miró nuevamente a Stevens con su rostro benigno, tranquilo, desesperadamente tímido.

—Yo siempre he fumado —dijo Stevens—, siempre, desde que me repuse de una intoxicación de tabaco a los catorce años. Es mucho tiempo, el suficiente para haberme hecho exigente en materia de tabaco. Pero la mayoría de los fumadores son exigentes, a pesar de los psicólogos y de que se ha uniformado la calidad de los tabacos. O quizás sean los cigarrillos los que han sido uniformados. O quizás parezcan todos iguales a los legos, a los no fumadores. He notado, en efecto, que los no fumadores suelen marearse al oler tabaco, así como el resto de nosotros sentimos lo mismo frente a algo que no acostumbramos usar, que no nos es familiar. Y esto, porque el hombre es movido por sus ideas preconcebidas o, mejor dicho, tal vez, por sus prejuicios. Tenemos así a un hombre que vende tabaco, aunque él no fuma; que ve a un cliente tras otro abrir el paquete y encender un cigarrillo del otro lado del mostrador. Le preguntamos si todo tabaco huele igual, si no le es posible distinguir uno de otro por el aroma. O quizás por la forma, o el color del paquete; pues ni siquiera los psicólogos han podido decirnos exactamente dónde cesa la visión y comienza el olfato, o dónde cesa el oído y comienza la visión. Cualquier abogado puede corroborar esto.

Nuevamente lo interrumpió el presidente del jurado. Nosotros lo habíamos escuchado en el mayor silencio, pero creo que todos conveníamos en que una cosa era mantener desorientado al asesino, y otra a nosotros y al jurado.

—Debió hacer todas esas indagaciones antes de convocarnos —dijo el presidente—. Aun cuando se trate de pruebas, ¿para qué sirven si no capturamos al asesino? Están muy bien las conjeturas, pero…

—Bien —dijo Stevens—. Permítanme hacer otras más, y si ven que no estoy avanzando, me lo dirán y yo desistiré de mi sistema y aceptaré el que me indiquen. Creo que al principio considerarán ustedes que me tomo demasiadas libertades, hasta en el uso de la conjetura. Pero encontramos al juez Dukinfield muerto, con un balazo entre los ojos, sentado en esta silla, detrás de esta mesa. Esto no es conjetura. Y el tío Job estuvo todo el día sentado en el corredor, donde cualquiera que entrase en esta habitación, salvo que utilizase la escalera privada de la sala de audiencias y luego la ventana, tendría que haber pasado a menos de un metro de distancia de él. Y nadie que nosotros conozcamos ha pasado nunca inadvertido junto a la silla del tío Job, en diecisiete años. Esto no es conjetura.

—Pero, ¿cuál es su conjetura?

Stevens estaba hablando de tabaco una vez más, del hábito de fumar.

—La semana pasada me detuve a comprar tabaco en la farmacia de West, y este me habló de un individuo que también era exigente en materia de tabaco. Mientras sacaba el tabaco que yo fumo de un cajón, tomó una caja de cigarrillos y me la dio. Estaba polvorienta, desteñida, como si hiciera mucho tiempo que la tenía, y me contó que un viajante la había dejado hacía dos años. "¿Los ha fumado alguna vez?", me preguntó. "No —repuse—; han de ser cigarrillos de ciudad." A continuación West comentó haber vendido el otro paquete pocos días atrás. Estaba detrás del mostrador, con el diario abierto sobre la mesa; por momentos leía, pero a la vez atendía el comercio, pues el empleado había salido a almorzar. Dice que no vio ni oyó al hombre hasta que estuvo junto al mostrador, tan cerca de él que por poco lo hizo saltar con el susto. Un hombre menudo, con ropas de ciudad, según dice West, que quería una marca de cigarrillos de la cual él nunca había oído hablar. "No tengo esa marca", dijo West. "No trabajo con ella." "¿Por qué?" "Porque no tiene venta aquí", repuso West. Me describió luego al hombre de la ciudad, cuyo rostro parecía el de un muñeco lampiño, con ojos que miraban fijamente y una voz de timbre monótono. Dice West que cuando se fijó en los ojos del hombre y vio las aletas de su nariz comprendió lo que ocurría. En ese momento el hombre estaba ya intoxicado con drogas. "Nadie los pide", dijo, pues, West. "¿Y qué hago yo ahora?", preguntó el hombre. "¿Tratar de venderle papel cazamoscas?" En seguida el hombre compró el otro paquete de cigarrillos y se fue. Y dice West que él, por su parte, estaba enojado y con el rostro cubierto de sudor, como con deseos de vomitar. A mí me dijo: "Si hubiese algo malo que no me atreviese a hacer por mí mismo, ¿sabes que haría? Le daría diez dólares a ese individuo, le indicaría dónde está el objeto de la mala acción y le diría que nunca más me dirigiera la palabra. Cuando salió sentí exactamente esa sensación. Como si estuviese por vomitar."

Stevens miró a su alrededor, hizo una pausa. Todos lo observábamos atentamente.

—Vino en un automóvil, un gran convertible, ese hombre de la ciudad. El hombre de la ciudad que se quedó sin cigarrillos de su marca habitual.

Una vez más se detuvo, y luego volvió la cabeza lentamente y miró a Virginius Holland. Transcurrió un minuto, y vimos como ambos se miraron fijamente.

—Y me dijo un negro que el automóvil estuvo detenido en el establo de Virginius Holland la noche que mataron al juez Dukinfield.

Durante otro intervalo observamos a ambos mientras se miraban mutuamente, sin el menor cambio de expresión en sus rostros. Stevens hablaba con tono tranquilo, especulativo, casi un murmullo.

—Alguien trató de impedir que viniese aquí con el automóvil, ese vehículo tan grande, que cualquiera que lo viese una vez lo recordaría y reconocería. Tal vez ese alguien intentó impedirle que viniese en el automóvil y lo amenazó. Solo que el hombre de la ciudad a quien el licenciado West vendió los cigarrillos no era persona de soportar amenazas.

—Y al decir alguien, se refiere usted a mí —dijo Virginius.

No se movió, ni volvió la cabeza, ni desvió la mirada, fija en el rostro de Stevens. Pero Anselm, en cambio, se movió. Dio vuelta la cabeza y miró a su hermano. Reinaba un profundo silencio, y a pesar de ello, cuando habló el primo no lo oímos ni lo reconocimos inmediatamente; desde que habíamos entrado en la habitación y Stevens cerró la puerta, había hablado solo unja vez. Su voz era débil; de nuevo, sin moverse, pareció retorcerse dentro de sus propias ropas. Hablaba con aquel susurro tímido, aquel desgarrador deseo de anonimato que nos eran tan familiares.

—El hombre de quien habla vino a verme —dijo Dodge—. Se detuvo a verme a mí. Se detuvo en la casa al oscurecer, aquella noche, y dijo que buscaba caballos pequeños para utilizar en ese juego... ese juego...

—¿El polo?— dijo Stevens.

El primo no había mirado a nadie mientras hablaba; era como si se dirigiera a sus manos, que movía lentamente sobre sus rodillas.

—Sí, señor. Virginius estaba presente. Hablábamos de caballos. Al día siguiente sacó su automóvil y partió. Yo no tenía nada que le conviniese. No sé de dónde vino ni adónde fue.

—Ni a quién más vino a ver —observó Stevens—. Ni qué más vino a hacer. No puede decirnos nada.

Dodge no repuso. No era necesario, y una vez más se refugió bajo el caparazón de su timidez, como un animal salvaje débil y pequeño que se mete en su cueva.

—Esa es mi conjetura —dijo Stevens.

En aquel instante debimos haberlo adivinado. Estaba allí, visible como una mano desnuda. Debimos de haberlo sentido: a ese alguien presente en la habitación, que sentía que Stevens había provocado la aparición de ese horror, de aquella indignación, de aquel furioso deseo de hacer retroceder el tiempo un segundo, de desdecir, de deshacer. Pero quizás aquel alguien no lo había advertido todavía, no había sentido el golpe, el choque, así como durante un segundo o dos un hombre no sabe que ha sido herido de bala. Porque ahora fue Virge quien habló, brusca, ásperamente:

—¿Cómo va a probar eso?

—¿Probar qué, Virge? —dijo Stevens. Nuevamente se miraron mudos, rígidos o, por lo menos, como hombres armados de pistolas—. ¿Quién contrató a ese gorila, a ese matón que vino aquí desde Memfis? No tengo que probarlo. Él lo confesó. En el camino de regreso a Memfis atropelló a un niño cerca de Battenburg, pues todavía estaba bajo los efectos de una droga, y seguramente se había inyectado otra dosis cuando terminó su trabajo aquí. Lo atraparon y lo detuvieron. Y cuando comenzaron a pasar los efectos de la droga, dijo dónde había estado, a quién había visto: todo ello sentado en la celda de la cárcel, entre sacudidas y gruñidos, una vez que le quitaron la pistola con silenciador.

—¡Ah! —dijo Virginius—. ¡Muy bien! ¡Conque todo lo que debe probar es que estuvo en esta habitación aquel día! ¿Y cómo lo probará? ¿Dando otro dólar al negro para que recuerde otra vez?

Pero aparentemente Stevens ya no escuchaba. Estaba de pie junto a un extremo de la mesa, entre los dos grupos, y mientras hablaba tenía la caja de bronce en una mano, y la volvía, examinándola, mientras hablaba con tono tranquilo y reflexivo.

—Todos ustedes conocen las características especiales de esta habitación. En ella nunca sopla una corriente de aire. Cuando alguien fuma aquí el sábado, digamos, el humo perdura hasta el lunes por la mañana, cuando el tío Job abre la puerta, y lo vemos apoyado contra el zócalo como un perro dormido. Todos lo han visto.

Como Anse, estábamos todos inclinados hacia adelante, contemplando a Stevens.

—Sí —dijo el presidente—. Lo hemos visto.

—En efecto —dijo Stevens, como si todavía no escuchase a nadie, en tanto daba vueltas repetidamente a la caja entre sus manos—. Ustedes me preguntaron cuál era mi conjetura. Hela aquí. Pero para llegar a ella es necesario un hombre inclinado a las conjeturas, un hombre capaz de acercarse a un comerciante de pie detrás de su mostrador, con un ojo en el diario que está leyendo y otro en la puerta, a la espera de parroquianos, antes de que éste advierta que ha entrado. Un hombre, en fin, de la ciudad, que quería cigarrillos de ciudad. Así, pues, este hombre salió del comercio y se dirigió al Ayuntamiento, entró y subió como lo habría hecho cualquiera. Quizás lo vieron una docena de personas. Quizás el doble de ese número no lo miró siquiera, ya que hay dos sitios donde los hombres no se miran las caras: en los santuarios de la ley civil y en los baños públicos. El hombre entró en la sala de audiencias, bajó por la escalera privada hasta el corredor, y vio al tío Job dormido en su silla. Probablemente avanzó por el corredor y entró por la ventana a espaldas del juez Dukinfield. O bien, quizás, pasó delante del tío Job, acercándose desde atrás, como ven ustedes. Pasar a dos metros de un hombre dormido en una silla no pudo ser muy difícil para quien podía acercarse inadvertido a un hombre apoyado en el mostrador de su propio comercio. Probablemente hasta encendió un cigarrillo del paquete que le vendió West, antes de que el juez Dukinfield advirtiese su presencia. O bien tal vez el juez estuviera dormido en su sillón, como ocurría a veces. Y quizás el hombre permaneció inmóvil y terminó su cigarrillo, contemplando el humo que se esparcía lentamente sobre la mesa y se arremolinaba lentamente contra la pared, y pensando en la ganancia fácil, en la simpleza de la gente de campo, aun antes de extraer la pistola. Y esta hizo menos ruido que el fósforo con que encendió su cigarrillo, porque al protegerse tanto contra el ruido, había olvidado el silencio. Por fin se fue como había venido, y una docena de hombres lo vio, y dos docenas no lo vieron, y a las cinco de la tarde el tío Job fue a despertar al juez y a decirle que era hora de volver a casa. ¿No es así, tío Job?

El viejo negro levantó la vista.

—Yo lo cuidaba, como le prometí hacerlo a la niña. Y me preocupaba por él, como le prometí a la niña. Entré aquí y primero creí que dormía, como a veces...

—Un momento —interrumpió Stevens—. Usted llegó y lo vio en el sillón, como siempre, y notó el humo contra la pared, detrás de la mesa, al acercarse. ¿No es eso lo que me dijo?

Sentado en su silla remendada, el negro comenzó a llorar. Parecía un mono viejo, llorando quedamente con lágrimas negras, enjugando su rostro con el dorso de la mano nudosa, temblorosa de vejez o de otra cosa.

—Todas las mañanas iba yo allí a limpiar. Solía estar allí el humo, y él, que nunca en su vida fumó, entraba y olfateaba con esa nariz levantada que tenía, y decía: "La verdad, Job, es que anoche casi espantamos con humo a ese individuo del corpus juris."

—Bueno —dijo Stevens—. Cuéntenos acerca del humo que había allí aquella tarde, cuando fue a despertarlo para volver a casa, cuando nadie había entrado en la oficina, salvo Virge Holland, aquí presente. Y el señor Virge no fuma, y el juez tampoco fumaba. Pero el humo estaba allí; cuente lo que me dijo.

—Estaba allí. Y yo creí que estaba dormido como siempre, y fui a despertarlo, y...

—Y esta cajita estaba en el borde de la mesa, donde el juez jugaba con ella mientras conversaba con el señor Virge, y cuando usted extendió la mano para despertarlo...

—Sí, señor. Saltó de la mesa. Y yo creía que estaba dormido...

—La caja saltó de la mesa. Hizo ruido, y usted se preguntó por qué no había despertado al juez; y al mirar la caja caída en el suelo, en medio del humo, con la tapa abierta, creyó que estaba rota. Y estiró el brazo para levantarla, pues el juez la apreciaba mucho por habérsela traído la señorita Emma de Europa, a pesar de que no hacía falta un pisapapeles en la oficina. Usted cerró la tapa y colocó nuevamente la caja sobre la mesa. Y entonces descubrió que el juez estaba más que dormido.

Stevens se detuvo. Apenas respirábamos, pero oíamos nuestra respiración. Stevens aparentaba estudiarse la mano mientras jugaba lentamente con la caja. Se había alejado ligeramente de la mesa al dirigirse al negro, de modo que ahora miraba el banco en lugar de mirar al jurado.

—El tío Job llama a esto la caja de oro, lo cual es tan apropiado como cualquier otro nombre. Mejor que muchos. Porque todos los metales son más o menos iguales: lo que ocurre es que la gente desea algunos más que otros. Pero todos tienen ciertos atributos, ciertas semejanzas. Uno de ellos es que aquello que se encierra en una caja de metal permanecerá inalterable más tiempo que en una caja de madera o de cartón. Podemos guardar humo, por ejemplo, en una caja de metal con una tapa ajustada como esta; y una semana más tarde todavía estará dentro. Y no solo eso, sino que un químico o un vendedor de tabacos, como el licenciado West, podrá decir qué provocó el humo, qué clase de tabaco, especialmente si se trata de una marca especial, de un tipo que no se vende en Jefferson, del cual tenía sólo dos paquetes, y recuerda a quién vendió uno de ellos.

Nadie se movió. Estábamos allí sentados, y oímos entonces los pasos presurosos del hombre, que avanzó torpemente, antes de arrebatar la caja de manos de Stevens. Pero no lo miramos a él, especialmente. Como él, vimos que la caja caía en dos trozos al romperse la tapa, y salían de ella unas volutas perezosas que se disiparon lentamente. Simultáneamente nos inclinamos todos sobre el borde de la mesa, y vimos la desteñida, la desesperanzada mediocridad que era Granby Dodge mientras, de rodillas en el suelo, batía el humo ya esparcido con ambas manos.

—Pero todavía no entiendo —dijo Virginius. Estábamos afuera, en el patio del Ayuntamiento, los cinco, mirándonos algo atontados, como si acabásemos de salir de una caverna.

—Usted ha hecho testamento, ¿no? —dijo Stevens. Virginius se quedó inmóvil, mirándolo.

—¡Ah! —dijo por fin.

—Uno de esos testamentos de beneficio mutuo que cualquiera de los dos socios puede aprovechar —añadió Stevens—. Usted y Granby, beneficiarios y albaceas a la vez, en sentido recíproco, para la protección mutua de los bienes comunes. Es natural. Probablemente fue Granby quien lo propuso, diciéndole que lo había nombrado su heredero. Es mejor, pues, que rompa su propia copia. Si desea hacer testamento, nombre heredero a Anse.

—No tendrá que esperar eso —dijo Virginius—. La mitad de la tierra es suya.

MAÑANA

No siempre tío Gavin desempeñó su cargo desde que lo designaron fiscal del distrito. En una oportunidad, hacía ya más de veinte años, interrumpió sus funciones durante un lapso muy breve, tan breve que solo los viejos lo recordaban y, aun así, muchos de ellos lo habían olvidado. Porque en esa época le tocó actuar solamente en un caso, como abogado.

Tenía entonces veintiocho años. Un año antes había egresado de la Facultad de Derecho de la Universidad del Estado, adonde había concurrido, a su regreso de Harvard y Heidelberg por instancias de mi abuelo. Aceptó el caso por propia decisión, después de persuadir a aquel que le permitiese obrar enteramente por su cuenta, a lo cual mi abuelo accedió, pues era opinión corriente que el juicio se reduciría a una simple formalidad.

Tío Gavin tomó, pues, el asunto a su cargo. Años más tarde, afirmaba todavía que fue el único de todos los casos en que actuó —ya como defensor, ya como acusador— que no pudo ganar, pese a su convencimiento de que la justicia y el derecho estaban de su parte. En realidad no lo perdió: fue un juicio incompleto, el que se ventiló aquel otoño, con fallo de absolución en la primavera siguiente, El acusado era un próspero y honesto agricultor y padre de familia, llamado Bookwright, de una sección conocida como Frenchman's Bend, en el lejano extremo sudeste del distrito; la víctima, un matón jactancioso que decía llamarse Buck Thorpe, pero con mayor frecuencia apodado Bucksnort por los jóvenes a quienes subyugó con sus puños durante los tres años que residió en Frenchman's Bend; un individuo sin familia, surgido de la noche a la mañana de no se sabe dónde; pendenciero, jugador, destilador ilegal de whisky, y que en cierta ocasión fue sorprendido en la carretera a Memphis con una tropa de ganado robado, que su propietario identificó inmediatamente. Llevaba consigo un recibo de venta, pero nadie en el distrito conocía al firmante.

La historia de por sí, era vulgar, poco original: una muchacha campesina de diecisiete años, con la imaginación exaltada por la arrogancia jactanciosa y la audacia del locuaz forastero; el padre que trata de hacerla entrar en razón y que llega exactamente adonde llegan todos los padres en casos semejantes; por fin, la prohibición, la puerta cerrada, la inevitable fuga a medianoche, y a las cuatro de esa madrugada, Bookwright que despierta a Will Verner, juez de paz y sheriff del distrito, y le dice, entregándole la pistola:

—Vengo a entregarme. Maté a Thorpe hace dos horas.

Un vecino llamado Quick, el primero en llegar al lugar del hecho, halló el cadáver con una pistola en la mano; una semana después de la publicación de la breve noticia en los diarios de Memphis, apareció en Frenchman's Bend una mujer que dijo ser la esposa de Thorpe, con el correspondiente certificado para probarlo y que exigió el dinero o los bienes que aquel hubiese dejado.

Recuerdo la sorpresa que produjo el hecho de que el Jurado hallase siquiera motivo para un debate; cuando el ujier leyó la acusación, las apuestas eran de veinte contra uno a que el Jurado no deliberaría más de veinte minutos. El fiscal del distrito delegó la tarea en un subalterno y en menos de una hora fue presentado el testimonio completo. A continuación, tío Gavin se puso de pie; aún recuerdo cómo miró al Jurado, a los once agricultores y comerciantes y al duodécimo miembro —el que malograría su defensa—, agricultor también; un hombre de cabellos grises y escasos; delgado, menudo, con ese aspecto endeble, desgastado y a la vez indestructible de los habitantes de las colinas, que envejecen en apariencia a los cincuenta años y que a la larga, sin embargo, se vuelven invencibles contra el tiempo.

La voz del tío Gavin era tranquila, casi monótona, sin tono declamatorio, como correspondía esperar en un juicio criminal, aunque su vocabulario, en cierto modo, se diferenciaba del que emplearía algunos años más tarde. No obstante haber transcurrido apenas un año desde que les dirigía la palabra en público, ya sabía hacerlo de tal manera, que toda la gente de nuestra región, los negros, los pobladores de las colinas y los propietarios de las ricas plantaciones del valle comprendían lo que quería decir.

—Todos los que vivimos en esta región del Sur, hemos aprendido desde nuestro nacimiento unas pocas cosas que valoramos sobre todas las demás. Una de las primeras —no por ser la mejor, sino por estar en primer término— enseña que solamente a costa de la vida se puede pagar la vida que se ha quitado a alguien, que una muerte sin pago de otra muerte es algo incompleto. Admitiéndolo así, podríamos haber salvado la vida de este acusado impidiéndole que saliese de su casa aquella noche; podríamos haber salvado una de esas dos existencias, aun cuando para ello hubiésemos debido quitarle la vida al acusado. Pero no lo supimos a tiempo. Por eso me toca hablarles ahora: no de la víctima, de su carácter o la moralidad del acto que cometió; no de la legítima defensa, estuviese o no justificado el reo en llegar al extremo de matar; sino de nosotros; nosotros, los que no estamos muertos; seres humanos que en el fondo deseamos obrar bien, que no deseamos hacer daño al prójimo; seres humanos con toda la complejidad de pasiones, sentimientos y creencias, sufrimos el peso de todos estos elementos en la aceptación o el rechazo de aquello en lo cual no hemos tenido realmente libertad de elección; y tratamos de hacer lo mejor que podemos, a favor o a pesar de esos elementos. He aquí, pues, a este acusado con la misma complejidad de pasiones, instintos y creencias, frente a un problema: el de la inevitable desgracia de su hija que, con la obstinada inconsciencia de la juventud y revelando una vez más esa complejidad atávica —que por su parte no tuvo culpa de heredar—, fue incapaz de velar por su propia preservación. Este hombre resolvió el problema según su capacidad y sus creencias sin pedir ayuda a nadie; y por último aceptó las consecuencias de su determinación y de sus actos.

Dicho esto, tío Gavin tomó asiento. El representante del fiscal de distrito se limitó a levantarse en silencio, y después de inclinarse ante el Jurado se sentó nuevamente. El Jurado se retiró, pero nosotros no nos movimos del recinto y el juez tampoco. Recuerdo todavía algo que pasó por la sala cuando la manecilla del reloj —arriba del estrado— sobrepasó los diez minutos y luego la media hora; el juez llamó entonces a un asistente murmurándole no sé qué. El asistente salió para regresar en seguida y decirle al juez alguna cosa, en voz baja, y el juez se puso de pie, dio un golpe de martillo y declaró un receso.

Corrí apresuradamente, almorcé y regresé al pueblo. La sala estaba vacía, pero mi abuelo, que acostumbraba dormir la siesta después de la comida —sin preocuparle si otros lo hacían o no—, fue el primero en llegar. Pasaron las tres; a esa hora ya todo el pueblo sabía que el veredicto del Jurado dependía de un hombre, pues los votos eran once contra uno a favor del veredicto de "no culpable"; en aquel momento tío Gavin llegó con pasos rápidos, y mi abuelo le dijo:

—Bien, Gavin, por lo menos dejaste de hablar a tiempo.

—Así es, padre —repuso tío Gavin. Me miraba con los ojos brillantes, el rostro delgado, inteligente, y los cabellos revueltos que ya comenzaban a encanecer—. Ven aquí, Chick —me dijo—, te necesito unos minutos.

—Pide al juez Frazier que te autorice a retractarte de tu alegato y luego deja que Charlie te haga el resumen —le dijo mi abuelo.

Estábamos fuera del recinto, en la escalera; tío Gavin se detuvo en el tramo intermedio, de modo que estábamos a igual distancia de los extremos. La mano de mi tío descansaba en mi hombro. Sus ojos parecían más brillantes y atentos que nunca.

—Esto no es un juego —me dijo—, pero la justicia se obtiene muchas veces por métodos que no soportan un análisis. Han trasladado al Jurado a la habitación del fondo de la pensión de la señora, el cuarto cuya ventana está al nivel de la morera. Si pudieses llegar hasta el fondo del patio sin ser visto, y trepar el árbol con mucho cuidado…

Nadie me vio. Oculto entre el follaje de la morera, agitado por una ligera brisa, pude observar el interior del cuarto; así pude ver y escuchar al mismo tiempo: arrellanados en sus asientos, en el extremo más distante de la habitación, estaban los nueve hombres mostrando fastidio y enojo; el señor Holland, el presidente del Jurado, y otro, de pie junto a la silla ocupada por el hombrecillo de las colinas, envejecido y reseco. Su nombre era Fentry. Me acordaba perfectamente de los nombres de todos ellos; por algo tío Gavin afirmaba que para lograr éxito en nuestro distrito, como abogado o como político, no hacía falta tener ni grandes dotes de elocuencia, ni inteligencia siquiera: solo era necesario una memoria infalible para los nombres. De allí que recordase íntegramente el suyo: Stonewall Jackson Fentry.

—¿No admites que huyó con la hija de diecisiete años de Bookwright? —dijo el señor Holland—. ¿No admites que tenía una pistola en la mano cuando lo encontraron? ¿No admites que apenas lo enterraron se presentó la mujer y probó ser su esposa? ¿No admites que, además de ser malo, era peligroso, y que de no haber sido Bookwright, tarde o temprano alguien lo habría matado, y que Bookwright tuvo mala suerte?

—Sí —dijo Fentry.

—¿Qué pretendes, pues? —dijo el señor Holland—. ¿Qué quieres?

—Nada —dijo Fentry—. Pero no votaré por la libertad del señor Bookwright.

Y no votó. Aquella tarde el juez Frazier despidió al Jurado y fijó fecha para un nuevo juicio durante el siguiente período de sesiones. Al otro día, por la mañana, cuando había terminado mi desayuno, tío Gavin, acercándose, me encargó:

—Di a tu madre que tal vez no volvamos hasta mañana, y que le prometo no dejar que te peguen un tiro, ni que te muerda una víbora, ni que te emborrachen con refrescos… Tengo que averiguar algo.

El automóvil avanzaba velozmente por la carretera del nordeste; tío Gavin tenía los ojos brillantes de expectativa, fijos y ansiosos, pero sin mostrar desconcierto.

—Nació, creció y vivió toda su vida —observó tío Gavin— en el extremo del distrito, a treinta millas de Frenchman's Bend. Afirmó bajo juramento no haber visto nunca a Bookwright con anterioridad, y basta mirarlo para saber que nunca tuvo una tregua en su trabajo, como para aprender a mentir. Dudo que alguna vez haya oído siquiera el nombre de Bookwright.

Proseguimos el viaje hasta cerca del mediodía. Estábamos ahora en las colinas, fuera de los fértiles llanos, entre pinos y zarzas, en tierra pobre, con los pequeños manchones inclinados y áridos de maíz y algodón ralos que de alguna manera lograban sobrevivir, como lo lograba la gente que alimentaban y vestían; los caminos eran casi huellas, tortuosos y angostos, llenos de zanjas y polvo, y el automóvil marchaba constantemente en segunda velocidad. Por fin vimos el poste con el buzón, y el nombre en torpes caracteres: G. A. FENTRY; más lejos, la casa de troncos de dos habitaciones, con un corredor abierto. Y aun yo, muchacho de doce años, pude advertir inmediatamente que no la había tocado mano de mujer en muchos años. Atravesamos el portón. Entonces, una voz gritó:

—¡Alto! ¡Alto ahí!

No lo habíamos visto: el anciano, descalzo, con fieros bigotes hirsutos, con remendadas ropas de dril desteñido del color de la leche desnatada, más pequeño, más enjuto aún que su hijo, parado al borde del corredor derruido, empuñando una escopeta, temblaba de furia, o quizás de vejez.

—Señor Fentry… —dijo tío Gavin.

—Ya lo han molestado y fastidiado bastante —dijo el viejo. Era furia, porque de pronto la voz se elevó en una nota violenta e incontenible—. ¡Fuera! ¡Fuera de mi casa! ¡Salgan de mi tierra!

—Vamos —dijo tío Gavin en voz baja, los ojos todavía brillantes, fijos y graves.

Ya no corrimos tan velozmente. El buzón siguiente estaba a menos de una milla de distancia, y esta vez hallamos una casa pintada, con canteros de petunias junto a los escalones de la entrada; la tierra que la rodeaba era mejor, y el hombre del corredor se levantó y se acercó al portón.

—¿Cómo está, señor Stevens? —dijo—. Supe que Jackson Fentry malogró el veredicto unánime del jurado.

—Saludos, señor Pruitt. Aparentemente, sí. Cuénteme todo.

Y Pruitt se lo contó, aun cuando a la sazón tío Gavin solía olvidarse a veces y recaer en el lenguaje de Harvard, y de Heidelberg, inclusive. Era como si la gente, al mirarlo, adivinase que lo preguntado no tenía por objeto satisfacer su propia curiosidad ni sus fines personales.

—Mamá es quien sabe más que yo de este asunto —dijo Pruitt—. Vengan al corredor.

Lo seguimos al corredor, donde una señora de cierta edad, gruesa y de cabellos blancos, con una capota contra el sol y vestido de percal y delantal muy limpios, estaba sentada en un sillón de hamaca desgranando arvejas, dentro de un recipiente de madera.

—El abogado Stevens —le dijo Pruitt—. El hijo del capitán Stevens, del pueblo. Quiere saber acerca de Jackson Fentry.

Nos sentamos también, mientras nos contaban todo, hablando por turno madre e hijo.

—Esa finca no es de ellos —dijo Pruitt—. Desde la carretera se ve parte de ella. Y lo que no se ve no es mucho mejor. Pero su padre y su abuelo cultivaron esas tierras, se ganaron la vida con ellas, formaron familia, pagaron siempre sus impuestos y nunca debieron nada a nadie. No sé cómo se las arreglaron. Jackson trabajó desde que creció lo suficiente para llegar a los brazos del arado, y la verdad es que no creció mucho más. Ninguno de ellos era alto. Quizás la razón sea esa. Jackson cultivó la tierra hasta cumplir veinticinco años, aunque aparentaba tener ya cuarenta, sin pedir nada a nadie, sin mujer, sin nada; su padre y él vivían solos, preparando sus comidas y lavando su ropa. ¿Cómo puede casarse un hombre cuando tiene solo un par de zapatos compartido con su padre? Y ello, si hubiera valido la pena buscarse una mujer, ya que esa chacra había matado a su madre y a su abuela antes de que cumpliesen cuarenta años. Hasta que una noche…

—¡Tonterías! —dijo la señora Pruitt—. Cuando tu padre y yo nos casamos, no teníamos ni siquiera un techo bajo el cual cobijarnos. Nos instalamos en casa ajena, en tierras arrendadas…

—Bueno —prosiguió diciendo Pruitt—, hasta que una noche vino a verme y me dijo que había obtenido un empleo en el aserradero de Frenchman's Bend.

—¿Frenchman's Bend? —repitió tío Gavin, y al decir esto sus ojos adquirieron una expresión más brillante e intensa.

—Se empleó como jornalero —dijo Pruitt—. No para hacerse rico, sino quizás para ganar un poco de dinero; arriesgaba uno o dos años, para obtenerlo, alejado de la vida que llevara su abuelo hasta el día en que murió entre los brazos del arado, y antes de que su padre muriera, a su vez, en un surco de maíz; luego le tocaría a él, sin un hijo que viniese a levantarlo del polvo. Había convenido con un negro en que ayudase a su padre durante su ausencia, mientras por mi parte accedía a ir, de vez en cuando, a ver si el viejo estaba bien.

—Y lo hiciste —dijo la señora Pruitt.

—Por lo menos llegaba cerca de la casa —dijo Pruitt—. Lo suficiente para oírlo maldecir al negro porque no trabajaba con rapidez; para ver a este tratando de moverse a la par del viejo, y para pensar que por suerte Jackson no había tomado dos negros para trabajar en su ausencia, porque si ese viejo, de cerca de sesenta años entonces, hubiera tenido que quedarse sentado un día entero a la sombra sin nada en la mano con que cortar o excavar, habría muerto antes de la noche. Jackson se fue. A pie. No tenían más que una mula. Pero son solo treinta millas. Estuvo ausente más de dos años. Y un día…

—Vino aquella primera Navidad —observó la señora Pruitt.

—Es verdad. Caminó treinta millas para pasar la Navidad en su casa, y luego recorrió a pie nuevamente las treinta millas de regreso al aserradero.

—¿De quién?

—El de Quick. El viejo Ben Quick. La segunda Navidad no vino. Luego, a principios de marzo, cuando el lecho del río de Frenchman's Bend comienza a secarse por donde es posible deslizar los troncos, y cuando correspondía suponer que Fentry comenzaría su tercer año en el aserradero, volvió a su casa definitivamente. Vino en un carro alquilado. Porque traía la cabra y el niño.

—Un momento —dijo Gavin.

—No supimos cómo había llegado —dijo la señora Pruitt—, porque cuando descubrimos que tenía el niño, hacía una semana que había vuelto.

—Un momento —repitió Gavin.

Hicieron una pausa, mirando a tío Gavin: Pruitt, sentado en la baranda del corredor, mientras los dedos de la señora Pruitt extraían siempre los granos de las largas vainas quebradizas; contemplaban ambos a tío Gavin. Sus ojos no reflejaban júbilo ahora, como antes tampoco revelaran perplejidad o cálculo. Estaban, empero, muy brillantes, como si lo que ocultaban se hubiera levantado en llamas intensas y poderosas, y a la vez contenidas; como si ardiesen más rápidamente que la velocidad del relato.

—Bien —dijo—. Cuéntenme.

—Y cuando por fin oí hablar de ello y fui allí —prosiguió la señora Pruitt—, el niño no tenía más de dos semanas. Y cómo se las arregló para que viviera, solo con leche de cabra…

—No sé si usted sabe —observó Pruitt— que una cabra no es como una vaca: hay que ordeñarla cada dos horas, más o menos. Eso quiere decir, toda la noche.

—Sí —prosiguió la señora Pruitt—, y no tenía ni pañales; solo unas bolsas de harina abiertas que la partera le había enseñado a doblar. Yo le hice, pues, algunos, y solía ir allá. Siempre tenía al negro para ayudar a su padre en los campos, y él cocinaba y lavaba y cuidaba al niño; y ordeñaba la cabra para alimentarlo. A veces yo le decía: "Permítame que se lo cuide, por lo menos hasta que deje de tomar leche. Usted también puede vivir en casa, si quiere." Y él me miraba, pequeño, flaco, tan gastado ya, pues nunca en toda su vida se había sentado a una mesa y comido hasta hartarse, y me decía: "Gracias, señora. Yo me arreglaré."

—Y era verdad —dijo Pruitt—. No sé cómo trabajaba en el aserradero, y nunca tuvo tierras que le permitiesen comprobar si era buen agricultor. Pero crió a ese niño.

—Sí —dijo la señora Pruitt—, y yo siempre insistía: "No había oído decir que se hubiese casado." "Sí, señora", respondía. "Nos casamos el año pasado. Pero cuando nació el niño, ella murió." "¿Quién era?", decía yo. "¿Una muchacha de Frenchman's Bend?" "No, era del sur." "¿Cómo se llamaba?" "La señorita Smith."

—Tampoco había tenido nunca tiempo para aprender a mentir —dijo Pruitt—, pero crió al chico. Y cuando levantaron la cosecha en el otoño, despidió al negro, y durante la primavera siguiente trabajó con su padre como antes. Había fabricado una especie de alforja, como los indios, para llevar al niño. Yo solía ir, a veces, cuando la tierra estaba todavía helada, y veía siempre a Jackson y a su padre arando y limpiando el campo, mientras la alforja colgaba de un poste del cerco, y el niño dormía en ella bien derecho, como si hubiese sido una cama de plumas. Aquella primavera aprendió a caminar, y cuando me acercaba al cerco, solía ver al pobrecito, en medio de un surco, tratando de seguir a Jackson, hasta que este detenía el arado al final del surco, lo sentaba a horcajadas sobre sus hombros y seguía arando. A fines del verano ya caminaba bien. Jackson le hizo una azada con un palo y un trocito de lata, y allá iba Jackson cortando el algodón que llegaba al muslo; pero no se veía al niño, solo el algodón agitándose donde él estaba.

—Jackson le hacía la ropa —dijo la señora Pruitt—. La cosía a mano. Yo le hice algunas prendas y se las llevé, pero solo una vez. Jackson las recibió y me dio las gracias. Pero era evidente. Era como si mezquinase a la tierra misma lo que daba a aquel niño para su subsistencia. Traté, en fin, de persuadirlo de que lo llevase a la iglesia para bautizarlo: "Ya tiene nombre", me contestó. "Jackson Longstreet Fentry. Los dos nombres de mi padre."

—Nunca iba a ninguna parte —dijo Pruitt—, y donde se veía a Jackson, allí estaba también el muchachito. Si lo hubiese raptado de Frenchman's Bend no lo habría ocultado más celosamente. El viejo era quien iba a Haven Hill a comprar provisiones; y la única ocasión en que se separaban era una vez al año, cuando Jackson iba a Jefferson a pagar los impuestos. La primera vez que vi al chico, me recordó a un perro ovejero, y un día que sabía que Jackson había ido al pueblo a pagar los impuestos, fui allí. El chico estaba debajo de la cama, muy quieto, y se acurrucó en un rincón, mirándome sin pestañear una vez. Era exactamente como un cachorro de zorro o de lobo que hubiesen atrapado la noche anterior.

Pruitt sacó del bolsillo una lata de rapé, echó una pequeña cantidad en la tapa, la acercó a su labio superior con delicada fruición antes de aspirar.

—Bien —dijo Gavin—. ¿Y después?

—Nada más —repuso Pruitt—. Al verano siguiente, los dos desaparecieron.

—¿Desaparecieron? —dijo Gavin.

—Sí. Una mañana se fueron. No lo supe en el momento. Un día, no pudiendo soportar más mi curiosidad, fui allá y la casa estaba vacía, pero el viejo estaba arando en el campo; al principio creí que el travesaño en los brazos del arado se había roto y que el viejo había atado un palo entre los dos; pero entonces me vio, retiró ese palo, que era la escopeta, y lo que me dijo fue más o menos lo mismo que a usted esta mañana. Al año siguiente el negro lo ayudó una vez más. Por fin, cinco años más tarde, apareció Jackson. No sé cuándo. No sé cuándo, exactamente. Apareció allí una mañana. El negro se fue y padre e hijo volvieron a trabajar la tierra como antes. Un día no pude aguantar más y fui allá; me detuve junto al cerco, frente a donde estaba arando, hasta que el surco que abría lo obligó a acercarse; pero hasta entonces no me había mirado. Pasó a mi lado, a menos de tres metros de distancia, siempre sin mirarme, y cuando se volvía, le grité: "¿Murió, Jackson?" Él me miró, entonces. "El niño." "¿Qué niño?", me dijo.

Los Pruitt nos invitaron a almorzar.

Tío Gavin les agradeció.

—Hemos traído una pequeña merienda, la tienda de Varner queda a treinta millas, y desde allí tenemos otras treinta hasta Jefferson. Además, nuestras carreteras no están muy habituadas a los automóviles, todavía.

Anochecía cuando llegamos al almacén de ramos generales de Varner, en la población de Frenchman's Bend; allí también había un hombre en el corredor desierto a aquella hora, y el hombre se acercó al automóvil.

Era Isham Quick, el testigo que llegó primero junto al cadáver de Thorpe; un hombre alto y desgarbado, de unos cincuenta y cinco años, con rostro soñador y ojos miopes, hasta que se advertía algo perspicaz, y si se quiere escéptico, en su expresión.

—Lo estaba esperando de un momento a otro —dijo—. Aparentemente ha pasado algo —agregó parpadeando rápidamente—. ¡Ese Fentry!

—Sí —dijo tío Gavin—. ¿Por qué no me lo dijo?

—No lo advertí yo mismo —repuso Quick—, hasta que oí comentar que el veredicto del jurado dependía de un hombre, y entonces asocié los apellidos.

—¿Nombres? ¿Qué nom…? No importa. Cuénteme todo.

Nos sentamos en el corredor del almacén, cerrado y desierto, mientras las cigarras chirriaban y se agitaban en los árboles y las luciérnagas titilaban y danzaban en el camino polvoriento. Y Quick nos contó todo, sentado de cualquier manera en el banco, cerca de tío Gavin, desarticulado, como si fuese a deshacerse en cuanto se moviera, hablando con voz calmosa y sardónica, como si tuviese toda la noche para hablar y como si el relato fuese a llevar en verdad toda la noche. Pero no era tan largo, considerando su esencia. Sin embargo, tío Gavin dice que no hacen falta muchas palabras para expresar la suma de la experiencia humana, y que, en verdad, alguien lo ha hecho en cuatro: "nació, sufrió y murió".

—Lo empleó mi padre. Pero cuando descubrí de dónde venía, tuve la convicción de que sería un buen trabajador, porque la gente de esa región nunca ha tenido tiempo para aprender otra cosa que trabajar duramente. Y sabía que sería honrado, por la misma razón: porque no hay nada en esa región que un hombre pueda codiciar tan inmensamente como para robarlo. Lo que aparentemente subestimé es su capacidad de cariño. Probablemente imaginaba que, viniendo de donde venía, no podía tenerla, también por la misma razón anterior: hasta el instinto del amor había desaparecido en gente como ellos, allá en las primeras generaciones, cuando el primero de ellos debió hacer su elección definitiva entre el amor y la búsqueda de los medios para subsistir a duras penas.

"Así, pues, vino a trabajar haciendo el mismo trabajo y con el mismo jornal que los negros. A fines de otoño creció el río, y nos dispusimos a cerrar el taller durante el invierno. Entonces descubrí que había convenido con mi padre en quedarse hasta la primavera como sereno y cuidador, con tres días libres para ir a su casa en Navidad. Fue, y al año siguiente, cuando iniciamos el trabajo, había aprendido tanto y era tan trabajador, que manejaba el aserradero solo, y para mediados del verano papá ya no iba nunca allá; yo lo hacía cuando tenía ganas, una vez por semana, más o menos. Para el otoño papá hablaba ya de construirle una cabaña donde vivir, en lugar del colchón de chala y la vieja cocina que tenía en el galpón de calderas. Se quedó también aquel invierno. Cuando fue a su casa para Navidad, no nos dimos cuenta de ello, cuando partió, ni cuando regresó, porque yo no había ido al aserradero desde el otoño.

"Y una tarde de febrero, luego de un período de buen tiempo, me sentí inquieto y fui a caballo hasta el aserradero. Lo primero que vi fue la mujer, y creo que no la había visto nunca antes: una mujer joven, y quizás fuese bonita cuando estaba sana; no lo sé. Porque no era simplemente delgada: era escuálida. Parecía estar enferma además de medio muerta de hambre, aun cuando iba de un lado a otro, y estuviese por tener un hijo en menos de un mes. '¿Quién es?', le pregunté. 'Es mi mujer', me dijo; yo le pregunté a mi vez: '¿Desde cuándo? Usted no estaba casado el otoño último. Y ese niño nacerá en menos de un mes.' Y él me dijo: '¿Quiere que nos vayamos?' '¿Por qué habría de quererlo?', dije. Bien, les contaré ahora el resto a la luz de lo que sé yo, y de lo que descubrí tres años más tarde, cuando aparecieron aquí los hermanos con la orden del juez; y no según lo poco que él me dijo, porque nunca decía nada a nadie."

—Muy bien —dijo tío Gavin—. Cuéntenos.

—No sé dónde la encontró. No sé si la encontró, o bien ella llegó un día o una noche al aserradero y él la vio. Es como ha dicho alguien: nadie sabe dónde va a estallar el trueno o el amor, salvo que no tiene que estallar dos veces, porque no es necesario. No creo que ella estuviese buscando al marido que la abandonó: probablemente huyó cuando ella le dijo que iba a nacer el niño; tampoco creo que tuviese miedo o vergüenza de volver a casa, porque el padre y los dos hermanos habían tratado de impedirle que se casara, en un principio. Creo que se trataba una vez más de un ejemplo de ese orgullo de familia, sombrío, no muy lúcido, y totalmente implacable que ostentaron los hermanos mismos posteriormente.

"Sea como fuere, allí estaba ella; me imagino que sabía que le quedaba poca vida, y Fentry le habrá dicho: 'Casémonos', y ella: 'No puedo. Ya tengo marido.' Cuando llegó su hora, allá estaba sobre el colchón de chala, y él, probablemente, la alimentaba con una cuchara; ella debía adivinar que no saldría con vida, porque Fentry llamó a la partera; nació el niño; para entonces las dos sabían que no se levantaría más, y aun lo convencieron a él; quizás la mujer llegó a la conclusión de que nada importaba, ahora, y accedió; porque Fentry ensilló la mula que papá le permitía tener y recorrió siete millas para traer al pastor Whitfield, quien llegó al amanecer y los casó. Después ella murió, Whitfield y Fentry la enterraron, y aquella noche él vino a nuestra casa a decirle a papá que se iba. Dejó la mula, y cuando dos días más tarde fui al aserradero, ya no estaba; estaban solo el colchón y la cocina, y la vajilla y la sartén que le dio mamá; todo limpio y ordenado en el estante. Tres veranos más tarde, esos dos hermanos, los Thorpe…

—Thorpe —repitió tío Gavin. No lo dijo en voz muy alta. Estaba anocheciendo rápidamente, como ocurre en nuestra región, y ya no alcanzaba a ver su rostro—. Siga —dijo.

—Morenos, como ella, el menor muy parecido; llegaron en el coche con un alguacil o algo por el estilo, y el papel bien escrito, estampillado y sellado como corresponde. Yo les dije: 'No pueden hacer eso. Ella vino por su propia voluntad, enferma y sin nada, y él la recogió y la alimentó y cuidó, obtuvo ayuda para que naciera el niño y trajo un pastor para enterrarla. Hasta se casaron antes de morir ella. El pastor y la partera pueden probarlo.' El hermano mayor me dijo: 'No podía casarse con ella. Ya tenía marido. Nos hemos ocupado de él.' 'Muy bien', dije yo, 'pero él se hizo cargo de ese chico cuando nadie lo quería. Y lo ha criado, vestido y alimentado más de dos años.' El mayor sacó una cartera del bolsillo y la guardó nuevamente. 'Pensamos compensarlo bien… cuando hayamos visto al muchacho. Es de nuestra sangre. Lo queremos y tenemos intención de reclamarlo.' Y no fue aquella la primera vez que se me ocurrió que el mundo no marcha como debiera marchar en ocasiones mucho más numerosas que aquellas en que marcha bien. Entonces les dije: 'Son treinta millas hasta allá. Creo que desearán dormir aquí y hacer descansar los caballos.' El mayor me miró y dijo: 'No están cansados. No nos detendremos.' 'Iré con ustedes, entonces', dije. 'No hay inconveniente.' "Viajamos hasta medianoche. Creí, pues, que tendría una oportunidad propicia, aunque no tuviese cabalgadura. Pero cuando desenganchamos los caballos y nos acostamos en el suelo, el hermano mayor dijo: 'No estoy cansado. Me quedaré sentado un rato.' Era inútil, de modo que me dormí; cuando desperté había amanecido y era demasiado tarde; en mitad de la mañana llegamos al poste con el buzón, que no era posible pasar de largo, y a la casa vacía. No se veía ni oía a nadie, hasta que percibimos los golpes del hacha y fuimos al fondo. Fentry levantó la vista de la pila de leña y vio lo que, según imagino, había esperado ver cada día que el sol se levantaba, durante los tres años últimos. Porque ni siquiera se detuvo, sino que dijo al niño: '¡Corre! ¡Corre al campo con el abuelo! ¡Corre!' Luego se acercó al hermano mayor, con el hacha levantada; y cuando la bajaba ya para dar el golpe, pude asirlo de la cintura, mientras el hermano mayor lo tomaba a su vez. Lo levantamos en el aire, en el esfuerzo por contenerlo. '¡No, Jackson, no!', dije. '¡No! ¡Tienen la ley de su parte!' "Y entonces un ser menudo y débil empezó de pronto a golpearme y rasguñarme las piernas, sin hacer el menor ruido, saltando en torno de nosotros y golpeándonos hasta donde podía alcanzar con el trozo de madera que estuviera hachando Fentry. 'Atrápalo y llévalo al coche", dijo el mayor. El menor lo tomó en brazos; era casi tan difícil dominarlo como a Fentry, y pataleaba y se agitaba aun después que el joven lo tuvo amarrado entre los brazos, siempre sin emitir un sonido, mientras Fentry seguía luchando por desasirse, hasta que el hermano menor y el chico desaparecieron. Y de pronto Fentry se derrumbó. Fue como si sus huesos se hubieran convertido en agua, de modo que lo dejamos caer sobre el tronco de cortar leña como si fuera una bolsa, y allí quedó, sobre la leña que acababa de hachar, con la respiración anhelante y saliva blanquecina en las comisuras de los labios.

"'Es la ley, Fentry', le dije yo, 'el marido vive todavía'.

"'Ya lo sé', dijo él. No fue más que un susurro.

"'Lo esperaba. Por ello me ha tomado tan de sorpresa. Ya estoy bien.'

"'Lo siento mucho', dijo el hermano mayor. 'Nosotros no supimos nada hasta la semana pasada. Pero el chico tiene nuestra sangre. Queremos tenerlo en casa. Usted ha sido bueno con él. Estamos muy agradecidos. Su madre también lo agradece, Fentry. Tome.' Y sacando la cartera del bolsillo, se la entregó a Fentry. Luego dio media vuelta y se alejó. Al cabo de un rato oí el rumor del coche alejándose cuesta abajo. Luego cesó también ese ruido. No sé si Fentry lo había oído o no.

"'Es la ley, Jackson', le dije. 'Pero en la ley siempre hay dos partes. Iremos al pueblo y hablaremos con el capitán Stevens. Yo lo acompañaré.'

"Fentry se sentó en el bloque de cortar leña, lentamente y con mucho trabajo. Ya no respiraba tan agitadamente y parecía más sereno, salvo que sus ojos tenían una mirada vaga. Por fin levantó la mano en la que sostenía la cartera con dinero y comenzó a enjugarse el rostro con ella, como si fuese un pañuelo; no creo que advirtiese tener nada en la mano, porque a continuación la dejó caer, contempló la cartera cinco segundos, quizás, y la tiró al suelo. No la arrojó, sino que la dejó caer, como quien deja caer un puñado de tierra luego de haberla examinado; la dejó caer detrás del bloque de cortar leña. Se puso de pie, y cruzó el potrero hacia el pequeño monte, caminando en línea recta, pero pausadamente, y sin parecer mucho más alto que el chico, hasta perderse entre los árboles. '¡Jackson!', lo llamé. Pero él no volvió la cabeza.

"Aquella noche me quedé en casa de Rufus Pruitt y le pedí una mula. Le dije que estaba paseando, pues no tenía ganas de hablar con nadie; al día siguiente ensillé la mula y tomé el sendero que pasaba por la casa; al principio no vi al viejo Fentry en el corredor. Cuando lo vi se movió con tanta rapidez que no advertí que sostenía algo en la mano, hasta que sentí que el tiro pasaba silbando entre el follaje sobre mi cabeza, mientras la pobre mula de Rufus Pruitt trataba denodadamente de romper las riendas que la sujetaban al poste del portón.

"Un día, unos seis meses después de haberse instalado aquí para realizar sus actividades de beber, pelear y maniobrar con ganado ajeno, Bucksnort estaba en este corredor, borracho y hablando tonterías, mientras una media docena de aquellos a quienes solía golpear hasta la inconsciencia periódicamente, por medios deshonestos y aun honestos, alguna vez, según la ocasión, reían cada vez que se detenía a tomar aliento. Por casualidad yo miré hacia el camino, y allí estaba Fentry en su mula.

"Estaba inmóvil, con el polvo de treinta millas endurecido sobre el sudor del animal, contemplando a Thorpe; por fin se volvió y se alejó nuevamente, en dirección a las colinas, de donde nunca debió haber salido. Salvo que quizás sea como ha dicho esa persona, que no es posible protegerse contra el amor y el rayo. A la sazón yo no advertí nada. No había asociado los nombres. Sabía que Thorpe me era familiar, pero aquel otro asunto ocurrió hace veinte años y yo lo había olvidado, hasta que supe que usted había perdido su defensa por un voto del jurado. Naturalmente, Fentry no iba a votar por la libertad de Bookwright… Es de noche ya. Vamos a comer."

Pero solo quedaban veinte millas hasta el pueblo, ahora, y estábamos sobre la carretera, sobre el afirmado; llegaríamos a casa en una hora y media, pues en algunos trechos podíamos correr a treinta y cinco millas, y tío Gavin decía que algún día todos los caminos principales de Misisipí estarían pavimentados como las calles de Memfis. Y cada familia norteamericana tendría su automóvil. Íbamos a gran velocidad.

—Naturalmente que no —murmuró tío Gavin—. Los humildes e invencibles de la tierra: soportar, y soportar y soportar una vez más, mañana, y mañana, y mañana. Naturalmente, no iba a votar por la libertad de Bookwright.

—Yo habría votado —dije—. Lo habría puesto en libertad, porque Buck Thorpe era malo. Buck…

—No. No lo habrías hecho —dijo tío Gavin, y apoyó una mano sobre mi rodilla, a pesar de que marchábamos velozmente, el haz de luz amarilla sobre la carretera también amarilla, mientras los insectos se lanzaban contra los faros y se alejaban nuevamente—. No se trataba de Buck Thorpe, el adulto, el hombre. Habría matado a ese hombre sin vacilar, de haber estado en el lugar de Bookwright. Era que en algún rincón de aquella carne degradada y embrutecida, que destruyó Bookwright, quedaba todavía, no el espíritu quizás, pero por lo menos el recuerdo del muchachito, de aquel Jackson Longstreet Fentry, aun cuando el hombre en que se convirtiera el muchachito lo ignoraba, y solo Fentry lo sabía. De modo que tú tampoco lo habrías puesto en libertad. No lo olvides nunca. Nunca.

MONJE

Trataré de contarles algo acerca de Monje. Repito que trataré de hacerlo, es decir, que intentaré salvar las inconsistencias de esta breve, sórdida y poco original historia, tornándola comprensible no solamente por medio de los nebulosos instrumentos de la hipótesis, la inferencia y la inventiva, sino también mediante la aplicación de esos nebulosos instrumentos al material, también nebuloso e inexplicable, que Monje dejó tras sí. Porque es solo en la literatura donde las anécdotas paradójicas y a menudo mutuamente excluyentes de un alma humana pueden yuxtaponerse y amalgamarse, por medio del arte, en un todo de verosimilitud y plausibilidad.

Era un retardado, quizás un cretino; nunca debieron enviarlo a la penitenciaría. Pero en la época de su juicio teníamos un joven fiscal de distrito que tenía puestas las miras en el Congreso, y Monje no tenía parientes ni dinero, ni siquiera un abogado, porque no creo que nunca haya comprendido por qué habría de necesitar un abogado y ni siquiera qué era un abogado; por ello la Corte le designó uno, un joven recién egresado, que probablemente sabía poco más que el mismo Monje acerca del mecanismo de la ley criminal en la práctica, y quien, quizás, invocó la culpabilidad de Monje por indicación de la Corte, o tal vez olvidó que podría haber invocado incapacidad mental, puesto que ni por un instante negó Monje haber matado a la víctima. En realidad, no pudieron impedirle afirmar y aun reiterar su culpabilidad. No era ni confesión ni jactancia.

Era como si estuviese tratando de echar un discurso a las personas que estaban cerca del cadáver hasta que llegó el sheriff; luego a éste y a sus empleados; a los otros prisioneros, aquellos pobres negros detenidos por juego, por vagancia o por vender whisky en las callejuelas cortadas; al fiscal que lo acusó, al abogado que le asignó la Corte, a la Corte y al jurado. Una hora después del hecho, aparentemente no recordaba nada de lo sucedido; ni siquiera recordaba al hombre que afirmaba hacer matado; nombró como su víctima, y ello por sugerencia o insinuación, a varios hombres que estaban vivos, y hasta a uno que estaba presente en la oficina del fiscal. Pero en ningún momento negó haber matado a alguien. No era insistencia; era simplemente una afirmación repetida y serena del hecho, con voz alegre, animada y simpática, mientras trataba al mismo tiempo de pronunciar su discurso, de decirles algo que no podían comprender y que se negaban a escuchar. No estaba confesando nada, ni tratando de establecer elementos que despertaran la clemencia del jurado a fin de escapar a las consecuencias de su acción. Era como si estuviese tratando más bien de formular un postulado, utilizando la oportunidad para salvar el abismo entre su persona y el mundo viviente, la tierra concreta y activa; como lo atestigua el curioso discurso que pronunció en el cadalso cinco años más tarde.

Pero tampoco debió haber vivido nunca. Vino, apareció —pues si había nacido allí o no, nadie lo sabía— en la región de colinas cubiertas de pinos al este de nuestro distrito: un distrito que hace veinticinco años, o sea la edad de Monje, no tenía casi caminos, y que ni siquiera la autoridad policial del distrito recorría; una región impenetrable y agreste, poblada por familias primitivas que no reconocían fidelidad a nadie ni a nada, y a quienes los de afuera nunca vieron hasta hace pocos años, cuando las buenas carreteras y los automóviles penetraron en los verdes reductos, donde los pobladores, con sus nombres corrompidos de origen escocés o irlandés, se casaban entre sí, destilaban whisky y mataban a cualquier intruso, parapetados en sus establos de troncos y sus cercos de palos. Fueron los buenos caminos y los buenos vados los que no solo trajeron a Monje a Jefferson, sino además divulgaron los rumores semifantásticos acerca de su origen.

Porque las mismas gentes entre quienes creció parecían saber tan poco sobre él como nosotros mismos: corría la leyenda de una vieja que vivía como una ermitaña, aun entre aquellos seres bravíos y huraños, en una choza de troncos, con una escopeta cargada apoyada contra la puerta, y de un hijo que había ido demasiado lejos, aun para esa región y esas gentes; que había asesinado y huido, o posiblemente había sido desterrado y desapareció, nadie sabía dónde, durante diez años por lo menos; regresó un día con una mujer, una mujer de cabellos duros, brillantes, metálicos, cabellos de ciudad, y rostro de ciudad, duro y pálido; una mujer a quien veían desde lejos, cuando cruzaba el potrero, o bien de pie junto a la puerta, contemplando las verdes soledades con una expresión helada, hosca, de ciega inescrutabilidad. Una expresión mortal, pero mortal como la mirada de una víbora, diferente de la expresión de quienes seguían el rito tradicional de advertencia de alejarse y, luego, pólvora. Un día se fueron. No se sabía adónde ni cuándo se fueron, como tampoco de dónde ni cuándo habían llegado.

Algunos decían que una noche la vieja, Mrs. Odlethrop, los había corrido con la escopeta, desalojándolos de la casa y de la región.

El hecho es que se fueron; y transcurrieron meses antes de que los vecinos descubrieran que había un niño, un niño pequeño, en la casa; si lo habían traído o había nacido allí, nadie lo sabía. Este niño era Monje. Además circulaba la leyenda de cómo siete años más tarde comenzaron a sentir olor a cadáver; algunos de ellos entraron en la choza, donde Mrs. Odlethrop yacía muerta desde hacía una semana, y hallaron al pequeño vestido con una camiseta tratando de levantar la escopeta de su sitio contra la puerta. No lograron atrapar a Monje. Es decir, no consiguieron retenerlo aquella vez, y nunca tuvieron otra oportunidad. Pero Monje no se fue. Sabían que estaba cerca, acechándolos, mientras preparaban el entierro, y que los contemplaba desde la maleza mientras enterraban a la vieja. No lo vieron más durante ese día, aunque sabían que merodeaba por el lugar, y al día siguiente descubrieron que estaba excavando la tumba con las manos.

Había hecho ya un gran agujero. Lo llenaron nuevamente, y aquella noche algunos se apostaron al acecho del niño para atraparlo y darle alimento. Pero tampoco entonces lograron apresar aquel cuerpo furioso y desnudo, que se les deslizó entre las manos como si estuviera engrasado, y huyó sin emitir ningún sonido humano. Después, algunos vecinos comenzaron a llevar comida a la casa desierta y ahí se la dejaban. Pero nunca lo veían. Oyeron decir, simplemente, meses más tarde, que vivía con un viudo sin hijos, un viejo llamado Fraser, que gozaba de gran reputación como fabricante de whisky. Aparentemente Monje vivió allí durante los diez años subsiguientes, hasta la muerte de Mr. Fraser. Probablemente fue Fraser quien le dio el nombre que trajo consigo al pueblo, pues nadie sabía cómo lo llamaba Mrs. Odlethrop; ahora la región comenzó a conocerlo, o por lo menos a familiarizarse con él. Era un joven no muy alto, rollizo, como si tuviera treinta y ocho años en lugar de dieciocho, con el rostro feo, astutamente tonto, ingenuo, cuyos rasgos, más que la expresión, le ganaron su sobrenombre; Monje dio al hombre que lo protegió y alimentó la devoción absoluta y sin reservas de un perro, y a los diez años era capaz, según decían, de destilar el whisky de Fraser tan bien como Fraser mismo.

Eso era todo lo que había aprendido: elaborar whisky y venderlo donde la ley lo prohibía, por lo que había que hacerlo en secreto; lo cual confirma una vez más la paradoja de su declaración pública, cuando le colocaron el capuchón negro sobre la cabeza por haber matado al director de la penitenciaría, cinco años más tarde. Eso era todo lo que sabía hacer: eso y su fidelidad hacia el hombre que lo alimentó y le enseñó qué hacer, cómo y cuándo; de modo que, a la muerte de Fraser, cuando un hombre cualquiera llegó en un camión y le dijo: «Muy bien, Monje, sube», subió al vehículo exactamente como lo habría hecho un perro sin dueño, y vino a Jefferson. Esta vez se trataba de una estación de servicio a dos o tres millas del pueblo; ahí dormía en una tarima en la habitación del fondo, siempre que dicha tarima no estuviese ocupada por un cliente demasiado borracho para conducir el automóvil o marcharse a pie. Allí aprendió inclusive a manejar el surtidor de nafta y a entregar el cambio correctamente; a pesar de que su trabajo consistía, principalmente, en recordar dónde estaban enterradas las botellas de cuarto litro, en un pozo de arena a quinientas yardas de distancia.

Ahora lo conocíamos en el pueblo, vestido con las ropas pueblerinas chillonas y ordinarias con las cuales reemplazó su viejo mameluco: las camisas de colores fuertes que desteñían al primer lavado, los sombreros de paja con cinta rayada que se disolvían a la primera lluvia, y los zapatos con ribetes que se destrozaban en sus pies; agradable, inmune a las pullas, locuaz cuando alguien lo escuchaba, con aquel rostro astuto, amarillento, aquel rostro ladino y a la vez soñador, amarillento aun debajo de la piel curtida, con aquella curiosa cualidad de una relación imperfecta entre sentidos y raciocinio. El pueblo lo conocía desde hacía siete años, cuando llegó aquel sábado a la noche, la noche del muerto; esa muerte que no fue pérdida para nadie. Pero, como dije, Monje no tenía dinero, ni amigos, ni abogado. El muerto, tendido en el suelo detrás de la estación de servicio; Monje, de pie a su lado con la pistola en la mano; y otros dos presentes, que habían estado con la víctima toda la noche; Monje, tratando de decir no sé qué cosa a los que lo sostenían, y luego al sheriff mismo, con su voz alegre y jovial, como si el ruido del tiro hubiera roto la barrera detrás de la cual había vivido durante veinticinco años y él hubiese salvado el abismo que lo separaba del mundo de los hombres vivos, por medio del cadáver tendido a sus pies.

En verdad Monje no tenía más concepto de la muerte que un animal; ni de la muerte del hombre a sus pies, ni de la del director, años más tarde, ni de la suya propia. El cuerpo a sus pies era simplemente algo que nunca volvería a caminar, hablar o comer; por lo tanto, no era fuente de daño ni de beneficio para nadie; ciertamente ni de beneficio ni de utilidad. No tenía sentido del pesar, del hecho irreparable y definitivo. Lo lamentaba: eso era todo. No creo que comprendiera que, al yacer aquel cuerpo allí, iniciaba una cadena, una corriente de retribución que alguien debería pagar. Porque nunca negó haberlo hecho, aunque la negación no le habría valido de nada, en realidad, ya que los dos compañeros del muerto estaban allí para declarar contra él. No lo negó, pues, a pesar de no poder decir qué había ocurrido, ni en qué consistió la disputa; y como ya señalé, más tarde, ni siquiera dónde había tenido lugar el hecho ni a quién había matado; pues declaró una vez, como ya lo señalé también, que su víctima era un hombre que estaba entre la multitud que lo siguió a la oficina del fiscal. Simplemente trataba de manifestar algo que había llevado dentro durante veinticinco años, y solo entonces hallaba oportunidad, o quizás palabras, para expresarlo; así como cinco años más tarde, en el cadalso, lograría una vez más darle expresión a eso o bien a otra cosa, estableciendo por fin contacto con la tierra inmemorial, fecunda, ponderable, activa, sobre la cual siempre deseó hablar sin conseguirlo; porque solo entonces le habían enseñado a expresar lo que quería. Intentó decírselo al sheriff que lo arrestó y al fiscal que lo acusó; estaba en medio del recinto, con aquella expresión que tiene un hombre cuando espera su oportunidad para hablar; escuchó la lectura de la acusación: ...contra la paz y la dignidad del Estado Soberano de Mississippi, que el antedicho Monje Odlethrop mató deliberada y maliciosamente, con premeditación..., y de pronto la interrumpió con voz aflautada y aguda, cuyo sonido, al extinguirse, dejó en su rostro la misma expresión de asombro y sorpresa que se pintaba en los nuestros.

—Mi nombre no es Monje: me llamo Stonewall Jackson Odlethrop.

¿Ven ustedes? Si ello era verdad, no pudo haberlo oído en casi veinte años, desde que murió su abuela, si en verdad había sido su abuela: en cambio no podía recordar las circunstancias en que había cometido un asesinato. Tampoco podía haberlo inventado. No podía saber quién era Stonewall Jackson, para adoptar su nombre. Había ido a la escuela rural durante un año. Sin duda lo mandaba el viejo Fraser, pero no asistió durante mucho tiempo. Tal vez hasta el trabajo de primer grado de una escuela rural fue demasiado para él. Monje le habló de la escuela a mi tío cuando se planteó la cuestión de su indulto. No recordaba exactamente cuándo fue, dónde estaba la escuela, ni cuándo la había dejado. Pero recordaba en cambio haber ido, porque le había gustado. Todo lo que podía recordar era que leían todos juntos en el libro. No sabía qué leían, porque no sabía qué decía el libro, y ni aun ahora podía escribir su nombre. Pero dijo que le había gustado sostener el libro y oír todas las voces juntas; aunque, según dijo, no oía la suya propia, pero su voz se unía asimismo a las del resto, y lo sabía por la forma en que zumbaba su garganta, según sus propios términos. Así, pues, nunca pudo haber oído hablar de Stonewall Jackson. Sin embargo, allí estaba el nombre, heredado de la tierra, del suelo, trasmitido a sí mismo a través de gentes casi parias, un elemento de amargo orgullo y de indómita altivez, procedente de la tierra y de los hombres y mujeres que la pisaban y dormían sobre ella.

Lo condenaron a prisión perpetua. Fue uno de los juicios más breves registrados en nuestro distrito, porque, como dije, nadie lamentaba la muerte de la víctima y nadie, salvo mi tío Gavin, aparentaba interesarse por Monje. Monje nunca había viajado en tren. Subió a él, con una de las esposas sujeta a la muñeca del sheriff; vestía un mameluco nuevo que alguien le había regalado, probablemente el Estado soberano cuya paz y dignidad ofendió; y llevaba un sombrero de paja de imitación Panamá flamante, todavía inmaculado, con su cinta chillona, pues era primero de junio, había estado preso tres semanas, y había comprado el sombrero la semana de aquel sábado fatal. Se sentó junto a la ventanilla y comenzó a mirarnos a todos con su cara mal hecha, rechoncha y tonta, agitando la mano en un pueril gesto de despedida, el brazo libre apoyado en el marco, hasta que el tren se puso en marcha y aceleró lentamente, enorme y polvoriento, mientras chocaban entre sí los paragolpes de acero; Monje se retiró así de nuestra vista, herméticamente sellado, y nos dejó una sensación de fatalidad más irreparable que si hubiéramos visto cerrarse tras él los portones de la penitenciaría, para no abrirse más en su vida; su rostro nos contemplaba, sobre el cuello estirado para vernos mejor, desencajado y pequeño detrás del cristal empañado, pero al mismo tiempo con aquella expresión interrogante y sin temor, animada, serena y grave. Cinco años más tarde, uno de los compañeros del hombre que había sido asesinado aquella noche del sábado, agonizando de neumonía y whisky, confesó que había disparado el tiro y puesto la pistola en manos de Monje, diciéndole que viese lo que acababa de hacer.

Mi tío Gavin pidió el indulto, redactó la petición, obtuvo las firmas, y la hizo firmar y aprobar por el gobernador; llevó el indulto personalmente a la penitenciaría y anunció a Monje que estaba en libertad. Monje lo miró un instante hasta comprender, y se echó a llorar. No quería irse. Tenía ciertas prerrogativas, ahora; había transferido al director la misma devoción perruna que dedicara a Fraser. No había aprendido a hacer nada bien, salvo destilar y vender whisky, si bien después de venir al pueblo aprendió también a barrer la estación de servicio. En vista de ello, eso era lo que hacía en la prisión: su vida en aquella época debía ser semejante a aquélla en que asistió a la escuela. Barría y limpiaba la casa del director como lo habría hecho una mujer, y la esposa de éste le había enseñado a tejer. En medio de su llanto mostró a mi tío un jersey que estaba tejiendo para el día del cumpleaños del director, y que no terminaría en varias semanas.

Mi tío Gavin volvió, pues, a casa. Trajo consigo el indulto, pero no lo destruyó, porque decía que había sido registrado, y que lo principal era ahora estudiar la ley y ver si era posible expulsar a un hombre de la penitenciaría como de una universidad. Creo que en el fondo esperaba que, algún día, Monje cambiaría de idea; por ello lo conservó, según creo. Entonces Monje obtuvo su libertad, sin ayuda de nadie. No había transcurrido una semana desde que mi tío conversó con él, y no creo que hubiera decidido todavía dónde guardar el indulto, cuando llegó la noticia. Al día siguiente merecía un destacado título en los diarios de Memphis, pero nosotros la recibimos la noche anterior, telefónicamente: Monje Odlethrop, encabezando aparentemente una evasión frustrada, había matado de un balazo y a sangre fría al director de la cárcel. Esta vez no había ninguna duda. Lo habían visto cincuenta hombres, y algunos de los otros presos lo dominaron y le quitaron la pistola. Sí, Monje, el mismo que la semana anterior lloraba cuando mi tío Gavin le dijo que estaba en libertad, aparecía ahora encabezando una evasión y perpetrando un asesinato en la persona del hombre para quien tejía el jersey cuando pidió permiso, llorando, para terminarla; asesinato realizado en forma tan fría, que sus propios compañeros se volvieron contra él.

Tío Gavin fue a verlo nuevamente. Estaba ahora en una celda solitaria, de las destinadas a los condenados a muerte. Tejía todavía el jersey: tejía bien, según dijo tío Gavin. Y la prenda estaba casi terminada.

—No tengo más que tres días —le dijo Monje—, de modo que no hay tiempo que perder.

—Pero ¿por qué, Monje? —dijo tío Gavin—. ¿Por qué? ¿Por qué lo hiciste?

Luego me contaba que las agujas no cesaron de moverse, ni aun mientras Monje lo miraba con aquella expresión serena, afable, casi beatífica. No tenía el concepto de la muerte. No creo que nunca hubiese relacionado el cadáver a sus pies detrás de la estación de servicio con el hombre que momentos antes hablaba y caminaba; ni aquel otro sobre el suelo del patio interior de la cárcel con el hombre para quien estaba tejiendo el jersey. —Yo sabía que hacer y vender ese whisky no estaba bien —dijo—. Sabía que no era eso. Solo que… —se detuvo mirando a tío Gavin. La serenidad estaba siempre presente en aquel rostro; pero en aquel momento algo parecía asomar a tientas tras ella: no desconcierto, ni incertidumbre, sino algo que buscaba su camino a tientas.

—Solo que, ¿qué? —insistió tío Gavin—. ¿No era el whisky? ¿No era qué? ¿Qué cosa?

—No, no era. —Monje lo miró nuevamente—. Recuerdo aquel día en el tren, el hombre de la gorra que se asomaba por la puerta y gritaba; y yo decía: «¿Es aquí? ¿Nos bajamos aquí?», y la autoridad me contestaba: «No. Todavía no». Solo que si yo hubiera estado solo, sin la autoridad para decírmelo, y ese hombre hubiera entrado y gritado, yo…

—¿Te habrías bajado en otra estación? ¿Es eso? ¿Y ahora sabes cuál es la estación, dónde bajar bien? ¿Es eso?

—Sí —repuso Monje—. Sí. Ahora sé que está bien.

—¿Cómo? ¿Qué está bien? ¿Qué sabes ahora que no sabías antes?

Monje se lo dijo. Tres días más tarde subió al cadalso, se detuvo donde le indicaron e inclinó dócilmente la cabeza sin que se lo dijeran, para que pudieran atar el nudo corredizo más fácilmente: el rostro todavía sereno, todavía beatífico, con la expresión de quien espera su oportunidad para hablar, hasta que todos retrocedieron. Evidentemente creyó que aquélla era la señal, porque dijo:

—He pecado contra Dios y los hombres y ahora lo pago con mi sufrimiento. Y ahora… —Dicen que habló en voz muy alta, el tono claro y tranquilo. Las palabras debieron resonar sonoras e irrefutables, y su corazón debía estar exaltado, porque ahora hablaba dentro del capuchón negro—: …y ahora iré al mundo de los libres, a trabajar la tierra.

¿Ven ustedes? No tiene sentido. Aceptado que ignorase que iba a morir, sus palabras no tenían sentido. No podía saber más sobre el trabajo de la tierra que sobre Stonewall Jackson, e indudablemente nunca había trabajado la tierra. Había visto, sin duda, el algodón y el maíz en los campos, y los hombres que los cultivaban. Pero nunca pudo haber deseado hacer ese trabajo antes, porque habría tenido amplias oportunidades para ello. Y ahora había asesinado al hombre que lo había amparado y, lo comprendiera Monje o no, lo había salvado del infierno de la vida en la cárcel; al hombre, sobre el cual había volcado toda su fidelidad perruna y su devoción, y por quien, una semana atrás, rechazó el indulto. La razón que tenía era que deseaba volver al mundo de los libres para trabajar la tierra. Y este cambio se había operado en una semana, luego de haber permanecido durante cinco años más alejado y aislado del mundo que cualquier monja. Sí, aceptemos que ésta fue una consecuencia lógica de esa mente que apenas poseía, y aceptemos que fuese suficientemente poderosa como para llevarlo a matar a su único amigo. Había usado, en efecto, la pistola del director; oímos hablar de ello; de que el director la tenía en su casa y un día desapareció; y para que la noticia no se divulgase, el director había hecho castigar severamente, en su intento de arrancarle la verdad, a un cocinero negro, otro preso privilegiado, que habría sido el autor lógico del robo. Luego Monje mismo halló el arma donde el director recordaba ahora haberla escondido, y se la devolvió. Aceptado todo eso, ¿cómo pudo apoderarse de él este impulso, o bien este deseo de trabajar la tierra, en el lugar en que estaba? Eso es lo que comenté con tío Gavin.

—Sí que tiene sentido —dijo tío Gavin—. Solo que todavía no tenemos las claves. Tampoco las tenían ellos.

—¿Ellos?

—Sí. No colgaron al hombre que asesinó a Gambrill. Simplemente crucificaron la pistola.

—¿Qué quieres decir? —pregunté.

—No lo sé. Tal vez nunca lo sabré. Probablemente nunca. Pero tiene sentido, como tú dices, en algún punto, de alguna manera. Tiene que tenerlo. Después de todo, es de una teatralidad excesiva, aun contempladas las circunstancias, y mucho más tratándose de un completo imbécil. Pero probablemente la ironía final de todo esto es que nunca conoceremos la verdad.

La supimos, sin embargo. Tío Gavin la descubrió accidentalmente. Y nunca le dijo nada a nadie, excepto a mí; les diré cómo la descubrió.

A la sazón teníamos como gobernador a un hombre sin antepasados, y con muy pocos más antecedentes conocidos que el propio Monje; un político, un hombre astuto que, según temíamos algunos, entre ellos tío Gavin y otros en el Estado, iría muy lejos si vivía lo suficiente. Aproximadamente tres años después de la muerte de Monje, declaró, sin preámbulo alguno, una especie de jubileo. Fijó una fecha para la convocatoria de la Comisión de Indultos en la penitenciaría, y dio a entender que repartiría indultos en la misma forma en que el rey de Inglaterra confiere títulos de nobleza y condecoraciones el día de su cumpleaños. Naturalmente, los opositores dijeron que estaba rematando virtualmente los indultos, pero tío Gavin no compartía tal opinión.

Señaló, en cambio, que el gobernador era mucho más inteligente de lo que eso parecía indicar; que el año siguiente sería de elecciones, y que no solo ganaría los votos de los familiares de quienes indultase, sino que además estaba tendiendo una trampa para los puristas y moralistas que tratarían de acusarlo de corrupción, y luego fracasarían en su intento por falta de pruebas. Se sabía, no obstante, que tenía enteramente dominada a la Comisión de Indultos; de modo que la única protesta que pudo formular la oposición fue designar comisiones que estuviesen presentes en la oportunidad; medida que el gobernador, hombre astuto como era, aplaudió cordialmente, y llegó al extremo de proporcionar los medios de transporte necesarios. Tío Gavin era uno de los delegados de nuestro distrito.

Posteriormente contó que se dieron, a todos los delegados, copias de las listas de candidatos a recibir indultos; según imagino, todos aquéllos que tenían un número suficiente de familiares con capacidad de votar. En las listas se consignaban el crimen cometido, la condena, el tiempo ya cumplido, los antecedentes de conducta en la prisión, etc. El hecho ocurrió en el comedor. Estaban todos reunidos allí; los delegados, sentados en los duros bancos sin respaldo contra la pared; el gobernador y su comisión rodeaban una mesa contra la tarima donde se ubicaban habitualmente los guardianes, mientras comían los presidiarios. A continuación entraron éstos y se detuvieron. El gobernador leyó el primer nombre de la lista y pidió al hombre que se acercase a la mesa. Nadie se movió. Todos permanecieron amontonados, con sus trajes rayados, murmurando entre sí, mientras los guardianes ordenaban a gritos que se adelantara el nombrado. El gobernador levantó la vista del papel y miró a todos con las cejas levantadas. Entonces alguien habló:

—Que hable Terril por nosotros, gobernador. Lo hemos elegido para que hable.

Tío Gavin no miró inmediatamente. Miró primero la lista hasta hallar el nombre: Terril, Bill, homicidio. Veinte años. Cumple su condena desde el 9 de mayo de 19… Solicitó indulto en enero de 19… Denegado por el director C. L. Gambrill. Solicitó indulto en setiembre de 19… Denegado por el director C. L. Gambrill. Antecedentes de conducta: agitador. Y al levantar los ojos vio a Terril separarse de la multitud y acercarse a la mesa: era un hombre alto, enorme, con rostro moreno y aquilino como el de un piel roja, excepto los ojos de color amarillento pálido y la mata de cabellos negros e hirsutos, que marchó hasta la mesa con una curiosa mezcla de arrogancia y servilismo, se detuvo, y sin esperar autorización para hablar, dijo en una especie de sonsonete monótono y agudo, lleno de la misma arrogancia abyecta:

—Excelencia, honorables caballeros, hemos pecado contra Dios y los hombres, pero ahora lo hemos pagado con nuestro sufrimiento. Y ahora queremos salir al mundo de los hombres libres y trabajar la tierra.

Antes de que Terril terminase de hablar, tío Gavin estaba ya en la plataforma, inclinado sobre la silla del gobernador. Y el gobernador volvió su rostro menudo, redondo y astuto y sus ojos inescrutables y calculadores, frente a la insistencia y excitación de tío Gavin.

—Ordene que se retire ese hombre un momento —dijo—. Necesito hablar con usted a solas.

Durante un instante más el gobernador miró a tío Gavin, mientras la comisión de fantoches lo miraba a su vez, los rostros sin la menor expresión, según me contó más tarde.

—Por supuesto, Mr. Stevens —dijo el gobernador. Poniéndose de pie, siguió a tío Gavin hasta la pared, debajo de una ventana con rejas, mientras Terril permanecía junto a la mesa con la cabeza súbitamente erguida, y absolutamente inmóvil; la luz de la ventana se reflejaba en sus ojos amarillentos como las llamas de dos fósforos, mientras contemplaba a tío Gavin.

—Gobernador, ese hombre es un asesino —dijo. La expresión del gobernador no cambió.

—Homicidio, Mr. Stevens, homicidio. Como ciudadanos honorables del Estado de Mississippi, sin duda usted y yo podemos aceptar el veredicto de un jurado.

—No me refiero a eso —dijo tío Gavin. Me dijo que lo dijo así, en su apresuramiento, como si temiese que Terril fuera a desaparecer si no se daba prisa, pues tuvo una terrible sensación de que, en un segundo, aquel hombrecillo inescrutable y cortés que estaba frente a él, eliminaría a Terril mediante un conjuro, hasta ponerlo fuera del alcance de todo castigo, merced a su ambición y a su absoluta falta de escrúpulos—. Me refiero a Gambrill y al retardado que colgaron. Este hombre los mató a ambos, tanto como si hubiese disparado la pistola y dejado caer la trampa de la horca.

Aún entonces el rostro del gobernador no cambió de expresión.

—Es una acusación extraña, además de grave —dijo—. ¡Sin duda tendrá pruebas!

—No. Pero las obtendré. Concédame diez minutos con él a solas. Obtendré las pruebas de él mismo. Haré que me las dé.

—¡Ah! —comentó el gobernador. Ahora dejó de mirar a tío Gavin durante un minuto entero. Cuando levantó la vista nuevamente, su rostro tenía siempre la misma expresión, pero era como si hubiese limpiado algo de su superficie, en un acto casi físico, con un pañuelo. Mientras me relataba todo eso, tío Gavin me señaló que en aquel momento el gobernador estaba rindiendo un homenaje a su inteligencia. Estaba diciendo toda la verdad. Le estaba rindiendo el máximo homenaje de que era capaz —. ¿Qué provecho cree usted que tendrá eso? —dijo.

—¿Quiere decir que…? —dijo tío Gavin. Ambos se miraron—. ¿Conque siempre está dispuesto a dejarlo en libertad, con el peligro que eso representa para los ciudadanos, el estado, la nación, por unos cuantos votos?

—¿Por qué no? Si vuelve a matar, siempre tendrá este sitio a donde volver.

Esta vez fue tío Gavin quien se quedó pensativo un instante, pero no bajó la vista.

—Supongamos que yo repitiese ahora lo que acaba de decirme. Tampoco tendría prueba de ello, pero me creerían. Y eso serviría para…

—¿Restarme votos? Sí. Pero, verá usted. Ya he perdido esos votos, porque nunca los tuve. ¿Comprende? Me obliga a hacer lo que, según parece ignorarlo, quizás, está también contra mis principios… ¿O no me reconoce principios? —Y dice tío Gavin que el gobernador lo miró con una expresión casi afectuosa, compasiva, y sumamente curiosa—. Mr. Stevens, usted es lo que mi abuelo habría llamado un señor. Se lo habría arrojado a la cara, odiándolo a usted y a los de su clase, y muy probablemente le habría matado el caballo que montaba, parapetado detrás de un cerco, por principio, simplemente. Y ahora trata usted de restablecer la ética de 1860 en la política de este siglo. La verdad es que la política de este siglo es algo lamentable. En realidad, a veces pienso que todo el siglo XX es algo lamentable, algo que apesta hasta el cielo y hasta la nariz de quienquiera que esté allí. Pero, no importa —y a continuación se volvió hacia la mesa y hacia el recinto lleno de rostros que lo observaban—. Acepte el consejo de alguien que le desea bien, aunque no puede llamarlo su amigo, y deje este asunto. Como dije ya, si lo dejamos en libertad y mata otra vez, como lo hará probablemente, siempre podrá regresar aquí.

—Y ser indultado nuevamente —dijo tío Gavin.

—Probablemente. Las costumbres no cambian tan rápidamente, recuérdelo.

—Pero me permitirá hablar a solas con él, ¿no?

El gobernador se detuvo, mirando tras sí, cortés y afable.

—¡Pero, por supuesto, Mr. Stevens! Será un placer complacerlo.

Lo condujeron a una celda, a fin de que el guardián pudiese permanecer con su fusil junto a la puerta enrejada.

—¡Cuidado! —le dijo a tío Gavin—. Es peligroso. No juegue con él.

—No tengo miedo —repuso tío Gavin. Dice que ni siquiera tomó precauciones, a pesar de que el guardián no comprendió lo que quería decir—. Tengo menos motivos para temerlo que el propio Mr. Gambrill, porque Monje Odlethrop está muerto, ahora. Se quedaron mirándose en la celda desnuda, el tío Gavin y el gigante con aspecto de piel roja y de ojos bravíos y amarillos.

—¿Conque es usted quien se interpuso esta vez? —dijo Terril, con voz monótona y extraña, casi quejumbrosa.

Conocíamos bien su caso: estaba en los anales de Mississippi, y, además, no había tenido lugar a gran distancia del pueblo. Tampoco era Terril agricultor. Tío Gavin me dijo que tal hecho le llamó la atención, aún antes de que Terril hubiese repetido las palabras textuales que pronunció Monje en el cadalso, y que Terril nunca pudo haber oído, así como tampoco saber que Monje las había pronunciado. No fue la similitud de las palabras, sino el hecho de que ni Terril ni Monje habían trabajado nunca la tierra en ninguna parte. Había sido otra estación de servicio, cerca de un ferrocarril, en esa oportunidad; un maquinista de un tren de carga nocturno declaró haber visto a dos hombres correr entre la maleza al paso del tren, llevando algo que resultó ser un hombre que, a la sazón, el maquinista no pudo determinar si estaba vivo o muerto, y que arrojaron bajo las ruedas del tren en marcha. La estación de servicio era de Terril; se probó que había tenido lugar una disputa, y Terril fue arrestado. Al principio negó la disputa, negó que la víctima hubiese participado en ella, y por último dijo que el muerto había seducido a su hija y que su hijo lo había matado; que solo había intentado desviar las sospechas que iban a recaer sobre su hijo. Tanto la hija como el hijo de Terril negaron todo eso; el hijo presentó una coartada; y con ello se arrastró fuera de la sala de audiencias a Terril, que maldecía a sus dos hijos.

—Espere. Primero quiero hacerle una pregunta. ¿Qué le dijo a Monje Odlethrop?

—Nada —repuso Terril—. ¡No le dije nada!

—Muy bien —dijo tío Gavin—. Es todo lo que quería saber —y volviéndose al guardián apostado junto a la puerta, agregó—: Hemos terminado. Puede dejarnos salir.

—Un momento —dijo Terril. Tío Gavin se volvió. Terril estaba de pie en la misma posición, alto, recio, delgado con su traje a rayas, los ojos bravíos y sin profundidad, hablando con tono monótono y quejumbroso—. ¿Para qué quiere tenerme encerrado aquí? ¿Qué le he hecho yo? Usted es rico, libre. Puede ir adonde quiere, mientras yo… —en este punto gritó, pero según dice tío Gavin, gritó sin levantar la voz, y el guardián en el corredor no pudo haberlo oído—. ¡Nada, le digo! ¡No le dije nada! —y esta vez tío Gavin no tuvo ni tiempo de volverse. Terril lo alcanzó en dos zancadas silenciosas, y miró hacia el corredor—. Escuche —dijo—. Si le digo, ¿me da su palabra de no votar contra mí?

—Sí —dijo tío Gavin—. No votaré contra usted, como dice.

—¿Y cómo sabré que no está mintiendo?

—¡Ah! ¿Cómo lo sabrá si no lo intenta? —Ambos se miraron. Dice tío Gavin que Terril bajó la vista; tenía una mano extendida, y él, tío Gavin, vio cómo los nudillos palidecían lentamente cuando Terril la cerró.

—Aparentemente no hay otro camino —dijo—. No hay otro —y levantando la vista, gritó, sin elevar la voz más que la vez anterior—: Pero si llega a votar contra mí y algún día salgo de aquí… ¿Comprende? ¡Cuidado!

—¿Es una amenaza? —dijo tío Gavin—. ¿Usted, parado ahí, con su uniforme a rayas, esa pared detrás y un hombre armado enfrente? ¿Pretende hacerme reír?

—No pretendo nada —dijo Terril. Ahora lloriqueaba, casi—. Lo que pretendo es justicia, eso es todo —y una vez más comenzó a gritar, con voz contenida, mirando sus nudillos blancos con una atención exagerada—. Dos veces lo intenté; dos veces solicité justicia y libertad. Pero estaba él, siempre él. Y él sabía que yo lo sabía. Le dije que lo… —de pronto se detuvo, y tío Gavin lo oyó respirar afanosamente.

—Ése era Gambrill —observó tío Gavin—. Prosiga.

—Sí. Le dije que lo haría. Se lo dije. Porque siempre se reía de mí. No tenía por qué hacerlo. Podría haber votado contra mí y contentarse con eso, pero no tenía por qué reírse. Solía decirme que me quedaría aquí tanto tiempo como él, o bien mientras pudiese retenerme, y que él se quedaría toda su vida. Y así fue. Se quedó toda su vida. Es exactamente lo que le pasó —pero al decir esto, no rio, según dice tío Gavin. No era como para reír.

—Y entonces usted le dijo a Monje…

—Sí. Se lo dije. Le dije que aquí todos éramos paisanos pobres e ignorantes, que nunca habíamos tenido una oportunidad. Gente que Dios había creado para vivir al aire libre, en el mundo libre, como Dios quería que lo hiciéramos; y que él era quien nos retenía, nos tenía encerrados y fuera del mundo libre, para reírse de nosotros, contra la voluntad de Dios. Pero nunca le dije que lo hiciera. Le dije simplemente: «Y ahora nunca podremos salir, porque no tenemos una pistola. En cambio, si la tuviéramos, podríamos caminar una vez más en el mundo libre, y trabajar la tierra, pues a eso nos destinó Dios, y eso es lo que queremos hacer. ¿No es eso lo que queremos hacer?», y él repuso: «Sí. Es eso. Eso mismo». Y yo dije: «Solo que no tenemos una pistola». Luego Monje dijo: «Yo puedo conseguir una pistola». Por fin yo añadí: «Entonces podremos andar por el mundo, porque hemos pecado contra Dios, pero no teníamos la culpa, porque nunca nos dijeron qué quería Dios que hiciéramos. Ahora sabemos qué es, porque queremos salir al mundo y trabajar la tierra para Dios». Es todo lo que le dije. Nunca le dije que hiciera nada. Ahora vaya y cuénteles, y que me cuelguen también. Gambrill está podrido, y también está podrido ese tonto, y yo prefiero podrirme bajo tierra a podrirme aquí. ¡Vaya! ¡Cuénteles!

—Bueno —dijo tío Gavin—. Muy bien. Quedará en libertad.

Durante un minuto dice que Terril no se movió. Luego dijo:

—¿Libre?

—Sí. Libre. Pero recuerde esto. Hace un momento usted me amenazó. Ahora lo amenazaré yo. Pienso vigilarlo. Y la próxima vez que suceda algo, la próxima vez que alguien intente atribuirle un asesinato a usted y usted no tenga testigos que demuestren que usted no fue, ni tampoco ninguno de sus familiares para cargar con la culpa… ¿Me entiende? —Terril había levantado la cabeza cuando tío Gavin dijo «libre», pero ahora la bajó nuevamente.

—¿Me entiende? —repitió tío Gavin.

—Sí. Entiendo.

—Muy bien —dijo tío Gavin, y volviéndose, llamó al guardián—. Puede dejarnos salir esta vez.

Volvió al comedor, donde el gobernador estaba llamando a los hombres uno por uno y entregándoles sus papeles; una vez más el gobernador hizo una pausa, levantando el rostro suave e inmutable hacia tío Gavin. No esperó a que éste hablara.

—Veo que tuvo éxito —observó.

—Sí. ¿Quiere saber qué…?

—No, Mr. Stevens, no. No es necesario. Y lo expresaré con mayor vigor aun. Me rehusó a escuchar.

Y tío Gavin dice que nuevamente lo miró con aquella expresión afectuosa, irónica, casi compasiva, y, con todo, profundamente alerta y curiosa.

—Verdaderamente creo que usted nunca ha renunciado del todo a la esperanza de poder cambiar este estado de cosas. ¿No es verdad? —dijo el gobernador.

Tío Gavin no replicó durante unos instantes. Por fin dijo:

—No. No he renunciado. ¿De modo que lo pondrá usted en libertad?

Dice mi tío Gavin que la compasión, el calor, se habían desvanecido, y que el rostro del gobernador era como lo vio en un principio: suave, totalmente inescrutable, totalmente falso.

—Mi querido Mr. Stevens —dijo el gobernador—, me ha convencido. Pero yo soy simplemente el elemento moderador en este debate; están los otros. ¿Cree que podría convencer a estos señores? —Y tío Gavin me contó que los miró a todos; rostros idénticos de fantoches tenían los siete u ocho coroneles de los batallones y batallones fabricados en serie por el gobernador.

—No —dijo tío Gavin—. No podría.

Con estas palabras se retiró. Era media mañana y hacía calor, pero emprendió el regreso a Jefferson inmediatamente, cabalgando a través de la tierra generosa, saturada de calor: entre el algodón y el trigo, sobre las tierras de Dios, inmemorialmente fecundas e indómitas, que sobrevivían a toda la corrupción y la injusticia. Y me dijo más tarde que estaba contento de que hiciera calor; contento de sudar, de sudar hasta eliminar de su ser el olor y el gusto del lugar en que había estado.

UN ERROR DE QUÍMICA

Fue Joel Flint en persona quien telefoneó al sheriff para comunicarle que acababa de matar a su mujer. Y cuando el sheriff llegó al lugar del hecho, acompañado por un empleado, luego de recorrer en automóvil las veinte millas de distancia hasta el apartado paraje donde vivía el viejo Wesley Pritchel, Joel Flint en persona los recibió e invitó a pasar. Él era el forastero, el extraño, el desconocido del norte que llegara a nuestro distrito dos años atrás como miembro de un circo ambulante, propietario de una casilla iluminada en la cual giraba una tómbola contra un fondo de pistolas niqueladas y navajas, relojes y armónicas, y que al partir el circo se había quedado en el lugar. Dos meses más tarde se había casado con la única hija sobreviviente de Pritchel. Sí, con la solterona algo retardada, de cerca de cuarenta años, que hasta entonces compartiera la vida de ermitaño de su irascible y violento padre, en la pequeña pero fértil granja que éste poseía.

Pero aun después del matrimonio, aparentemente Pritchel no se reconcilió con la idea de tener un yerno. Construyó para la pareja una casa pequeña a dos millas de la suya, y la hija se dedicó a criar pollos para la venta. Según los rumores, el viejo Pritchel, que, de todos modos, nunca iba a ninguna parte, no entró ni una vez en la nueva casa, de manera que veía a la única hija que le quedaba solo una vez por semana, cuando iba los domingos con su marido en el camión de segunda mano en que éste llevaba los pollos al mercado, y almorzaba con Pritchel en la vieja casa. Habitualmente Pritchel se preparaba ahora sus comidas y hacía el trabajo doméstico, y en verdad los vecinos afirmaban que el único motivo por el cual permitía a su yerno pisar su umbral era para que su hija le preparase una buena comida caliente una vez por semana.

Así, pues, durante los dos años subsiguientes, de vez en cuando se veía, y también se oía, al yerno en Jefferson, cabecera del distrito, pero más a menudo en la pequeña población sobre la encrucijada próxima a su casa. Era un hombre de unos cuarenta y cinco años, ni alto ni bajo, ni delgado ni grueso; en realidad, él y su suegro habrían proyectado la misma sombra, lo cual ocurrió en realidad posteriormente. Tenía un rostro frío, desdeñoso e inteligente, y una voz perezosa que rebosaba de anécdotas de aquel abigarrado mundo exterior que su auditorio no había visto nunca: era un habitante de las ciudades, si bien, según sus propias afirmaciones, nunca había residido largo tiempo en ninguna de ellas. Y antes de transcurrir tres meses de su residencia entre nosotros, había ya establecido entre las personas cuyo modo de vida adoptara, una actitud personal definida, por la cual llegó a ser conocido en todo el distrito, aún entre los hombres que no lo conocían personalmente. Era una actitud de condescendencia rígida y despreciativa, muchas veces desplegada sin provocación, motivo ni excusa, frente al hábito típico en el Sur de beber whisky mezclado con agua y azúcar. Lo consideraba un hábito afeminado, llamaba a la bebida jarabe para niños, y bebía por su parte nuestro whisky áspero, fuerte, destilado ilícitamente, sin estacionamiento, sin acompañarlo con un solo sorbo de agua.

Por fin aquel domingo por la mañana telefoneó al sheriff para comunicarle que había matado a su mujer. Al recibir a la policía en la puerta de la casa de su suegro, dijo:

—Ya la he llevado a la casa, de modo que no pierdan el aliento diciéndome que no debí tocarla hasta que llegasen ustedes.

—Hizo bien en levantarla del polvo —dijo el sheriff—. Entiendo que fue un accidente, según dijo usted.

—Entendió mal —repuso Flint—. Dije que la maté.

Y eso fue todo.

El sheriff lo trajo a Jefferson y lo encerró en el calabozo. Aquella tarde entró por la puerta lateral en el estudio, donde tío Gavin me estaba asesorando en la redacción de un alegato.

Tío Gavin era simplemente fiscal del distrito, no de la región. Pero él y el sheriff, que había ocupado ese puesto con ciertos intervalos durante mucho más tiempo que tío Gavin el suyo, habían sido amigos siempre. Quiero decir, amigos, en el sentido en que lo son dos hombres que juegan juntos al ajedrez, aun cuando sus respectivos fines sean a menudo diametralmente opuestos. Los oí hablar de ello una vez.

—A mí me interesa la verdad.

—A mí también —dijo tío Gavin—. Es tan difícil hallarla. Pero más me interesan la justicia y los seres humanos.

—¿No son la verdad y la justicia una misma cosa? —dijo a su vez el sheriff.

—¿Desde cuándo? —dijo tío Gavin—. En mi vida no he visto una verdad que fuera justa, y he visto a la justicia utilizar instrumentos y medios que personalmente yo no tocaría ni con pinzas.

El sheriff nos refirió el hecho, de pie, mirándonos por encima de la lámpara de mesa. Era un hombre grande, con ojos pequeños y duros, fijos en la mata de cabellos prematuramente blancos de tío Gavin y en su rostro delgado y ágil, mientras éste lo escuchaba sentado casi sobre los omóplatos, las piernas cruzadas sobre el escritorio, mordisqueando la boquilla de su pipa de marlo de maíz, y haciendo girar incesantemente la cadena de su reloj, de cuyo extremo pendía la condecoración académica de la Phi, Beta, Kappa que le habían conferido en Harvard.

—¿Por qué? —inquirió tío Gavin.

—Es lo que yo le pregunté —respondió el sheriff—. Y él me dijo: «¿Por qué matan los hombres a sus mujeres? Digamos que es por el seguro».

—No tiene sentido —observó tío Gavin—. Son las mujeres quienes asesinan a sus maridos con fines de lucro: pólizas de seguros, o bien por lo que suponen instigación o promesas de otro hombre. Los hombres matan por odio, ira o desesperación, o bien para impedirles que hablen más, ya que ni el soborno, ni la simple ausencia, son capaces de contener una lengua de mujer.

—Es verdad —comentó el sheriff. Sus pequeños ojos parpadearon rápidamente—. Es como si hubiera querido ser encerrado en el calabozo. No como si se sometiese al arresto por haber matado a su mujer, sino como si la hubiese matado para que lo arresten y lo protejan.

—¿Por qué? —repitió tío Gavin.

—Tienes razón, una vez más. Cuando un hombre cierra deliberadamente las puertas tras de sí, es porque teme algo. Y un hombre que se deja encerrar voluntariamente por sospecha de asesinato… —nuevamente sus ojillos perspicaces parpadearon al mirar a tío Gavin durante unos diez segundos, mientras éste devolvía la mirada con igual intensidad—. Pero no tuvo miedo, ni entonces, ni en ningún otro momento. De vez en cuando se encuentra a un hombre que nunca ha tenido miedo, ni siquiera de sí mismo. Éste es uno de ellos.

—Si en realidad quería que lo encerraras, ¿por qué lo hiciste?

—¿Crees que debí esperar un poco?

Nuevamente se miraron. Tío Gavin ya no jugaba con su cadena.

—Bien —dijo—. El viejo Pritchel…

—Estaba por llegar a ese punto —dijo el sheriff—. Nada.

—¿Nada? ¿No lo viste, siquiera?

A continuación el sheriff habló sobre el asunto: de pronto, mientras estaban en el corredor con el empleado policial, habían visto al viejo contemplándolos por una ventana: un rostro rígido, furioso, que los miró detrás del vidrio unos segundos y luego se retiró, desapareció, dejando tras de sí una impresión de furia exaltada, de triunfo iracundo, y de algo más...

—¿Miedo? —repitió el sheriff—. No. Te digo que no tenía miedo. ¡Ah! —añadió —. Te refieres a Pritchel.

Esta vez miró a tío Gavin durante tanto rato, que por fin éste dijo:

—Muy bien. Sigue.

Y el sheriff habló de eso, también. Entraron en la casa, él se detuvo en el vestíbulo y golpeó la puerta cerrada con llave de la habitación donde antes había visto el rostro, llamando a gritos al viejo Pritchel. Pero no obtuvo respuesta. Por fin hallaron el cuerpo de Mrs. Flint en una cama de la habitación del fondo, con la herida de bala en el cuello, y por último el camión de Flint detenido junto a los escalones de la puerta posterior, como si acabasen de bajar de él.

—Hallamos tres ardillas muertas en el camión —dijo el sheriff—. Yo diría que las mataron después del amanecer; y había sangre en los escalones, y en el suelo entre éstos y el camión, como si la hubieran matado desde el interior del vehículo. Y la escopeta, con el cartucho vacío en su interior, estaba apoyada contra la pared del vestíbulo, como la dejaría cualquiera al entrar en la casa. Luego regresé junto a la puerta cerrada y golpeé nuevamente.

—¿Cerrada por dónde? —preguntó tío Gavin.

—Por dentro. Grité contra esa puerta sólida, amenazando con echarla abajo si Pritchel no respondía o no abría. Y esta vez la voz áspera y furiosa contestó:

—¡Fuera de mi casa! ¡Llévense a ese asesino y salgan de mi casa!

—Tendrá que declarar —le dijo el sheriff.

—Declararé cuando sea oportuno —gritó el viejo—. ¡Fuera de mi casa, todos!

El sheriff envió al oficial en el automóvil a buscar al vecino más próximo, mientras él y Flint esperaron hasta que regresó con un matrimonio. Entonces trajeron a Flint al pueblo y lo encerraron. El sheriff telefoneó nuevamente a casa del viejo Pritchel. Contestó el vecino, quien dijo que Pritchel no había salido, que se negaba a abrir la puerta y a contestar, salvo para ordenarles que se fueran de allí. Para entonces, al extenderse la noticia de la tragedia, habían llegado varios vecinos más. Algunos estaban dispuestos a permanecer en la casa, hiciera lo que hiciere el viejo, que parecía enloquecido. El entierro tendría lugar al día siguiente.

—¿Y eso es todo? —dijo tío Gavin.

—Eso es todo. Porque ahora es demasiado tarde.

—¿Para qué?

—Ha muerto el que no corresponde.

—Suele ocurrir —comentó tío Gavin.

—¿Por ejemplo?

—El asunto del pozo de arcilla.

—¿Qué asunto del pozo de arcilla?

Todo el distrito conocía el pozo de arcilla del viejo Pritchel. En el centro mismo de su granja había una formación de arcilla, con la cual la gente de las inmediaciones fabricaba cerámica utilizable en su totalidad, aunque primitiva, siempre que lograse extraerla en cantidad suficiente antes de que el viejo Pritchel los sorprendiera y expulsara de su propiedad. Durante generaciones los muchachos del lugar habían extraído reliquias indias, cabezas y dardos de piedra, hachas, vasijas, calaveras, fémures y pipas, y unos años atrás una comisión de arqueólogos de la universidad estatal había realizado excavaciones, hasta que llegó el viejo Pritchel, esta vez con una escopeta. Todo el mundo lo sabía y a ello aludía el sheriff. Ahora tío Gavin estaba muy erguido en su sillón y con los pies en el suelo.

—No había oído hablar de esto —dijo tío Gavin.

—Todos están enterados en los alrededores. En realidad podríamos llamarlo la diversión local. Empezó hace seis semanas. Hay tres hombres del norte que están tratando de adquirir la granja del viejo Pritchel para obtener el pozo de arcilla y fabricar un material para construir carreteras, según entiendo. La gente se divierte en ver sus esfuerzos por comprarla. Aparentemente los forasteros son los únicos en el país que ignoran que el viejo Pritchel no tiene la menor intención de venderles siquiera la arcilla, para no mencionar la granja.

—¡Pero sin duda le habrán hecho alguna oferta!

—Una oferta excelente, seguramente. Algunos afirman que es de doscientos cincuenta dólares, y otros juran que han ofertado doscientos cincuenta mil. Y los del norte no saben cómo encarar el asunto. Si se calmaran y le dijesen que todo el distrito espera que no la venda, la adquirirían probablemente hoy mismo —el sheriff miró a tío Gavin parpadeando—. Así pues, ha muerto el que no correspondía, como verás. Si se trataba del pozo de arcilla, hoy no está más a su alcance que antes.

Antes no había nada entre sus ambiciones y el dinero de su suegro, salvo los deseos, esperanzas y sentimientos íntimos que pudiera haber tenido esa pobre retardada. Ahora le espera en cambio el muro de la penitenciaría, si no la soga. No tiene sentido. Si tenía miedo de algún supuesto testigo, no solo destruyó a ese testigo antes de que hubiese nada que presenciar, más aún, antes de que hubiese tal testigo que destruir. Es como si hubiera puesto un cartel que dijera: «Miren todos, y recuérdenme», no solo para este distrito y este estado, sino también para todos, dondequiera que se crea en el mandamiento de las Sagradas Escrituras que dice: «No matarás». ¡Y luego se hace encerrar en el mismo lugar creado para castigarlo por su crimen y para impedirle que cometa el próximo! No tiene sentido. Algo anduvo mal.

—Así lo espero.

—¿Lo esperas?

—Sí. Espero que algo haya marchado mal en lo ya ocurrido, antes que lo sucedido no haya terminado aún.

—¿Cómo «no haya terminado aún»? ¿Cómo puede terminar lo que quiere terminar? ¿Acaso no está ya encerrado y no es el padre de la mujer a quien él prácticamente ha confesado haber dado muerte, el único hombre que podría dar fianza por su libertad?

—Aparentemente, ésa es la situación —dijo tío Gavin—. ¿Hay póliza de seguros?

—No lo sé. Lo averiguaré mañana. Pero no es eso lo que quiero saber. Quiero saber por qué deseaba que lo encerraran. Porque te repito, Gavin, que no tenía miedo, ni entonces ni en ningún otro momento. Ya habrás adivinado quién tenía miedo allí.

Pero todavía no habríamos de obtener la respuesta. Había una póliza de seguros. Pero cuando nos enteramos de ello, había ocurrido otro hecho que nos hizo olvidar transitoriamente todo lo demás. Al día siguiente, al amanecer, cuando el carcelero entró en la celda de Flint, la halló vacía. No se había escapado forzando la entrada, sino que se había marchado, simplemente, fuera de la celda, fuera de la cárcel, fuera del pueblo, y aparentemente fuera del país: ni rastros, ni señales, ni nadie que lo hubiese visto a él ni a alguien que pudiese ser él. No había amanecido todavía cuando hice entrar al sheriff por la puerta lateral; tío Gavin estaba ya sentado en la cama cuando llegamos a su dormitorio.

—El viejo Pritchel —dijo tío Gavin—. Solo que ya es tarde.

—¿Qué te ocurre? —dijo el sheriff—. Te dije anoche que era demasiado tarde, en el momento en que apretó el gatillo contra quien no correspondía. Además, para tranquilizarte, te diré que ya he telefoneado allí. Pasaron la noche en la casa unas doce personas, velando a la... a Mrs. Flint, y el viejo Pritchel sigue encerrado en su habitación, sano y salvo. Lo oyeron golpear muebles y moverse poco antes de amanecer, y alguien golpeó la puerta y lo llamó con insistencia hasta que, por fin, la abrió lo suficiente para insultarlos a todos y ordenarles otra vez que se fueran para no volver. En seguida cerró la puerta. El viejo está muy afectado, según me dicen. Debe de haber presenciado el hecho, y a su edad, luego de haber echado a todos de su casa, excepto a esa hija retardada, hasta que por último también ella lo dejó, sin reparar en el precio... Creo que no hay que sorprenderse de que se casara, aun con un hombre como Flint. ¿Qué dice el Libro Sagrado sobre esto? ¡Ah! «El que a hierro mata, a hierro muere». Y en el caso de Pritchel, siempre prefirió el hierro o lo que fuere, a los seres humanos, por lo menos mientras fue joven, vigoroso y fuerte, y no los necesitó. Pero, para que te tranquilices, como te decía, hace media hora mandé allá a Bryan Ewell y le he dicho que no aparte la vista de esa puerta cerrada o de Pritchel si sale, hasta que yo le avise; y luego mandé a Ben Berry y a otros a casa de Flint, diciéndoles que me telefoneen cuando llegara. Te llamaré a ti cuando sepa algo, que no será nada, porque el hombre se ha ido. Ayer lo sorprendieron porque cometió un error, y quien es capaz de salir del calabozo como lo hizo, no cometerá dos en quinientas millas a la redonda de Jefferson, ni del Estado de Mississippi.

—¿Error? —repitió tío Gavin—. Esta mañana nos ha revelado virtualmente por qué quiso que lo encerraran.

—¿Por qué?

—Para poder escapar.

—¿Y por qué escapar, cuando pudo no entrar nunca y quedar en libertad mediante la huida, en lugar de telefonearme para anunciar que había cometido un asesinato?

—No lo sé —repuso tío Gavin—. ¿Estás seguro de que el viejo Pritchel...?

—¿No acabo de decirte que esta mañana nuestra gente le habló y lo vio por la puerta entreabierta? Y probablemente en este instante Bryan está sentado, con su silla apoyada contra la puerta... por lo menos debe estarlo. Te telefonearé, si tengo alguna noticia. Pero ya te he dicho que no habrá ninguna.

Telefoneó una hora más tarde. Acababa de hablar con el empleado policial que había registrado la casa de Flint, quien manifestaba que Flint había estado allí a alguna hora de la noche: la puerta de atrás, abierta, una lámpara de aceite hecha añicos en el suelo, donde Flint la derribara seguramente al entrar a tientas, pues había encontrado, asimismo, detrás de un baúl grande, abierto y con señales de haber sido saqueado apresuradamente, un papel retorcido que evidentemente Flint usó para alumbrarse durante su búsqueda en el interior del baúl. Era un papel al parecer arrancado de un cartel teatral.

—¿Qué? —dijo tío Gavin.

—Lo que oíste. Y me dice Ben: «Bueno, si mi vista no les parece buena, manden a alguien. Es un trozo de papel arrancado evidentemente de un cartel teatral, porque dice en un inglés que hasta yo puedo leer…». Y yo le interrumpí: «Dime exactamente qué tienes en la mano». Y me lo dijo. Se trataba de una página de una revista o diario pequeño llamado Cartelera, o quizás, La Cartelera. Hay algo más, impreso, pero Ben no puede leerlo porque perdió los anteojos en el monte, mientras rondaba la casa para sorprender a Flint haciendo lo que suponían que estaría haciendo: su desayuno, tal vez. ¿Sabes qué es?

—Sí —dijo tío Gavin.

—¿Sabes qué significa?; ¿sabes qué hacía allí?

—Sí —repitió tío Gavin—. Pero ¿por qué?

—No puedo decírtelo. Y él nunca nos lo dirá. Porque se ha ido, Gavin. Ya lo atraparemos; quiero decir, algún día, en alguna parte. Pero no será aquí, ni por esto. Es como si esa infeliz retardada no hubiese sido lo suficientemente importante como para que la vengase esa justicia que tú dices preferir por encima de la verdad.

Y eso era todo, aparentemente. Aquella misma tarde enterraron a Mrs. Flint. El viejo siguió encerrado en su habitación durante el velatorio, y aún después que partieron con el ataúd hacia el cementerio, dejando solo al delegado policial con la silla apoyada contra la puerta y a dos vecinas que se quedaron para preparar una comida caliente para el viejo. Lo único que consiguieron fue persuadirlo de que abriese la puerta lo suficiente para tomar la bandeja. Él les agradeció con un torpe gruñido su buena voluntad durante las últimas veinticuatro horas. Una de las mujeres le ofreció entonces volver al día siguiente a prepararle otra comida, pero frente a este ofrecimiento su ira y su cólera habituales se avivaron una vez más, y la pobre mujer se lamentaba ya de haberse ofrecido, cuando la voz dura y cascada, detrás de la puerta entornada, añadió:

—No necesito nada. De todos modos, hace dos años que no tengo hija —y la puerta se cerró en sus narices y el cerrojo se corrió a su sitio.

Las mujeres partieron, y quedó solo el delegado, sentado en su silla inclinada contra la puerta. Al día siguiente también él estaba de regreso en el pueblo, contando que el viejo había abierto de pronto la puerta y derribado la silla de un puntapié, haciendo caer al hombre que dormitaba en ella antes de que pudiese moverse, y ordenándole, con violentos improperios, salir de la casa. Cuando poco después, oculto en el establo, miró en dirección a la casa, la escopeta dejó oír un estampido desde la cocina, y las municiones golpearon la pared a menos de un metro de su cabeza. El sheriff comunicó telefónicamente todo esto a tío Gavin:

—De modo que está solo nuevamente. Puesto que él lo desea, yo no tengo inconveniente. Por cierto que le tengo compasión. Compadezco a cualquiera que tenga que vivir con semejante genio dentro de sí. Viejo, solo, y ahora con todo esto encima. Es como haber sido arrebatado por un huracán y lanzado y golpeado hasta caer en el mismo punto de partida, y todo ello sin el placer o beneficio de haber hecho un viaje. ¿Qué dije ayer acerca del hierro?

—No recuerdo —repuso tío Gavin—. Hablaste mucho ayer.

—Y mucho de ello era la verdad. Dije que todo terminó ayer. Y ha terminado. Ese hombre tropezará algún día, pero no aquí.

Sin embargo, el asunto era más complejo. Era como si Flint nunca hubiera estado entre nosotros: ni marca, ni cicatriz que señalase que había estado en el calabozo local alguna vez. El escaso grupo de personas que se compadecía, pero no se lamentaba, alejándose, separándose de la desnuda tumba de la mujer que en vida nos había interesado poco o nada, a la cual algunos de nosotros conocíamos sin haberla visto nunca, y otros habíamos visto sin llegar a conocerla… El anciano sin hijos, a quien la mayoría de nosotros no conocíamos ni de vista, solo una vez más, en la casa donde, como él dijera, no había hija desde hacía dos años…

—Como si nada hubiese ocurrido —comentó tío Gavin—; como si Flint no solo no hubiese estado nunca en esa celda, sino además como si nunca hubiese existido. Ese triunvirato de asesino, víctima y deudo, no tres seres de carne y hueso, sino simplemente una ilusión, un juego de sombras chinescas contra una sábana, no ya hombres y mujeres, jóvenes y viejos, sino simplemente tres rótulos que proyectaban dos sombras por la sencilla y única razón de que se requiere un mínimo de dos para postular las verdades de la injusticia, del pesar. Esto es. Nunca proyectaron sino dos sombras, no obstante llevar tres rótulos, tres nombres. Era como si solo a raíz de su muerte, aquella pobre mujer hubiera adquirido sustancia suficiente para proyectar una sombra al menos.

—Pero alguien la mató —dije yo.

—Sí —dijo tío Gavin—. Alguien la mató.

Esta conversación tuvo lugar a mediodía. A las cinco de la tarde atendí un llamado telefónico. Era el sheriff.

—¿Está tu tío allí? —dijo—. Dile que me espere. Iré a buscarlo inmediatamente.

Trajo consigo a un forastero, un hombre de la ciudad, cuidadosamente vestido.

—Mr. Workman —dijo—, el agente de seguros. Hay una póliza por quinientos dólares, sacada hace diez meses. No es tanto como para haber asesinado a nadie.

—Si fue un asesinato —dijo el agente. Su voz era también fría, fría, pero con algo de furia contenida—. La póliza será abonada inmediatamente, sin averiguaciones ni mayores pesquisas. Y les diré algo más, que parece que ustedes ignoran: el viejo está loco. No debieron encerrar a ese individuo Flint, sino a él.

Pero quien relató el incidente que describiré a continuación no fue el agente de seguros, sino el sheriff. La tarde anterior la compañía de seguros había recibido un telegrama con la firma del viejo Pritchel, notificando la muerte del asegurado. El agente llegó a casa de Pritchel la misma tarde, a las dos, y en menos de media hora logró obtener de labios de Pritchel la verdad sobre la muerte de su hija con todos los pormenores corroborados por las pruebas materiales del hecho: el camión, las tres ardillas muertas y la sangre en los escalones y en el suelo. Dichos pormenores eran que, mientras la hija estaba preparando el almuerzo, Pritchel y Flint fueron al bosque en el camión a cazar ardillas para la cena.

—Es verdad —comentó el sheriff—. Yo lo confirmé. Salían a cazar todos los domingos por la mañana. El viejo Pritchel no permitía que nadie, salvo Flint, cazara sus ardillas, y ni a éste le permitía hacerlo si no lo acompañaba él.

Habían matado las tres ardillas, cuando Flint condujo el camión hasta el fondo de la casa, deteniéndolo junto a los escalones de la puerta de atrás. Y cuando la mujer bajó a recibir las ardillas, Flint abrió la puerta del camión, levantó la escopeta para bajar, y al trabarse su taco en el guardabarro levantó el brazo que sostenía la escopeta, a fin de conservar el equilibrio, de modo que ésta apuntaba directamente a la cabeza de su mujer, cuando escapó el tiro. Y el viejo Pritchel no solo negó haber enviado el telegrama, sino que en términos profanos y violentos rechazó totalmente toda sugerencia de que él conociese siquiera la existencia de esa póliza. Hasta el último instante negó que el hecho hubiese sido en modo alguno un accidente. Por último, intentó revocar su propio testimonio sobre lo ocurrido cuando su hija salió a recibir las ardillas y se escapó un tiro de la escopeta, retractándose al advertir que había salvado a su yerno de la sospecha de asesinato, y arrebató de manos del agente de seguros el documento, que evidentemente confundió con la póliza y trató de romperlo; pero el otro se lo impidió.

—¿Por qué? —preguntó tío Gavin.

—¿Por qué no? —repuso el sheriff—. Habíamos dejado escapar a Flint. Mr. Pritchel sabía que estaba libre en algún lugar del mundo. ¿Crees que permitiría que el hombre que mató a su hija fuese recompensado?

—Tal vez —dijo tío Gavin—. Pero no lo creo. No creo que esté preocupado por eso en lo más mínimo. Creo que Mr. Pritchel sabe que Joel Flint no va a cobrar esa póliza ni ningún otro premio. Quizás sabía que una cárcel pequeña como la nuestra no serviría para un hombre tan experimentado y que había corrido tanto mundo. Esperaba que Flint regresase allá, y esta vez estaba preparado para recibirlo. Y creo que tan pronto como la gente deje de fastidiarlo, le enviará un aviso de que vaya a la granja, y se lo dirá.

—¡Ah! —dijo el agente—. Entonces han dejado ya de molestarlo. Escuchen esto: cuando llegué a casa de Pritchel esta tarde, estaba en la sala con tres hombres. Tenían un cheque certificado, un cheque grande. Le estaban comprando la granja, con todo. Y, dicho sea de paso, nunca creí que la tierra valiese tanto en esta región. El viejo tenía el título de propiedad redactado y firmado, pero cuando les dije quién era, accedieron a esperar hasta que yo pudiese llegar al pueblo y regresar a la granja con alguien, probablemente con el sheriff. Y me fui, y aquel viejo loco seguía junto a la puerta agitando el título en mi rostro y gritando: «Dígale al sheriff, ¡condenado! Y traiga a un abogado, además. ¡Llame a ese abogado Stevens, ya que dicen que es tan listo!».

—Muchas gracias —dijo el sheriff. Hablaba y se movía con aquella cortesía calmosa, levemente afectada y del viejo mundo que resulta apropiada solo en los hombres de gran talla, pero su cortesía era constante. Era la primera vez que lo vi dejar a alguien en seguida, aun cuando pensase verlo nuevamente al día siguiente. Ni siquiera miró otra vez al agente de seguros—. El automóvil está afuera —dijo a tío Gavin.

Poco antes de ponerse el sol llegamos en el automóvil al cuidado cerco de tablones blancos que rodeaba el pequeño jardín y la casita del viejo Pritchel. Frente a ella estaban el automóvil grande y cubierto de polvo, con chapa de la ciudad, y el camión casi deshecho de Flint, con un joven negro desconocido en el volante; desconocido porque el viejo Pritchel nunca había tenido sirvientes de ninguna clase, salvo su hija.

—Él también se va —dijo tío Gavin.

—Tiene derecho —observó el sheriff. Subimos los escalones. Pero antes de llegar a la puerta oímos al viejo Pritchel gritar que entráramos. Su voz cascada parecía salir desde detrás del vestíbulo, detrás de la puerta del comedor, donde había una enorme valija de fuelle, atada y repleta de efectos, sobre una silla. Los tres hombres del norte, con sus polvorientos trajes de color pardo, miraban la puerta, y el viejo Pritchel, por su parte, estaba sentado junto a la mesa. Y por primera vez vi lo que el tío Gavin mismo había visto solo dos veces, según me dijo más tarde; la hirsuta mata de cabellos blancos, una maraña de cejas sobre los anteojos con armazón de acero, un bigote como un cepillo sin recortar y unos mechones de barba manchada por el tabaco, de modo que parecía de algodón sucio.

—Entren —dijo—. Conque el abogado Stevens, ¿eh?

—Sí, Mr. Pritchel —dijo el sheriff.

—¡Hum! —gruñó el viejo—. Bien, Hub: ¿puedo vender mi tierra o no?

—Por supuesto que sí, Mr. Pritchel —dijo el sheriff—. No teníamos noticias de que pensara venderla.

—¡Hum! Quizás esto me hizo cambiar de idea.

El cheque y el título de propiedad estaban sobre la mesa, frente a él. El viejo empujó el cheque hacia el sheriff. No volvió a mirar a tío Gavin, sino que dijo simplemente:

—Usted también.

Tío Gavin y el sheriff se aproximaron y examinaron el cheque. Ninguno de los dos lo tocó. Observé los rostros de ambos, pero no noté ninguna expresión.

—¿Bien? —dijo el viejo Pritchel.

—Es un buen precio —comentó el sheriff.

Esta vez el viejo emitió un ¡ah! breve y explosivo, con su voz cascada y temblorosa:

—¡Fuera de mi casa todos! ¡Fuera de aquí! —pero el sheriff no se movió, ni nosotros, y después de un momento el viejo dejó de temblar. Todavía se sostenía del borde de la mesa.

—Deme mi whisky. Sobre el aparador. Y tres vasos.

El sheriff trajo un viejo botellón de cristal tallado y tres gruesos vasos, y se los puso delante. Y cuando el viejo habló nuevamente, su voz era casi tranquila, y comprendí lo que sintiera aquella mujer, la tarde en que le ofreció volver al día siguiente para prepararle otra comida.

—Espero que me disculpen. Estoy cansado. Recientemente he sufrido muchos golpes y creo que estoy agotado. Quizás necesite un cambio.

—Pero no esta noche, Mr. Pritchel —dijo el sheriff.

Y una vez más, como cuando la mujer se ofreciera a volver para cocinar, lo echó todo a perder.

—Quizás parta esta noche, quizás no. Pero ustedes querrán volver al pueblo, de modo que bebamos por nuestra despedida y por días mejores. —Y destapando el botellón, vertió whisky en los tres vasos y luego miró en torno a la mesa—. Tú, muchacho —me dijo—, trae el balde de agua. Está en el estante del corredor.

Y al volverme y dirigirme hacia la puerta lo vi tomar un azucarero y hundir la cuchara en el azúcar. Entonces me detuve. Recuerdo los rostros de tío Gavin y del sheriff. Tampoco yo podía creer en lo que estaban viendo mis ojos, cuando el viejo echó una cucharada de azúcar en su whisky puro y comenzó a revolverlo. Porque no solo había visto yo a tío Gavin, sino también a su padre, mi abuelo, y al mío, antes de su muerte, y a todos los otros que solían venir a casa de mi abuelo y bebían esta bebida que nosotros en el Sur llamamos Cold toddy, y sabía que para prepararlo no se echa el azúcar en el whisky puro, porque no se disuelve, sino que se deposita como una borra arenosa en el fondo del vaso. Sabía yo que primero se echa el agua en el vaso, con un ademán que es casi un ritual, y se disuelve en ella el azúcar. Por último se echa el whisky. Sabía, en fin, que cualquiera que, como el viejo Pritchel, hubiese visto preparar toddies durante cerca de setenta años y bebido los mismos durante cincuenta y tres, por lo menos, lo habría sabido. Y recuerdo que el hombre a quien tomáramos por el viejo Pritchel advirtió demasiado tarde lo que había hecho y levantó la cabeza en el instante en que tío Gavin se lanzó sobre él. Levantando el brazo, arrojó el vaso a la cabeza de tío Gavin; recuerdo el golpe sordo del vidrio contra la pared, y la mancha oscura que dejó, el estrépito de la mesa volcada, y el olor fuerte del whisky derramado del botellón. Por último, a tío Gavin que gritaba:

—¡Sujétalo, Hub! ¡Pronto!

Los tres caímos sobre él. Recuerdo la fuerza salvaje y la celeridad de aquel cuerpo, que no era el cuerpo de un anciano. Lo vi escurrirse por debajo del brazo del sheriff, cuando se le desprendió la peluca; imaginé que su rostro se sacudía furiosamente, para deshacerse del maquillaje de arrugas pintadas y cejas postizas. Cuando el sheriff le arrancó la barba y el bigote, fue como si con ellos se desprendiesen trozos de carne viva, y su piel se retrajo, primero sonrosada y luego roja, como si en aquel desesperado engaño hubiera querido ocultar tras la barba, no tanto su rostro, como la sangre que había derramado.

Nos llevó solo treinta minutos hallar el cadáver del viejo Pritchel. Estaba debajo del galpón de forrajes, en el establo, en una especie de hoyo superficial, apresuradamente abierto, apenas oculto a la mirada. No solo le habían teñido y recortado sus cabellos, sino que le habían afeitado las cejas, y el bigote y la barba. Llevaba ropas idénticas a las que usaba Flint cuando lo detuvieron, y tenía un golpe horrible en la cara, aparentemente un golpe con el plano de la misma hacha con que le destrozaran el cráneo por la espalda. Los rasgos eran, pues, irreconocibles, y al cabo de otras dos o tres semanas bajo tierra habría sido imposible de identificar. Y, a manera de almohada, bajo la cabeza, hallaron un gran álbum de unas tres pulgadas de espesor, de un peso de casi veinte libras, lleno de recortes prolijamente pegados que cubrían veinte años o más. Era la crónica de los dones y del talento que Flint desvirtuara y traicionara por fin, y que a su vez se habían vuelto contra él para destruirlo. Todo estaba allí: comienzo, evolución, cumbre y, por fin, decadencia. Los programas, volantes, recortes periodísticos, y hasta un cartel de dos metros de altura:

SIGNOR CANOVA, ILUSIONISTA

Desaparece a la vista del espectador.
La empresa ofrece mil dólares en efectivo
a cualquier hombre, mujer o niño que…

Por último estaba el recorte más reciente, de nuestro periódico impreso en Memphis, bajo el encabezamiento de Jefferson. Era una noticia vulgar, sin valor periodístico: el relato de la última apuesta en que había arriesgado sus dones y su vida contra una fortuna y había perdido. Era el fragmento del periódico en que se consignaba la pérdida no de una vida, sino de tres, a pesar de que en este caso dos de ellas arrojaban solo una sombra. No era simplemente la noticia de la muerte de la pobre retardada, sino al mismo tiempo la de Joel Flint y el Signor Canova, con las publicaciones teatrales cuidadosamente recortadas de los periódicos, que registraban también esa muerte y que utilizaban el nuevo nombre, probablemente sin intención sarcástica, puesto que el Signor Canova el Grande había muerto ya entonces y estaba sirviendo su condena de purgatorio en este circo seis meses y en aquél ocho: director de banda, empresario, salvaje de Borneo, hasta la última etapa, en que llegó al fondo: los viajes de pueblo en pueblo con una tómbola rodeada de relojes baratos y de pistolas inservibles, hasta que un día quizás su instinto le señaló una vez más una oportunidad de utilizar su talento.

—Y esta vez perdió definitivamente —dijo el sheriff.

Estábamos nuevamente en el estudio. Más allá de la puerta lateral abierta de par en par, las luciérnagas brillaban y danzaban, los grillos chirriaban y las ranas croaban.

—Fue esa póliza de seguros. Si el agente no hubiera venido al pueblo para ver cómo trataba de disolver el azúcar en el whisky puro, habría cobrado el cheque, y desaparecido para siempre en el camión. En lugar de ello, llamó al agente, y luego nos desafió virtualmente a que lo descubriéramos detrás del maquillaje y la pintura…

—El otro día dijiste que eliminó a su testigo demasiado pronto —dijo tío Gavin —. Pero ella no era su testigo. El testigo que eliminó era el que debíamos hallar debajo de ese galpón de forraje.

—¿Testigo de qué? —preguntó el sheriff—. ¿Del hecho de que Joel Flint no existía ya?

—En parte. Pero en proporción mayor aún, el testigo del antiguo crimen: aquél en que murió el Signor Canova. Tenía intención de que se descubriese ese testigo. Por ello no lo enterró, no lo ocultó más profundamente, mejor. Tan pronto como alguien lo encontrase, sería de una vez por todas, no solo rico, sino libre. Estaría libre del Signor Canova que lo había traicionado al morir ocho años atrás, y también a Joel Flint. Aun si lo hubiéramos encontrado antes de que tuviese necesidad de irse, ¿qué habría hecho?

—Debió haber desfigurado más el rostro —dijo el sheriff.

—Lo dudo —dijo tío Gavin—. ¿Qué habría hecho?

—Muy bien. ¿Qué?

—Habría dicho: «Muy bien, lo maté, sí. Asesinó a mi hija». ¿Y qué habrías hecho tú, representante de la ley?

—Nada —dijo el sheriff al cabo de un rato.

—Nada —repitió tío Gavin. No muy lejos ladró un perro, un perro no muy grande, y luego una lechuza voló silbando hasta la morera y comenzó a llorar, quejumbrosa y trémula, y todos los pequeños seres peludos estaban ahora en movimiento: ratas de campo, comadrejas, conejos y zorros, y también los reptiles, que se arrastraban o se deslizaban en medio de la tierra oscura, de esa tierra que bajo las estrellas sin lluvia del estío era simplemente oscura, no desolada—. Ése es uno de los motivos por el cual lo hizo.

—Un motivo. ¿Cuál es el otro?

—El otro es el verdadero. No tenía nada que ver con dinero, y probablemente no habría podido evitar obedecerlo si hubiese querido. Me refiero a ese don que poseía. Su sentimiento predominante ahora ha de ser no que lo sorprendieron, sino que le sorprendieron demasiado pronto, antes de que se descubriese el cadáver y de que tuviese oportunidad de identificarlo como el propio, antes de que el Signor Canova hubiese tenido tiempo de arrojar por última vez su resplandeciente sombrero de copa, haciéndolo desaparecer tras él, y de haberse inclinado frente al clamor sorprendido y tormentoso de los aplausos adulones, antes de volverse, dar dos o tres pasos y por fin desaparecer en plena luz de candilejas, desaparecer para no ser visto nunca más. Piensa en lo que hizo: se condenó a sí mismo de asesinato, cuando bien podría haberse salvado huyendo. Se abstuvo luego de ser libre nuevamente. Y por último nos desafió a ti y a mí a ir allá y a ser testigos y garantes de la consumación del acto mismo que estábamos tratando de impedir. ¿Qué más podría haber engendrado un don como el que él poseía, y el estímulo constante de su práctica, sino un soberano desprecio por la humanidad? Tú mismo me dijiste que nunca en su vida había tenido miedo de nada.

—Sí —dijo el sheriff—. El Libro mismo dice en alguna parte: Conócete a ti mismo. ¿No hay algún otro libro que dice en otra parte: Hombre, témete a ti mismo y teme a tu arrogancia, a tu vanidad y a tu orgullo? Tú has de conocerlo. Dices ser un hombre ilustrado. ¿No me dijiste que ése es el significado del amuleto de la cadena de tu reloj? ¿En qué libro está eso?

—En todos —dijo tío Gavin—. En todos los libros buenos, quiero decir. Está dicho de infinitas maneras, pero siempre está allí. Siempre.

AD ASTRA

No sé muy bien qué éramos. Con la excepción de Comyn, empezamos siendo estadounidenses, pero al cabo de tres años, con las guerreras del ejército británico y las insignias británicas y alguna que otra condecoración, no creo que en esos tres años nos hubiésemos tomado la molestia de averiguar qué éramos, ni tampoco el engorro de pensarlo, o de recordarlo.

Y aquel día, a la caída de la noche, aún éramos menos que eso: estábamos o por debajo o más allá de la posibilidad de saber que ni siquiera nos tomamos la molestia en aquellos tres años. El subadar —al cabo de un rato allí estaba, con su turbante y sus galones de juguete— dijo que éramos como hombres que se empeñan en avanzar bajo el agua.

—Pero pasará pronto —dijo—. Los efluvios del odio y las palabras. Somos como hombres que se empeñan en avanzar bajo el agua, con la respiración contenida, viendo nuestras extremidades terroríficas, infinitesimales, viendo el estancamiento terrible de todos los demás, sin tocarnos, sin contacto, despojados de todo, salvo de la impotencia y la necesidad.

Íbamos en el coche por la carretera de Amiens. Conducía Sartoris y Comyn iba sentado a su lado, sacándole media cabeza, como un maniquí de los que se usan para entrenar los placajes de fútbol americano, el subadar, Bland y yo en el asiento de atrás, cada uno con una o dos botellas en los bolsillos. Exceptuando al subadar, claro. Era chaparro, bajo, robusto, pero su abstinencia era colosal. En el maelstrom de alcohol en que los demás habíamos huido de nuestros ineludibles yoes, él era como una roca, hablaba con voz rotunda, grave, una voz que le quedaba cuatro tallas grande.

—En mi país yo era un príncipe, pero todos los hombres somos hermanos.

Pero pasados doce años más bien pienso que éramos como los zapateros que se desplazan por la superficie del agua, aislados unos de otros, sin objetivos, sin reposo. Y no en la superficie: dentro del agua, dentro de la línea de demarcación que no es aire y no es agua, a veces sumergidos, otras veces no. Habréis observado esa ola con mar de fondo que no rompe en la ensenada, donde la profundidad es escasa, y llega un tanto siniestra, con familiaridad saciada, mientras más allá del horizonte oscuro la tempestad que ya amainaba y moría ha seguido con furia. Aquélla era el agua, nosotros los despojos que arrastraba. Ni siquiera pasados doce años están más claras las cosas. No tuvo comienzo y no tuvo final. De la nada llegamos entre alaridos, sin reparar en la tempestad de la que nos habíamos librado y la orilla extranjera de la que no nos podríamos librar; en el intervalo entre dos arremetidas de la ola con mar de fondo morimos los que éramos tan jóvenes que jamás habíamos vivido.

Nos detuvimos en el medio de la carretera para beber más. En derredor, la tierra estaba a oscuras, desierta. Y en silencio: eso fue todo lo que nos llamó la atención, lo que señalasteis. Se oía respirar la tierra como si llegase el aliento del éter, como si aún no supiera, como si no pudiera creer que estaba viva y palpitante.

—Pero ha llegado la paz —dijo el subadar—. Todos los hombres somos hermanos.

—Una vez tomó usted la palabra ante la Oxford Union —dijo Bland. Era alto y rubio. Cuando pasaba por una sala en la que hubiera mujeres dejaba a su paso una estela de suspiros como un transbordador cuando atraca en puerto. Además era sureño, como Sartoris, pero, al contrario que Sartoris, en los cinco meses que estuvo en servicio nadie encontró un solo agujero de bala en su aparato. Claro que lo habían transferido desde un batallón de estudiantes de Oxford, donde gozaba de una de las becas que proporcionaba Sir Cecil Rhodes, con un percebe en la pechera y una distinción por haber resultado herido en un ataque enemigo. Cuando se cogía una buena cogorza era capaz de hablar por los codos de su mujer, aunque todos sabíamos que no estaba casado.

Le quitó la botella a Sartoris y bebió a gollete.

—La mía es la mujercita más dulce que se pueda imaginar —señaló—. Dejad que os cuente cómo es.

—No, no nos cuentes nada —dijo Sartoris—. Mejor pásasela a Comyn, que es quien está necesitado de una chica.

—Muy bien, sea —dijo Bland—. Comyn, te la puedes quedar.

—¿Es rubia? —dijo Comyn.

—No lo sé —dijo Bland. Se volvió hacia el subadar—. Una vez tomó usted la palabra ante la Oxford Union. Me acuerdo bien de usted.

—Ah —dijo el subadar—. Oxford. Sí.

—Es capaz de acudir a estudiar entre los caballeros de alta cuna, los de piel más blanca —dijo Bland—, pero no se le da un puesto de mando en toda regla, porque esto de la gentilidad es cuestión de color, no de linaje ni de conducta.

—Luchar es más importante que la verdad —dijo el subadar—. Por eso hemos de restringir el prestigio y los privilegios de los que luchan y ceñirlo solo a unos pocos, para que no pierdan popularidad frente a los muchos que han de perder la vida.

—¿Y por qué es más importante? —dije—. Pensé que esta guerra la habíamos librado para poner fin a todas las guerras.

El subadar hizo un gesto conciso, oscuro, despectivo, tranquilo.

—Yo también he sido un hombre blanco al menos un momento. Para el caucásico es más importante, porque solo es lo que hace: lo que hace viene a ser la suma de lo que es.

—Entonces, ¿ustedes alcanzan a ver más allá que nosotros?

—Cualquiera alcanza a ver más allá, siempre y cuando mire de la oscuridad a la luz: así se ve más de lo que ve un hombre que mire de la luz a la luz. Es el principio del catalejo. La lente solo sirve para poner a su alcance aquello que la sensatez de quien sufre y desea, que es quien ve, nunca podrá afirmar.

—¿Y qué es lo que es? —dijo Bland.

—Yo veo chicas —dijo Comyn—. Hectáreas y más hectáreas de rubios cabellos, como los trigales, y yo en medio de los trigales. ¿Habéis visto alguna vez a un perro perdiguero que va atravesando un trigal y traza rectas que se van cortando unas con otras?

—No cuando caza perras, y tampoco así las perras que cazan.

Comyn se volvió en su asiento, robusto, enorme. Era tan grande como todo lo que hay al aire libre. Era todo un espectáculo ver cómo lo calzaban dos mecánicos en la cabina de un Dolphin, como dos camareras empeñadas en meter un almohadón adicional en una maleta demasiado pequeña.

—Os parto la crisma por menos de un chelín —dijo Comyn.

—Entonces, ¿cree usted de veras en la rectitud de los hombres?

—Yo más bien creo en la compasión que merece el hombre —dijo el subadar—. Es más correcto.

—Pues entonces os doy yo un chelín —dijo Comyn.

—De acuerdo —dijo Sartoris—. ¿Habéis probado alguna vez, alguno de vosotros, un poco de whiskey para protegerse del aire de la noche?

—Hectáreas y más hectáreas de rubios cabellos, con sus partes blancas y bien redondas, partes de mujer, relucientes entre los trigales mojados.

Así volvimos a beber en aquella carretera en la que no había nadie más, entre dos campos de remolachas, en el silencio de la noche, y allí la embriaguez empezó a girar a su manera y a hacer de las suyas. Retornó del lugar al que se hubiese marchado, y vino a caer sobre nosotros y sobre la roca sobria, abstinente, del subadar, hasta que su voz empezó a sonar remota, reposada, de ensueño, cuando decía que todos éramos hermanos. Monaghan estaba también allí, de pie junto a nuestro coche, a la luz de los faros de su coche, con una gorra del Royal Flying Corps y una guerrera del ejército estadounidense, con ambas correas colgándole, caídas de los hombros, bebiendo a morro de la botella que le había pasado Comyn. A su lado estaba otro hombre, también con una guerrera más corta y mejor ajustada que las nuestras, con un vendaje en la cabeza.

—Me peleo yo contigo —dijo Comyn a Monaghan—. Yo te doy el chelín.

—Hecho —dijo Monaghan. Volvió a beber.

—Todos somos hermanos —dijo el subadar—. A veces hacemos un alto en la posada indebida. Creemos que es de noche y hacemos un alto, pero no es de noche. Eso es todo.

—Te doy un soberano —dijo Comyn a Monaghan.

—Hecho —dijo Monaghan. Alargó la botella al otro, al que llevaba un vendaje en la cabeza.

—Gracias —dijo éste—, pero ya voy servido.

—Yo me peleo con él —dijo Comyn.

—Es porque solo podemos hacer las cosas en el corazón —dijo el subadar—, pero vemos más allá de lo que hay en el corazón.

—Que me ahorquen si lo haces tú —dijo Monaghan—. Déjamelo a mí, que es mío —se volvió al hombre del vendaje en la cabeza—. ¿Eres mío, sí o sí? Ten, bebe.

—Yo ya voy servido, muchas gracias, caballeros —dijo el otro.

Pero no creo que ninguno le prestásemos suficiente atención hasta que estuvimos dentro del Cloche—Clos. Estaba lleno hasta arriba, bullicioso, irrespirable, lleno de humo. Cuando entramos cesó todo el ruido como cuando se corta una cuerda en dos, uno de los cabos enredándose en una especie de acongojada consternación de rostros que se vuelven, y el camarero, un viejo con un delantal sucio, que retrocede ante nosotros, con la boca abierta y casi desencajada, en una expresión de ofendida incredulidad, como un ateo que se acabase de encontrar con Cristo o con el demonio. Atravesamos la estancia, retirándose el camarero al vernos avanzar, seguidos por los rostros ofendidos que se volvían a nuestro paso, hasta llegar a una mesa adyacente a otra desde la que nos miraban tres oficiales franceses con la misma expresión de asombro, y luego de ofensa, y de ira después. Se levantaron como un solo hombre; toda la estancia, el silencio, quedaron entrecortados por las voces, que sonaron como ametralladoras. Fue entonces cuando me di la vuelta y miré al hombre que acompañaba a Monaghan por vez primera, con su guerrera verde y sus pantalones negros, ceñidos, embutidos en las botas negras, de caña alta, y con el vendaje en la cabeza. Se había hecho además un corte al afeitarse, y con la cabeza vendada y la cara hecha el no va más de la cortesía, aturdido, exangüe, maltrecho, parecía que Monaghan le hubiera zurrado de lo lindo. De cara redonda, no viejo, con un vendaje inmaculado, que solo servía para subrayar las generaciones de diferencia existentes entre él y el subadar del turbante, flanqueado por Monaghan, con la cara despavorida y la guerrera despavorida y rodeados ambos por los rostros ofendidos y perplejos de los franceses, parecía que contemplase con cortesía, alerta, concernido, su propia lucha contra la embriaguez que Monaghan le iba imponiendo. Tenía un aire de monje primitivo: la rigidez, el porte marcial, todos los botones en su sitio, el vendaje impecable y los cortes que se había hecho al afeitarse, como si meditase enfurecido sobre la llama clara de una convicción inamovible en que el comportamiento individual sobrepasa toda la violencia del caos inexplicable. Reparé entonces en el otro acompañante de Monaghan: un oficial de la policía militar americana. No estaba bebiendo. Se sentó al lado del alemán y se puso a liar cigarrillos sacando el tabaco de un saco de tela.

Al otro lado del alemán, Monaghan le llenó el vaso.

—Lo he derribado esta mañana —dijo—. Me lo voy a llevar conmigo a casa.

—¿Por qué? —dijo Bland—. ¿Qué es lo que le quieres?

—¿Por qué? Pues porque ahora es mío —dijo Monaghan. Dejó el vaso lleno delante del alemán—. Toma, bebe.

—Yo una vez pensé llevarme uno a casa, llevárselo a mi mujer —dijo Bland—. Así le podría demostrar que solo he estado en una guerra. Pero nunca encontré a uno decente. Uno que estuviera de una pieza, quiero decir.

—Venga —dijo Monaghan—. Bebe.

—Yo voy servido —dijo el alemán—. Voy servido todo el día.

—¿Y tú te quieres marchar a América con ése? —dijo Bland.

—Sí, me gustaría, gracias.

—Por supuesto que te gustaría —dijo Monaghan—. Te voy a convertir en todo un hombre. Bebe.

El alemán levantó el vaso, pero sin llevárselo a los labios. Tenía la cara en tensión, como si pidiera clemencia, aunque con cierta serenidad, como la del hombre que ha aprendido a dominarse. Imagino que algunos de los mártires antiguos seguramente tuvieron que mirar a los leones con esa misma expresión. Además, estaba maltrecho. No por culpa del licor: por la herida que tenía en la cabeza.

—En Bayreuth tengo esposa e hijo. A mi hijo aún no lo conozco.

—Ah —dijo el subadar—. Bayreuth. Una vez estuve allí en primavera.

—Ah —dijo el alemán, y miró rápidamente al subadar—. ¿Y? ¿La música?

—Sí —dijo el subadar—. En la música de ustedes algunos, muy pocos, han sentido, han paladeado, han vivido la verdadera hermandad de los hombres. Los demás solo podemos mirar más allá del corazón. Pero también podemos ir por ese mismo camino en la música.

—Y luego tenemos que volver —dijo el alemán—. Eso no es bueno. ¿Por qué tendremos que volver siempre?

—Aún no es la hora de eso —dijo el subadar—. Pero pronto… Ya no queda tanto como antes. Aún no es la hora.

—Sí —dijo el alemán—. La derrota será provechosa para nosotros. La derrota es buena para el arte, la victoria no lo es.

—Así que reconoces que os hemos dado una buena tunda —dijo Comyn. Estaba sudando de nuevo, y Sartoris tenía bastante blancas las aletas de la nariz. Pensé en lo que había dicho el subadar acerca de los hombres en el agua. Solo que para nosotros el agua era la embriaguez: ese aislamiento del alcoholismo que insta a los hombres a gritar y a reír y a pelear, no los unos con los otros, sino cada cual con ese yo insoportable que, víctima de la embriaguez, es más dócil y menos propenso a escapar. Ruidosos, y más que ruidosos, sin sospechar ni de lejos el negro atronar de la Francia ofendida (el resto de las mesas se iban vaciando deprisa; los demás clientes se habían apelotonado en torno al alto mostrador en donde la patronne, una anciana con gafas de montura de acero, seguía sentada con la labor de punto en el borde del mostrador), nos gritábamos los unos a los otros y hablábamos en lenguas extranjeras cada cual desde su aislamiento insuperable, reiterativos, sin que a los unos nos escuchasen los otros; en todo momento sumergidos por nosotros y más extranjeros aún, el alemán y el subadar charlaban apaciblemente sobre la música, el arte, la victoria nacida de la derrota. Fuera, en la heladora oscuridad de noviembre, persistía la suspensión, la pesadilla sin creer del todo, sin despertar del todo, la pausa para respirar de las antiguas lujurias verborreicas, del embrujo y de las codicias abigarradas en cornucopias.

—Qué joder, si soy irlandés hasta las cachas —dijo Monaghan—. Eso es lo que soy.

—¿Y qué más dará? —dijo Sartoris, las aletas nasales del color de la tiza en el rostro colorado. A su hermano gemelo lo mataron en julio. Estaba en un escuadrón de Camels por debajo de nosotros, y Sartoris estaba presente cuando sucedió. Durante toda la semana siguiente, nada más volver de su patrulla volvía a llenar los tanques y los cargadores y despegaba él solo. Un día alguien lo vio a unos cinco mil pies de altitud, e incluso más alto, por encima de un viejo Armstrong F. K. 8. Supongo que el otro tío que iba aquella mañana con su hermano vio los distintivos en el cacharro de los alemanes; de todos modos, eso fue lo que hizo Sartoris, sirviéndose de un Armstrong F. K. 8 a manera de cebo. No supimos ni de dónde lo sacó ni a quién convenció para que lo pilotase. Pero aquella semana abatió tres aparatos enemigos, los derribó uno por uno cuando se lanzaban a ciegas a por el Armstrong F. K. 8, y al octavo día ya no volvió a salir. «Seguro que se lo ha llevado por delante», dijo Hume. Pero nunca llegamos a saberlo. Él no nos lo dijo. Solo que después de aquello volvió a estar bien. Nunca fue muy hablador; se limitaba a patrullar por el aire, y a lo mejor una vez por semana se sentaba y se ponía a beber con nosotros, más bien callado, con las aletas nasales muy blancas.

Bland estaba llenándose el vaso muy despacio, gota a gota, con una indolencia felina. Entendí bien por qué no caía en gracia a los hombres, y por qué a las mujeres sí. Comyn, con los brazos cruzados sobre la mesa, la bocamanga en un charco de licor derramado, miraba fijamente al alemán. Tenía los ojos inyectados en sangre y bastante saltones. Cubierto por la gorra de plato aplastada, el oficial de la policía militar americana fumaba sus delgados cigarrillos con rostro bastante inexpresivo. La cadena de acero de la que pendía el silbato le formaba una curva sobre el bolsillo de la pechera, y tenía la pistola hacia delante, sobre el regazo.

Más allá, los franceses, los soldados, el camarero, la patronne, se apelotonaban ante el mostrador. Me llegaban sus voces desde lejos, como los grillos en la hierba de septiembre, las sombras de sus manos aleteando por la pared y desapareciendo en un visto y no visto.

—Yo no soy un soldado —dijo Monaghan—. Yo no soy un caballero. Yo no soy nada —en la base de ambas hombreras tenía sendos desgarrones, y otros dos más alargados en paralelo, sobre el bolsillo izquierdo, en donde estuvieron antes las dos alas y la condecoración—. No sé lo que soy. Llevo tres años metido en esta maldita guerra y todo lo que sé es que no he muerto. Yo…

—¿Y cómo sabes que no has muerto? —dijo Bland.

Monaghan miró a Bland, boquiabierto, sin haber terminado lo que fuese a decir.

—Por un chelín si quieres te mato —dijo Comyn—. No me gusta nada esa maldita jeta que tienes, teniente. Maldito teniente…

—Yo soy irlandés hasta las cachas —dijo Monaghan—. Eso es lo que soy. Mi padre era irlandés por los cuatro costados, qué joder. Y no sé qué era mi abuelo. Ni siquiera sé si tuve abuelo. Mi padre no se acuerda de haberlo tenido. Es probable que fuese uno entre varios. Por eso no tuvo necesidad de ser un caballero. Nunca tuvo que serlo. Por eso pudo embolsarse un millón de dólares abriendo alcantarillas en tierra. Por eso pudo mirar las altas ventanas, las ventanas relucientes, y decir, yo se lo he oído decir, fumando en una pipa con una humareda que te sacaba las tripas de dentro, maldito criticón, alfeñique…

—¿Tú presumes del dinero de tu padre o de sus alcantarillas? —dijo Bland.

—… las miraba y me decía, decía: «Cuando estés con tus amigos, los más refinados, a cuyos padres y madres y hermanas conocerás en Yale, a lo mejor les puedes recordar que todos por igual somos esclavos de nuestros excrementos, así que el viejo de tu papá, al que mandaban por la puerta de atrás de sus cocinas, en sus edificios de cuarenta pisos, bien puede pasar por ser el rey de todos ellos». ¿Qué estabas diciendo, eh? —y miró a Bland.

—Mira, compañero —dijo el policía militar—. Ya basta de todo esto. Tengo que dar cuenta de este prisionero.

—Un momento —dijo Monaghan. No dejaba de mirar a Bland—. ¿Qué estabas diciendo?

—Decía que si presumes del dinero de tu padre o de sus alcantarillas —dijo Bland.

—Pues nada de eso —dijo Monaghan—. ¿Por qué iba a presumir? Tampoco presumiría de los trece hunos que llevo derribados, ni de las dos condecoraciones, una de las cuales me la dio su maldito rey —añadió señalando a Comyn con un gesto del mentón.

—Ni se te ocurra decir que es mi maldito rey —dijo Comyn, la bocamanga empapándose poco a poco en el charco de licor derramado.

—Mira —dijo Monaghan. Se señaló de pronto los desgarrones que tenía en las hombreras, y los dos desgarrones paralelos en la pechera—. Esto es lo que yo pienso de todo esto. De toda esa maldita farfolla sobre la gloria y los caballeros. Yo era joven, creí que había que ser joven. Entonces me metí de lleno y ya no hubo tiempo de parar, ni siquiera cuando me di cuenta de que eso no contaba. Pero ahora todo ha terminado, ahora se acabó. Ahora puedo ser lo que soy. Irlandés hasta las cachas; hijo de un inmigrante que no sabía nada más que darle al pico y a la pala hasta que la juventud y el tiempo para disfrutarla se le agotaron antes de tiempo. De una turbera había salido, y su hijo en cambio fue a un colegio para caballeros y regresó del otro lado del charco a jactarse con cualquiera de los que eran dueños de las turberas y del sudor amargo de los que se enfangaban sacando el carbón de las turberas, y el rey le dijo que muy bien hecho.

—Te doy un chelín y te parto la crisma —dijo Comyn.

—Pero… ¿se puede saber por qué te lo quieres llevar de vuelta contigo? —dijo Bland. Monaghan se limitó a mirar a Bland. En Monaghan había también algo del crucificado: enardecido, enfurecido, incapaz de hablar no por estupidez, sino como si otros, más incluso que nosotros, hubiesen destilado los agotados bidones de la lujuria antigua y de la codicia despertando al fin, atónita, su propia impotencia y su desesperanza acumulada. Bland estaba muy tieso, las piernas extendidas, las manos sobre la pernera del pantalón, el rostro apuesto y sosegado, insufrible—. ¿Qué pico con cuerdas hará sonar éste dándole con el arco? ¿Una pala con cuerdas de tripa de gato callejero? ¿O es que sabrá sacar música de los retretes y cisternas de Manhattan para que la toque tu padre después de cenar? —Monaghan solo miró a Bland con esa expresión a medias despavorida, a medias embelesada. Bland se volvió, perezoso, hacia el alemán.

—Mira… —dijo el policía militar.

—¿Está usted casado, Herr Teniente? —preguntó Bland.

El alemán alzó los ojos. Miró veloz de un rostro a otro.

—Sí, gracias —dijo. Aún no había tocado el vaso, lleno hasta arriba, salvo para levantarlo con una mano sin llevárselo a los labios. Pero no estaba más sobrio que antes, convertido el licor en su dolor de cabeza, en su cabeza el latir y el zumbar del alcohol en sus venas—. Yo provengo de la pequeña nobleza de Prusia. Somos cuatro hermanos: el segundo en el ejército está, el tercero no hizo nada y sigue en Berlín, el pequeño es cadete de un regimiento de dragones; yo soy el mayor y estuve en la universidad. Aprendí. Aquellos tiempos sí que… Era como si los jóvenes de las tierras más tranquilas nos criásemos juntos, los elegidos, dignos testigos de una época veloz, como una mujer llamada a un alto destino en la tierra, y de un hombre. Es como si la basura de antaño, los desperdicios del hombre que ha metido tantas veces la pata, se fuesen a despejar del todo para que una raza nueva aparezca con la sencillez heroica de los antiguos y se enseñoree de una tierra nueva. Ustedes conocieron esa época, ¿no? La época en que brillaban los ojos y la sangre se avivaba en las venas —nos miró a todos a la cara—. ¿No? Bueno, acaso en América no fuera así. América es muy nueva; en una casa nueva no se acumulan tantos desperdicios como en una casa vieja —miró su vaso unos instantes con la serenidad pintada en el rostro—. Regreso a casa; le digo a mi padre que todo lo que llevo aprendido en la universidad no sirve de nada; que barón no he de ser. Él no se lo cree. Me habla de Alemania, de la patria; le digo que sigue estando donde siempre estuvo, y que él dirá patria, pero yo la llamo hermandad, eso le digo, y le digo que la palabra padre es un barbarismo, el primero que hay que llevarse por delante; es el símbolo de esa jerarquía que ha ensuciado la historia del hombre y la ha llenado de injusticias y arbitrariedades, no de lo moral; de fuerza, no de amor.

»A ése lo mandan a buscar de Berlín; ése termina en el ejército. Sigo diciendo que barón no he de ser, que eso de nada sirve. Estamos en una sala en la que los retratos de mis antepasados cuelgan de las paredes; me planto ante ellos como si fuera un consejo de guerra; digo que es Franz quien ha de heredar el título de barón, que a mí no me corresponde. Mi padre dice que puedo y que debo y que ha de ser por Alemania. Y le digo yo: ¿por Alemania ha de ser mi esposa baronesa? Y como en un consejo de guerra les digo que me he casado con la hija de un músico que además es campesina.

»Así que así van las cosas. El de Berlín es el que será barón. Él y Franz son gemelos, pero Franz ya es capitán, y hasta el más humilde en nuestro ejército puede compartir mesa y mantel con el káiser; no necesita ser barón. Así que estoy en Bayreuth con mi esposa y mi música. Es como si estuviera muerto. Carta no recibo hasta la que me llega y me dice que mi padre ha muerto y que yo a medias lo he matado, y el que debía está ahora en Berlín y ha de ser barón. Pero no se queda en casa. En 1912 sale en un periódico de Berlín porque ha muerto a manos del marido de una señora, así que es Franz el que a fin de cuentas termina por ser barón.

»Y se declara la guerra. Pero yo estoy en Bayreuth con mi esposa y mi música, porque pensamos que mucho no ha de tardar, ya que antes mucho no tardó. La patria, con todo su orgullo, necesita hacer uso de los colegios, pero cuando nos necesitó a nosotros ni siquiera lo supo. Y cuando se dio cuenta de que nos necesitaba a nosotros ya era demasiado tarde, y cualquier campesino que fuese duro de pelar les iba a valer igual. Y así…

—Entonces, ¿por qué fuiste? —dijo Bland—. ¿Te obligaron las mujeres? ¿Es que te tiraron huevos y tomates?

El alemán miró a Bland.

—Yo soy alemán; eso está más allá de donde llego. El yo, el yo soy. No para el que es barón y para el que es káiser —dejó de mirar a Bland sin mover los ojos—. Hubo una Alemania antes de que hubiese barones —dijo—. Y aún después la habrá.

—¿También después de esto?

—Tanto más la habrá. Antes era el orgullo, una palabra en los labios. Ahora es… ¿cómo lo llaman ustedes?

—Una nación conquista sus banderas —dijo el subadar—. Un hombre se sabe vencer a sí mismo.

—Así como una mujer da a luz a su hijo —dijo el alemán.

—De la lujuria vienen los dolores del parto —dijo el subadar—; de los dolores del parto, la afirmación, la divinidad, la verdad.

El policía militar estaba liando otro cigarrillo. Observó al subadar, en su rostro una expresión asalvajada, contenida a duras penas, fría. Lamió el cigarrillo y me miró.

—Cuando vine a este maldito país —dijo—, pensé que los negros no eran más que negros. Ahora, que me ahorquen si entiendo qué son. ¿Y ése qué es? ¿Un encantador de serpientes?

—Sí —dije—. Un encantador de serpientes.

—Entonces lo mejor será que saque la serpiente que tiene y acabe con ella. Tengo que dar cuenta de estos prisioneros. Mire a esos franchutes de allá.

Cuando me volví, vi que tres de los franceses salían de la estancia, el insulto y la ofensa pintados en sus rostros y en sus espaldas. El alemán había vuelto a tomar la palabra.

—Por los periódicos me entero de que Franz es coronel y luego general, y que el cadete que era la última vez que lo vi es ahora un as de la guerra condecorado con la Cruz de Hierro por el káiser en persona. Y estamos en 1916. Por los periódicos me entero de que el cadete ha muerto por el tal Bishop que lucha con ustedes —hizo una leve inclinación de cabeza hacia Comyn—, un hombre bueno. Ahora resulta que yo también soy cadete. Es como si lo supiera. Es como si viese lo que va a pasar. Me transfieren al ejército del aire y soy aviador, a pesar de lo cual sé que Franz es general del estado mayor y todas las noches me digo: «Has vuelto de nuevo», y sé que eso no sirve de nada.

»Así fue hasta que nuestro káiser se dio a la fuga. Y me entero entonces de que Franz está en Berlín; tengo entendido que es verdad, que no hemos malgastado todo por orgullo, porque sabemos que mucho ya no queda, y Franz está a salvo en Berlín, lejos de todos los combates.

»Llega entonces esta mañana. Llega la carta manuscrita de mi madre, con una letra que hacía siete años que no veía yo, dirigida a mí en mi condición de barón. Franz ha recibido un balazo cuando iba a caballo, de un soldado alemán, en una calle de Berlín. Es como si todo se hubiese olvidado, porque las mujeres a veces olvidan así de rápido, pues que para ellas nada es verdad verdadera, nada es de justicia, y más si no se puede tener entre las manos o no puede morir. Por eso quemo todos mis papeles, el retrato de mi esposa y de mi hijo, al que nunca he visto, y destruyo mi placa de identificación y me quito las insignias de la guerrera —e indicó con un gesto el cuello de la guerrera.

—¿Quieres decir —dijo Bland— que no tenías ninguna intención de volver? ¿Por qué no te pegaste un tiro, ahorrándole a tu Gobierno el precio de un avión?

—El suicidio es cosa del cuerpo solo —dijo el alemán—. El cuerpo nada saca en claro. Importancia ninguna tiene. Es algo que hay que mantener bien limpio si es que se puede.

—No es más que una habitación en la posada —dijo el subadar—. Es solo el sitio en el que nos escondemos un rato.

—El lavabo —dijo Bland—. El retrete.

El policía militar se puso en pie. Dio un golpecito en el hombro del alemán. Comyn lo estaba mirando fijamente.

—Así que reconoces que os hemos dado una buena tunda —dijo.

—Sí —dijo el alemán—. Fue la primera vez, porque nosotros estábamos mucho peor. A la próxima puede que sea vuestra Inglaterra. Y entonces mejorará vuestra Inglaterra, seguro.

—Ni se te ocurra decir «mi Inglaterra» —dijo Comyn—. Yo soy de la nación irlandesa —se volvió a Monaghan—. Y tú has hablado de mi maldito rey, pero Irlanda no ha tenido rey desde el Ur Neill, Dios bendiga su pelirrojo trasero.

Rígido, a duras penas contenido, el alemán hizo un gesto inapreciable.

—¿Lo ven? —dijo sin mirar a nadie en particular.

—Pierden los victoriosos lo que ganan los vencidos —dijo el subadar.

—¿Y ahora qué hará? —dijo Bland.

El alemán no respondió. Se irguió del todo con la cara enfermiza, con el vendaje blanco.

—¿Y qué hará usted? —dijo el subadar a Bland—. ¿Qué es lo que vamos a hacer cualquiera de nosotros? Toda esta generación que peleó en la guerra ha muerto con nosotros esta noche. Pero es que aún no nos hemos enterado de que estamos muertos.

Miramos al subadar, Comyn con los ojos inyectados en sangre, Sartoris con las aletas nasales muy blancas, Bland derrengado en su silla, indolente, insufrible, con aires de mujer mimada. Encima del alemán se había puesto en pie el policía militar.

—Mucho parece que le preocupa eso —dijo Bland.

—¿No lo cree usted? —dijo el subadar—. Pues espere y verá.

—¿Cómo? ¿Que espere? —dijo Bland—. Creo que en estos últimos tres años no he hecho nada para adquirir semejante hábito.

—Pues ya lo ha de ver usted, lo verá antes que si se queda cruzado de brazos —dijo el subadar—. Ya lo verá —se quedó mirándonos, con serenidad y serio como él solo—. Los que cuatro años llevan pudriéndose allí mismo —movió el brazo, corto y grueso— no están más muertos que nosotros.

El policía militar volvió a tocar al alemán en el hombro.

—Demonios —dijo—. Vámonos, compañero —se volvió entonces y miró a los dos franceses, un oficial y un sargento, que estaban en pie junto a la mesa. Permanecimos así unos instantes. Fue como si todos los zapateros en la superficie del agua hubiesen descubierto que sus órbitas coincidían, como si supieran en ese momento que ya no tenían que ir de un lado a otro sin ton ni son, como si supieran que tampoco hacía falta que siguieran moviéndose. Por debajo del alcohol noté que se formaba despacio esa bola dura, caliente, como si estuviera en puertas de entrar en combate, como cuando uno sabe que algo está a punto de ocurrir; ese instante en que uno piensa Ahora. Ahora lo puedo tirar todo por la borda, ahora puedo ser sin más. Ahora. Ahora. Es de veras agradable.

—¿Por qué tienen que traer aquí a esa escoria, monsieur? —dijo el oficial francés. Monaghan lo miró de hito en hito, lo miró sin levantarse, bien apoyadas las nalgas en la silla, un poco de costado, un brazo apoyado en la mesa—. ¿Por qué se lo ponen ustedes tan crudo a Francia, monsieur? —dijo el oficial.

Alguien sujetó a Monaghan en el momento en que se iba a levantar; fue el policía militar que estaba a su espalda quien lo sujetó cuando a punto estaba de levantarse.

—Un mo—o—o—o—o—o—mento —dijo el policía militar—, un mo—o—o—o—o—o—mento —se le movía de arriba abajo el cigarrillo pegado al labio inferior al hablar, las manos sobre los hombros de Monaghan, el emblema que llevaba en el brazo izquierdo en destacado relieve—. ¿Y a usted qué le importa, franchute? —dijo. Tras el oficial y el sargento estaban los demás franceses, junto con la vieja, que trataba de abrirse paso a empellones en medio del círculo—. El prisionero está bajo mi custodia —dijo el policía militar—. Me lo llevaré a donde me venga en gana y lo retendré durante todo el tiempo que quiera. ¿Qué me dice de eso?

—¿Y con qué autorización, monsieur? —dijo el oficial. Era alto y tenía un rostro demacrado, trágico. Vi entonces que uno de los ojos lo tenía de cristal. Estaba inmóvil, rígido, en una cara que parecía aún más carente de vida que su ojo falso.

El policía militar miró el emblema de su brazalete, y miró luego al oficial y se dio un par de golpes con el dedo en la pistola que le colgaba del cinto.

—Me lo voy a llevar a donde quiera, por todo su piojoso y condenado país. Me lo voy a llevar al Senado de ustedes y a patadas le exigiré a su presidente que le dé un escaño, y pueden ustedes sacar la lengua hasta lamerse la barbilla todo lo que quieran hasta que me toque volver a limpiarles la letrina en la que tienen ustedes metidos los pies.

—Ah —dijo el oficial—, un perro rabioso, ya se ve.

Dijo «perro rabioso» mascullando, sin mover una sola facción de la cara de muerto que tenía, en sí misma un insulto. A su espalda, la patronne se puso a dar gritos en francés:

—¡Boche! ¡Boche! ¡Todo roto! ¡Todo roto! Todas las tazas, los platillos, los vasos, los platos, ¡todo, todo, todo roto! ¡Ya se lo voy a enseñar, ya! He guardado los trozos en un cajón para que los vea. Ocho meses han pasado desde que cayó el obús: platos, tazas, vasos, todo lo que tengo desde hace treinta años, ¡roto todo, roto todo de una sola vez! ¡Y cincuenta céntimos me cuesta cada vaso, y vergüenza me da que mis clientes…!

Existe un momento insoportable, un punto de máximo cansancio en el que no hay retorno. Ni siquiera el alcohol se acerca a ese instante. Es algo que motiva a las multitudes, algo semejante a la elemental disminución de la igualdad, algo en el fondo insoportable. Cuando Monaghan se puso en pie, el policía militar lo sentó de un empujón. Luego fue como si todo hubiera saltado por los aires, como si nos viésemos sin rubor y sin vergüenza frente al espectro que durante cuatro años habíamos tenido que adornar con palabras altisonantes, ante el que habíamos tenido que saltar con presteza, con orden y concierto, todas las veces que lo indicase la señal. Vi al policía militar saltar contra el oficial, y vi enseguida a Comyn ponerse en pie y salirle al paso. Vi al policía militar darle a Comyn tres veces en la mandíbula con el puño antes de que Comyn hiciese presa en todo su cuerpo y lo arrojase limpiamente contra los que se habían apiñado, entre los que desapareció, horizontalmente, en el aire, tratando de sacar la pistola.

Vi a tres soldaditos franceses que se le subieron a Monaghan a la chepa y vi que el oficial trataba de descargarle un golpe con una botella, y vi a Sartoris saltarle a su vez a la chepa al oficial. Comyn ya no estaba con nosotros; por el hueco que quedó apareció la patronne dando gritos. Fueron dos los que la sujetaron mientras ella se empeñaba en seguir adelante, tratando de escupirle en la cara al alemán.

—¡Boche! ¡Boche! —exclamó, y finalmente le pudo escupir, con el cabello entrecano y suelto, todo revuelto en la cara; se volvió entonces y me escupió a mí en toda la cara—. ¡Y tú lo mismo! —exclamó—. ¡No es Inglaterra la que está hecha trizas! Tú también has venido a picotear en los despojos de Francia. ¡Chacal! ¡Buitre! ¡Animal! ¡Todo está hecho trizas! ¡Todo! ¡Todo! ¡Todo! —y por debajo de todo lo que se dijo, inmóviles, atentos, vigilantes, contenidos, el alemán y el subadar seguían sentados, el alemán con el rostro levantado, enfermizo, el subadar tranquilo como un ídolo sentado en cuclillas, enturbantados los dos como sendos profetas del Antiguo Testamento.

No tardó gran cosa. No medió el tiempo en todo aquello. Mejor dicho, estábamos fuera del tiempo; estábamos dentro tal vez, pero no en la superficie del tiempo, en esa demarcación entre lo antiguo, entre lo que sabíamos que no indicaba que hubiésemos muerto, y lo nuevo, donde dijo el subadar que estábamos muertos.

Más allá de las botellas que se blandieron, más allá de las mangas azules, de los rostros como máscaras contraídas en rígidos, insonoros gritos a los niños asustados, volví a ver a Comyn. Llegó arando el suelo como un barco sobrecargado cuando se pica la mar; bajo el brazo llevaba al anciano camarero, en los labios el silbato del policía militar. Sartoris entonces lanzó una silla contra la única luz del local.

Hacía frío en la calle, un frío que traspasaba la ropa, que penetraba por los poros distendidos por el alcohol, que murmuraba apelando al esqueleto mismo. La plaza estaba desierta, las luces eran infrecuentes y remotas. Tan callado estaba todo que alcancé a oír el tenue goteo del agua en la fuente. Desde bastante lejos llegó un sonido remoto, también acallado por el cielo espeso y bajo, una nota tenuemente femenina, como todo griterío, incluso los de los hombres en masa, interrumpido de vez en cuando por el sonido de una banda militar. A la sombra de la tapia Monaghan y Comyn sostenían en pie al alemán. Estaba inconsciente; los tres eran invisibles, exceptuando el tenue manchurrón de la venda, e inaudibles, exceptuando las constantes y monótonas maldiciones de Monaghan.

—Nunca tendría que haberse firmado una alianza entre franceses e ingleses —dijo el subadar. Lo dijo sin esfuerzo; invisible, su voz llana y desenvuelta tenía una resonancia de órgano, desproporcionada con respecto a su tamaño—. Las naciones que son distintas nunca deberían aunar fuerzas para luchar por un mismo objetivo. Que cada cual luche por algo distinto, por finalidades que no estén en conflicto, cada una a lo suyo.

Sartoris pasó por delante de nosotros a la vuelta de la fuente, con la gorra hinchada y boca arriba, entre las manos. Oímos gotear el agua con cada uno de sus pasos. Pasó a ser una mancha más entre las manchas espesas, donde relucía la venda y donde Monaghan maldecía sin cesar, en voz baja.

—Y cada una de acuerdo con sus tradiciones —dijo el subadar—. Mi pueblo… Los ingleses les dieron las armas. Los de mi pueblo las miraron y vinieron a verme: «Esta lanza es demasiado corta y pesa demasiado. ¿Cómo va a matar un hombre a su enemigo con una lanza de este tamaño, de este peso?». Les dieron guerreras llenas de botones que tenían que llevar abrochados; he pasado por toda una trinchera llena de hombres como ésos, acuclillados, inmóviles, enterrados hasta las orejas en las mantas, la paja, los sacos de arena vacíos, grises de frío los rostros de todos ellos; he retirado las mantas de torsos pacientes, vestidos solo con una camisa. Los oficiales ingleses les decían: «Id allá y haced tal cosa». Ellos ni se movían. Un buen día, a mediodía, todo el batallón se puso en marcha al otro lado de un cráter, saltaron todos de la trinchera, llevándome a mí y a un oficial. Ganamos la trinchera sin hacer un solo disparo; lo que quedó de nosotros, el oficial, yo, diecisiete soldados, sobrevivió tres días en una transversal a la línea del frente enemigo; hizo falta una brigada entera para sacarnos de allí. «¿Por qué no habéis disparado? —me preguntó el oficial—. Los habéis dejado abatiros como si fuerais faisanes espantados». Los hombres no le miraron. Como niños permanecían en pie, murmurando, alerta, sin vergüenza. Dije al que los encabezaba: «¿Estaban cargados los fusiles, Das?». Como niños permanecían en pie, desconfiados, sin vergüenza. «Oh, hijo de muchos reyes», dijo Das. Yo le dije: «Di la verdad de tu sabiduría al sahib». «No estaban cargados, sahib», dijo Das.

Volvió a llegarnos el sonido de la banda, remoto, atronador en el aire espeso de la noche. Al alemán le daban de beber de una botella.

—A ver. ¿Se encuentra mejor? —dijo Monaghan.

—Es por mi cabeza —dijo el alemán. Hablaban con voces quedas, como si comentasen el tono del papel pintado de una pared.

Monaghan volvió a soltar un improperio.

—Voy a volver, por Dios que sí.

—No, no —dijo el alemán—. No se lo puedo permitir. Ya ha cumplido usted.

Estábamos en la sombra, a resguardo de la tapia, y bebimos. Nos quedaba una botella. Comyn la hizo añicos contra la tapia en cuanto estuvo vacía.

—¿Y ahora qué? —dijo Bland.

—Chicas —dijo Comyn—. ¿No os dan ganas de ver a Comyn, el de la nación de Irlanda, en medio de sus rubios cabellos como un perro en medio de los trigales?

Allí nos quedamos, escuchando a lo lejos la banda militar, el griterío distante.

—¿Seguro que se encuentra bien? —dijo Monaghan.

—Gracias —dijo el alemán—. Me encuentro bien.

—Pues entonces vamos —dijo Comyn.

—¿Te lo vas a llevar contigo? —dijo Bland.

—Sí —dijo Monaghan—. ¿Qué pasa?

—¿Por qué no te lo llevas al cuartel de la policía militar? Está herido.

—¿Tú quieres que te parta la crisma, sí o no? —dijo Monaghan.

—Como lo veas —dijo Bland.

—Vamos, hombre —dijo Comyn—. ¿Quién es el imbécil que prefiere luchar en vez de joder? Todos los hombres son hermanos, y todas las mujeres son hermanas. Así que vámonos de una vez, fusileros de medianoche.

—Vamos a ver —dijo Bland al alemán—: ¿usted quiere ir con ellos, sí o no?

Con la cabeza vendada, solo él y el subadar eran visibles, como dos heridos en medio de cinco fantasmas.

—Espera un momento —dijo Monaghan a Comyn. Monaghan se acercó a Bland. Lo maldijo, lo insultó—. A mí me gustan las peleas —dijo en el mismo tono inexpresivo—. Me gusta incluso que me den una buena tunda.

—Espere —dijo el alemán—. Eso tampoco lo puedo permitir —Monaghan se detuvo, quedando a menos de medio metro de Bland—. Tengo esposa e hijo en Bayreuth —dijo el alemán. Me lo dijo a mí, y me dio la dirección, dos veces, con todo cuidado.

—Yo escribiré a su esposa —dije—. ¿Qué le debo decir?

—Dígale que no es nada. Usted sabrá cómo.

—Sí. Le diré que se encuentra usted bien.

—Dígale que la vida no es nada.

Comyn y Monaghan lo volvieron a sujetar por los brazos, uno a cada lado. Se dieron la vuelta y siguieron su camino, casi llevándoselo. Comyn se volvió a mirar una vez.

—La paz sea contigo —dijo.

—Y contigo sea la paz —dijo el subadar. Siguieron adelante.

Los vimos siluetearse en la entrada de un callejón en el que había luz. Había un arco, y la luz tenue, fría, pálida, se adensaba en el arco y en los muros, de modo que fue como si entrasen por un portón sosteniendo al alemán entre los dos.

—¿Qué van a hacer con él? —dijo Bland—. ¿Sujetarlo de pie en un rincón y apagar la luz? ¿O es que en los burdeles de Francia también hay camas para que se acuesten juntos?

—¿Y eso a quién demonios le puede importar? —dije.

Nos llegaba el sonido de la banda militar, atronador pese a todo. Hacía frío. Cada vez que se me estremecían las carnes por efecto del frío y del alcohol, me parecía oír cómo raspaban al rozar contra los huesos.

—Hace siete años ya que vivo en este clima —dijo el subadar—. Pero sigue sin gustarme el frío.

Lo dijo con voz grave, como si midiera un metro noventa. Era como si cuando lo hicieron se hubiesen dicho unos a otros: «Vamos a darle algo con lo que pueda llevar su mensaje dondequiera que vaya». «¿Por qué? ¿Quién va a hacer caso a su mensaje?» «Él lo hará. Por eso le daremos algo con lo que se pueda escuchar bien su mensaje.»

—¿Por qué no se vuelve a la India? —dijo Bland.

—Ah —dijo el subadar—. Yo soy como él. Yo tampoco he de ser barón.

—Vaya. Prefiere quitarse del medio y dejar que se apoderen de su tierra gentes que tratan a las personas como los bueyes o los conejos.

—Al quitarme del medio he deshecho en un día lo que costó dos mil años hacer. ¿No es algo?

Temblábamos de frío. El frío era la banda militar, el griterío, que nos murmuraban con las manos frías apelando directamente al esqueleto, no a los oídos.

—En fin —dijo Bland—, supongo que el Gobierno inglés está haciendo por la liberación de su pueblo más de lo que podría hacer usted.

El subadar tocó levemente a Bland en el pecho.

—Es usted muy sabio, amigo mío. Que se alegre Inglaterra de que no todos los ingleses sean tan sabios.

—Entonces, ¿tiene pensado vivir en el exilio el resto de sus días?

El subadar señaló con el brazo corto y grueso hacia el arco ya desierto por el que Comyn y el alemán y Monaghan habían desaparecido.

—¿Es que no ha oído usted lo que dijo antes? Esta vida no vale nada.

—Es usted muy libre de pensarlo —dijo Bland—. Pero por Dios le digo que mucho lamento tener que pensar que lo que he salvado de estos tres años no vale nada.

—Usted salvó a un hombre muerto —dijo el subadar con serenidad—. Ya lo ha de ver.

—Lo que he salvado es mi destino —dijo Bland—. Ni usted ni nadie más sabe cómo ha de ser.

—¿Qué destino tiene usted, salvo el de estar muerto? Es una desdicha que tuviera que tocarle a su generación. Es una desdicha que durante los mejores años de su vida vaya a caminar por la tierra convertido en un espectro. Pero ése era su destino.

A lo lejos se oía el griterío, una nota sostenida, femenina e infantil al mismo tiempo, y se volvieron a oír los metales de la banda militar, atronadores como las voces, desamparadas, alegres, histéricas, pero más que nada desamparadas. El arco, con el frío resplandor de la luz, bostezaba desierto, profundo, callado, como la cancela de entrada a otra ciudad, a otro mundo. De pronto se marchó Sartoris. Echó a caminar a buen paso, hacia el muro, contra el cual se apoyó con los brazos extendidos y vomitó.

—Demonios —dijo Bland—. Quiero beber algo —se volvió hacia mí—. ¿Dónde está tu botella?

—Se acabó.

—¿Cómo que se acabó? ¿No había dos?

—Pues ahora no tengo ni una. Si quieres beber, ahí tienes agua.

—¿Agua? —dijo—. El agua, para las ranas.

Entonces volvió a formárseme en el estómago una bola dura, caliente, placentera de sentir, insoportable, real; de nuevo ese instante en que uno dice Ahora. Ahora puedo olvidarme de todo, desecharlo todo.

—Ya lo verás, maldito seas —le dije.

Bland no me estaba mirando.

—Dos veces —dijo en voz baja, desapasionada—. Dos veces en una hora. No está nada mal.

Se volvió y se dirigió a la fuente. Sartoris venía caminando muy derecho. La música de la banda se mezclaba con el frío en los huesos.

—¿Qué hora es? —dije.

Sartoris se miró el reloj de pulsera.

—Las doce.

—Ya pasa de medianoche —dije—. A la fuerza.

—He dicho que son las doce —dijo Sartoris.

Bland se había agachado en la fuente. Allí había un poco de luz. Cuando lo alcanzamos se enderezó, secándose la cara. La luz le daba de lleno en la cara, y me pareció que durante un rato debía de haber metido toda la cabeza en el agua, para lavarse bien, pero entonces me di cuenta de que había estado llorando y que aún lloraba. Permaneció de pie ante la fuente, secándose la cara, llorando con fuerza, pero en silencio.

—Mi pobre mujercita —dijo—. Mi pobre mujercita.

ALLÉN

La oreja dura y redonda del fonendoscopio le resultó fría y desagradable al tacto sobre su pecho desnudo; el cuarto, grande, cuadrado, con toscos muebles de nogal —la cama en la que por primera vez durmió solo, que había sido su cama matrimonial, en la que fue concebido su hijo, en la que nació, en la que fue amortajado para introducirlo en el féretro—, el cuarto que tan familiar le había sido a lo largo de sesenta y cinco años, de sólito tan apacible, callado, tan peculiarmente suyo que despedía el mismo olor que él, parecía atestado de gente, aunque solo eran tres en total y a los tres los conocía: Lucius Peabody, que debiera haber estado en el pueblo y atender a su consulta de médico en ejercicio, más los dos negros, la que debiera estar en la cocina y el que debiera al igual estar con el cortacésped, remedando al menos una actividad a cambio de la cual se ganaban el jornal que el sábado por la noche contaban con recibir.

Pero lo peor de todo era la oreja dura y fría y no muy grande, la oreja del fonendoscopio, peor incluso que el ultraje de estar con el pecho desnudo, con la fina y delicada cobertura de vello entrecano al aire. Lo cierto es que en todo aquello había al menos una circunstancia atenuante. «Al menos —pensó con un punto de humor algo contrariado y sardónico— se me ha ahorrado la algarabía que hubieran armado las mujeres de la familia, y que me habría tocado en suerte, como suele ser por lo común concomitante con ocasión de un matrimonio o un divorcio. Y si ése al menos me quitara de encima ese condenado telefonito de juguete y dejara que mis negros volvieran al trabajo…».

Y antes de terminar él su pensamiento, Peabody en efecto retiró el fonendoscopio. Y cuando se acomodaba él de nuevo en la almohada, con un suspiro de contrariado alivio, uno de los negros, la mujer, armó tal pandemónium de lloros y gimoteos y lamentos que se incorporó él como un resorte en la cama, tapándose con las manos los oídos. La negra estaba al pie de la cama, las manos largas y ágiles quietas en el travesaño, los ojos en blanco, vueltos hacia el interior del cráneo, la boca abierta de par en par, mientras de ella manaban lentas bocanadas de soprano tan dulces como los tonos del registro alto de un órgano y tan avasalladoras y demoledoras como la sirena de un barco de vapor.

—¡Chlory! —le gritó—. ¡Ya basta! —ella no paró. Aparentemente, ni veía ni oía nada—. ¡Tú, Jake! —le gritó al negro que estaba junto a ella, con las manos también sobre el travesaño, a los pies de la cama, el semblante meditabundo, la mirada clavada en la cama, con una expresión sombría, profundamente enigmática—. ¡Llévatela de aquí! ¡Ahora mismo! —pero Jake tampoco se movió, así que se volvió a Peabody con un estallido de ira—. ¡Eh, Lucius! ¡Llévese de aquí a esos malditos negros! —pero Peabody tampoco pareció haberle oído. El juez lo vio doblar y recoger meticulosamente el fonendoscopio en su funda; lo miró con suma irritación unos instantes más, mientras el alarido demoledor de la mujer se expandía como el humo por todo el cuarto. Entonces apartó el cobertor de una sacudida y se levantó de la cama y salió como una furia del cuarto y de la casa.

De golpe se dio cuenta de que aún iba en pijama, así que se abotonó por encima el abrigo. Era de buen paño, negro, cepillado, de una elegancia un tanto demodé, con los cuellos de piel de marta. «Al menos no han tenido tiempo de escondérmelo —pensó, presa todavía de una contrariada rabia—. Ahora que si al menos tuviera los… —se miró los pies—. Ah, vaya; pues parece que los tengo… —se miró los zapatos—. Por suerte». La momentánea sorpresa también se disipó ahora que la rabia había encontrado un espacio en el cual difuminarse. Se tocó el sombrero, se llevó la mano a la solapa. El jazmín seguía en el ojal. Dijera lo que dijese, y por más que despotricara contra el negro, y a menudo no le quedaba más remedio, el negro nunca se olvidaba de la flor que tocara según la estación. Siempre se la encontraba puesta, fresca, reciente, impecable, en la bandeja con que le servía el café por la mañana. La flor y el… Sujetó el bastón de ébano bajo el brazo y abrió el maletín. Ahí estaban los dos pañuelos limpios, junto con el libro. Uno de ellos se lo introdujo en el bolsillo de la pechera y siguió su camino. Al cabo, los ruidosos gimoteos de Chlory se apagaron por sí solos.

Durante un rato no muy largo la cosa fue sin lugar a dudas desagradable. Detestaba las muchedumbres, el arremolinarse de la gente sin sentido, la paciencia transmutada en estulticia, el impacto de la carne viva y palpitante con la suya propia. Pero en cuestión de segundos, o muy pronto en todo caso, se vio libre, y se detuvo en seco, un tanto descompuesto, un tanto importunado, y volvió la vista atrás con enojo y desagrado menguantes hacia el gentío que se apiñaba en silencio en torno a la entrada. Con desagrado y enojo menguantes hasta que desapareció del todo el desagrado, con el rostro impertérrito y la mirada inteligente, con un deje atenuado de desconcierto enojado, socarrón, acaso un tanto atenuado y sin embargo constante, pero todavía no teñido de especulación sobresaltada, todavía sin caer en el desgobierno, sin entrar en la cautela. Eso habría de llegar más adelante. De ahí que no se le notase en la voz, que sonó tan solo ligera, mordaz, contenida.

—Parece que se ha juntado una multitud de cuidado.

—Sí —dijo el otro. El juez lo miró y vio a un joven trajeado a la manera convencional, de ceremonia matutina, con un sutil efluvio a bodas, que supervisaba la entrada con aire crispado, pacienzudo.

—¿Está esperando a alguien? —dijo el juez.

Entonces fue el otro el que lo miró.

—Sí. No habrá visto usted a… Claro que usted no la conoce.

—¿Que no conozco a quién?

—A mi esposa. Es decir, no es aún mi esposa, pero la boda tendrá lugar a mediodía.

—Entonces es que ha ocurrido algo, ¿no es así?

—No me quedó más remedio —el joven lo miró con crispación, angustiado—. Llegaba tarde, por eso venía conduciendo tan deprisa. Se me cruzó un niño por la carretera. Iba tan deprisa que no pude parar. Por eso tuve que dar un volantazo.

—Pero no atropelló al niño.

—No —el otro lo miró—. ¿Usted no la conoce?

—¿Está esperando aquí a…? —el juez miró al otro con suma atención. Entornó los ojos, su mirada era penetrante, dura—. Eso es una sarta de pamplinas —dijo de pronto, tajantemente.

—¿Cómo? ¿Qué ha dicho usted? —preguntó el otro con aire impreciso, de crispación, casi suplicante. El juez apartó la mirada. Desapareció el ceño fruncido, su concentración, su reflejo de asombro iracundo. Parecía habérselo borrado del rostro con una acción súbita e intencionada. Era como ese hombre que, sin ser un espadachín, ha practicado un poco con un florete para protegerse de cierta crisis por lo demás improbable, y que de pronto se encuentra, florete en mano, cara a cara ante el acontecimiento. Miró a la entrada con gesto alerta, cavilando con rapidez: parecía cavilar sobre los rostros de los que entraban, examinarlos con una concentración inmóvil y furiosa, y con sosiego; con sosiego miró en derredor, y luego miró al otro. El joven no le quitaba los ojos de encima.

—Supongo que usted también estará buscando a su esposa —señaló—. Espero que la encuentre. De veras, lo espero —hablaba con una suerte de sosegada desesperación—. Supongo que será ya una mujer de edad, como es usted. Tiene que ser un infierno para el que tiene que estar pendiente y esperando al otro, con el que uno ha ido envejeciendo en el matrimonio, porque en mi caso le aseguro que es terrible estar pendiente y esperar, y eso que espero a una joven que para mí es virgen. Desde luego, considero que mi caso es el más penoso de soportar. Dese cuenta, si al menos hubiera sido un día después… cualquier cosa. Pero es que de haber sido así supongo que no podría haber pegado el volantazo y esquivar al niño aquel. Considero que el mío es terrible, de veras. Pero no puede ser tan malo como a mí me lo parece. Es imposible que lo sea. En fin, espero y deseo que la encuentre.

El juez frunció el labio.

—Yo he venido aquí escapándome de alguien, no he venido para encontrar a nadie —miró al otro. Aún tenía el semblante descompuesto por esa mueca que podría haber pasado por una sonrisa, pero no sonreían sus ojos—. Si estuviera buscando a alguien, lo más probable es que fuera a mi hijo.

—Ah, un hijo. Entiendo.

—Sí. Tendría más o menos la misma edad que usted. Tenía diez años cuando murió.

—Pues búsquelo por aquí.

El juez soltó en ese momento varias carcajadas, aunque la risa no asomara a sus ojos. El otro lo miró con esa gravedad y esa angustia, sazonadas ya con una curiosidad interesada.

—¿Quiere decir que no cree? —el juez rió aún más fuerte. Sin dejar de reírse, sacó una bolsita de tela donde llevaba el tabaco y lió un cigarrillo fino. Cuando alzó los ojos, el otro seguía pendiente de la entrada. El juez dejó de reír—. ¿Tiene una cerilla? —el otro lo miró. El juez le mostró el cigarrillo—. Una cerilla.

El otro rebuscó en los bolsillos.

—Pues no —miró al juez—. Búsquelo aquí —dijo.

—Gracias —repuso el juez—. A lo mejor más adelante sigo su consejo —se volvió. Hizo una pausa y se volvió a mirar atrás. El joven estaba pendiente de la entrada. El juez lo miró con desconcierto, con el labio fruncido. Se volvió y se detuvo en seco. En su rostro se había pintado una sorpresa absoluta, una inmovilidad completa, como una máscara, la boca perceptiva y agotada, las aletas nasales delicadas, los ojos todos pupila o sin pupila acaso. No parecía que se moviese nada en él. En ese momento Madrespojo se volvió y lo vio. Titilaron sus ojos claros, se paró su mandíbula trunca, desmoronándose de golpe con un movimiento fiero y desdentado.

—¿Y bien? —dijo Madrespojo.

—Pues sí —dijo el juez—, soy yo.

Fue justo entonces, al abandonarle el hipnotismo, cuando la sombra del desconcierto y la cautela tocó del todo su semblante. A él mismo le sonaron idiotas sus palabras.

—Creí que estaba muer… —hizo sin embargo un esfuerzo supremo y gallardo y aligeró la voz, para darle de nuevo socarronería y contenerse—. ¿Y bien?

Madrespojo lo miró, un hombre de corta estatura, robusto, con un traje sucio y desparejado, manchado de grasa, de tierra, el cuello sucio e inocente huérfano de corbata, con ojos claros, ligeramente adormecidos, pero desbordantes de ira desbocada.

—A lo que se ve, también a usted lo han traído aquí, ¿eh?

—Eso depende, según a quién se refiera al decir «lo han traído» y al decir «aquí».

Madrespojo hizo un gesto feroz, desplazando un brazo.

—¡Aquí, qué demonios! ¡Los predicadores, los que se desgañitan proclamando el nombre de Cristo!

—Ah —dijo el juez—. Bien, pues si estoy donde empiezo a pensar que estoy, no sé si estoy aquí o no. Pero usted sí que no está aquí, de ninguna manera, ¿no es cierto? —Madrespojo le largó una violenta maldición—. Así es —siguió diciendo el juez—, nunca se nos ocurrió, cuando pasamos todas aquellas tardes sentados en mi despacho, hablando de Voltaire y de Ingersoll, que alguna vez fuésemos a terminar así, ¿verdad? Usted, el ateo al que la sola visión del campanario de una iglesia llenaba de una rabia ciega; yo, que nunca he sabido divorciarme de la razón en la medida suficiente para aceptar siquiera su apacible teoría del nihilismo, con la que tanto trabajo se puede ahorrar.

—¡Que se puede ahorrar trabajo! —exclamó Madrespojo—. Por todos los demonios, que… —maldijo con furia e impotencia. El juez podría estar sonriendo si no fuera por los ojos. Volvió a pegar el cigarrillo.

—¿Tiene usted una cerilla?

—¿Cómo? —dijo Madrespojo. Fulminó con los ojos al juez, con la boca abierta. Se tentó la ropa. Por la violencia del gesto, sujeta en el sobaco se asomó fugazmente la culata de una pesada pistola—. No —dijo—, no llevo.

—Ya —dijo el juez. Lió el cigarrillo apretándolo, la mirada liviana, socarrona—. Pero aún no me ha contado qué es lo que está haciendo aquí. Tenía entendido que usted se…

Madrespojo volvió a despotricar, maldiciendo con todo su enojo.

—Pues no. Solo me suicidé —miró furibundo al juez—. Maldita sea, recuerdo cómo empuñé la pistola; recuerdo la presión de la boca del cañón, fría en la oreja; recuerdo cuando ordené a mi dedo que presionara el gatillo… —miró furibundo al juez—. Pensé que ésa sería una forma de escapar a los predicadores, puesto que según doctrina de la Iglesia… —miró furibundo al juez, los ojos pálidos, al borde de la apoplejía y ofendidos—. En fin, yo ya sé por qué está usted aquí. Ha venido en busca de ese niño.

El juez bajó la mirada con el labio fruncido, el gesto ascendente, hasta los ojos.

—No —dijo a media voz.

Madrespojo lo miró, lo fulminó con la mirada.

—En busca de ese niño. Agnosticismo —lo dijo con un gruñido—. No dirá ni sí ni no hasta que no vea por dónde van los tiros. Siempre a punto para venderse al mejor postor. Por todos los demonios, yo antes hubiera preferido rendirme y morir en santidad, con todos los imbéciles que aúllan al Cielo en veinte kilómetros a la redonda…

—No —dijo el juez a media voz, sin separar los dientes refulgentes, apagados. Se desvanecieron entonces sus dientes en silencio, aunque no alzó la mirada. Volvió a pegar el cigarrillo con gran cuidado—. Parece que aquí hay mucha gente —Madrespojo comenzó a mirarlo con ojos especulativos, paladeando las encías como un desquiciado, detenida su mirada furibunda, clara—. Supongo que además de la mía habrá visto por aquí otras caras conocidas, digo yo. Incluso las de aquellos a los que conocía solo de oídas, ¿no?

—Ah —dijo Madrespojo—, ya entiendo. Ahora ya le entiendo —el juez parecía absorto en su cigarrillo—. Lo que pretende es darles un repaso, ¿no? Pues adelante. Ojalá saque de ellos algo más, ojalá se le pegue a las entrañas un poco más que a mí. Es posible que lo logre, ya que no parece que pretenda usted saber, sino, más bien, encontrar algo que le inspire certeza. Le aseguro que de eso tienen todos ellos más de lo que podría apetecer.

—Quiere decir que ya ha…

Madrespojo volvió a despotricar, a lanzar maldiciones desquiciadas.

—Claro. Con Ingersoll. Con Paine. Con todos esos hijos de la gran puta, con los que perdía el tiempo miserablemente, leyéndoles, cuando más me hubiese valido sentarme a la solana.

—Ah —dijo el juez—. Ingersoll. ¿Es que está...?

—Por supuesto. En un banco, en aquel parque, nada más entrar. Y es posible que sentado en ese mismo banco se encuentre usted al que escribió los libros aquellos de las mujercitas. Si no está ahí, es desde luego donde debería estar.

Así pues, el juez se sentó e hincó los codos en las rodillas, con el cigarro sin encender en los dedos.

—Por lo que veo, se ha reconciliado —dijo. El hombre que según Madrespojo era Ingersoll le miró de perfil y en silencio—. Con este sitio, quiero decir.

—Vaya —dijo el otro, e hizo un gesto seco—. Reconciliado.

El juez no alzó los ojos.

—¿Lo acepta? ¿Lo admite? —parecía absorto en el cigarrillo—. Si al menos pudiera verle, si pudiera hablar con Él... —el cigarrillo daba vueltas, despacio, entre sus dedos—. Es posible que estuviera buscándole a Él. Es posible que estuviera buscándole a Él durante todo el tiempo que dediqué a leer sus libros, y a Voltaire, y a Montesquieu. Es posible, sí —el cigarrillo daba vueltas despacio entre sus dedos—. Yo he creído en usted. En su sinceridad. Me dije que si la Verdad está al alcance del hombre, si el hombre la puede descubrir, este hombre estará entre los que la descubran. Hubo una vez, estando yo desgarrado, presa de ese sufrimiento que produce una herida todavía reciente, que lleva incluso a un hombre inteligente a buscar cualquier remedio, un clavo ardiendo al que agarrarse, en la que fui víctima de una necia pretensión: será usted el primero que se ría, tal como me reí yo al cabo. Pensé que quizás exista una vida allende ésta, tal vez una estación intermedia en el tránsito hacia la nada, en donde al menos durante un momento los hombres menos valiosos puedan hablar cara a cara con hombres como usted, hombres en los que se puede creer, y oír de labios de tales hombres las palabras... «Hay esperanza», o bien «No hay nada». Me dije que en tal caso no sería a Él a quien debiera yo buscar; debiera en tal caso buscar a Ingersoll, a Paine, a Voltaire —observó el cigarrillo—. Deme su palabra. Dígame lo uno o lo otro. Creeré lo que me diga.

El otro miró al juez unos instantes.

—¿Por qué? —dijo al cabo—. Creer... ¿por qué?

El papel del cigarrillo se había vuelto a despegar. El juez volvió a liarlo con esmero, manipulándolo con gran cuidado.

—Verá usted. Yo tenía un hijo. El último que llevó mi apellido, el último de mi linaje. Cuando murió mi esposa vivimos los dos solos, dos hombres en la casa. Mi apellido había merecido todo el respeto, dese cuenta. Yo quería que él fuese un hombre hecho y derecho, digno de mi apellido. Mi hijo tenía un caballo en el que montaba a todas horas. Tengo una fotografía en la que aparece montado en el caballo, la utilizaba para marcar la página de mis lecturas. Muchas veces, mirando esa fotografía, o viéndolos sin que ellos se dieran cuenta, al pasar por delante de la ventana de la biblioteca, me paraba a pensar: «Qué esperanzas cabalgan en lontananza», o bien pensaba en el caballo: «Qué carga soportas a ciegas, mudo animal». Un día me llamaron por teléfono a mi despacho. Lo encontraron enganchado de un estribo, arrastrado por el animal. Nunca llegué a saber si el caballo le había dado una coz o si se desnucó al caer.

Dejó el cigarrillo en el banco, a su lado, y abrió el maletín. Sacó un libro.

—El Diccionario filosófico de Voltaire —dijo—. Siempre llevo un libro encima. Soy un gran lector. Resulta que llevo una vida solitaria, ya que soy el último de la familia y tal vez también porque soy un funcionario republicano en un bastión demócrata. Soy juez federal, juez de un distrito de Mississippi. El padre de mi esposa era republicano. Creo firmemente —añadió de corrido— que los dogmas del partido republicano son los mejores para el país. Tal vez no lo crea usted, pero a lo largo de estos últimos quince años mi único compañero en lo intelectual ha sido un ateo furibundo, casi analfabeto, que no solo se mofa de la lógica y la ciencia, sino que además tiene un inconfundible olor corporal. A veces, sentado con él en mi despacho, en una tarde de verano, una tarde lluviosa, he llegado a pensar que si el restablecimiento de la fe sirviera para eliminar el prejuicio que tiene en contra del aseo personal, tendría yo sobrada justificación en llegar a ese extremo —sacó una fotografía del libro y se la tendió—. Éste era mi hijo.

El otro miró la fotografía sin mover un dedo, sin ofrecerse a tomarla. En la cartulina desvaída, sepia, un niño de diez años, bien erguido sobre el caballo, los miraba con reposada y solemne altivez.

—Montaba prácticamente a todas horas. Hasta a la iglesia iba a caballo (yo entonces iba a la iglesia con asiduidad. Todavía voy de vez en cuando). En el coche había que llevar a un mozo de cuadra para… —

miró la fotografía con aire meditabundo—. Cuando murió su madre no me volví a casar. Mi madre estuvo siempre enferma, impedida. Podía convencerla con facilidad. De cualquier cosa. En ausencia de mis tías no me costaba convencerla de que me dejara salir descalzo al jardín, con dos de las criadas domésticas para que estuvieran alerta por si llegaban mis tías. Volvía yo a la casa con mi virilidad triunfante, reivindicada, hasta entrar en el cuarto en que me esperaba ella. Y entonces me enteraba de que por cada mota de polvo que daba gusto a las plantas de mis pies pagaría ella con un segundo de su vida. Y nos pasábamos el rato sentados a la puesta de sol, como dos niños, cogida ella de mi mano y llorando en silencio, hasta que entraban mis tías con la lámpara. «Vamos, Sophia, vamos. No me digas que estás llorando otra vez. A ver: ¿qué le has permitido hacer, qué es lo que te ha obligado a aceptar?». Murió cuando yo tenía catorce años; tenía veintiocho hasta que me reafirmé y tomé por esposa a quien yo quise; tenía treinta y siete cuando nació mi hijo —miró la fotografía con los ojos entornados, acunados en dos delicadas hamacas formadas por una miríada de arrugas, finas como las de un grabado—. Montaba a caballo a todas horas. De ahí que los dos salgan en la fotografía, pues eran inseparables. He utilizado esta fotografía para marcar la página de los volúmenes impresos en los que puede rastrearse mi linaje y el suyo a lo largo de diez generaciones, en los anales de la historia de Norteamérica, de modo que a medida que iban pasando las páginas era como si con mis propios ojos lo viera cabalgar en carne y hueso por el largo camino que su carne y sus huesos han recorrido antes de que fuera el suyo —sostuvo la fotografía. Con la otra mano tomó el cigarrillo. El papel se había vuelto a despegar: lo sostuvo en alto y se quedó inmóvil, como si no se atreviese a levantarlo un poco más—. Y le doy mi palabra: le creeré.

—Vaya en busca de su hijo —dijo el otro—. Vaya en su busca.

El juez no movió ni un dedo. Con la fotografía en una mano y el cigarrillo que se deshacía en la otra, permaneció completamente inmóvil. Parecía estar sentado en una suerte de suspensión aterradora, sin respirar.

—¿Y encontrarlo? ¿Encontrarlo?

El otro no contestó. El juez entonces se volvió a mirarlo y el cigarrillo cayó entonces deshecho; las hebras de tabaco llovieron sobre su zapato lustroso, reluciente.

—¿Ésa es su palabra? Creeré, se lo aseguro —el otro permanecía sentado, sin forma, grisáceo, sedentario, casi anodino, cabizbajo—. Vamos. No puede quedarse con eso. No puede.

Por el sendero, ante ellos, pasaba gente constantemente. Pasó una mujer con un niño en brazos y una cesta, una mujer joven, con una capa sencilla, desgastada, cepillada. Se volvió hacia el hombre del que Madrespojo dijo que era Ingersoll con una cara sencilla, luminosa, agradable de ver, y le habló con voz agradable, tranquila. Miró entonces al juez con ojos agradables, una mirada sincera, sin osadía, sin timidez, y siguió hablando.

—Vamos. No puede. No puede usted.

El juez se quedó atónito, el rostro del todo inexpresivo. A la vez que hablaba se le vació el rostro de toda expresión. Repitió «no puede, es que no puede», en un tono consternado, meditabundo.

—No puede —dijo—. ¿Quiere decir que no puede darme su palabra, no puede decirme nada? ¿Quiere decir que no lo sabe? ¿Quiere decir que usted no lo sabe? ¿Usted? ¿Robert Ingersoll? ¿Ingersoll, nada menos? —el otro no se movió—. ¿Me está diciendo Robert Ingersoll que durante veinte años me he apoyado en un junco que no era más fuerte que yo mismo?

El otro siguió sin levantar los ojos.

—Ya ha visto a esa mujer joven que acaba de pasar de largo con un niño en brazos. Sígala. Mírele a la cara.

—Una mujer joven. Con un… —el juez miró al otro—. Ah, entiendo. Sí, de acuerdo; miraré al niño y le veré las cicatrices. Y luego miro a la cara a la mujer. ¿Es eso? —el otro no respondió—. ¿Ésa es su respuesta? ¿Es su última palabra? —el otro no se movió. El juez frunció el labio. Con ese movimiento ascendente entrecerró los ojos como si la tristeza, la desesperación, hubiera provocado una llamarada en un último instante, como una llama que se extingue, dejando sobre su semblante un relumbre final, desdibujado, en una mueca apenas perceptible, una mordedura de los dientes apagados, muertos. Se puso en pie y guardó la fotografía en el maletín—. Y éste es el hombre que dice haber sido Robert Ingersoll —por encima de los dientes se le contrajo el rostro en esa expresión que podría haber sido una sonrisa de no ser por los ojos—. No es la prueba que buscaba. Entre todos los hombres, precisamente yo soy quien sabe que la prueba no es sino falacia inventada por el hombre para justificarse y justificar a sus semejantes en su grosera lujuria y en su necedad. No era la prueba que buscaba —con el bastón y el maletín sujetos bajo el brazo, lió otro cigarrillo fino—. Desconozco quién es usted, pero no creo que sea Robert Ingersoll, la verdad. Es posible que ni siquiera si lo fuese pudiera yo reconocerlo. De todos modos, existe cierta consistencia integral que, sea buena o mala, un hombre siempre tendrá que atesorar, porque solo esa consistencia le permitirá morir un día. Así pues, lo que he sido soy; lo que soy seré hasta que llegue el instante en que no sea. Y entonces nunca habré sido. ¿Cómo era aquello? Non fui. Sum. Fui. Non sum.

Con el cigarrillo sin encender entre los dedos, pensó al principio que seguiría su camino. Pero en cambio se detuvo y miró al niño. Estaba sentado en el sendero, a los pies de la mujer, rodeado por minúsculas efigies de hombres, de plomo, unas de pie, otras tendidas. La cesta, volcada y vacía, se encontraba a su lado. El juez vio entonces que las figuras eran soldados romanos en distintos estados de descuartizamiento —a unos les faltaba la cabeza, a otros los brazos, a otros las piernas—, esparcidos en derredor, tendidos boca abajo, de pie, alerta, con una actitud marcial, inescrutable, vencida, en medio del polvo blando e inescrutable. En el centro exacto de los pies del niño, en el arco, había una pequeña cicatriz. Y había una tercera en la palma de la mano expuesta, y al mirarlo el juez con desconcierto y sosiego y socarronería cuando el niño derribó de un manotazo el resto de las figurillas vio la cuarta cicatriz. El niño comenzó a llorar.

—Ssshh —dijo la mujer. Alzó los ojos y miró al juez; se arrodilló y puso en pie los soldaditos. El niño seguía llorando, la cara sucia a chorretones; lloraba con fuerza, sin pasión, sin lágrimas—. ¡Mira! —dijo la mujer—. ¿Lo ves? ¡Mira, aquí! ¡Aquí está también Pilatos! ¡Míralo! —el niño dejó de llorar. Sin haber derramado una sola lágrima, se encontraba en medio del polvo del sendero, mirando a los soldados con una expresión tan inescrutable como la de ellos, en suspenso, solemne como un concejal, reservado. Volvió a derribar a los soldados con el canto de la mano—. ¡Ahí lo tienes! —dijo ella con voz luminosa, con cariño—. ¿Lo ves? —el niño permaneció sentado unos instantes más; luego se echó a llorar de nuevo. Ella lo tomó en brazos y se sentó en el banco, acunándolo, mirando al juez—. Ya, ya —decía—. Ya está, ya pasó.

—¿Está enfermo? —preguntó el juez.

—No, no. Solo está cansado de los juguetes que tiene, a los niños les suele suceder —mecía al niño con gesto de afecto, sin asomo de preocupación—. Ya está, ya está —le decía—. Que te está viendo este caballero…

El niño seguía llorando.

—¿Es que no tiene otros juguetes? —preguntó el juez.

—Oh, sí, claro. Tiene tantos que ni me atrevo a ir por la casa a oscuras. Pero los que más le gustan son los soldaditos. Se los regaló un anciano caballero que ha vivido aquí mucho tiempo, según dicen, y que es bastante rico. Un anciano caballero de bigote blanco, con esos ojos saltones que suelen tener los que han comido más de la cuenta. Yo ya se lo dije. Tiene un lacayo que le lleva el paraguas y el abrigo y la manta de viaje, y a veces se pasa más de una hora sentado aquí con nosotros, charlando, aunque respira con dificultad. Siempre le trae un caramelo o alguna cosa —miró al niño con rostro pensativo y sereno; lloraba sin cesar. Socarrón, desconcertado, el juez se puso en pie mirando los pies sucios del niño, las cicatrices. La mujer alzó los ojos y siguió su mirada—. Ah, le está mirando las cicatrices, se está preguntando cómo se las hizo, ¿no es eso? Se las hicieron los otros niños un día en que estaban jugando. No se dieron cuenta de que le iban a hacer daño, claro está. Supongo que les sorprendió tanto como a él. Ya sabe cómo son los niños cuando se quedan callados mucho tiempo.

—Sí —dijo el juez—. Yo también tuve un hijo.

—¿No me diga? ¿Y por qué no lo trae aquí? Nos pondríamos muy contentos, de veras, si viniese a jugar con nuestros soldaditos.

Los dientes del juez despidieron un brillo apagado.

—Me temo que ya es mayor para esos juguetes —tomó la fotografía del maletín—. Vea, éste era mi hijo.

La mujer tomó la fotografía. El niño lloraba sin cesar, con fuerza.

—Anda, si es Howard. Si lo vemos todos los días… Pasa por aquí montado a caballo todos los días. A veces se detiene y nos deja montar un poco. Yo voy caminando a su lado, para sostenerlo —añadió alzando los ojos. Le mostró la fotografía al niño—. ¡Mira! ¡Es Howard en su caballo! ¿Lo ves? —sin dejar de llorar, el niño contempló la fotografía, el rostro a chorretones de lágrimas y suciedad, con expresión distante, en suspenso, como si viviese en dos vidas distintas, desgajadas, al mismo tiempo. Ella le devolvió la fotografía—. Supongo que lo estará buscando usted…

—Ah —dijo el juez sin separar los dientes momentáneos. Colocó la fotografía con cuidado en el maletín, el cigarro sin encender entre los dedos.

La mujer cambió de postura en el banco, recogiendo las faldas en señal de invitación.

—¿No quiere sentarse? Aquí es seguro que lo verá pasar.

—Ah —volvió a decir el juez. La miró socarrón, con los ojos nublados de los viejos—. Es así, ya lo ve. ¿Y dice que siempre viene montado en el mismo caballo?

—Sí, claro —ella lo miró sorprendida, pero serena, seria.

—¿Y cuántos años diría que tiene el caballo?

—Bueno, yo… Diría que es del tamaño que le corresponde.

—Así que debe de ser un potro aún joven…

—Sí, claro —lo miraba con los ojos muy abiertos.

—Ah —dijo el juez sin separar aún los dientes, débiles y quietos. Cerró el maletín con cuidado. Del bolsillo sacó medio dólar—. A lo mejor también se ha cansado de los soldaditos. A lo mejor con esto…

—Gracias —dijo ella. No volvió a mirar la moneda—. Tiene usted una expresión muy triste. ¿Lo ve? Cuando cree estar sonriendo es aún más triste que nunca. ¿Es que no se encuentra bien? —le miró la mano, que tenía extendida. No había hecho ademán de tomar la moneda—. La perdería, entiéndalo. Y es tan bonita, tan brillante… Cuando sea mayor podrá jugar con estas cosas tan chiquitas, pero es que ahora aún es pequeño, entiéndalo.

—Entiendo —dijo el juez. Se guardó la moneda en el bolsillo—. Bueno, entonces creo que…

—Espere aquí con nosotros. Siempre pasa por aquí. Así lo encontrará antes, se lo aseguro.

—Ah —dijo el juez—. Y a caballo, siempre en el mismo caballo. Así las cosas, el caballo tendría ahora… treinta años. Ese caballo murió cuando tenía dieciocho, tras seis años sin que lo montara nadie, seis años que pasó en mis tierras. De eso hace doce años. En fin, mejor será que siga mi camino.

Y de nuevo fue harto desagradable. Tendría que haberlo sido por partida doble, con la estrechez de la entrada y el hecho de que si bien antes caminaba en la misma dirección que el resto, ahora tuvo que abrirse paso palmo a palmo en sentido inverso al de los demás. «Pero al menos ahora sé adónde voy —pensó con el sombrero aplastado en la cabeza, el peso del bastón y el maletín tirándole de ambos brazos—, cosa que antes no parece que supiera». Por fin estaba libre, y al mirar el reloj del juzgado, como nunca dejaba de hacer al bajar las escaleras de su despacho, vio que disponía de una hora entera antes de que la cena estuviera lista, antes de que los vecinos reparasen en que, como siempre, había pasado marcando la hora exacta.

«Me queda tiempo para ir al cementerio», pensó, y al mirar la excavación reciente, abierta como una herida, maldijo nervioso y molesto, pues algunos de los terrones arrancados habían caído sobre la losa de mármol que estaba al lado.

—Maldito sea ese Pettigrew —dijo—. Tendría que haberse ocupado de esto. Le dije que quería que las dos estuvieran tan cerca como fuera posible, pero supuse que al menos velaría... —arrodillado, trató de retirar los terrones caídos sobre la losa. Pero quedaba más allá de sus fuerzas todo lo que no fuera limpiar el trozo que parcialmente ocultaba las letras: «Howard Allison II. 3 de abril de 1903 – 22 de agosto de 1913», y la inscripción callada, en letra gótica, al pie: Auf Wiedersehen, Chiquillo. Siguió alisando, acariciando las letras cuando despejó del todo la tierra, con el rostro desconcertado y tranquilo, mientras hablaba con el hombre del que dijo Madrespojo que era Ingersoll—. Dese cuenta: si pudiera creer que lo volveré a ver, que lo volveré a tocar, no lo habré perdido. Y si no lo hubiera perdido, nunca lo habría tenido. Porque ya he pasado por la pérdida y el dolor de la pérdida, y si soy es por ese dolor. No sé lo que era ni lo que seré. Pero por la muerte sé lo que soy. Y ésa es toda la inmortalidad de la que es capaz el intelecto, toda la que debiera desear la carne. Cualquier otra cosa es para los campesinos, los zoquetes que nunca hubieran amado a un hijo en la medida suficiente para haberlo perdido —se le quebró el semblante en una miríada de arrugas, socarrón, desconcertado, mientras pasaba la mano con suavidad sobre las letras—. No. No tengo necesidad de eso. Yacer a su lado será para mí suficiente. Habrá una muralla de polvo entre nosotros, es verdad, y él ya es polvo al cabo de estos veinte años. Pero algún día también yo seré polvo. Y... —habló con más firmeza, sosegado, con aire triunfal— ¿quién es el que afirmará que ha de haber una red de carne y hueso que contenga entera la forma del amor?

Se había hecho tarde. «Es probable que estén retrasando los relojes en este mismo instante», pensó a la vez que caminaba por la calle hacia su casa. Ya tendría que llegarle a los oídos el rumor del cortacéspedes. Y en el instante de exasperación que tuvo con Jake reparó en la hilera de automóviles aparcados ante la cancela de su casa, y tuvo una prisa repentina, pero no tanta que, al mirar de nuevo el vehículo que se hallaba en cabeza, se abstuviera de proferir una nueva maldición.

—¡Maldito sea Pettigrew! Le dije en presencia de testigos, cuando firmé mi testamento, que no estaba dispuesto a que me llevasen por medio Jefferson con los pies por delante y a sesenta kilómetros por hora. Que si no era capaz de encontrarme un par de caballos adecuados... ganas me están entrando de volver y no dejarle en paz, como sin duda querría Jake que hiciera.

Pero las prisas, la urgencia, se habían adueñado de él. Presuroso, llegó a la puerta de atrás (reparó en que el césped estaba recién cortado con esmero, como si Jake lo hubiera hecho ese mismo día) y entró. Le llegó entonces el tenue olor de las flores y oyó la voz; tuvo el tiempo justo de quitarse el abrigo y el pijama y de dejarlos colgados en perfecto orden, en el armario, y de atravesar el vestíbulo, adentrarse donde era más denso el aroma a flores recién cortadas y el rezongar de la voz y vestirse a toda prisa. Su ropa estaba recién planchada, y también tenía la barba recién afeitada. No obstante, las ropas y la cara eran las suyas, y se embutió en ese abrazo antiguo y familiar que ninguna plancha podría trastornar, con la misma ansiedad lasciva con que acomodaba sus extremidades a las ropas de cama en una noche de invierno.

—Ah —dijo al hombre del que Madrespojo dijo que era Ingersoll—, esto a fin de cuentas es lo mejor de todo. Un viejo nunca está del todo en casa si no es con sus propias prendas: con su vieja forma de pensar y sus creencias, con sus manos y sus pies de toda la vida, con los codos, las rodillas, los hombros que bien sabe que le sientan bien.

Se esfumó la luz entonces con un sonido ahuecado, en sordina, tenue, decoroso, que por un instante comprimió encima de él ese olor tenebroso y macabro de las flores cortadas, aniquiladas; al mismo tiempo, cobró conciencia de que había dejado de oír la voz que antes rezongara. «Y en mi propia casa —pensó, esperando a que se desvaneciera el olor de las flores—, y en cambio ni una sola vez me he parado a pensar quién hablaba, ni cuándo calló». Oyó o percibió entonces el decoroso restregar de los pies en el suelo a su alrededor, y yació a oscuras, en una oscuridad angosta, las manos recogidas sobre el pecho al dormir, como en el sueño de antaño, a la espera del momento. Llegó. Y habló en tono reposado, en voz alta, socarrón, con sorna incluso, en paz, como hacía cada noche en cama, en su cuarto solitario ya apacible, cuando por fin una expiración plena vaciaba su cuerpo de todo resto del estar en vela, y durante menos de lo que dura un instante le parecía mirar en derredor desde el umbral del sueño: «Caballeros del jurado, procedan».

DIVORCIO EN NÁPOLES

I

Estábamos sentados en una mesa dentro: Monckton y el contramaestre y Carl y George y yo además de las mujeres, tres mujeres de esa clase abyecta y vistosa, con muchos oropeles, que los marinos conocen o conocen a los marinos. Nosotros hablábamos en inglés y ellas no hablaban nada. De esa manera conseguían hablarnos sin cesar, por encima y por debajo del rumor de nuestras voces y en una lengua más antigua que todo lenguaje del que exista constancia y también más antigua que el tiempo mismo. Más antigua en cualquier caso que los treinta y cuatro días de travesía marítima que acabábamos de concluir. Las mujeres en italiano, los hombres en inglés, como si la lengua fuera acaso la diferencia de sexo y el funcionamiento de las cuerdas vocales marcase el compás de espera de la paciencia interior hasta que llegase con el anochecer la hora de aparearse. Los hombres en inglés, las mujeres en italiano: un decoro como el de dos arroyos paralelos, separados por un dique solo un rato.

Hablábamos de Carl con George.

—Y entonces ¿por qué lo has traído? —preguntó el contramaestre.

—Eso —dijo Monckton—. Yo al menos nunca traería a mi mujer a un sitio como éste.

George insultó a Monckton: no con una palabra, ni con una frase, sino con un párrafo entero. Era griego, grande y muy moreno; a Carl le sacaba una cabeza; tenía las cejas como dos cuervos superpuestos en pleno vuelo. Nos insultó a todos de inmediato y a conciencia, en un anglosajón clásico y sin tacha apenas, de una elocuencia que en otras ocasiones funcionaba en el vocabulario de un bastardo de ocho años, procreado digamos que por una cómica de vodevil y un caballo.

—Pues sí, señor —dijo el contramaestre. Fumaba un cigarro puro hecho en Italia y bebía cerveza de jengibre, del mismo vaso, a la sazón, al que llevaba unas dos horas enganchado, y que debía de tener a esas alturas la temperatura del agua de ducha en un barco—. Tampoco yo traería a mi chica a un antro como éste, ni siquiera si fuese un menda y llevara pantalones.

Entre tanto, Carl no había movido un pelo. Permanecía sentado y sereno entre nosotros, la cabeza redonda, rubia, los ojos redondos, como un bebé sofisticado y guarecido a su manera del ruido, de los oropeles, con un vaso de cerveza italiana no muy fuerte, las mujeres murmurando unas con otras y mirándonos a nosotros y luego a Carl con esa sagacidad pacienzuda e inescrutable con que tantas cosas saben de antemano, aunque no parezcan sabedoras de que la poseen.

—È innocente —dijo una. Volvieron los murmullos entre ellas, que contemplaban a Carl con ojos huidizos y reflexivos.

—Es muy capaz de haberos engañado sin que os enteréis —dijo el contramaestre—. Se os podría colar por un ojo de buey en cualquier momento a lo largo de estos tres años.

George fulminó con la mirada al contramaestre, la boca abierta y lista para insultar. Pero no lo hizo, no maldijo siquiera. En cambio miró a Carl sin cerrar la boca. La cerró despacio. Todos miramos a Carl. Bajo nuestras miradas, levantó el vaso y bebió con intención contenida.

—¿Sigues siendo puro? —dijo George—. Es decir, pues claro que sí, digo yo.

Ante nuestros siete pares de ojos, Carl vació el vaso de cerveza floja, amarga, de tres grados.

—Llevo tres años en el mar —dijo—. Por toda Europa.

George lo miró con ojos encendidos, con cara de desconcierto, ofendido. Se acababa de afeitar; tenía la mandíbula azulada, tensa, plana y dura como la de un boxeador de primera o un pirata, hasta la raíz del cabello negrísimo. Era el segundo cocinero de a bordo.

—Eres un maldito cabronazo y un embustero de mierda —dijo.

El contramaestre levantó el vaso de cerveza de jengibre en una réplica exacta del gesto con que había bebido Carl. Con firmeza, con toda intención, vertió la cerveza de jengibre por encima de su hombro derecho, a la velocidad exacta con que hubiera tragado, con el mismo aire que se había dado Carl, de fanfarrón cosmopolita y serio. Dejó el vaso en la mesa y se puso en pie.

—Vámonos —nos dijo a Monckton y a mí—. Si nos vamos a pasar la noche en el mismo sitio, igual da que la pasemos a bordo.

Monckton y yo nos levantamos. Él fumaba una pipa corta. Una de las mujeres era suya, otra era del contramaestre. La tercera tenía muchos dientes de oro. Podría tener unos treinta años, pero seguramente no era el caso. La dejamos con George y Carl. Cuando me volví a mirar desde la puerta, el camarero les estaba sirviendo más cerveza.

II

Se enrolaron juntos en Galveston, George con un gramófono portátil y un paquete pequeño, envuelto, en el que se veía el sello de una conocida tienda de baratillo, y Carl cargado con dos abultadas maletas de similicuero, que daban la impresión de pesar más de veinte kilos cada una. George se apropincuó dos literas, una encima de la otra, como si fuera un vagón de ferrocarril, al tiempo que insultaba a Carl con una voz ronca, concatenada, en la que se le desdibujaban las uves y las erres, y dándole órdenes como a un negro, mientras Carl colocaba sus efectos con la meticulosidad de una criada vieja, sacando de una de las maletas una pila de chaquetillas de servicio, de dril, recién lavadas, que debían de ser en total una docena. Durante los treinta y cuatro días que siguieron —él era el camarero del comedor de oficiales— vistió una limpia en cada una de las comidas que sirvió, y siempre tenía dos o tres recién lavadas, puestas a secar en la toldilla de popa. Y a lo largo de treinta y cuatro noches, en cuanto se cerraba la cocina, los veíamos a los dos en pantalón y camiseta, bailando las canciones que sonaban en el gramófono, en cubierta, encima de una bodega cargada hasta reventar de algodón de Texas y resina de Georgia. No tenían más que un disco, que estaba rayado, y cada vez que se encasquillaba la aguja, George daba un pisotón en cubierta. No creo que ninguno de los dos fuera consciente de que así lo hacía.

Fue George quien nos habló de Carl. Carl tenía dieciocho años y era de Filadelfia. Los dos la llamaban «Philly»: George en tono de quien se refiere a una propiedad, como si él hubiese creado Filadelfia con el fin de que existiera Carl, aunque luego resultó que George no había descubierto a Carl hasta que Carl ya llevaba un año de trabajo en el mar. Y el propio Carl contó parte de la historia: era el cuarto o quinto hijo de una primera generación de carpinteros de ribera oriundos de Escandinavia, criados en una pequeña casa de madera, idéntica a todas las demás de la hilera, a corta distancia en tranvía de la orilla del mar, gracias a los buenos oficios de una madre o de una hermana mayor; a los quince años de edad, cuando seguramente ni siquiera pesaba cuarenta kilos, algún antepasado que mucho tiempo llevaba sacudiendo los huesos en el fondo del mar (o acaso olvidado en el dique seco por puro accidente, tras lo cual se tornó inquieto a fuerza de calma y tranquilidad) lo había devuelto de bruces al antiguo sueño, a la antigua brega sin descanso, tres o tal vez cuatro generaciones después.

—Yo era un crío —nos contó Carl, que aún había de sentir o tener la necesidad de un afeitado—. Había pensado en cualquier cosa, salvo en hacerme a la mar. Pensé que sería jugador de béisbol o tal vez boxeador de primera. En las paredes había fotografías de unos y de otros, claro, y las veía cuando la hermana me mandaba a la taberna de la esquina, a buscar al viejo, los sábados por la noche. Dios, me quedaba plantado en la calle y los veía entrar, veía sus piernas por debajo de la puerta, los oía, olía el serrín del suelo y veía las fotografías en las paredes, en medio del humo. Yo era un crío, ya se ve. No había ido a ninguna parte.

Preguntamos a George cómo había encontrado plaza en un barco, así fuese de camarero, con una estatura que no alcanzaba el metro sesenta y un careto que le hubiera valido para ir de monaguillo detrás de la custodia, por el pasillo de la iglesia, o para mirar la iglesia desde una de las vidrieras.

—¿Y por qué no iba a hacerse a la mar? —dijo George—. ¿No estamos en un país libre? Aunque no sea más que un camarero de tres al cuarto —nos miró a la cara muy serio—. Es virgen, ¿o es que no se ve? ¿No sabéis lo que eso significa? —nos explicó lo que significaba. Saltaba a la vista que no mucho antes alguien le había explicado lo que significaba, le había explicado lo que era él, si es que alcanzaba a recordar algo tan antiguo, y creyó que tal vez nosotros no sabíamos cómo es el hombre, o acaso creyó que era una palabra nueva que se acababan de inventar. Así que nos explicó lo que significaba. Fue durante la primera guardia de noche; estábamos en popa, después de cenar, a dos días de Gibraltar, oyendo a Monckton hablar de las coliflores. Carl se estaba duchando (se duchaba siempre después de recoger el comedor al terminar la cena. George, que solo cocinaba, no se bañaba nunca hasta que estábamos en puerto y recibíamos el certificado de atraque asegurando que el barco no estaba en cuarentena) y George nos explicó lo que significaba.

Y se puso a despotricar. Insultó y maldijo a mansalva durante un buen rato.

—Bueno, George —le dijo el contramaestre—. Tú supón que lo fueras. ¿Y entonces? ¿Qué harías, eh?

—¿Qué haría yo? —dijo George—. Más bien querrás decir… qué no haría yo —todavía despotricó un rato más sin descanso—. Es como el primer cigarro de la mañana —dijo—. A mediodía, cuando recuerdas a qué te supo, cómo te encontrabas en el momento de ver cómo se arrimó la llama a la punta, y cuando con la primera calada... —despotricó, maldijo un buen rato sin personalizar, como si salmodiase.

Monckton lo miraba sin escuchar, atento a su pipa, cuidándola.

—Caramba, George —le dijo—, anda con ojo, que vas por el camino de terminar hecho un poeta.

A bordo teníamos un grumetillo, un chaval que se enroló en el muelle de las Antillas; se me olvida cómo se llamaba.

—¿Tú a eso le llamas labia? —dijo—. Pues tendrías que haber oído cómo se las gastaba aquel oficial, cómo le daba a la sinhueso cuando se metía en el castillo de popa y se encaraba con los malditos portugueses. Qué manera de insultar la suya...

—Monckton no se refería al lenguaje, botarate —dijo el contramaestre—. Cualquiera sabe despotricar y maldecir —miró a George—. No te vayas a pensar que eres el primero que tiene ganas de una cosa así, George, de que algo que tiene que ser sea un fue porque no sabes lo que eres cuando lo eres —y parafraseó sin saberlo, y con acierto imposible de reproducir en letra impresa, el epigrama de Byron a propósito de las bocas de las mujeres—. ¿Se puede saber con qué fin lo reservas? ¿A ti de qué te valdrá cuando deje de serlo?

George maldijo y nos miró de hito en hito, desconcertado y ofendido.

—A lo mejor Carl está dispuesto a que George lo lleve de la mano cuando llegue la hora —dijo Monckton. Sacó una cerilla del bolsillo—. Como iba diciendo, se toman las coles de Bruselas...

—Cuando lleguemos a Nápoles tendrás que conseguir que el capitán lo ponga en cuarentena —dijo el contramaestre.

George maldijo otra vez.

—Lo dicho: se toman las coles de Bruselas... —dijo Monckton.

III

Aquella noche nos llevó algún tiempo tanto ponernos en marcha como acomodarnos. Monckton y el contramaestre y las dos mujeres y yo visitamos otros cuatro cafés, cada uno idéntico a los demás e igual que el primero, donde dejamos a George y a Carl: la misma música, los mismos clientes, las mismas bebidas coloreadas y flojas. Las dos mujeres nos acompañaron, vinieron con nosotros sin ser de los nuestros, contemplativas y aquiescentes, diciendo de continuo y con paciencia, sin palabras, que era hora de irse a la cama. Al cabo de un rato los dejé y me volví al barco. George y Carl no estaban a bordo.

A la mañana siguiente tampoco estaban allí, al contrario que Monckton y el contramaestre, y el cocinero y el camarero despotricaban y maldecían en la cocina; parece que el cocinero tenía planeado pasar el día en tierra. Tuvieron que quedarse a bordo todo el día. Mediada la tarde subió a bordo un hombre más bien menudo, con el traje no muy limpio, con pinta de ser uno de esos estudiantes matriculados en Columbia que todas las mañanas toman el metro del East Side llegados de los alrededores de Chatham Square. No llevaba sombrero; el pelo se lo había cepillado para atrás y lo llevaba engominado. No se había afeitado recientemente; hablaba inglés con un acento grato de oír, despectivo, enseñando bien los dientes. Pero había dado con el barco y traía una nota de George escrita en el margen de una hoja de periódico sucia. Así supimos del paradero de George. Estaba en chirona.

De todos modos, el camarero no había dejado de maldecir en todo el día. Tampoco paró entonces. Se fue con el recadero a visitar al cónsul. Regresó poco después de las seis, con George. No daba la impresión de que George se hubiese emborrachado; parecía aturdido, callado; tenía el pelo revuelto y una sombra de barba en las mejillas. Fue derecho a la litera de Carl y comenzó a retirar las colchas y sábanas que éste dejaba meticulosamente colocadas en las literas, una por una, como un viajero que examinase una cama en un hotel de tercera clase de los que abundan por Europa, como si contase con hallar a Carl escondido entre ellas.

—¿En serio que no ha vuelto? —dijo—. ¿Me estáis diciendo que no ha vuelto en absoluto?

—Por aquí no le hemos visto el pelo —dijimos a George—. El camarero tampoco lo ha visto. Pensamos que estaba contigo en chirona.

Comenzó a colocar de nuevo las colchas y sábanas, es decir, hizo el intento de ponerlas una por una sobre la cama de un modo desatento, como si no fuera consciente de lo que hacía, como si no lo sintiera.

—Siempre se piran —dijo en tono apagado—. Siempre me dan esquinazo. Nunca pensé que fuese a hacerlo. Nunca creí que fuese capaz de dármela con queso, y menos de esta forma. Tuvo que ser por ella. Tuvo que ser ella la que le obligó. Bien sabía ella lo que era él, y cómo yo... —se echó a llorar en silencio, de un modo apagado, desatento—. Tuvo que haber estado con ella en todo momento, con la mano en su regazo. Y yo nunca sospeché nada. Ella no hacía más que arrimar la silla a la que él ocupaba. Pero yo confiaba en él. Nunca sospeché nada. No pensé que fuese a hacer nada serio sin preguntarme primero, y menos aún... Yo confiaba en él.

Parece ser que el fondo del vaso, cuando George lo vio por fin, había distorsionado las formas lo suficiente para crear en George la ilusión de que Carl y la mujer estaban bebiendo al igual que él, de un modo serio, dedicado, pero célibe. Los dejó sentados a la mesa y se fue al retrete, en la parte de atrás del café; más bien, según dijo, de pronto cayó en la cuenta de que estaba en el retrete y comprendió que era hora de volver, de pronto preocupado no por lo que pudiera suceder en su ausencia, sino por la ausencia misma, por no estar él presente en sus tejemanejes, según le llevó a colegir la visita al retrete. Así pues, volvió a la mesa sin alarma todavía, solo un tanto preocupado, acaso divertido. Dijo que se lo estaba pasando en grande.

Así que en un primer momento creyó que se lo estaba pasando tan en grande que no pudo encontrar su mesa. Dio con la que creía que era la suya, pero estaba vacía: solo había tres pilas de platillos, de modo que dio una vuelta por el café, aún divertido con la situación, aún pasándolo en grande; seguía disfrutando de lo lindo cuando se plantó en medio de la pista de baile y, asomando la cabeza por encima de los que estaban bailando, dio un grito a voz en cuello: «¡Ah del Porteus!». Y siguió dando voces hasta que un camarero que hablaba inglés se lo llevó hasta la misma mesa desierta en la que estaban las tres pilas de platillos y los tres vasos vacíos, en uno de los cuales reconoció el suyo.

Pero todavía estaba disfrutando de lo lindo, aunque tal vez ya no tanto, creyéndose víctima de una broma de mal gusto primero por parte del establecimiento, y parece ser que debió de armar cierto alboroto, y que ya no se lo estaba pasando tan bien al verse en el centro de un grupo cada vez más nutrido de camareros y clientes.

Cuando al fin entendió y aceptó la cruda realidad de que se habían marchado sin él, tuvo que sentarle fatal: la ofensa, la desesperación, la sensación del tiempo transcurrido, una ciudad desconocida en plena noche, en la que era necesario encontrar a Carl, y cuanto antes, si es que pretendía servirle de algo. Quiso marcharse, atravesar la barrera del gentío apiñado en derredor, sin pagar la cuenta. No es que no quisiera apoquinar; es que no tenía tiempo. Si encontrase a Carl en menos de diez minutos, de buena gana regresaría y pagaría el doble de lo adeudado. No me cabe duda.

Así las cosas lo retuvieron, al americano despavorido, sujeto por un cordón de camareros y clientes —hombres y mujeres por igual—, y él se dedicó a sacar a puñados las monedas que llevara en los bolsillos y a dejarlas tintinear al caer contra el suelo de baldosas. Dijo que aquello fue como si le cosiera las piernas a mordiscos una jauría: camareros, clientes, hombres y mujeres, todos a cuatro patas y peleándose por las monedas que rodaban por el suelo, y George dando pisotones a diestro y siniestro, empeñado en espantar las manos de todos ellos.

Se encontró en el centro de un círculo bruscamente ensanchado, jadeando, y con dos Napoleones con espada y guantes de portadores de féretros y sombreros con penacho de caballeros de la orden de Pythias, uno a cada lado. No sabía qué había hecho; solo sabía que estaba arrestado por las fuerzas del orden. Hasta que llegaron a la Prefectura, donde había un intérprete, no se enteró de que era un preso político, puesto que había insultado gravemente a su majestad el rey al pisotear la efigie del monarca inscrita en una moneda. Lo metieron en un calabozo de doce metros cuadrados con otros siete presos políticos, uno de los cuales era el recadero.

—Me quitaron el cinturón y la corbata y los cordones de los zapatos —nos relató en tono apagado—. En el calabozo no había otra cosa que un barril atornillado en medio del suelo y un banco de madera que recorría por entero las paredes. Supe nada más verlo para qué estaba ahí el barril, puesto que lo llevaban usando con ese fin desde hacía bastante tiempo. Uno tenía que dormir en el banco cuando ya no pudiera permanecer en pie ni un minuto más. Cuando me agaché a mirarlo de cerca, aquello fue como mirar la calle 42 desde una avioneta. Aquello parecía un enjambre de taxis amarillos. Fui entonces a servirme del barril. Pero lo hice con la parte de mí con la que no estaba previsto que se utilizara.

Nos habló del recadero. Es cierto que la Desesperanza, como la Pobreza, cuida de los suyos. Allí estaban los dos: el italiano que no hablaba ni palabra de inglés y George, que apenas hablaba ninguna lengua, y que no sabía ni papa de italiano. Eran las cuatro de la madrugada poco más o menos. Pero con las primeras luces del alba George había localizado al único de los siete que podría servirle de algo y que acaso lo haría.

—Me dijo que le daban la salida a las doce, y le dije que le daría diez liras en cuanto saliera, y me consiguió el trozo de papel y el lápiz (en una celda en la que no había nada, entre siete hombres despellejados y casi en cueros, provistos solo de los más sencillos residuos de ropa, los necesarios para no pasar mucho frío: sin dinero, sin navajas, sin cordones de zapatos, sin alfileres ni botones sueltos), y escribí la nota y él la escondió y le dieron la salida y al cabo de cuatro horas vinieron a por mí y allí estaba el camarero.

—¿Cómo hablaste con él, George? —preguntó el contramaestre—. Ni siquiera el camarero averiguó nada, no hubo forma, hasta que fueron a ver al cónsul.

—No lo sé —dijo George—, pero hablamos. Fue la única manera de decirle a alguien dónde estaba.

Intentamos llevarlo a la cama a que durmiera, pero no hubo forma. Ni siquiera se afeitó. Comió algo deprisa, en la cocina, y bajó a tierra. Lo vimos bajar por el costado.

—Pobre hijoputa —dijo Monckton.

—¿Por qué? —dijo el contramaestre—. ¿Para qué se llevó a Carl a donde lo llevó? Podrían haber ido al cine.

—No estaba pensando en George —repuso Monckton.

—Ah —dijo el contramaestre—. Qué quieres: no se puede uno pasar la vida bajando a tierra en cualquier parte, y menos en Europa, sin que a uno lo desplumen de vez en cuando.

—Dios mío —dijo Monckton—, eso espero.

George volvió a las seis en punto de la mañana siguiente. Seguía teniendo pinta de aturdido, aunque estaba bastante sobrio, bastante tranquilo. De la noche a la mañana le había crecido la barba casi medio centímetro.

—No he dado con ellos —dijo en voz baja—. No los he encontrado por ninguna parte.

Tuvo que hacer de camarero y ocupar el puesto de Carl en la mesa de los oficiales, pero en cuanto sirvió el desayuno volvió a desaparecer; oímos al camarero insultarle por todo el barco hasta el mediodía, tratando de localizarle. Minutos antes del mediodía regresó, sirvió el almuerzo y volvió a marchar. Volvió antes de que anocheciera.

—¿No has dado con él? —le pregunté, y no me respondió. Se me quedó mirando unos momentos con semblante inexpresivo. Fue a sus literas, bajó del altillo una de las maletas de similicuero, introdujo de cualquier manera las cosas de Carl y cerró la tapa pillando las mangas y los calcetines que sobresalían, para arrojarla al entrepuente, donde rebotó una sola vez y se despanzurró, vomitando las chaquetillas blancas y los calcetines mudos y la ropa interior. Se acostó entonces sin desvestirse y durmió catorce horas de un tirón. El cocinero intentó levantarlo para el desayuno, pero fue como tratar de despertar a un muerto.

Cuando despertó por su cuenta tenía mejor aspecto. Me pidió un cigarrillo y fue a afeitarse y volvió y pidió otro.

—Por mí, que se vaya al cuerno —dijo—. Que se vaya a donde quiera el hijoputa. Me da igual.

Esa tarde volvió a poner las cosas de Carl en su litera. No lo hizo con cuidado ni lo hizo con descuido: se limitó a recogerlas y las arrojó sobre su catre, parando un instante a ver si alguna de ellas se iba a caer antes de marcharse.

IV

Poco faltaba para que amaneciera. Cuando volví al barco más o menos a medianoche, todo estaba desierto. Desperté antes de que amaneciera: todas las literas, salvo la mía, seguían desiertas. Estaba medio dormido aún cuando oí a Carl en el pasillo. Venía sigiloso; apenas lo oí cuando apareció en la puerta. Antes de entrar permaneció un rato quieto; a la media luz apenas parecía un adolescente. Cerré los ojos. Le oí aún de puntillas; se acercó a mi litera y se plantó ante mí unos momentos. Cuando oí que se daba la vuelta, abrí los ojos lo justo para verle.

Se desvistió deprisa, arrancándose la ropa; se le saltó un botón que golpeó en el mamparo con un chasquido inapreciable. Desnudo, a la luz tenue, parecía más menudo y más frágil que nunca cuando sacó de la litera una toalla, allí donde George había tirado sus cosas de cualquier manera, apartando las demás prendas con una especie de prisa temerosa. Al salir, sus pies descalzos susurraron por el pasillo.

Oí correr la ducha un buen rato al otro lado del mamparo; no tardaría en enfriarse el agua. Pero siguió corriendo mucho tiempo, hasta que cesó y cerré los ojos hasta que entró de nuevo. Lo vi entonces recoger del suelo el calzón que se había quitado, que arrojó por un ojo de buey con un gesto veloz, como el borracho que se recupera y aparta de su vista una botella vacía. Se vistió, se puso una chaquetilla blanca bien limpia, se peinó inclinado ante el espejito, mirándose la cara durante un buen rato.

Y se fue a trabajar. Estuvo todo el día en el puente de mando; no se nos alcanzó imaginar qué pudo haber encontrado allí, qué fue lo que estuvo haciendo. Pero en el camarote de la tripulación no se le volvió a ver hasta después de que anocheciera. Todo el día vimos la chaquetilla blanca ir y venir más allá de una puerta abierta, o bien arrodillarse a sacar brillo a los pasamanos y los embellecedores de metal junto a la escalerilla. Parecía que trajinase con verdadera furia. Y cuando sus deberes le obligaron a subir a cubierta durante el día, reparamos en que siempre lo hacía por babor, y eso que estábamos abarloados por estribor al muelle. Y por la cocina o por la cubierta de popa George faenaba un poco y haraganeaba bastante, sin mirar en ninguna ocasión al puente.

—Ésa es la razón de que se quede ahí arriba, sacando brillo a la metalistería durante el día entero —dijo el contramaestre—. Sabe que George no puede subir.

—No me parece a mí que George tenga muchas ganas de subir —dije.

—Eso es cierto —dijo Monckton—. Por un dólar, George sin duda subiría a la bitácora a pedirle al capitán un cigarro.

—Pero por pura curiosidad no subirá —dijo el contramaestre.

—¿A ti te parece que eso es todo? —dijo Monckton—. ¿Pura curiosidad?

—Pues claro —dijo el contramaestre—. ¿Qué iba a ser, si no?

—Monckton tiene razón —dije—. Ése es el momento más delicado en un matrimonio, el día siguiente a la noche que tu mujer se ha pasado de parranda.

—Querrás decir que es el más fácil —dijo el contramaestre—. Ahora George ya lo puede abandonar.

—¿Te parece? —dijo Monckton.

Pasamos cinco días en puerto. Carl seguía sacando brillo a las escalerillas del puente de mando. El camarero lo mandaba salir al puente y se largaba; al volver, se encontraba a Carl por la borda de babor y le indicaba que fuese a estribor, asomado casi al muelle, donde andaban los chicos italianos con sus sucias camisetas de colores intensos y los vendedores de postales pornográficas. Pero allí apenas pasaba unos minutos, tras los cuales lo veíamos de nuevo abajo, tranquilamente sentado, con la chaqueta blanca, en la penumbra, donde olía a rancio, esperando la hora de la cena. Por lo común se dedicaba a remendar calcetines.

George aún no le había dicho una sola palabra. Era como si Carl no estuviera a bordo, como si el desplazamiento del espacio mismo que era su cuerpo fuese tan solo aire que se pudiera respirar sin el menor impedimento. Era el turno de George; le tocaba pasar fuera del barco casi todo el día y casi toda la noche, para regresar algo borracho a las tres o a las cuatro, y despertar a todos a su paso, salvo a Carl, y comentar en una grosera, chillona recapitulación, sus andanzas recientes con mujeres siempre distintas antes de subirse al catre. Por lo que acertamos a saber, ni siquiera se miraron uno al otro hasta que estuvimos rumbo a Gibraltar.

La furia con que Carl faenaba a bordo aflojó un poco, aunque trabajaba a pie firme durante todo el día y, bañado y aseado, con el cabello rubio aún mojado, listo, su cuerpo esbelto enfundado en una camiseta de algodón, lo veíamos luego solo, apoyado en la amura del barco, hacia la mitad o a proa, disfrutando del lento atardecer. Nunca aparecía por la popa, donde fumábamos y charlábamos, donde George había vuelto a poner el único disco que tenía en el gramófono, incurriendo sin que nadie se lo pidiera, e incluso aunque se le tachara de anatema, a sangre fría, en un bis tras otro.

Una noche por fin los vimos juntos. Estaban apoyados uno junto al otro en la amura de popa. Fue la primera vez en que Carl miró a popa, hacia Nápoles, desde la mañana en que regresó al barco, y ya era la noche en que las Columnas de Hércules se habían hundido en la luz menguante del crepúsculo, y el curso del río Océano fluía hacia el mar oscurecido, del color del vino, y las crucetas en lo más alto se mecían comedidas, lentas, recuperándose sobre la alta noche y la luna nueva, todavía baja.

—Todo está en orden —dijo Monckton—. El perro ha vuelto a su vómito.

—Yo ya dije que todo estaba en orden todo el tiempo —dijo el contramaestre—. A George le importa una mierda.

—No me estaba refiriendo a George —dijo Monckton—. George aún no ha dado la talla.

V

—Andaba alicaído, andaba alelado, daos cuenta —nos contó George—, y yo no hacía otra cosa que hablar con él, decirle que se me había pasado el enfado. Joder, algún día tenía que pasar; no hay hombre que pueda ser un ángel durante toda la vida. Pero él ni siquiera se prestaba a mirar atrás. Hasta que de repente una noche va y me dice:

»"¿Tú qué les das?" Le miré. "¿Cómo tiene que tratarlas un hombre?"

»"Ya me lo dirás tú", le digo, "por algo te pasaste tres días con ella. ¿No te lo supo enseñar?".

»"Quiero decir… qué se les da", dice. "¿No les dan los hombres…?"

»"Por Dios", le digo, "si tú ya le has dado algo por lo que te habrían pagado un dineral en Tailandia. Te hubieran nombrado príncipe o, como poco, primer ministro. ¿Qué quieres decir?".

»"No me refiero al dinero", dice. "Quiero decir…"

»"Bueno", le digo yo, "si fueras a verla otra vez, si ella fuese a ser tu chica, algo tendrías que darle. Tendrías que llevarle algo. Algo que tú uses, o algo así: les da lo mismo qué sea exactamente, son extranjeras, se pasan la vida de busconas con esos espaguetis que no les darían ni un soplido por más que fueran ellas un globo de juguete. Les da lo mismo lo que sea. Pero no la volverás a ver, digo yo".

»"No", dice. "No, no." Y dio la impresión de que estuviera pensando en lanzarse por la borda y echarse a nadar para esperarnos en el cabo Hatteras.

»"Pues entonces no le des más vueltas", le digo. Fui entonces a poner el gramófono, pensando que eso le sentaría bien y le daría ánimos, porque no ha sido el primero, qué queréis; no es él quien se lo ha inventado. Pero eso fue a la noche siguiente. Estaba en la amura de popa, era la primera vez que miraba atrás, pendiente del fósforo de la corredera.

»"A lo mejor la he metido en un buen lío", me dice de repente.

»"¿Por hacer el qué?", le digo. "¿Con quién? ¿Con la policía? ¿No le pediste que te mostrase la licencia?" La verdad, con la jeta pintarrajeada como iba no tenía necesidad de permiso para ejercer; tenía en las muelas oro suficiente para pagarse un billete de tren con enseñar la cara tan solo, y a lo mejor ahí tenía sus ahorros, en vez de guardarlos en un calcetín.

»"¿Qué licencia?", me dice, y se lo aclaré. Pensé por un momento que estaba llorando, y vi entonces que solo intentaba aguantar las ganas de vomitar. Me di cuenta de dónde estaba el problema, entendí qué era lo que lo traía a mal traer. Recuerdo que la primera vez a mí también me pilló desprevenido. "Ah", le digo, "el olor. No te apures, no quiere decir nada". Le dije que no se rompiera la cabeza por eso, que no es que huelan mal, que es cosa del aire nacional de Italia.

Y entonces pensamos por fin que estaba enfermo de verdad. Se pasaba el día entero trajinando, se acostaba solo cuando los demás ya dormíamos a pierna suelta, y de noche lo vi una vez levantarse y subir a cubierta; lo seguí y lo vi encaramado en un cabrestante. Parecía un chiquillo aún, menudo, inmóvil, en ropa interior. Pero era joven, y ni siquiera un hombre hecho y derecho puede pasar demasiado tiempo enfermo, sin hacer otra cosa que trabajar, sin respirar más que el aire salado, así que al cabo de dos semanas volvimos a verlos a George y a él bailar de nuevo en camiseta, después de cenar, en la cubierta de popa, mientras el gramófono alzaba su ego fatuo y reiterativo contra la luna menguante y el barco roncaba y chistaba atravesando el mar bravío del cabo Hatteras. No hablaban, solo bailaban con seriedad y sin cansancio, la luna cada noche más alta en el cielo. Viramos entonces con rumbo sur, y de largo corría la corriente del Golfo como la tinta azul, burbujeando de fuego en la noche ya en latitudes más bonancibles, y una noche, a la vista de las islas Tortugas, el barco comenzó a surcar la estela argentina de la luna como pisa un cortesano ansioso la cola del vestido de su pareja. Carl habló por vez primera en casi veinte días.

—George —le dijo—, ¿te importa hacerme un favor?

—Pues claro, compañero —dijo George, dando pisotones en cubierta cada vez que la aguja del gramófono se atascaba, la cabeza negra por encima de la cabeza pálida y lamida de Carl, los dos abrazados con decoro, el calzado de lona chirriando al unísono—. Claro —dijo George—, dispara.

—Cuando atraquemos en Galveston, quiero que me compres un conjunto de seda de color rosa, de los que usan las señoras. Un poco más grande que si fuera para mí, ¿entiendes?

ARTISTA EN CASA

Roger Howes era un hombre tirando a grueso, afable, anodino, de unos cuarenta años, que había llegado a Nueva York procedente de algún lugar de la Cuenca del Mississippi para ser redactor en una agencia de publicidad; allí se casó y se hizo novelista, y vendió bien un libro y compró una casa en el valle de Virginia para nunca más volver a Nueva York, ni siquiera de visita. Con su esposa Anne y sus dos hijos había vivido a lo largo de cinco años en una vieja casa de ladrillo, en la que recibían a las señoras de cierta edad a la hora de tomar el té, llegadas siempre en coche de caballos, cuando no enviaban ellas sus coches de caballos para recogerle, o bien enviaban con un criado negro, en el coche de caballos, esquejes y ramos de flores y tarros de encurtidos o de mermelada y ejemplares de sus libros para que se los dedicase de puño y letra.

No volvía nunca a Nueva York, aunque de vez en cuando Nueva York iba a visitarle: las personas que había conocido y tratado, los artistas y los poetas y otros por el estilo, a los que conoció antes de comenzar a ganar tanto que necesitó un buen armario donde guardarlo. Los pintores, los escritores que no habían vendido un libro, ni un cuadro, tipos que se dejaban barba para ocultar el cuello desgastado de la camisa, iban a verle y se ponían sus camisas y sus calcetines, dejándolos escondidos bajo la cómoda al marcharse, y las mujeres con vestidos holgados, aunque a veces no: las flacas, ansiosas, carnívoras pregoneras y tamborileras del Arte.

Al principio se le hizo cuesta arriba negarles el permiso, pero ahora aún resultaba más difícil avisar a su esposa de que iban a llegar. A veces ni siquiera él mismo sabía con alguna antelación que estaban al caer. Tenían por costumbre mandarle un telegrama, habitualmente a cobro revertido, el día mismo en que tenían previsto presentarse allí. Vivía a cuatro millas del pueblo, y las ventas del libro no habían devengado ganancias suficientes para tener también coche, y estaba un tanto grueso, con exceso de peso, de modo que a veces pasaban dos o tres días antes de que fuese al pueblo a recoger su correspondencia. A lo mejor esperaba a que las visitas siguientes trajeran la correspondencia. Al cabo del primer año, el hombre de la estación (era el agente de telégrafos y el encargado de la estación, y era en cierto modo el agente de Roger en el pueblo, todo en una) llegó a tal punto que los reconocía nada más verlos. Se quedaban parados en el pequeño andén, con aire inexpresivo, sin nada que mirar, salvo la estación pequeña, pintada de amarillo, y el furgón de cola de un tren que arrancaba y unos montes en los que empezaba a oscurecer, y el agente salía de su cubil con un puñado de cartas y un paquete o dos, además del telegrama.

—Vive a unas cuatro millas de aquí, según se sube por el valle. No tiene pérdida.

—¿Quién vive a cuatro millas, en el valle?

—Howes. Si van todos ustedes a su casa, pensé que tal vez no les importaría llevarle estas cartas. Una de ellas es un telegrama.

—¿Un telegrama?

—Ha llegado esta mañana. Pero hace dos o tres días que no baja al pueblo. Pensé que tal vez pudieran llevárselo.

—¿Un telegrama? Demonios. Démelo.

—Son cuarenta y ocho centavos lo que hay que pagar.

—Pues entonces quédeselo. Demonios.

Así que se lo llevaban todo salvo el telegrama, y subían a pie las cuatro millas, hasta la casa de Howes, con lo que llegaban después de la cena. Lo cual tampoco era mala cosa, porque las mujeres estarían demasiado contrariadas para comer nada, incluida la señora Howes, Anne. Al cabo de dos días, alguien mandaba un coche de caballos para recoger a Roger, y hacía un alto en el pueblo para pagar el telegrama en el que se le comunicaba cómo iban a llegar sus invitados, cómo llegaron dos días antes.

Total, que cuando el poeta de la chaqueta azul celeste baja del tren, el agente sale de su cubil con el telegrama en la mano.

—Vive a unas cuatro millas de aquí —le dice—, según se sube por el valle. No tiene pérdida. He pensado que a lo mejor podría llevarle este telegrama. Ha llegado esta mañana, pero hace un par de días que no viene por el pueblo. Puede llevárselo. Está pagado.

—Eso ya lo sé —dice el poeta—. Demonios. ¿Y dice que queda a cuatro millas?

—Siguiendo el camino. No tiene pérdida.

Así que el poeta tomó el telegrama y el agente lo vio desaparecer por el camino del valle, con otros dos, tal vez tres individuos que salieron a la puerta de sus casas para ver tal vez la chaqueta azul. El agente resopló.

—Cuatro millas —dijo—. Para ese menda, eso significa lo mismo que si le hubiera dicho cuatro palancas de guardavía. Claro que a lo mejor con esa chaquetilla por vestimenta es capaz de convertirse en pájaro y echar a volar, quién sabe.

Sobre este poeta Roger no había dicho nada a su esposa, Anne, tal vez porque ni siquiera él lo sabía. De todos modos, ella no supo nada al respecto hasta el momento en que el poeta apareció cojeando por el jardín en donde estaba ella cortando flores para adornar la mesa del comedor, y él le dijo que le debía cuarenta y ocho centavos.

—¿Cuarenta y ocho centavos? —le preguntó Anne.

Le dio el telegrama.

—No hace falta que lo abras ahora, claro —dijo el poeta—. Basta con que me devuelvas los cuarenta y ocho centavos, y ni siquiera tendrás que abrirlo —lo miró con las flores en una mano y las tijeras de podar en la otra, así que al final tal vez se le ocurrió a él decirle quién era—. Soy John Blair —dijo—. Esta mañana envié este telegrama para anunciaros que venía a veros. Me ha costado cuarenta y ocho centavos. Pero ahora que ya estoy aquí ni siquiera tenéis necesidad del telegrama.

Así que Anne se queda en donde está, sujetando las flores y las tijeras, murmurando «maldita sea, maldita sea, maldita sea», mientras el poeta le explica que sería aconsejable que fuese a recoger el correo más a menudo.

—Hay que estar al tanto de lo que pasa —le dice, y ella murmura «maldita sea, maldita sea, maldita sea», hasta que al final él le dice que solo se quedará a cenar y que luego volverá a pie al pueblo si de veras le molesta tanto.

—¿A pie? —dice, y lo mira de hito en hito—. ¿Has venido a pie? ¿Hasta aquí, desde el pueblo? No me lo creo. ¿Y dónde está tu equipaje?

—Lo llevo encima. Dos camisas, y un par de calcetines de más en el bolsillo. Tu cocinera también hace la colada, ¿no?

Ella lo mira con las flores y las tijeras en la mano. Le dice entonces que entre en la casa, que no se prive, que se quede a vivir para siempre si eso le apetece. Solo que no le dice exactamente eso.

—Así que te gusta caminar, ¿eh? Tonterías. Me parece que estás enfermo. Anda, pasa, siéntate, descansa —luego fue a buscar a Roger, a decirle que bajase el cochecito del niño del desván. Claro está que tampoco le dijo eso exactamente.

Roger no le había dicho nada de este poeta; no había visto aún el telegrama. Tal vez por eso lo puso ella a caer de un burro esa misma noche: porque no había visto aún el telegrama.

Estaban en el dormitorio. Anne se estaba peinando. Los niños habían ido a pasar el verano en Connecticut, con la familia de Anne. Su padre era pastor protestante.

—La última vez me dijiste que iba a ser la última. No hace ni siquiera un mes. Menos, porque cuando se largaron los de la última hornada tuve que pintar los muebles del cuarto de invitados otra vez para disimular las marcas de los cigarrillos en el canto de la cómoda y los antepechos de las ventanas. Y en un cajón encontré un peine al que le faltaba un montón de dientes, un peine que ni siquiera le hubiera dicho a Pinkie —Pinkie era la cocinera negra— que recogiese, y dos calcetines desparejados, que te regalé en invierno, y un calcetín huérfano que ni siquiera yo pude reconocer que era mío. Me sueles decir que la Pobreza cuida de los suyos, y por mí estupendo, pero… ¿por qué hemos de ser nosotros instrumentos de la Pobreza?

—Éste es poeta. Entre los de la última hornada no había poetas. No hemos tenido poetas en casa desde hace ya tiempo. Este sitio está perdiendo todos sus matices y sutilezas… ¿cómo diría? Sí, melifluas; eso es.

—¿Y qué me dices de aquella mujer que no se quería bañar en el cuarto de baño, la que insistía en ir al arroyo todas las mañanas sin traje de baño, hasta que la mujer de Amos Crain —un granjero que vivía al otro lado del arroyo— tuvo que mandarme aviso de que a Amos le daba miedo ir a labrar los campos de más abajo? ¿Qué se han creído esas frescas que es el campo, la vida al aire libre? Yo no lo entiendo, así como tampoco entiendo por qué tienes la sensación de que debes dar de comer y además alojar…

—Bueno, eso no fue más que un momento de pánico, seguramente a Amos le tuvo que sentar bien. Una buena sacudida, un meneo para salirse un poco de su rutina, para que no se quede alelado.

—Esa rutina es la que le ha valido para ganar el pan de cada día, seis días por semana, para dárselo a su mujer y a sus hijos. Pero es peor aún. Amos es joven. Seguramente aún tenía ilusiones al pensar en las mujeres hasta el día en que vio a esa pelandusca en pelota picada.

—Bueno, tú formas parte de la mayoría, tú y la señora Crain —le miró a la nuca, a las manos con que se peinaba, y ella seguramente lo miró por el espejo sin que él lo supiera, con todo y con ser artista—. Éste es un hombre y es un poeta.

—Entonces imagino que se negará a salir del cuarto de baño. Supongo que tendrás que llevarle una bandeja a la bañera al menos tres veces al día. ¿Por qué te sientes obligado a dar alojamiento y comida a toda esa gente? ¿No te das cuenta de que te consideran un blandengue, de que se comen lo que les sirves y se ponen tu ropa y nos consideran unos burgueses sin remedio solo por tener comida suficiente para alimentar a otros, y un poco débiles mentales por regalarla? Y ahora viene éste vestido con su chaquetilla azul celeste.

—Es que eso de ser poeta desgasta una barbaridad. Me parece que no te has dado cuenta.

—Ni me importa. Que se vista si quiere con una pantalla de lámpara o una sartén. ¿Qué es lo que de ti pretende? ¿Consejos, o comida y alojamiento gratis?

—Consejos no. Durante la cena te habrás dado cuenta de cuál es la opinión que tiene de mi mentalidad.

—Dejó muy claro cuál es su propia mentalidad. Lo único que le ha gustado de toda la casa es el pañuelo de colores que llevaba Pinkie en la cabeza.

—Consejos no —dijo Roger—. Ni siquiera sé por qué me da a leer sus cosas. Lo hace tal como tú darías caviar a un elefante.

—Y, cómo no, tú aceptas su sentencia a cuento del elefante. Y supongo que además conseguirás que le publiquen su libro.

—Es que tiene algunas cosas que no están nada mal, de veras. Y… ¿quién sabe? A lo mejor, si se lo publican empieza a tener ocupaciones. Trabajo, quiero decir. O a lo mejor alguien consigue cabrearlo tanto que al final realmente escriba algo de una puñetera vez. Algo con entrañas. Tiene dentro lo que hay que tener. A lo mejor no es más que un poema, pero lo tiene. A lo mejor, si consigue abstenerse de hablar durante el tiempo suficiente le será posible sacarlo de dentro. Y pensé que si viniese aquí, donde tiene que caminar cuatro millas para encontrar a alguien con quien hablar, cuando Amos llegue a reconocer esa chaqueta azul…

—Ah —dijo Anne—. Así que le escribiste para invitarle a venir. Ya lo suponía, pero me alegro de oírtelo reconocer por tu propia voluntad. Anda, vámonos a la cama —dijo—. Hoy no has dado ni un palo al agua, y solo Dios sabe cuándo volverás a ponerte a trabajar.

De ese modo seguía su curso la vida a su manera, antigua y plácida. Y es que los poetas son todos distintos entre sí, o éste al menos lo parecía, aunque bien pronto sale a relucir que Anne no ve a este poeta, apenas lo ve. Parece que ni siquiera es capaz de saber que se encuentra en la casa, a no ser que lo oiga roncar de noche. Por eso tuvieron que pasar dos semanas hasta que volvió a sulfurarse. Y esta vez ni siquiera se está peinando.

—¿Hace solo dos semanas que está aquí, o hace ya dos años?

Está sentada ante el tocador, pero no está haciendo nada, cosa que cualquier marido, incluso si es artista, sabe que no puede ser buena señal. Cuando uno ve a una mujer sentada y a medio vestir ante un tocador, con un espejo en el que ni siquiera se mira a la vez que habla, es hora de reconocer que huele a chamusquina.

—Lleva aquí dos semanas, pero si no me da por ir a la cocina ni lo veo, puesto que prefiere la compañía de Pinkie antes que estar con nosotros. Y cuando no apareció aquella primera noche, el miércoles, que era la noche libre de Pinkie, al principio me dije… «vaya, qué tacto tiene». Eso fue antes de enterarme de que había cenado con la familia de Pinkie, en su casa, y que fue con ellos a orar a la iglesia. Y volvió el domingo por la noche, y de nuevo el pasado miércoles por la noche, y esta noche (por más que me diga que carezco de inteligencia y de imaginación) le sorprendería saber que ahora mismo me imagino esa chaquetilla azul celeste en una iglesia, un edificio de madera, llena de negros sudorosos, sin que haya en ello la menor incongruencia.

—Sí, todo un cuadro, ¿que no?

—Pero dejando a un lado esa clase de inconveniencias que no tienen la menor importancia, como es no saber dónde está nuestro invitado, y soportar armada de paciencia una cantidad no menor de ridículos y vergüenzas ajenas, es un acompañante francamente agradable. Instructivo, edificante, modesto. Nunca me entero de que esté en la casa, nunca, a no ser que te oiga teclear, porque en ese caso caigo en la cuenta de que no eres tú, ya que tú no has escrito un renglón en… ¿son dos semanas, o ya son dos años? Entra en esa habitación en donde los niños tienen absolutamente prohibida la entrada y pone un solo dedo en esa máquina de escribir que ni siquiera Pinkie puede tocar con un paño para quitarle el polvo, y escribe un poema sobre la libertad y te lo pone delante de las narices para que lo elogies y aplaudas. ¿Cómo lo dice él?

—Tú sabrás. Está muy bien.

—Te lo planta delante de las narices como… como… Espera, espera que ya lo tengo: como quien da de comer caviar a un elefante, y va y dice: «¿Se venderá?». No pregunta si es bueno, o si te gusta. Te pregunta si se venderá. Y tú...

—Sigue, sigue. No se me ocurriría competir contigo.

—Tú lo lees con toda tu atención. A lo mejor es el mismo poema, no lo sé; recientemente he sabido gracias a una autoridad inapelable que no tengo la inteligencia necesaria para acceder a la poesía por mis propios medios. Tú lo lees con toda tu atención y le dices: «A la fuerza tiene que vender. Ahí tienes sellos, en el cajón del escritorio» —se dirigió a la ventana—. No, todavía no he evolucionado lo suficiente para entender la poesía tal cual es. No la capto. Me la tienen que dar a cucharadas, si es que a él le queda tiempo, en los ratos que pasa en la terraza después de cenar, las noches en que no hay reunión de culto en la iglesia de Pinkie. Libertad. Igualdad. Pero en palabras sencillitas, porque parece que, por ser mujer, no quiero libertad y no sé qué significa la igualdad, por lo menos hasta que tú lo pillas por banda y le demuestras con palabras de buen profesional que no es tan sabio, aunque es sabio de sobra para callarse entonces y dejarte que nos demuestres a los dos que tú tampoco eres tan sabio como crees —la ventana daba al jardín. Estaba acortinada. Ella se encontraba entre las cortinas, mirando al exterior—. Así que el joven Shelley todavía no ha roto el molde.

—Todavía no. Pero lo lleva dentro. Tú dale tiempo y verás.

—Me alegro de oírlo. Lleva ya dos semanas aquí. Me alegro de que lo suyo sea la poesía, una cosa que se puede perpetrar en dos renglones. De lo contrario, al paso que va... —estaba entre las cortinas, que se mecían lentamente con la brisa—. Maldita sea, maldita sea, maldita sea. No come nada bien.

Así fue Roger a colocar otro cojín en el cochecito del niño. Solo que ella no dijo eso exactamente, y él tampoco hizo exactamente eso.

A ver si nos entendemos. Aquí es donde empieza la cosa. Los días en que no había reunión de culto en la iglesia de los negros, al poeta le ha dado por ir como idiotizado tras ella, por todo el jardín, mientras corta flores para adornar la mesa a la hora de la cena, y habla con ella de la poesía, o de la libertad, o acaso habla de las flores. Habla de algo en todo caso; a lo mejor, cuando esa noche deje de hablar de golpe, cuando los dos vayan caminando por el jardín después de la cena, ella tendría que haberse dado por avisada. Pero no. O, al menos, cuando llegaron al final del sendero y dieron la vuelta, a ella le dio la impresión, de pronto, de que él había puesto la jeta a punto para que ella le soltara un puñetazo en todo el morro. Fuera como fuese, ella no se movió hasta que terminó el achuchón. Entonces retrocedió de golpe con la mano en alto.

—¡Serás idiota…! —dice.

Él tampoco se mueve, como si le quisiera dar una buena oportunidad.

—¿Qué satisfacción vas a encontrar en darme una bofetada en toda la jeta? —dice él.

—Eso ya lo sé —dice ella. Le asesta un puñetazo en el pecho, no muy fuerte, de lleno, aunque conteniéndose pese a todo: enfurecida y atenta al mismo tiempo—. ¿Por qué has tenido que hacer semejante estupidez?

Pero de él no saca nada en claro. Él sigue en donde está, ofreciéndole una diana fácil de alcanzar; tal vez ni siquiera la está mirando, con el cabello revuelto y la chaqueta azul celeste que le queda como a un caballo una manta corta. Tómese un gallo, un gallo viejo. Un toro viejo es otra cosa. Hay que verlo allí donde el resto de vacas y toros lo ha dejado atrás, ciego y achacoso, con sus esparavanes, aunque no por eso deja de tener pinta de estar aún casado. Como si dijera: «En fin, chicos, ahora ya me podéis mirar a la cara, aunque yo en mis buenos tiempos he sido marido y padre». En cambio, un gallo viejo… Parece que no haya tenido pareja nunca, que sea un soltero innato. Un soltero innato en un mundo en el que no hay gallinas, y además lo ha descubierto hace tanto que ni siquiera se acuerda de que no hay gallinas.

—Vamos —dice ella, y se vuelve muy envarada, y el poeta va idiotizado tras ella. A lo mejor fue eso lo que le delató. En cualquier caso, ella se vuelve a mirarlo y frena el paso. Se detiene—. Así que te crees irresistible, ¿no? Y te crees que se lo voy a decir a Roger, ¿no?

—No lo sé —dice él—. No había pensado en eso.

—¿Quieres decir que te da igual que se lo diga o que no?

—Sí.

—¿Sí? ¿Sí qué?

Parece que ella no sabe del todo si él la mira o no, si la ha mirado alguna vez. Sigue en donde está, idiotizado, casi el doble de alto que ella.

—Cuando era pequeño, los domingos nos daban un sorbete —dice—. Con un poquito de limón nada más. Olía como los narcisos, me acuerdo bien. Creo que me acuerdo. Tendría cuatro… no, tres años. Murió mi madre y nos mudamos a una ciudad. Una pensión. Una pared de ladrillos. Había una ventana, como un tuerto con el ojo legañoso. Y un gato muerto. Pero antes hubo muchos árboles, como tienes tú. Me sentaba en los escalones de la cocina a última hora de la tarde, a ver la luz de los domingos en la enramada, tomándome el sorbete.

Ella lo está mirando. Al cabo se vuelve y echa a andar deprisa. Él la sigue idiotizado, algo más atrás, de modo que cuando se detiene a la sombra de unos arbustos con la expresión inmóvil de quien espera un beso, él se queda como un idiota hasta que ella lo toca. Y ni siquiera entonces lo entiende. Ella tiene que decirle que se dé prisa. Entonces sí lo entiende. Parece que el poeta es humano, como cualquier otro hombre.

Pero no es eso. Eso se puede ver en cualquier película. Se trata de esto otro, de lo bueno de veras.

Más o menos en este momento, coincidiendo con el segundo achuchón, Roger sale de detrás de ese arbusto. Aparece como si fuese por casualidad, contento, tranquilo, tras salir a estirar las piernas a la luz de la luna para asentar bien la cena. Los tres vuelven paseando a la casa, Roger en medio. Llegan tan deprisa que nadie piensa en decir buenas noches cuando Anne entra y sube al piso de arriba. O tal vez sea porque es Roger quien habla en ese momento, como si el valor de la poesía hubiese caído en picado.

—Claro de luna —dice Roger, y mira la luna como si también fuera suya—. Es algo que ya no aguanto. Me tropiezo con las paredes, busco un interruptor de la luz. Es decir, que un claro de luna antes me hacía sentir triste, envejecido, y así me sentía. Pero ahora mucho me temo que ya ni siquiera me hace sentirme solo. Supongo que he envejecido.

—Eso es cierto —dice el poeta—. ¿Dónde podemos hablar?

—¿Hablar? —dice Roger. Pareció en ese instante un jefe de camareros: algo calvo, colorado, cuando se presenta en la mesa y levanta una tapa y da la impresión de que vaya a decir: «En fin, pueden comerse esta bazofia si es que quieren además pagar por ello»—. Por aquí —añade. Van a su despacho, a la habitación en la que escribe sus libros, en donde ni siquiera se permite que entren los niños. Se sienta tras la máquina de escribir y carga de tabaco la pipa. Ve entonces que el poeta no se ha sentado—. Siéntate —le dice.

—No —dice el poeta—. Escucha. Esta noche he besado a tu mujer. Si puedo, pienso repetirlo.

—Ah —dice Roger. Está ajetreado llenando la pipa y al parecer no mira al poeta—. Siéntate.

—No —responde.

Roger enciende la pipa.

—Bueno —dice—, me temo que eso es algo en lo que no te puedo dar consejos. Algo de poesía he escrito, pero nunca he sabido seducir a una mujer —mira al poeta en ese momento—. Oye una cosa —dice—. Tú no estás bien. Ve a la cama. Ya hablaremos mañana de esto.

—No —dice el poeta—. No puedo dormir bajo tu mismo techo.

—Anne no deja de decir que no estás bien —dice Roger—. ¿Tienes idea de qué es lo que te pasa?

—No lo sé —dice el poeta.

Roger da una calada. Parece que le cuesta trabajo que la pipa tire bien. A lo mejor por eso la estampa contra la mesa, a lo mejor es que también él es humano, como un poeta. En cualquier caso, estampa la pipa contra la mesa, de modo que el tabaco salta y arde entre los papeles. Allí están: el marido calvo con la harina de maíz y la carne de vacuno para la semana siguiente ya a la vista, el destroza—hogares necesitado de un buen corte de pelo, con una de esas chaquetas azul celeste que antes llevaban las señoras con un gorrito de tocador, de encaje, cuando estaban indispuestas y comían en cama.

—¿Qué demonios te has propuesto —dice Roger— viniendo a mi casa a comer mi comida y a molestar a Anne con tu maldita…?

Pero no hubo más. Y es que hasta eso fue provechoso para un escritor, un artista; a lo mejor eso es todo lo que cabría esperar de ambos. O a lo mejor fue porque el poeta ni siquiera le prestaba atención.

—Ni siquiera está aquí —se dice Roger. Como ya le había dicho al poeta, tiempo atrás escribía poesía él también, así que sabía lo que se decía—. Está ahí arriba, en la puerta del dormitorio de Anne, arrodillado ante la puerta —y en esa misma puerta, durante un tiempo, estuvo el punto de máximo acercamiento a Anne que logró Roger. Pero eso fue después; ahora el poeta y él están en el despacho, mientras él trata de lograr que el poeta deje de darle a la sinhueso y se largue a la cama, mientras el poeta se niega.

—No puedo dormir bajo tú mismo techo —dice el poeta—. ¿Puedo ver a Anne?

—Podrás verla por la mañana. A la hora que quieras. Durante todo el día, si te apetece. No digas gilipolleces.

Así que Roger sube y se lo dice a Anne y regresa y se sienta tras la máquina de escribir y entonces baja Anne y Roger la oye y el poeta sale por la puerta de la calle. Al poco tiempo, Anne vuelve sola.

—Se ha marchado —dice.

—¿En serio? —dice Roger como si no la oyera. Y salta—. ¿Cómo que se ha marchado? No puede, es tardísimo. Dile que vuelva.

—No volverá —dice Anne—. Déjalo en paz.

Y sube. Cuando subió Roger un poco más tarde, se encontró con la puerta cerrada con llave.

A ver si nos entendemos. La cosa es como sigue. Volvió al despacho, introdujo una hoja en el carro de la máquina y se puso a escribir. No fue muy deprisa al principio, pero cuando rayaba el alba de allí salía un ruido como el de cuarenta gallinas cuando se les da de comer sobre una lámina de hierro, y las hojas escritas se iban acumulando sobre la mesa.

Ni vio ni supo nada del poeta en dos días. Pero el poeta seguía en el pueblo. Amos Crain lo vio y fue a decírselo a Roger. Parece ser que Amos había ido a la casa por la razón que fuera, porque solo de esa forma pudo alguien dar con Roger y decirle algo a lo largo de dos días con sus noches.

—Oí la máquina de escribir antes de cruzar el arroyo —dice entonces Amos—, vi esa chaquetilla azul celeste ayer mismo en el hotel.

Esa noche, mientras Roger estaba trabajando, bajó Anne por la escalera. Se asomó a la puerta del despacho.

—Voy a ir a verle —dijo.

—¿Le vas a decir que vuelva? —dijo Roger—. ¿Le dirás que eso es lo que quiero que tenga en cuenta?

—No —dijo Anne.

Y lo último que oyó ella cuando salió y cuando volvió al cabo de una hora y subió a su dormitorio y cerró con llave (Roger dormía en el porche donde echaba la siesta, en una cama plegable del ejército) fue el tableteo de la máquina de escribir.

Y así siguió su curso la vida a su manera, antigua y plácida, y feliz. Se veían con cierta frecuencia, a menudo dos veces al día, después de que Anne dejara de bajar a desayunar. Solo que uno o dos días más tarde echó de menos el ruido de la máquina de escribir, tal vez echó de menos que le impidiera dormir.

—¿Ya lo has terminado? —dijo—. ¿Está terminado el relato?

—Oh, no. No, aún no está terminado. Lo voy a dejar posar un día o dos.

Mercado al alza en materia de mecanografía, se podría decir.

Siguió al alza durante unos cuantos días. Tomó por costumbre acostarse temprano, estar ya en la cama plegable, en el porche, cuando

Anne volvía a la casa. Una noche salió ella al porche donde echaba la siesta y se lo encontró leyendo en la cama.

—No pienso volver —le dijo ella—. Me da miedo.

—¿Miedo de qué? ¿No te basta con dos niños? O más bien tres, contándome a mí.

—No lo sé —la lámpara era de lectura, el rostro de ella quedaba en la sombra—. No lo sé —giró la pantalla para que la luz le diera en la cara, pero antes de que llegase se levantó y salió corriendo. Él llegó a tiempo de que le diera con la puerta en las narices.

—¡Ciego! ¡Estás ciego! —dijo ella tras la puerta—. ¡Fuera de aquí! ¡Largo!

Se marchó, pero no pudo dormir. Al poco tiempo retiró la pantalla metálica de la lámpara y forzó con ella la ventana del cuarto en que dormían los niños. La puerta de comunicación con el cuarto de Anne no estaba cerrada. Anne dormía. No había hecho ningún ruido, pero ella despertó y lo miró sin mover un músculo.

—Nunca ha tenido nada, nada de nada. Lo único que recuerda de su madre es el sabor de los sorbetes los domingos por la tarde. Dice que mi boca sabe igual. Dice que mi boca es su madre —se echó a llorar. No se movió, siguió tendida boca arriba, sobre la almohada, los brazos bajo la sábana, mientras lloraba. Roger se sentó al borde de la cama y la tocó y ella se encogió con la cara pegada a las rodillas, llorando.

Estuvieron hablando hasta el amanecer.

—No sé qué hacer. El adulterio no me dará la entrada, ni se la dará a nadie, al sitio en que vive, si es que vive, porque nunca ha vivido. Es… él es… —respiraba despacio, la cara vuelta a un lado, aún contra la rodilla, y él le acariciaba el hombro—. ¿Tú me acogerías si vuelvo contigo?

—No lo sé —le acarició el hombro—. Sí. Sí. Claro que te acogería.

Y así remontó el vuelo el mercado de la mecanografía. Tuvo una buena racha aquella misma noche, tan pronto Anne se durmió llorando, y el mercado de valores en materia de mecanografía se mantuvo al alza durante tres o cuatro días sin cerrar de noche, ni siquiera cuando Pinkie le dijo que el teléfono estaba estropeado y él localizó en qué punto estaban cortados los cables y supo además dónde encontrar, basta con que quiera, las tijeras con que se hizo el estropicio. No va al pueblo ni una sola vez, ni siquiera cuando alguien podría llevarlo gratis. Prefiere pasar la mañana entera sentado junto al camino, a la espera de que pase alguien que le traiga un paquete de tabaco, o azúcar, o lo que sea.

—Si voy al pueblo, es posible que él no esté —se dijo.

Al quinto día, Amos Crain le llevó el correo. Ése fue el día en que empezó a llover. Había una carta para Anne. «Evidentemente, en este asunto no quiere él mis consejos —se dijo—. A lo mejor ya lo ha vendido». Dio la carta a Anne. La leyó una sola vez.

—¿La quieres leer? —le dijo.

—Ni de broma —dijo él.

Pero el mercado de la mecanografía sigue con buen temple, así que cuando empezó a llover por la tarde tuvo que encender la luz. Llovía con tanta fuerza sobre la casa que llegó a ver cómo los dedos (empleaba solo dos o tres) golpeaban las teclas sin oír el ruido que estaba armando. Pinkie no fue a la casa, así que al cabo de un rato dejó la máquina y preparó algo de comer en una bandeja, que subió y dejó en una silla, junto a la puerta de Anne. Él no descansó para comer nada.

Después de anochecido bajó ella por primera vez. Seguía lloviendo. La vio pasar ante la puerta, deprisa, con impermeable y sombrero de caucho. La pilló cuando abrió la puerta de la calle, cuando la lluvia se colaba dentro a rachas.

—¿Adónde vas? —dijo él.

Ella quiso soltarse con una sacudida.

—Déjame en paz.

—No puedes salir con la que está cayendo. ¿Qué pasa?

—Déjame en paz, te lo pido por favor —dio una sacudida con el brazo, tirando de la puerta que él sujetaba.

—No puedes. ¿Qué pasa? Yo me ocupo. ¿Qué pasa?

Pero ella lo miró tan solo, dando una nueva sacudida para que la soltase a la vez que tiró del pomo de la puerta.

—Tengo que ir al pueblo. Por favor, Roger.

—No puedes. Es de noche, está lloviendo a cántaros.

—Por favor, por favor —él la sujetó—. Por favor, por lo que más quieras —pero él la siguió sujetando, y ella soltó el pomo de la puerta y volvió al piso de arriba. Y él volvió a la máquina de escribir, a ese mercado que seguía yendo viento en popa.

Sigue dale que te pego a medianoche. Esta vez Anne aparece con un albornoz. Se queda en la puerta, con el pomo en la mano. Lleva el pelo suelto.

—Roger —dice—. Roger.

Él se acerca a ella bastante deprisa para ser un hombre más bien grueso; tal vez cree que ella está enferma.

—¿Qué es? ¿Qué te pasa?

Ella acude a la puerta y la abre. La lluvia vuelve a colarse a rachas.

—Ahí —dice—. Ahí fuera.

—¿Qué?

—Es él. Blair.

Él la obliga a retroceder. La lleva al despacho, se pone el impermeable, toma el paraguas y sale.

—¡Blair! —llama—. ¡John!

Sube entonces la persiana del despacho, la ha subido Anne, llevando la lámpara de mesa a la ventana además de encender la luz del porche, y ve a Blair bajo la lluvia, sin sombrero, con la chaqueta azul celeste como si se la hubiera puesto un empapelador de paredes con demasiada prisa, el rostro alzado hacia la ventana de Anne.

Y ahí estamos una vez más: el marido calvo, la ricachona del medio rural, el joven gallardo, el poeta destroza—hogares. Los dos caballeros son asimismo artistas: uno que no quiere que el otro se empape bajo la lluvia, otro cuya conciencia no le permite destrozar el hogar desde dentro. Ahí estamos, mientras Roger trata de sostener uno de esos paraguas femeninos, de seda verde, sobre su cabeza y la del poeta, a la vez que forcejea y tira del brazo de éste.

—¡Serás idiota, condenado! ¡Entra en casa ahora mismo!

—No —su brazo cede un poco con los tirones que le da Roger, pero él no se mueve.

—¿O es que te quieres ahogar bajo la lluvia? ¡Venga, hombre! ¡Vamos dentro!

—No.

Roger tira del brazo del poeta como quien tira de un muñeco de serrín encharcado. Y se pone a gritar hacia la casa.

—¡Anne! ¡Anne!

—¿Ha dicho ella que entre? —dice el poeta.

—Yo… Sí, sí. Vamos, entra. ¿O es que estás loco?

—Me estás mintiendo —dice el poeta—. Déjame en paz.

—¿Qué es lo que pretendes? —dice Roger—. No te puedes quedar aquí con la que está cayendo.

—Sí, sí que puedo. Entra tú. Te vas a resfriar.

Roger vuelve corriendo a la casa; antes tienen una discusión, porque Roger quiere que el poeta se quede con el paraguas, y el poeta dice que no. Roger vuelve a la casa. Anne está en la puerta.

—Será idiota —dice Roger—. No puedo…

—¡Ven adentro! —grita Anne—. ¡John! ¡Por favor te lo pido!

Pero el poeta ya no está donde llega la luz, ha desaparecido.

—¡John! —lo llama Anne.

Se echó entonces a reír, mirando a Roger con los ojos medio tapados por el pelo, que se alisaba con las manos.

—Estaba… Parecía… Estaba t… tan gr… gracioso…

Dejó entonces de reírse y Roger tuvo que sostenerla en pie. La llevó arriba y estuvo sentado con ella hasta que pudo contener el llanto. Volvió entonces a su despacho. La lámpara aún estaba en la ventana, y cuando la retiró y se desplazó el foco vio de nuevo a Blair en el jardín. Estaba sentado en la hierba, apoyado de espaldas contra la base de un árbol, la cara vuelta arriba, hacia la lluvia, hacia la ventana de Anne. Roger salió con toda la rapidez que pudo, pero cuando llegó ya no estaba Blair donde lo había visto. Roger permaneció bajo el paraguas llamándole un rato, pero no encontró respuesta. A lo mejor quiso intentar por segunda vez que el poeta se quedara con el paraguas. Por eso, a lo mejor no sabía cómo son los poetas, o no al menos en la medida en que creía saberlo. A lo mejor estaba pensando en Alexander Pope. Pope seguramente hubiera llevado un paraguas.

Nunca más volvieron a ver al poeta. A ése, claro está. Y es que de todo esto hace seis meses, y aún viven allí. Pero a ése no lo volvieron a ver. A los tres días, Anne recibe la segunda carta, remitida desde el pueblo. Es un menú del café Elite, o a lo mejor lo llaman el Palace. Estaba ya autografiada por las moscas que suelen comer allí, y el poeta había escrito al dorso. Anne la dejó en el escritorio de Roger y salió, y fue entonces cuando la leyó Roger.

Parece que ése fue el hachazo. El que Roger siempre afirmó que estaba esperando. Da lo mismo. Las revistas que no traen fotos publicaron el poema, robándoselo unas a otras mientras el interés, o lo que fuera, devoró el dinero que el poeta nunca llegó a percibir a cambio del mismo. Pero la cosa tampoco estuvo nada mal, pues para entonces Blair ya estaba muerto.

La mujer de Amos Crain les contó que el poeta se había marchado del pueblo. Una semana después se marchó Anne. Se fue a Connecticut a pasar el resto del verano con sus padres, en cuya casa estaban los niños. Lo último que oyó al marcharse de casa fue la máquina de escribir.

Pero pasaron dos semanas desde que Anne se marchó hasta que Roger lo dio por terminado, puso la última palabra. En un primer momento quiso incluir el poema, el poema escrito en el menú, un poema que no trataba tampoco sobre la libertad, aunque al final no lo hizo. La conciencia, si así puede llamarse, pudo con las ganas de buscar camorra, y Roger aguantó la embestida sin inmutarse, como un hombrecito hecho y derecho, y mandó el poema a las revistas, para que se hablara de él, y cosió las páginas que había escrito y también las envió a las revistas. ¿Y qué fue lo que se había dedicado a escribir? Él, Anne y el poeta. Palabra por palabra, entre un compás de espera y el siguiente, hasta saber qué escribir a continuación, con algunos retoques aquí y allá, cómo no, porque las personas de carne y hueso no suelen ser el mejor material narrativo, siendo material mucho más interesante las habladurías, ya que en su mayor parte no son verdad.

Así que cosió las páginas y las envió y le enviaron un dinero. Llegó justo a tiempo, porque se avecinaba el invierno y aún adeudaba cierta cantidad por la hospitalización de Blair y su entierro. Saldó las deudas y, con el resto del dinero, le compró a Anne un abrigo de pieles, y compró para los niños y para él ropa interior de invierno.

Blair murió en septiembre. Anne y los niños seguían fuera cuando recibió el telegrama con tres o cuatro días de retraso, ya que aún no había llegado la siguiente hornada de visitas. Así que ahí está, escribiendo en su mesa, en la casa vacía, con todo el trabajo de mecanografía terminado y el telegrama en la mano.

—Shelley —dice—. Su vida entera no fue una imitación muy lograda de la vida misma. Incluyendo la cantidad de agua que le hizo falta para ahogarse.

A Anne no le dijo nada del poeta hasta después de que llegase el abrigo de pieles.

—Viste si él... —dijo Anne.

—Sí. Le dieron una buena habitación. Tuvo una buena enfermera. El médico al principio no quiso que tuviera una enfermera especial. Maldito matasanos...

A veces, cuando uno piensa en que obligan a los poetas y a los artistas y a otros por el estilo a pagar esos impuestos que, según dicen, indican que un hombre es libre, que es mayor de edad, que es capaz de mirar por sus asuntos en esta encarnizada competencia de los unos con los otros, da la impresión de que ganasen el dinero que a duras penas ganan con argucias y falsedades. Sea como fuere, aquí va lo que siguió, lo que hicieron después.

Él le lee a ella el libro, el relato, y ella no dice nada hasta que ha terminado.

—Así que esto es lo que estabas haciendo —dijo ella.

Él tampoco la mira; está ocupado cuadrando las hojas, alisándolas bien.

—Es tu abrigo de pieles —dijo.

—Ah —dice ella—. Sí, claro. Mi abrigo de pieles.

Llega entonces el abrigo de pieles. ¿Y qué hace ella entonces? Lo regala. Sí, se lo regaló a la señora Crain. Se lo dio a la señora Crain, que estaba en la cocina batiendo mantequilla, con el pelo por la cara, retirándoselo con una muñeca que parecía un jamón magro.

—Caramba, señora Howes… —dice—. No puedo. De veras que no.

—Tendrá que aceptarlo —dice Anne—. Nosotros… Bueno, yo lo conseguí con malas artes, no me lo merezco. Usted siembra el pan y lo cosecha, yo no. Por eso no puedo llevar un abrigo como éste.

Y así lo dejan estar, y el abrigo queda con la señora Crain y vuelven a casa caminando. Solo que hacen un alto a plena luz del día y la señora Crain los mira desde la ventana, y se dan un abrazo y se besan porque en ese momento es lo que desean.

—Me siento mejor —dice Anne.

—Yo también —dice Roger—. Porque Blair no estaba ahí y no vio la cara de la señora Crain cuando le regalaste el abrigo. En eso no es que haya libertad, ni hay igualdad tampoco.

Pero Anne no le escucha.

—Por no pensar —dice— que él… para vestirme yo con las pieles de unos animalillos aniquilados… Tú lo has puesto en un libro, pero no lo llegaste a terminar. No sabías nada de ese abrigo, ¿verdad que no? Esta vez Dios te ha ganado, Roger.

—Sí, así es —dice Roger—. Dios me gana muchas veces. Pero en esto hay una cosa más. Sus hijos son mayores que los nuestros, y ni siquiera la señora Crain podría ponerse mi ropa interior, así que todo queda en su sitio.

Claro. Todo quedó en su sitio. Pronto llegaría la Navidad y después la primavera, y luego el verano, el largo verano, los largos días del verano.

DON GIOVANNI

Se había casado muy joven con una chica de cara bastante vulgar a quien trataba a la sazón de seducir, y ahora, a los treinta y dos años, era viudo. El matrimonio le había arrastrado el trabajo como la sequía arrastra a los peces por los arroyos hacia las aguas caudalosas, y las cosas habían sido arduas a lo largo del tiempo en que pasó de ocupación en ocupación y de puesto en puesto hasta caer inevitable y finalmente en la sección de ropa femenina de unos grandes almacenes.

Allí se sintió al fin en lo suyo (siempre se había llevado mucho mejor con las mujeres que con los hombres), y la restaurada fe en sí mismo hizo posible que ascendiera sin demasiados contratiempos a la codiciada posición de comprador al por mayor. Sabía mucho de ropa de mujer y, dado el interés que sentía por las mujeres, mantenía la creencia de que el conocimiento de las cosas que a ellas les gustaban le confería una comprensión de la psicología femenina que ningún otro hombre podía poseer. Pero jamás fue más allá de las meras especulaciones: le fue fiel a su mujer, pese a que estaba postrada en cama víctima de una invalidez.

Así, cuando tenía en la mano el éxito y la vida les sonreía al fin, murió su esposa. Él se había habituado al matrimonio, se sentía apegado a su mujer, y la adaptación a la nueva situación fue una tarea lenta. Con el tiempo, empero, se acostumbró a la novedad de una libertad madura. Se había casado tan joven que la libertad era para él un campo inexplorado.

Disfrutaba de la comodidad de sus habitaciones de soltero, de la rutina solitaria de los días: la vuelta a casa paseando en el crepúsculo, la detenida contemplación en la calle de los suaves cuerpos de las chicas, sabiendo que si se molestara en solicitarlas ninguna habría de decirle No. Su sola preocupación residía en que le escaseaba el pelo.

Pero al cabo el celibato empezó a serle opresivo.

Su amigo y presunto anfitrión de la visita inesperada, sentado en el balcón con un cigarro, lo vio doblar la esquina, bajo el farol, y con una exclamación se puso en pie de un salto y volcó la silla de un puntapié. Se metió con rapidez dentro del cuarto, apagó la lámpara de mesa y saltó sobre un sofá y fingió dormir.

Caminaba airosamente, haciendo girar su liviano bastón: "Les encanta que los hombres sean osados con ellas. Veamos: ella llevará un conjunto de ropa interior negra… Al principio me portaré con indiferencia, como si no quisiera estar con ella, o como si no quisiera especialmente ir a bailar esta noche. Dejaré caer una observación acerca de haber acudido únicamente porque lo había prometido, ya que en rigor debería haber ido a ver a otra mujer. Les gustan los hombres que tienen más mujeres. Ella dirá "Por favor, llévame a bailar", y yo diré "Oh, no sé si quiero bailar esta noche", y ella dirá "¿No me llevas?" como apoyándose sobre mí —veamos—, sí, me cogerá la mano, me hablará dulcemente, bien, yo no responderé, como que no la oigo. Seguirá provocando y al final pondré un brazo alrededor de ella y le levantaré la cara en el taxi oscuro y la besaré, con frialdad y dignidad, como si me tuviera sin cuidado hacerlo o no, y diré "¿Quieres realmente ir a bailar esta noche?", y ella dirá "Oh, no lo sé. Lo que deseo únicamente es ir por ahí… contigo", y yo diré "No, vamos a bailar un rato".

"Bien, bailaremos y yo le acariciaré la espalda con la mano. Ella me estará mirando, pero yo no la miraré…" Despertó de su ensueño bruscamente y cayó en la cuenta de que había dejado atrás la casa de su amigo. Volvió sobre sus pasos y alargó el cuello hacia las ventanas oscuras.

—¡Morrison! —canturreó.

No hubo réplica.

—¡Oh, Mor…rison!

Las dos ventanas estaban oscuras e inescrutables como parcas. Llamó a la puerta, retrocedió unos pasos para dar término a su aria. Junto a la puerta había otra entrada. La luz se colaba por una celosía de medio cuerpo, semejante a la puerta de una cantina; más allá de ella tecleaba con perversidad una máquina de escribir. Tocó, vacilante, en la celosía.

—Hola —tronó una voz sobre el ruido de la máquina. Él meditó brevemente y volvió a llamar, ahora con más energía.

—Adelante, maldita sea. ¿Cree que es un cuarto de baño? —dijo la voz, ahogando la máquina de escribir.

Abrió la celosía. El hombre enorme y con camisa sin cuello que estaba sentado a la máquina alzó una cabeza leonina y lo miró con irritación.

—¿Sí? —cesó el ruido de la máquina.

—Discúlpeme: busco a Morrison.

—El piso de arriba —le espetó el otro, disponiendo las manos sobre la máquina—. Buenas noches.

—Pero es que no contesta. ¿Sabe si está?

—No.

Reflexionó de nuevo, tímidamente.

—Me pregunto cómo podría enterarme. Tengo prisa y...

—¿Cómo diablos voy a saberlo? Suba y averígüelo, o salga ahí afuera y llámelo.

—Gracias, subiré.

—Bien, pues suba.

La máquina de escribir atacó un "pianissimo".

—¿Puedo pasar por aquí? —aventuró tibia, cortésmente.

—Sí, sí. Pase por donde quiera. Pero por el amor de Dios no me moleste.

Le dio las gracias en un susurro y pasó nuevamente junto al hombre grande y frenético. La habitación entera trepidaba ante las pesadas manos del hombre, y la máquina de escribir brincaba y alborotaba como un ser enloquecido. Subió unas escaleras oscuras; su amigo le oyó tropezar y gruñó: "Te mataré por esto", dijo, maldiciendo al desprevenido y estentóreo mecanógrafo del piso de abajo. La puerta se abrió y el visitante siseó "¡Morrison!" hacia el interior del cuarto oscuro. Morrison maldijo de nuevo para su coleto. Al moverse gimió el sofá, y dijo:

—Espere a que encienda la luz. Me romperá todo lo que tengo si se pone a andar a ciegas en la oscuridad.

El visitante suspiró con alivio.

—Bien, bien. Había casi desistido de verle y me marchaba ya cuando ese hombre de ahí abajo me dejó amablemente pasar por su cuarto.

La mano de Morrison encendió la luz.

—Oh, estaba usted dormido, ¿no es cierto? Lamento tanto haberlo importunado. Pero es que quiero su consejo.

Depositó el sombrero y el bastón sobre una mesa, derribando al tiempo un jarrón con flores. Con pasmosa agilidad agarró el jarrón antes de que se estrellara contra el suelo, pero no antes de que su contenido lo salpicara copiosamente. Volvió a poner en su sitio el jarrón, y acto seguido empezó a secarse rápidamente las mangas y la pechera del traje con un pañuelo.

—Ah, diablos —profirió, exasperado—. ¡Acabo de recoger el traje de la planchadora!

El anfitrión contempló el incidente con reprimido y vengativo regocijo, y le ofreció una silla.

—Qué pena —le compadeció insinceramente—. Pero ella no lo notará: probablemente estará interesada por usted.

Él alzó la vista, halagado aunque un tanto dubitativo respecto al tono de su amigo. Se pasó las palmas de las manos por el pelo ralo.

—¿Usted cree? Pero atienda —continuó con rápido optimismo—. Ya he descubierto dónde fallé antes. Osadía e indiferencia: eso es lo que hasta ahora he pasado por alto. Escuche —dijo con entusiasmo—: esta noche tendré éxito. Pero quiero su consejo.

El otro volvió a rezongar y se reclinó en el sofá.

El visitante continuó:

—Bien, actuaré como si otra mujer me hubiera telefoneado, como si saliera con ella solo porque lo había prometido: para empezar, ponerla celosa,¿comprende? Bien, actuaré como si me tuviera sin cuidado ir a bailar, y cuando me lo pida suplicante, la besaré, con toda indiferencia, ¿me sigue?

—Sí —susurró su amigo, bostezando.

—Así que nos iremos al baile y bailaremos y la acariciaré un poco, pero sin mirarla, como si estuviera pensando en otra persona. Ella se sentirá intrigada, y dirá "¿En qué piensas con tanta intensidad?", y yo diré "Por qué quiere saberlo?", y ella me rogará que se lo diga, bailando todo el tiempo muy pegada a mí, y yo diré "Prefiero decirte lo que tú estás pensando", y ella dirá "¿Qué?" al instante, y yo diré "Estás pensando en mí". Bueno, ¿qué le parece? ¿Qué cree que dirá entonces?

—Probablemente le dirá que es usted un engreído.

—¿Cree que lo hará?

—No lo sé. Pero pronto lo averiguará.

—No, no creo que me diga eso. Imagino que pensará que sé mucho de mujeres —se quedó sumido en honda meditación, y al cabo rompió de nuevo a hablar—: Si lo hace, yo diré: "Tal vez sea así. Pero estoy cansado de este sitio. Vámonos". Ella querrá quedarse, pero me mantendré firme. Luego seré osado: la llevaré directamente a mi casa, y cuando vea lo osado que soy, se entregará a mí. Les gustan los hombres osados. ¿Qué le parece?

—Muy bien, siempre que ella actúe como usted espera. Aunque sería una buena idea si le esbozara un poco el guión, así no se equivocaría.

—Me está tomando el pelo. Pero ¿no cree de veras que el plan es consistente?

—Sin resquicios. Ha pensado en todos los detalles, ¿no es cierto?

—Así es. Es la única manera de ganar las batallas, ya lo sabe. Napoleón nos lo ha enseñado.

—Napoleón también dijo algo sobre la artillería más pesada —comentó su amigo malévolamente.

Él sonrió con complacencia.

—Yo soy como soy —dijo en voz muy baja…

—Especialmente cuando no ha sido usada en algún tiempo —continuó su anfitrión. Él adoptó entonces un aire de bestia herida, y su anfitrión prosiguió rápidamente—: Pero ¿va a poner en práctica su plan esta noche, o me habla en caso hipotético?

Él miró su reloj con consternación.

—Santo cielo, debo apresurarme —se puso en pie de un salto—. Gracias por aconsejarme. Creo de veras que tengo en las manos el sistema para este tipo de mujeres, ¿no lo cree así?

—Claro —concedió su amigo.

Él se detuvo en la puerta y volvió apresuradamente a estrechar la mano de su amigo.

—Deséeme suerte —dijo por encima del hombro al partir.

La puerta se cerró a sus espaldas y sus pasos resonaron en las escaleras. Luego se oyó la puerta de la calle.

El anfitrión, desde el balcón, lo vio alejarse. Volvió al sofá y se recostó de nuevo en él, riendo. Se levantó, apagó la luz y se quedó allí echado, riéndose entre dientes. Abajo, el mecanógrafo, atronador e incansable, seguía sobre la máquina.

Unas tres horas más tarde. La máquina de escribir seguía brincando sobre la mesa.

—¡Morrison!

El mecanógrafo sintió una vaga molestia, como alguien que supiera que tratan de despertarlo de un sueño placentero, y que supiera asimismo que al ofrecer resistencia el sueño se vendría abajo.

—¡Oh, Mor…risooooon!

El mecanógrafo volvió a concentrarse, consciente de que la cálida y apacible noche del exterior de su cuarto había sido despojada de quietud. Aporreó aún más fuerte el teclado para exorcizar aquel fastidio, pero le llegó la tímida llamada desde la celosía.

—¡Maldita sea! —dijo, dándose por vencido—. ¡Entre! —bramó, y alzó la vista—. Dios mío, ¿de dónde sale usted? Lo dejé a usted hace unos diez minutos, ¿no es eso? —Miró la cara del visitante y su tono cambió—. ¿Qué le sucede, amigo? ¿Está enfermo?

El visitante permanecía allí, parpadeando ante la luz; luego entró con paso vacilante y se dejó caer pesadamente en una silla.

—Peor que eso —dijo, abatido.

El hombre grande giró pesadamente sobre sí mismo para encarar al visitante.

—¿Necesita un médico o algo?

El visitante hundió la cara entre las manos.

—No, ningún médico puede ayudarme.

—Bien, ¿Qué le pasa? —insistió el otro con creciente exasperación—. Estoy ocupado. ¿Qué es lo que quiere?

El visitante aspiró profundamente y alzó los ojos.

—Necesito hablar con alguien, simplemente —levantó un semblante afligido hasta la mirada dura y penetrante del otro—. Me ha sucedido algo terrible esta noche.

—Bueno, suéltelo, pues. Pero de prisa.

El visitante suspiró y se enjugó blanda y torpemente la cara con el pañuelo.

—Bien, tal como dije, actué con indiferencia, dije que no quería bailar esta noche. Y ella dijo "Eh, venga: ¿te piensas que he venido a pasarme toda la noche sentada en un banco del parque?", y entonces le pasé el brazo alrededor…

—¿Alrededor de quién?

—Alrededor de ella. Y cuando intenté besarla ella me puso…

—¿Dónde era eso?

—En un taxi. Me puso el codo bajo la barbilla y me empujó contra mi rincón, y dijo: "¿Vamos a bailar o no? Si no vamos a bailar, dilo, y me bajo. Conozco a un tipo que me llevará a bailar y…"

—Por Dios santo, amigo, ¿qué desvarío es este que me cuenta?

—Lo de esa chica con la que he salido esta noche. Así que nos fuimos a bailar y la estaba acariciando como tenía pensado y ella dijo "Ya está bien, hermano, no tengo lumbago": Al rato empezó a mirar continuamente hacia atrás por encima del hombro, y alargaba el cuello para mirar también por encima del mío, y perdía el paso y decía "Perdona", así que le dije "¿En qué piensas?", y ella dijo "¿Eh?", y yo le dije "Puedo decirte en qué estás pensando", y ella dijo "¿Quién yo?

¿Lo que estaba pensando yo?”, y seguía mirando y meneando la cabeza de un lado para otro. Entonces vi que estaba como sonriendo, y dije “Estás pensando en mí”, y ella dijo “Oh, ¿sí?”.

—Santo Dios —susurró el otro, mirándolo.

—Sí. De modo que le dije, siguiendo el plan, “Estoy cansado de este sitio. Vámonos”. Ella no quería irse, pero me mantuve firme y al fin dijo “De acuerdo. Tú baja y coge un taxi; yo me arreglo en seguida y bajo”. Me debería haber dado cuenta entonces de que algo iba mal, pero no lo hice. Bien, bajé rápidamente y paré un taxi. Le di al taxista diez dólares para que nos llevara a las afueras, campo adentro, donde no hubiera mucho tráfico, y para que se parara y fingiera que tenía que volver a pie un trecho de la carretera en busca de algo, y esperara allí hasta que yo tocara la bocina. Así que esperé y esperé y ella no bajaba, y al final le dije al taxista que no se marchara, que iría a buscarla arriba, y subí corriendo las escaleras. No la vi en la antesala, así que volví a la pista de baile.

Permaneció unos instantes en blando y silencioso desaliento.

—¿Y bien? —le instó el otro.

El visitante suspiró.

—Creo que voy a renunciar, lo juro: nada jamás que tenga que ver con las mujeres. Cuando entré en la pista miré por todos lados y finalmente la vi. Estaba bailando con otro hombre, uno grande como usted. No sabía qué pensar. Determiné que era un amigo con quien bailaba hasta que yo subiera a buscarla, pues habría entendido mal lo que le dije: que la esperaba en la calle. Pero era ella quien me había dicho que esperara en la calle. Y eso me confundía. Me quedé en la puerta hasta que logré que nuestras miradas se encontraran, y entonces le hice señas. Ella hizo una especie de gesto hacia mí, como si quisiera que esperara a que acabara la pieza, así que esperé allí. Pero cuando acabó la música se fueron los dos a una mesa, y él llamó al camarero y pidió algo. ¡Y ella no volvió a mirarme siquiera! Entonces empecé a enfurecerme. Me acerqué a ellos. Como no quería que ni ellos ni nadie se dieran cuenta de que estaba furioso, me incliné un poco ante ellos, y ella me miró y dijo “¡Vaya, vaya! Aquí tenemos de vuelta a Herbie. Creí que me habías dejado, así que este amable caballero se ha ofrecido a acompañarme a casa”. “Ten por seguro que lo haré”, dijo el tipo grande, mirándome con ojos como platos. “¿Quién es este?” “Bueno, un amiguito mío”, dijo ella. “Pues bien, ya es hora de que los chiquillos como él estén en casa acostados”. “Me miró con dureza, y yo le miré a él y dije “Vamos, señorita Steinbauer, nos espera el taxi". Y él dijo "Herb, ¿no querrás robarme la chica, no?". Yo le dije que ella estaba conmigo, y se lo dije muy digno, ¿sabe usted?, y ella dijo "Lárgate. Tú estás cansado de bailar; yo no. Así que me voy a quedar un rato". Y estaba como sonriendo: me di cuenta de que me estaban ridiculizando. Y entonces él se echó a reír a pleno pulmón, como un caballo. "Lárgate, hermano", me dijo. "Te ha dado calabazas. Vuelve mañana". Bien, cuando vi su cara gorda y roja, llena de dientes, sentí ganas de pegarle. Pero luego pensé que se iba a armar un buen lío y que mi nombre saldría en los periódicos, así que le lancé una mirada a la chica y me di media vuelta y me marché. Naturalmente todo el mundo había visto y oído el incidente; y un camarero, al pasar yo hacia la salida, dijo: "Mala suerte, amigo, pero ellas son así". ¡Y encima el taxista se marchó con mis diez dólares!

El hombre grande lo miró con admiración.

—¡Dios, mira tu obra maestra! ¡Balzac, la desesperación! ¡Heme aquí perdiendo mi vida, intentando hacer que la gente viva merced a la palabra escrita! —su cara se congestionó súbitamente—. ¡Fuera de aquí, maldita sea! —bramó—. ¡Me pone usted malo!

El visitante se levantó y se quedó de pie, sumido en un blando abatimiento.

—Pero ¿qué voy a hacer?

—¿Hacer? ¿Hacer? Váyase a un burdel si quiere una chica. O, si tiene miedo de que llegue alguien y se la quite, búsquese una en la calle y tráigala aquí, si le apetece. Pero en el nombre de Dios: no vuelva a hablarme en su vida. Trato de escribir una novela, y usted ha dañado ya mi ego irreversiblemente.

El hombre grande lo cogió del brazo, empujó la puerta con el pie y, con amabilidad pero sin dilación, lo hizo salir a la calle. El visitante, con la celosía cerrada a sus espaldas, permaneció allí unos instantes escuchando el frenesí de la máquina de escribir, contemplando planos de sombras, dejando que la noche lo apaciguara. Un gato apareció furtivamente y lo miró; luego cruzó como un rayo sucio al otro lado de la calle. Él lo siguió con una lenta tristeza en la mirada, con envidia. El amor era tan sencillo para los gatos; en gran medida no era sino ruido: el éxito no importaba demasiado. Suspiró, y se alejó dejando a sus espaldas el estentóreo teclear de la máquina de escribir.

Su recatado paso lo alejó de las calles sumidas en la oscuridad; siguió andando, maravillándose de sentirse tan desesperado internamente y sin embargo ser el mismo externamente. Me pregunto si se me nota, pensó.

Es porque me estoy haciendo viejo por lo que las mujeres no se sienten atraídas por mí. Pero el hombre de esta noche tenía más o menos mi edad. Es algo que no tengo: algo que no tendré jamás.

Pero el pensamiento le resultaba insoportable. No, es algo que no soy capaz de hacer, de decir, pero que aún no he descubierto. Al entrar en la calle tranquila donde vivía vio a una pareja en un umbral oscuro, abrazándose. Se apresuró.

Una vez en su cuarto, se quitó lentamente la chaqueta y el chaleco y se situó frente al espejo y se examinó la cara. Su pelo era más escaso día a día (ni siquiera consigo conservar el pelo, pensó amargamente), y su semblante delataba sus treinta años. No era gordo, pero la piel de debajo de la barbilla empezaba a colgarle, fláccida y fofa. Suspiró y terminó de desvestirse. Se sentó en una silla, metió los pies en una palangana de agua caliente y empezó a masticar lentamente una tableta digestiva.

El calor del agua le ascendía por el cuerpo delgado y lo aliviaba, el cáustico sabor de la pastilla que masticaba lentamente le sirvió de lenitivo a su miseria. "Veamos —reflexionó mientras movía rítmicamente las mandíbulas y analizaba la noche pasada—. ¿Cuándo me he equivocado? El plan era bueno: el propio Morrison lo admitió. Piensa". Sus mandíbulas dejaron de masticar y sus ojos se posaron en una fotografía que había sobre la pared de enfrente. "¿Por qué nunca actúan como uno ha calculado? Uno puede prever toda contingencia, pero ellas siempre actuarán de modo diferente. He sido demasiado delicado con ellas: no debería darles nunca la oportunidad de ponerme en ridículo. Ese ha sido mi error una y otra vez: invitarlas a cenar o a un espectáculo en seguida. El asunto es ser osado con ellas, traerlas aquí inmediatamente, dominarlas desde el principio. ¡Dios, ese es el asunto!

Se secó los pies apresuradamente, se puso las zapatillas y fue hasta el teléfono.

"Ese es el asunto, exactamente", susurró para sí lleno de exultación, y en su oído estaba ya la somnolienta voz de Morrison.

—¿Morrison? Lamento molestarle, pero al fin me he dado cuenta —se oyó en la línea un sonido ahogado e inarticulado, pero él prosiguió sin dilación—: Un error que he cometido esta noche me ha abierto los ojos. El problema reside en que no he sido lo bastante osado: tenía miedo a ser demasiado osado y asustarlas. Atienda: la traeré aquí inmediatamente: seré duro y cruel, brutal si es necesario, hasta que me suplique que la ame. ¿Qué le parece…? ¡Sí! ¿Morri—son…?

Hubo entonces un lapso subrayado por un zumbido lejano, y luego una voz de mujer dijo:

—Di que sí, chicarrón; trátalas con mano dura.

Y se oyó un clic: en la mano sostenía el auricular inerte, y el auricular inerte era una O rotunda que lo miraba con fijeza a la boca.

Y ESO BIEN HA DE ESTAR

I

Oíamos correr el agua en la bañera. Miramos los regalos esparcidos por encima de la cama, donde los había envuelto mamá con un papel de colores, con nuestros nombres puestos, para que el abuelo supiera a la primera cuál era de cada cuál, nada más recogerlos del árbol. Había un regalo para cada uno, para todos nosotros, menos para el abuelo, porque mamá dijo que ya era demasiado viejo para recibir regalos.

—Éste es el tuyo —dije.

—Y tanto —dijo Rosie—. Ahora te metes en la bañera, que es lo que ha dicho tu mamá.

—Yo ya sé qué es —dije—. Si quieres, te lo digo.

Rosie miró su regalo.

—Pues me parece a mí que bien puedo esperar a la hora en que me toque —dijo.

—Te digo lo que es si me das un chavo —dije.

Rosie miró su regalo.

—Chavos no tengo —dijo—. Pero los tendré en la mañana de Navidad, cuando el señor Rodney me dé el aguinaldo.

—Pero entonces ya sabrás lo que es y no me darás nada —dije—. Ve a pedirle a mamá que te preste un chavo.

Rosie de pronto me sujetó por el brazo.

—Tú ahorita te metes en la bañera sin rechistar —dijo—. ¡Qué manía tienes con el dinero, chiquillo! Si no eres rico para cuando tengas veintiuno, será porque el dinero esté abolido por ley o porque la ley te haya abolido a ti.

Así que fui a bañarme y volví, todos los regalos esparcidos encima de la cama de mamá y papá y casi se notaba ya el olor de siempre y al día siguiente por la noche estallarían los fuegos artificiales y entonces casi se podrían oír también los petardos. Sería tan solo esa noche, y al día siguiente tomaríamos todos el tren, todos menos papá, porque tendría que quedarse en la caballeriza, donde se alquilaban coches y caballos, hasta después de Nochebuena, e ir a ver al abuelo, y al día siguiente sería Navidad y el abuelo tomaría los regalos del árbol e iría recitando los nombres, uno por uno, hasta llegar al regalo que le había comprado yo al tío Rodney, que lo pagué de mi dinero, y así al cabo de un rato el tío Rodney abriría el cajón del escritorio del abuelo y tomaría una dosis del tónico del abuelo y con suerte a lo mejor me daría otro cuarto de dólar por haberle ayudado, como en las pasadas navidades, en vez de darme solo diez centavos, como había hecho el verano anterior, cuando vino a visitarnos a mamá y a nosotros y cuando hicimos negocios con la señora Tucker antes de que el tío Rodney se marchara a casa y comenzara a trabajar para la Sociedad de Compresoras, y eso bien ha de estar. O a lo mejor hasta me caía medio dólar, y no podía ya con tantas ganas.

—Joder, me muero de ganas —dije.

—¿Cómo has dicho? —exclamó Rosie—. ¿Joder? —aulló—. ¿Cómo que joder? Como te oiga hablar así tu madre, ya verás qué pronto se te quitan las ganas. De un sopapo se te van a quitar. ¡A mí no me vengas con esas pamplinas de diez centavos! Por diez centavos ya le iba yo a decir lo que has dicho, mocoso.

—Si me das los diez centavos yo mismito se lo digo —dije.

—¡A la cama ahora mismo! —exclamó Rosie—. ¡Un mocoso de siete años diciendo esas cosas!

—Si me prometes que no se lo dirás, te digo cuál es tu regalo y así me podrás dar diez centavos cuando sea Navidad.

—¡He dicho que a la cama! —exclamó Rosie—. ¡Qué manía con los dichosos diez centavos! Te aseguro que si creyera que alguno de vosotros iba a comprarle un regalo al abuelo, aunque fuera de cinco centavos, aportaba yo misma al menos diez.

—El abuelo no quiere regalos —dije—. Ya es demasiado viejo.

—Ja —dijo Rosie—. O sea que demasiado viejo, ¿eh? Tú supón que todo el mundo dijera que eres demasiado pequeño para tener diez centavos: ¿qué ibas a pensar de una cosa así, eh?

Así que Rosie apagó la luz y se fue. Pero yo aún veía los regalos a la luz del fuego: los que eran para el tío Rodney y para la abuela y para la tía Louisa y para el marido de la tía Louisa, el tío Fred, y para la prima Louisa y el primo Fred y el bebé y la cocinera del abuelo y nuestra cocinera, que era Rosie, y a lo mejor alguien tendría que hacerle un regalo al abuelo, aunque a lo mejor tendría que ser la tía Louisa, porque ella y el tío Fred vivían con el abuelo, o a lo mejor tendría que ser el tío Rodney, porque él también vivía con el abuelo. El tío Rodney siempre hacía un regalo a mamá y a papá, pero a lo mejor sería una pérdida de tiempo para él y para el abuelo que el tío Rodney le hiciera un regalo al abuelo, porque una vez le pregunté a mamá por qué el abuelo miraba siempre el regalo que a ella y a papá le hacía el tío Rodney y por qué se había enfadado tanto, y papá se echó a reír y mamá dijo que a papá debería darle vergüenza, que no era culpa del tío Rodney si su generosidad era más grande que su chequera, y papá dijo que sí, que desde luego que no era culpa del tío Rodney, no conocía a nadie que se esforzara tanto como el tío Rodney por ganar dinero, y que el tío Rodney había probado suerte con todos los planes conocidos y por conocer, con todo, salvo con la idea de ponerse a trabajar, y que si mamá se acordase de lo que pasó dos años antes seguramente se acordaría de una vez en que el tío Rodney pudo haber dado gracias a su buena estrella por ser el único hombre en relación con cuya generosidad, o como quisiera llamarlo mamá, estaba al menos quinientos dólares por debajo de lo acumulado en su cuenta corriente, y mamá dijo que desafiaba a papá a que dijera, si es que se atrevía, que el tío Rodney había robado aquel dinero, que aquello había sido una maldad y una infamia y que además papá lo sabía de sobra, y que papá y casi todos los demás hombres tenían prejuicios en contra del tío Rodney, aunque ella no terminaba de entender por qué, y que si a papá tanto le molestaba haberle prestado los quinientos dólares al tío Rodney cuando estaba en juego el buen nombre de la familia más le valía decirlo, y que el abuelo reuniese la cantidad, a saber cómo, y se la devolviera a papá, y entonces se echó a llorar y papá le dijo de acuerdo, muy bien, y mamá lloró más y dijo que el tío Rodney era el pequeño y que por eso tenía que ser, por eso lo aborrecía papá, y papá dijo de acuerdo, muy bien. Por Dios, de acuerdo; muy bien.

Y es que mamá y papá no sabían que el tío Rodney había manejado sus asuntos de negocios durante todo el tiempo que estuvo de visita en nuestra casa el verano anterior, tal como nadie en Mottstown estaba al corriente de que llevara sus negocios las pasadas navidades, cuando trabajé yo para él por vez primera y me pagó con un cuarto de dólar. Y es que decía que si prefería hacer negocios con las señoras en vez de hacerlos con los caballeros pues eso era cosa suya, en la que nadie tenía por qué entrometerse, ni siquiera el señor Tucker. Decía que yo no iba por ahí contándole nada a nadie sobre los negocios de papá y que todo el mundo sabía que papá se dedicaba al negocio de la caballeriza de alquiler y que no tenía yo por qué contarle nada a nadie, y el tío Rodney dijo en fin, para eso era la monedita de diez centavos, y que a ver si quería seguir ganándome los diez centavos o si prefería que se buscase él a otro y lo contratase, de modo que seguí con el trato que teníamos y me plantaba a mirar al otro lado de la valla del señor Tucker hasta que éste salía para ir al pueblo y entonces recorría yo la valla hasta la esquina y lo miraba hasta que desaparecía el señor Tucker y entonces colocaba mi gorro en lo alto de uno de los palos de la valla y allí lo dejaba hasta que veía regresar al señor Tucker. Solo que nunca regresaba cuando estaba yo allí, porque el tío Rodney siempre acababa antes de que llegase, y salía y nos volvíamos a pie a casa y le contaba a mamá hasta dónde habíamos ido a pie ese día y mamá decía que eso tenía que ser buenísimo para la salud del tío Rodney. Así que me pagaba los diez centavos cuando estábamos en casa. No era tanto como el cuarto que me dio cuando hacía negocios con aquella señora de Mottstown por Navidad, pero aquello solo fue una vez, mientras que nos visitó durante todo el verano, así que para entonces había juntado yo bastante más que un cuarto. Además, la otra vez fue por Navidad y se tomó una dosis del tónico del abuelo antes de pagarme el cuarto de dólar, así que para esta otra vez a lo mejor hasta se estiraba y llegaba a pagarme medio dólar. Me moría de ganas.

II

Pero por fin llegó el amanecer y me puse el traje de los domingos, y salí a la puerta de la calle y miré a ver si ya estaba el coche y luego fui a la cocina y pregunté a Rosie si ya no era casi la hora y ella me dijo que aún faltaban dos horas por lo menos para que saliera el tren. Solo que cuando me lo dijo oí llegar el coche, y por eso pensé que ya era hora de que fuésemos a coger el tren, y eso bien ha de estar, y entonces iríamos a casa del abuelo y se haría de noche y al día siguiente a lo mejor me tocaba medio dólar y qué joder, eso bien ha de estar. Entonces llegó mamá corriendo y sin haberse puesto el sombrero y dijo que aún nos quedaban dos horas y que ni siquiera se había vestido y John Paul dijo sí, señá, pero que papá lo había mandado y que papá había dicho que John Paul dijese a mamá que la tía Louisa ya había llegado y que mamá se diese buena prisa. Así que pusimos la cesta de los regalos en el coche y yo fui en el pescante con John Paul y mamá gritaba desde dentro del coche no sé qué de la tía Louisa, y John Paul dijo que la tía Louisa había ido en un coche de alquiler y que papá la llevó a desayunar al hotel porque había salido de Mottstown cuando aún no era de día. Y así a lo mejor la tía Louisa había venido a Jefferson a ayudar a mamá y a papá a comprarle un regalo al abuelo.

—Porque tenemos regalos para todos los demás —dije—, hasta yo he comprado uno para el tío Rodney y lo he pagado de mi bolsillo.

Entonces John Paul se echó a reír y le pregunté por qué y me dijo que era solo de pensar en que yo le pudiera dar al tío Rodney alguna cosa que de veras le hiciera ilusión, y le dije que por qué, y John Paul dijo que era porque yo ya tenía forma de hombre, y le dije que por qué, y John Paul dijo que se jugaba cualquier cosa a que a papá le encantaría hacerle un regalito al tío Rodney sin esperar siquiera a que fuera Navidad, y yo dije ¿qué?, y John Paul dijo que un buen trabajo, un sitio donde tuviera que trabajar en serio. Y le dije a John Paul que el tío Rodney no había dejado de trabajar durante todo el tiempo que pasó visitándonos el verano anterior, y John Paul dejó de reírse y dijo que sí, que claro, que si un hombre no para de darle a la faena ni de noche ni de día y está metido en harina a todas horas pues seguro que trabajo lo llama, y eso que puede llegar a ser divertidísimo, y le dije que de todos modos el tío Rodney ahora ya trabajaba, trabaja en la oficina de la Sociedad de Compresoras, y John Paul se rió a carcajadas y dijo que claro, que de seguro haría falta toda una sociedad para comprimir al tío Rodney. Y entonces mamá se puso a dar gritos para que fuésemos derechos al hotel, y John Paul dijo que nanay, que papá había dicho que fuésemos derechos a las caballerizas y que allí le esperásemos a él. Así que fuimos al hotel y la tía Louisa y papá salieron y papá ayudó a la tía Louisa a subir al coche y la tía Louisa se echó a llorar y mamá se puso a dar voces: ¡Louisa! ¡Louisa! ¿Qué te pasa? ¿Qué ha pasado?, y papá dijo que esperase, que esperase un poco; acuérdate de que está delante el negro, y así llamó a John Paul, así que seguro que tenía que ser un regalo para el abuelo, que no había llegado.

Y al final resultó que ni siquiera tomamos el tren. Fuimos a las caballerizas y ya tenían enganchado el tiro al coche ligero, de carretera, esperándonos, y mamá lloraba y decía que papá ni siquiera se había puesto el traje de los domingos y papá despotricaba y dijo además qué maldito traje ni qué niño muerto; si no le echamos el guante al tío Rodney antes de que lo pesquen los demás, papá se iba a poner el traje que llevara puesto el tío Rodney. Así que nos pusimos en camino a toda prisa y papá cerró las cortinillas y mamá y la tía Louisa pudieron llorar allí dentro hasta hartarse y papá dijo a voces a John Paul que fuese a casa y que le dijera a Rosie que le metiera el traje de los domingos en la maleta y se lo llevase al tren; de todos modos, eso bien ha de estar para Rosie. Así que no montamos en el tren, sino que fuimos deprisa, papá conduciendo y diciendo si es que no sabía nadie en dónde se había metido, y la tía Louisa dejó de llorar tras un buen rato y dijo que el tío Rodney no había ido a cenar ayer noche, aunque sí apareció después de la cena y la tía Louisa tuvo una terrible sensación nada más oír sus pasos en la entrada y eso que el tío Rodney no le quiso decir nada hasta que no estuvieron en su habitación con la puerta bien cerrada y entonces le dijo que necesitaba con urgencia cerca de dos mil dólares y la tía Louisa dijo que de dónde demonios iba a sacar ella dos mil dólares, y el tío Rodney le dijo pídeselos a Fred, que era el marido de la tía Louisa, y a George, que era papá; diles que lo saquen de debajo de las piedras, y la tía Louisa dijo que tenía una sensación terrible y dijo ¡Rodney! ¡Rodney! ¿Cómo…?, y el tío Rodney comenzó a despotricar y a maldecir, maldita sea, le dijo, no me vengas ahora con lloriqueos ni llantinas, y la tía Louisa dijo Rodney, ¿qué es lo que has hecho esta vez?, y los dos oyeron que llamaban a la puerta y la tía Louisa miró al tío Rodney y se dio cuenta de cuál era la verdad nada más ver delante de sí al señor Pruitt con el sheriff, y dijo entonces ¡a papá no se lo digan, que me lo van a matar!

—¿Quién? —dijo papá—. ¿El señor qué?

—El señor Pruitt —dijo la tía Louisa, echándose a llorar otra vez—. El presidente de la Sociedad de Compresoras. Se mudaron a Mottstown la primavera pasada. Tú no lo conoces.

Así que bajó ella a abrir la puerta y se encontró con el señor Pruitt y el sheriff. Y la tía Louisa rogó al señor Pruitt que no lo dijera, se lo rogó por el abuelo, y le dio al señor Pruitt su palabra de honor de que el tío Rodney se quedaría allí mismo y sin salir de casa hasta que papá pudiera ir, y el señor Pruitt dijo que lamentaba muchísimo que además todo aquello sucediera en Navidad, y que por el abuelo y por la tía Louisa estaba dispuesto a darles de plazo hasta el día siguiente a Navidad si la tía Louisa le prometía que el tío Rodney no iba a tratar de marcharse de Mottstown. Y el señor Pruitt le mostró ante sus propios ojos el cheque firmado con el nombre del abuelo, y hasta la tía Louisa se dio cuenta de que estaba firmado con el nombre del abuelo y entonces mamá dijo ¡Louisa! ¡Louisa! ¡Acuérdate de que está delante Georgie!, que soy yo, y papá también maldijo y se puso a dar alaridos, ¿y cómo demontre pretendes que no se entere? ¿Es que le vas a esconder los periódicos?, y la tía Louisa se echó a llorar de nuevo y dijo que todo el mundo por fuerza se iba a enterar, y que no contaba, no tenía esperanza de que ninguno de nosotros pudiera ir por la vida con la cabeza bien alta, que ya solo esperaba ocultárselo al abuelo, porque como lo supiera se iba a morir. Lloró como una magdalena y papá tuvo que parar en un cruce y bajarse a empapar el pañuelo para que mamá le limpiara la cara a la tía Louisa, y entonces papá cogió la botella del tónico del bolsillo del pescante y echó unas gotas en el pañuelo, y la tía Louisa lo olió y entonces papá tomó una dosis del tónico de la botella y mamá gritó ¡George!, y papá dio un trago más del tónico e hizo como si les fuese a devolver la botella a mamá y a la tía Louisa para que se tomaran también ellas una dosis y dijo yo no te culpo de nada. Si fuera yo una mujer de la familia, también echaría un buen trago. Y ahora a ver si me aclaras esto de los bonos de una vez.

—Eran los bonos de obras viales que tenía mamá —dijo la tía Louisa.

Íbamos muy deprisa porque los caballos habían descansado mientras papá mojaba el pañuelo y se tomaba una dosis del tónico, y papá dijo entonces que muy bien, pero ¿qué pasa con esos dichosos bonos?, cuando de pronto se volvió en el asiento y dijo:

—¿Bonos de obras viales? ¿Me estás diciendo que ha cogido el maldito destornillador y que también ha forzado la cómoda de tu madre?

Mamá le dijo entonces ¡George! ¿Cómo eres capaz?, solo que era la tía Louisa la que estaba hablando, hablando a toda prisa, sin llorar, sin volver a llorar todavía, y papá con la cabeza vuelta por encima del hombro y diciendo si es que la tía Louisa le estaba diciendo que aquellos quinientos que tuvo que apoquinar papá dos años atrás no lo eran todo, si aún les tocaba aflojar más. Y la tía Louisa dijo que eran veinticinco de los grandes, solo que no querían que se enterase el abuelo, y que por eso la abuela puso sus bonos de obras viales como garantía del cheque, y que le dijeron que el tío Rodney había recuperado del banco el documento de la abuela y los bonos de obras viales del banco junto con algunas de las acciones de la Sociedad de Compresoras, que tomó de la caja fuerte de las oficinas de la Sociedad de Compresoras, porque cuando el señor Pruitt se enteró de que faltaban las acciones de la Sociedad de Compresoras fue a buscarlas y las encontró en el banco, y cuando buscó en la caja fuerte de la Sociedad de Compresoras tan solo encontró el cheque por valor de dos mil dólares con la firma del abuelo, y aún añadió que el señor Pruitt no llevaba en Mottstown ni siquiera un año, pero ya sabía que el abuelo no pudo haber firmado aquel cheque, además de que fue al banco a revisar las cuentas y el abuelo nunca había llegado a tener dos mil dólares, y que el señor Pruitt dijo que estaba dispuesto a esperar hasta el día siguiente a la Navidad si la tía Louisa le garantizaba y le prometía por su honor que el tío Rodney no trataría de marcharse, y la tía Louisa así lo hizo y entonces volvió a subir las escaleras para suplicar al tío Rodney que entregase al señor Pruitt las acciones, y que entró en el cuarto del tío Rodney, donde lo había dejado un momento antes, y la ventana estaba abierta y el tío Rodney se había largado.

—¡Maldito seas, Rodney! —dijo papá—. ¡Los bonos! ¿Quieres decir que nadie sabe dónde están los bonos?

Íbamos muy deprisa porque ya empezábamos a bajar la última cuesta hacia el valle en donde estaba Mottstown. Pronto notaríamos otra vez el olor; solo había de pasar ese día y esa noche y ya sería Navidad, y la tía Louisa iba sentada con la cara como si fuese una cerca recién pintada a la que le hubiese caído encima un chaparrón, y papá dijo quién demonios había sido capaz de darle ese puesto de trabajo, y la tía Louisa dijo que el señor Pruitt, y papá dijo que cómo, si el señor Pruitt solo llevaba unos cuantos meses en Mottstown, y entonces la tía Louisa comenzó a llorar esta vez sin siquiera ponerse el pañuelo en la cara y mamá miró a la tía Louisa y se echó a llorar también ella y papá sacó el látigo y arreó un par de latigazos a los caballos de tiro, aunque iban deprisa, y maldijo.

—¡Infierno y condenación! —dijo papá—. Ya lo entiendo. Pruitt está casado.

Y entonces también lo pudimos ver. Había guirnaldas de acebo en las ventanas igual que en Jefferson, y dije que en Mottstown también tiran fuegos artificiales y petardos, igual que en Jefferson. La tía Louisa y mamá lloraban a todo llorar, y fue papá quien dijo entonces calma, calma, acordaos de que está Georgie, que soy yo, y la tía dijo que sí, que sí, que iba toda pintarrajeada como una fulana cualquiera, contoneándose y luciendo palmito toda la tarde, sola en un coche, y que la única vez que la señora Church la fue a visitar, y lo hizo únicamente por respeto al puesto que ocupaba el señor Pruitt, la señora Church se la encontró sin corsé y la señora Church me dijo que se le notaba el olor del licor en el aliento. Y papá decía calma, calma, y la tía Louisa lloraba como una magdalena y decía que fue la señora Pruitt la que lo hizo, porque el tío Rodney era joven y era fácil de engatusar, porque nunca había tenido ocasión de conocer a una buena chica y casarse con ella, y papá conducía el coche muy veloz hacia la casa del abuelo, y dijo:

—¿Casarse? ¿Rodney casarse? ¿Y qué demonio de placer iba a encontrar largándose a hurtadillas de su propia casa y esperando a que se hiciera de noche para colarse a hurtadillas por la parte de atrás y subir por el canalón a un dormitorio en el que no iba a encontrar sino a su propia esposa?

Así que mamá y la tía Louisa iban llorando a moco tendido cuando llegamos a la casa del abuelo.

III

Y el tío Rodney no estaba allí. Entramos y la abuela dijo que Mandy, que era la cocinera del abuelo, no había ido a preparar el desayuno, y que cuando la abuela mandó a Emmeline, que era la nodriza que cuidaba del pequeño de la tía Louisa, a la cabaña de Mandy, que estaba en la parcela de detrás de la casa, la puerta estaba cerrada por dentro, pero Mandy no quiso contestar, y cuando fue la abuela en persona Mandy tampoco quiso contestar, así que el primo Fred tuvo que trepar por la ventana y Mandy ya no estaba, y el tío Fred acababa de llegar del pueblo y papá y él se pusieron a dar voces, ¿cerrada por dentro? ¿Y cómo es que dentro no hay nadie, si se puede saber?

Y entonces el tío Fred dijo a papá que entrase a distraer al abuelo y que él se encargaba de ir y entonces la tía Louisa sujetó a papá y al tío Fred, a los dos, y dijo que ya se encargaba ella de tener distraído al abuelo para que fuesen los dos a localizarlo, a encontrarlo en donde estuviese, y papá dijo que si al menos ese mastuerzo no hubiera intentado vendérselos a alguien, y el tío Fred dijo ¡santo Dios!, pero ¿es que no sabes que el cheque estaba fechado hace diez días? Y fuimos a donde estaba el abuelo arrellanado en su sillón y dijo que no contaba con que llegase papá hasta el día siguiente, pero que vaya si se alegraba de vernos por allí, porque aquella mañana se había despertado y la cocinera se largó sin avisar y Louisa se había marchado antes de que amaneciera y ahora ni siquiera sabía en dónde estaba el tío Rodney para decirle que bajara a recoger el correo y a comprarle un cigarro puro o a lo mejor dos, y que gracias a Dios solo era Navidad una vez al año, y que vaya si se pensaba alegrar cuando terminase la Navidad de marras, solo que eso lo dijo riéndose, y es que cuando decía eso de la Navidad y era antes de Navidad siempre lo hacía riéndose, y solo después de Navidad dejaba de reírse cuando decía eso de la Navidad. Entonces la tía Louisa sacó las llaves del abuelo de su bolsillo y abrió el cajón del escritorio que el tío Rodney abría con un destornillador, y sacó el tónico del abuelo y mamá dijo que me fuese yo, que fuese a buscar al primo Fred y a la prima Louisa.

Así que allí no estaba el tío Rodney. Solo al principio pensé que me iba a quedar sin un cuarto de dólar, que me iba a quedar con las manos vacías, así que al principio solo se me ocurrió pensar que de todos modos ya casi estábamos en Navidad y que algo es algo. Y es que luego di la vuelta a la casa, y al cabo de un rato salieron papá y el tío Fred, y los vi atravesar los arbustos del fondo y llamar a la puerta de la cabaña de Mandy, ¡Rodney, Rodney!, tal cual. Luego tuve que colarme entre los arbustos porque el tío Fred tuvo que pasar justo al lado de donde estaba yo para ir al cobertizo a por un hacha para echar abajo la puerta de la cabaña de Mandy. Pero al tío Rodney no lo iban a engañar. Si el señor Tucker no supo engañar al tío Rodney en la casa del propio señor Tucker, el tío Fred y papá tendrían que haberse dado cuenta de que no podrían ellos engañarle y menos en la parcela de la casa de su padre. Así que ni siquiera tuve que oírlos. Esperé un rato a que el tío Fred saliera por la puerta destrozada y volviese al cobertizo y tomase el hacha y reventase la cerradura y el pasador del cobertizo y volviera y entonces papá salió de la cabaña de Mandy y clavaron el cerrojo del cobertizo en la puerta de la cabaña de Mandy y la cerraron y fueron por detrás de la cabaña de Mandy, y oí al tío tapiar también las ventanas clavando varios tablones. Luego volvieron a la casa. Pero poco importó que Mandy estuviera en la cabaña y que no pudiera salir, porque llegó el tren de Jefferson con Rosie y con el traje de los domingos de papá, así que Rosie llegó a tiempo para prepararle la comida al abuelo y a nosotros y todo estuvo en orden, todo bien.

Pero al tío Rodney no lo iban a engañar. Eso se lo podría haber dicho yo a todos. Podría haberles dicho que a veces hasta el tío Rodney tenía ganas de esperar a que se hiciera de noche para seguir ocupándose de sus negocios. Y así estuvo todo bien aun cuando ya fuera tarde cuando por fin me pude escaquear del primo Fred y la prima Louisa. Era tarde; pronto empezarían los fuegos artificiales en el pueblo, y entonces también oiríamos los petardos, de modo que vi bien la cara que asomaba entre los maderos, donde papá y el tío Fred habían clavado los tablones, por una de las ventanas de atrás; le vi la cara y vi que no se había afeitado, y de pronto va y me pregunta que por qué he tardado tanto, porque ya se había enterado de que el tren de Jefferson había llegado antes de la comida, antes de las once incluso, y riéndose al mismo tiempo de que papá y el tío Fred lo hubiesen querido encerrar en la cabaña para que no se fuese precisamente del sitio en que quería estar, y además me dijo que tendría que escabullirme yo después de la cena, como fuese, y que si me parecía que podría hacerlo. Y yo le dije que la Navidad anterior fue un cuarto de dólar, pero que no había tenido que escabullirme para huir de la casa, y él se echó a reír diciendo ¿un cuarto? ¿Un cuarto? ¿Habré visto yo alguna vez diez cuartos de dólar todos juntos?, me dijo, y yo le dije que no, y me dijo que apareciese después de la cena con el destornillador y que me daría diez cuartos de dólar, y que no se me olvidase que ni siquiera Dios sabía en dónde estaba y por eso me tocó salir por piernas y no acercarme hasta después de que anocheciera, eso sí, con el destornillador.

Y a mí tampoco pudieron engañarme. Porque yo había estado viendo al hombre durante toda la tarde, incluso cuando él pensó que me dedicaba a jugar con mis cosas y a lo mejor porque yo era de Jefferson y no de Mottstown y por eso no pude yo saber quién era, pero sí que lo supe, porque una vez iba paseando por delante de la valla de la parte de atrás y encendió de nuevo el cigarro puro y vi la insignia debajo de la chaqueta cuando encendió el fósforo y por eso me di cuenta de que era igualito que el señor Watts, en Jefferson, que es el que caza a los negros. Así que me puse a jugar junto a la valla y me vio y viene y me dice:

—Qué pasa, chico. ¿Mañana te viene a ver Santy Glaus?

—Sí, señor —dije.

—Tú eres el chico de la señorita Sarah, la de Jefferson, ¿no? —dijo.

—Sí, señor —dije.

—Y has venido a pasar la Navidad con el abuelo, ¿eh? —dijo—. No sabrás si tu tío Rodney anda por la casa esta tarde, ¿verdad?

—Pues no, señor —dije.

—Vaya, vaya, eso sí que es una pena —dijo—. Quería verle solo un minutillo. ¿Entonces estará en el pueblo?

—No, señor —dije.

—Vaya, vaya —dijo—. ¿Quieres decir que a lo mejor se ha marchado a hacer una visita?

—Sí, señor —dije.

—Vaya, vaya —dijo—. Pues qué pena. Quería verle para tratar un asuntillo de negocios, pero supongo que tendrá que esperar —entonces me miró muy serio—. ¿Estás seguro de que ha salido del pueblo?

—Sí, señor —dije.

—Vaya, pues eso era todo lo que quería yo saber —dijo—. Si por un casual lo comentas con tu tía Louisa o con tu tío Fred, les dices que eso era todo lo que yo quería saber.

—Sí, señor —dije. Y se marchó. No volvió a pasar por delante de la casa. Estuve atento por si lo veía, pero no volvió. A mí tampoco me pudo engañar.

<h2 style="text-align:center">IV</h2>

Empezó entonces a hacerse de noche y comenzaron a disparar los fuegos artificiales y a prender los petardos en el pueblo. Los oí, y no tardamos nada en ver las candelas romanas y los cohetes y para entonces habría juntado yo los diez cuartos de dólar y ya pensaba en el cesto lleno de regalos y pensé también que a lo mejor podía ir al pueblo cuando dejase de trabajar para el tío Rodney y comprar un regalo para el abuelo con diez centavos de los diez cuartos de dólar y dárselo al día siguiente y, a lo mejor, como nadie más le habría hecho un regalo, el abuelo a lo mejor me daba también un cuarto en vez de los diez centavos, y así tendría veintiún cuartos de dólar, quitando los diez centavos, y eso sí que iba a estar bien, seguro. Pero no tuve tiempo de hacerlo. Cenamos y Rosie tuvo que hacer la cena, y mamá y la tía Louisa aparecieron maquilladas con polvos porque habían estado llorando, y el abuelo; fue papá quien le tuvo que ayudar a tomarse una dosis de tónico de vez en cuando, mientras el tío Fred estaba en el pueblo, y regresó al cabo el tío Fred y papá salió al vestíbulo y el tío Fred le dijo que había buscado por todas partes, que había estado en el banco y en la Sociedad de Compresoras, y que el señor Pruitt le había echado una mano, pero que no hallaron ni rastro ni de las acciones ni del dinero, y es que el tío Fred tenía miedo, porque una noche, la semana anterior, el tío Rodney había alquilado un coche y se fue a no sé dónde y el tío Fred se enteró de que el tío Rodney había ido hasta la estación de Kingston y había tomado el rápido de Memphis, y papá dijo infierno y condenación, y el tío Fred dijo por Dios que allá que vamos después de cenar y se lo sacamos a bofetadas, porque ahora al menos ya sabemos cómo echarle el guante. Se lo dije a Pruitt y dijo que si lo pillamos está dispuesto a esperar y a darnos la oportunidad de devolverlo.

Así que el tío Fred y papá y el abuelo llegaron juntos a cenar, el abuelo entre ellos dos diciendo que solo es Navidad una vez al año, gracias a Dios, gracias sean dadas y ¡hurra!, más vale, y papá y el tío Fred decían que ahora ya estás mejor, padre, ahora todo para delante, y el abuelo iba derecho un rato, ahora todo derecho, pero solo un rato, antes de ponerse a dar voces, ¿dónde demonios se ha metido el maldito muchacho?, y así llamó al tío Rodney, y que el abuelo estaba dispuesto incluso a ir al pueblo en persona y a arrancar al tío Rodney de los malditos salones de billar y obligarle a ir a casa a estar un rato como Dios manda con su parentela. Así que cenamos y mamá dijo que ella se encargaba de llevar arriba a los niños y la tía Louisa dijo que no, que ya nos acostaría Emmeline, y así subimos por las escaleras de atrás, y Emmeline dijo que ya había tenido que cocinar el desayuno extra de ese día, y que si se habían pensado que se iba a echar a perder ella toda la Navidad haciendo trabajo extra es que no tenían ellos la sensatez que ella creía que tenían, y que aquello empezaba a parecerle una muy buena casa, claro que sí, pero muy buena para estar bien lejos, fuera como fuese, y así entramos en el cuarto y cuando al cabo de un rato bajé por las escaleras de atrás me acordé también de dónde estaba el destornillador. Oí entonces los petardos que sonaban claros en el pueblo, y lucía la luna, aunque todavía pude ver las candelas romanas y los cohetes que estallaban en el cielo. Asomó entonces la mano del tío Rodney por la rendija de la persiana y tomó el destornillador. Esta vez no acerté a verle la cara del todo, y tampoco es que se estuviera riendo, o no sonaba como si exactamente se estuviera riendo, era por la forma que tenía de respirar del otro lado de la persiana.

Y es que a él no lo iba a engañar.

—De acuerdo —dijo—. Pues esto son diez cuartos de dólar. Pero tú espera un momento. ¿Estás seguro de que no sabe nadie en dónde estoy?

—Sí, señor. Seguro —le dije—. Estuve esperando junto a la valla hasta que vino ése a preguntármelo.

—¿Ése? ¿Cuál? —dijo el tío Rodney.

—El que lleva la chapa —dije.

El tío Rodney soltó una maldición. Pero no fue una maldición de enfado, sino que sonó más bien como cuando se reía, solo que con otras palabras.

—Preguntó que si estás fuera del pueblo, si te has ido a hacer una visita, y le dije que sí, señor —dije.

—Bien hecho —dijo el tío Rodney—. Por Dios te digo, chiquillo, que el día menos pensado vas a ser un hombre de negocios tan bueno como yo. Y no te apures, que no te obligaré a seguir mintiendo mucho más. Así que ahora ya tienes diez cuartos de dólar, ¿no es así?

—No —dije—. Todavía no los tengo.

Y volvió a maldecir y soltó un improperio.

—Yo sujeto la gorra y tú los vas echando para que no se desparramen —dije.

Y soltó otra maldición, pero en voz baja.

—Solo que no te voy a dar diez cuartos de dólar —dijo, y empecé a decirle que no era eso lo que me había dicho, y tío Rodney dijo en cambio—: Porque te voy a dar veinte.

Y le dije que sí, señor, y él me indicó cómo hallar la casa que quería que hallase, y qué hacer cuando la hallase. Solo que no hubo que llevar ningún papelito esta vez, porque el tío Rodney dijo que éste era un trabajito de veinte cuartos de dólar, y que por eso era demasiado importante, tanto que no se podía poner en un papelito, y que además no me iba a hacer ninguna falta, porque de todos modos no los conocía yo de nada, y su voz era un siseo detrás de la persiana, sin que atinase yo a verlo, y aún sonaba como cuando maldecía cuando dijo que papá y el tío Fred le habían hecho un gran favor al clavar tablones en la puerta y las ventanas, y que eran tan lerdos que ni siquiera se dieron cuenta de eso.

—Empiezas por la esquina de la casa y cuentas tres ventanas. Cuando la veas, arrojas un puñado de grava a la ventana. Luego se tiene que abrir la ventana, a ti te da igual quién la abra, no vas a conocer a nadie, tú solo di quién eres y di que estaré en la esquina con la calesa dentro de diez minutos, y que traiga todas las joyas. Repítelo —dijo el tío Rodney.

—Estaré en la esquina con la calesa dentro de diez minutos. Traiga las joyas —dije.

—Di «traiga todas las joyas» —dijo tío Rodney.

—Traiga todas las joyas —dije.

—Eso es —dijo el tío Rodney. Y dijo—: Bueno, ¿y a qué esperas?

—A los veinte cuartos de dólar —dije.

El tío Rodney volvió a soltar un improperio.

—¿Tú te esperas que te pague antes de haber hecho el trabajo? —dijo.

—Tú has hablado de la calesa —dije—. Es que a lo mejor se te olvida cuando te vayas y a lo mejor no vuelves antes de que nosotros nos volvamos a casa. Y es que además aquel día del pasado verano en que no pudimos hacer negocios con la señora Tucker porque estaba enferma tú no me pagaste los diez centavos porque dijiste que no era culpa tuya que la señora Tucker estuviese enferma.

El tío Rodney sí que maldijo entonces en serio, pero en voz baja, detrás de la rendija.

—Escúchame bien. Ahora mismo no tengo los veinte cuartos de dólar. Ni siquiera tengo uno. Y la única manera de que los consiga es que salga de aquí ahora mismo y termine con toda esta maldita historia. Y no puedo terminar con toda esta maldita historia esta misma noche a menos que tú hagas el trabajito que tienes que hacer. ¿Estamos? Yo iré detrás de ti. Estaré esperando en la esquina con la calesa en cuanto vuelvas. Venga, marcha. Deprisita.

V

Así que atravesé toda la parcela, ya solo brillaba la luna, y eché a andar por detrás de la valla hasta que llegué a la calle. Y oía los petardos y veía las candelas romanas y los cohetes surcar el cielo, pero los fuegos artificiales eran en el pueblo, en el centro, así que todo lo que atiné a ver por la calle fueron las velas y las guirnaldas de acebo en las ventanas. Llegué hasta la senda, tomé la senda del establo y oí al caballo dentro del establo, aunque no llegué a saber si era el establo que buscaba o si era otro, aunque en un visto y no visto el tío Rodney más o menos saltó a la vez que doblaba la esquina del establo y dijo por fin estás aquí, y me indicó dónde colocarme y aguzar el oído hacia la casa y él volvió al establo. No oí nada más que al tío Rodney, que estaba enjaezando al caballo, y entonces dio un silbido y tuvo al caballo listo en la calesa y le pregunté que de quién eran la calesa y el caballo, que era mucho más flaco que el caballo del abuelo, y el tío Rodney dijo que ahora el caballo era suyo, y que maldita fuese aquella luna tan brillante, que se fuese la luna al infierno. Volví entonces por la senda hasta la calle y no vi que viniera nadie, así que agité el brazo a la luz de la luna, y entonces llegó la calesa y salimos pitando. Estaban bajadas las persianas laterales y por eso no pude ver los cohetes y las candelas romanas que disparaban en el pueblo, pero sí que oí los petardos y pensé que a lo mejor íbamos a pasar por el centro del pueblo y que a lo mejor el tío Rodney se detendría y me daría al menos una parte de los veinte cuartos de dólar y que así podría yo comprarle al abuelo un regalo por Navidad, pero no fue así; el tío Rodney se limitó a levantar la persiana lateral sin hacer un alto y así pude yo ver la casa, los dos magnolios, solo que no nos paramos hasta que hubimos llegado a la esquina.

—Adelante —dijo el tío Rodney—, di que estaré en la esquina dentro de diez minutos. Y que traiga todas las joyas. Da igual quién la abra. Tú es mejor que no sepas quién es. Es mejor que te olvides ya mismo de lo que es esa casa. ¿Estamos?

—Sí, señor —dije—. Y entonces me pagas los…

—¡Que sí, pesado! —dijo, y me maldijo—. ¡Que sí! Anda, sal de aquí ahora mismo.

Así que salí y la calesa siguió su camino y yo volví andando por la calle. Y la casa estaba toda a oscuras, con la excepción de una sola luz, de modo que era la que tenía que ser, la que estaba junto a los dos árboles. Atravesé la parcela y conté las tres ventanas y a punto estaba de arrojar un puñado de grava cuando una señora salió corriendo de detrás de un arbusto y me sujetó. Algo quería decirme, y lo intentaba, solo que yo no llegué a saber de qué me hablaba, y es que además nunca tuvo mucho tiempo para decir nada porque un hombre salió corriendo de detrás de otro arbusto y nos sujetó a los dos. Solo que a ella la sujetó por la boca, pues me di cuenta por su manera de farfullar que intentaba soltarse por todos los medios.

—Bueno, chico —dijo el hombre—. ¿Qué pasa? ¿Tú estás en el lío?

—Yo trabajo para el tío Rodney —le dije.

—Entonces estás en el lío —dijo. La señora luchaba y farfullaba y trataba de soltarse por todos los medios, pero él la tenía sujeta por la boca—. Muy bien. ¿De qué se trata?

Lo que pasa es que yo no sabía que el tío Rodney alguna vez hiciera negocios con hombres, aunque a lo mejor desde que empezó a trabajar para la Sociedad de Compresoras no le quedó más remedio. Y además él me había dicho que yo no iba a conocer allí a nadie, a lo mejor eso es lo que quiso decir.

—Dice que estará en la esquina dentro de diez minutos —dije—. Y que lleve todas las joyas. Eso me dijo que lo diga dos veces. Que lleve todas las joyas.

La señora luchaba y farfullaba más que nunca, así que a lo mejor tendría que soltarme para poder sujetarla con las dos manos.

—Que traiga todas las joyas —dijo, sujetando a la señora con las dos manos—. Ésa sí que es buena. Es una idea brillante. No le culparé yo por decirte que lo digas dos veces. Pues muy bien. Tú te vas a la esquina y lo esperas y cuando venga le dices que ella dice que él la ayude a llevarlas. ¿Entendido?

—Y entonces me dará mis veinte cuartos de dólar —dije.

—Veinte cuartos de dólar, ¿eh? —dijo el hombre mientras sujetaba a la señora—. Ésa es la parte que tú te llevas, ¿eh? Pues es poca cosa. Dile también que ella ha dicho que te dé a ti una de las joyas. ¿Entendido?

—Yo solo quiero mis veinte cuartos de dólar —dije.

El hombre y la señora se volvieron a colar detrás de los arbustos y yo fui a lo mío, de vuelta a la esquina, y vi las candelas romanas y los cohetes de nuevo sobre el pueblo, y oí los petardos, y entonces apareció la calesa y el tío Rodney siseaba detrás de la persiana, como cuando estaba tras la persiana, en la ventana de la cabaña de Mandy.

—¿Y bien? —dijo.

—Dice que vayas y que la ayudes a llevarlas —dije.

—¿Cómo? —dijo el tío Rodney—. ¿Ha dicho que él no está?

—No, señor. Ha dicho que vayas a ayudarle a llevarlas. Que te lo dijera dos veces. ¿Y dónde están mis veinte cuartos de dólar? —le dije, porque ya se había bajado de la calesa de un salto y de otro salto se metió por la parcela, a la sombra de los arbustos. Así que también yo fui a donde los arbustos y le dije—: Me dijiste que me ibas a dar…

—¡Vale, vale, vale! —dijo el tío Rodney. Estaba acuclillado entre los arbustos, yo lo oía respirar—. Te los daré mañana. Mañana te doy treinta cuartos de dólar. Ahora, te vuelves a casa como alma que lleva el diablo. Y si han entrado en la cabaña de Mandy, tú no sabes nada. Ea, a correr. Deprisita, en marcha.

—Es que prefiero que me des esta noche los veinte cuartos de dólar —dije.

Iba agachado y muy veloz a la sombra de los arbustos, y yo iba detrás de él, porque cuando se volvió en redondo por poco no me dio en toda la cara, aunque me aparté de un salto y salí de los arbustos a tiempo y él se puso en pie y me maldijo y entonces se agachó y vi que llevaba un palo en la mano y me di la vuelta y eché a correr. Él siguió por donde iba, agachado entre las sombras, y yo volví a la calesa, porque al día siguiente a Navidad tendríamos que regresar a Jefferson, así que si el tío Rodney no volvía antes, no volvería yo a verle hasta el verano siguiente y para entonces a lo mejor andaría haciendo negocios con otra señora y mis veinte cuartos de dólar iban a ser seguramente como aquellos diez centavos de la vez en que la señora Tucker estaba enferma. Así que me quedé esperando junto a la calesa y vi los cohetes y las candelas romanas y oí los petardos en el pueblo, solo que ya era tarde y seguramente todas las tiendas estarían ya cerradas y no podría comprarle al abuelo un regalo, ni siquiera cuando volviera el tío Rodney y me diera de una vez por todas mis veinte cuartos de dólar. Así que estaba escuchando los petardos y pensando en cómo le podría contar al abuelo que quise comprarle un regalo, y que a lo mejor hasta me daba quince centavos, en vez de diez, cuando de golpe y porrazo empezaron a sonar los petardos dentro de la casa en la que había entrado el tío Rodney. Solo que sonaron cinco, nada más, y muy seguidos, y luego ya no sonaron más, así que pensé que en cualquier momento también iban a prender allí dentro la mecha de los cohetes y de las candelas romanas. Pero no fue así. Solo sonaron los cinco petardos muy seguidos, muy deprisa, y luego se hizo el silencio y me quedé plantado junto a la calesa y entonces empezó a salir gente de las casas y a gritarse los unos a los otros y también vi que los hombres corrían hacia la casa en la que había entrado el tío Rodney, y un hombre salió entonces de la parcela a toda prisa y subió por la calle hacia la casa del abuelo y al principio pensé que era el tío Rodney y que se había olvidado de la calesa, hasta que vi que no era. Pero es que el tío Rodney no volvió nunca, así que fui hacia la parcela, en donde estaban los hombres, porque desde allí aún alcanzaría a ver la calesa y al tío Rodney si es que volvía, y al llegar a la parcela vi a seis hombres que sacaban algo alargado, y otros dos hombres me salieron al paso, corriendo, y me pararon los pies, y uno de los dos dijo que se lo lleven los demonios, es uno de esos chicos, es el de Jefferson. Y vi entonces que lo que llevaban los hombres era una persiana con algo envuelto en una colcha y por eso pensé al principio que le habían echado una mano al tío Rodney para llevar las joyas, solo que ni vi al tío Rodney por ninguna parte, y entonces uno de los hombres dijo:

—¿Cómo? ¿Uno de los chicos? Por todos los diablos, que alguien se lo lleve a su casa.

Así que uno de los hombres me tomó en brazos, aunque yo le dije que tenía que quedarme a esperar al tío Rodney, y el hombre dijo que por el tío Rodney no me preocupase, y yo le dije que quería esperarlo allí, y uno de los que estaban detrás de nosotros dijo maldita sea, lleváoslo de aquí, y siguió a lo suyo. Yo iba a hombros, montado en ese hombre, y cuando pude volver la vista atrás vi a los seis hombres a la luz de la luna, que se llevaban la persiana con el fardo, y dije si eso era del tío Rodney, y el hombre dijo que no, que si era de alguien en realidad era del abuelo. Y entonces ya supe lo que era.

—Es un costillar de buey —dije—. Se lo van a regalar al abuelo.

El otro hombre hizo un ruido muy raro.

—Sí, se podría decir que es un costillar de buey —dijo el que me llevaba a hombros, y yo dije que tenía que ser un regalo de Navidad para el abuelo. ¿De quién será? ¿Es de parte del tío Rodney?—. No —dijo el hombre—. No es de parte de él. Digamos que es de parte de los hombres de Mottstown. De todos los hombres casados de Mottstown.

VI

Entonces avistamos la casa del abuelo. Y estaban todas las luces encendidas, incluso las del porche, y vi que había gente en el vestíbulo, vi a las señoras con los echarpes sobre la cabeza, y aún vi a otras que avanzaban por el sendero hacia el porche, y entonces oí a alguien dentro de la casa, alguien que parecía estar cantando, y entonces papá salió de la casa y vino por el sendero hasta la cancela de la entrada y nos acercamos y el hombre me dejó en el suelo y vi que Rosie también estaba esperando en la cancela. Solo que entonces ya no pareció que fuese ninguna canción, porque música no tenía, y a lo mejor era otra vez la tía Louisa y a lo mejor ahora ya no le gustaba nada la Navidad, igual que al abuelo, que dijo que no le gustaba.

—Es un regalo para el abuelo —dije.

—Sí —dijo papá—. Tú acompaña a Rosie y vete a la cama. Mamá no tardará en llegar, pero quiero que te portes bien mientras tanto. Obedece a Rosie. Adelante, Rosie. Ya lo puedes llevar. Deprisa.

—Eso no hace falta ni que me lo diga —dijo Rosie. Me dio la mano—. Vamos.

Solo que no volvimos al jardín, porque Rosie salió por la cancela y echamos a andar por la calle. Y entonces pensé que a lo mejor íbamos a entrar por la puerta de atrás para no tropezarnos con toda aquella gente, pero tampoco fue eso lo que hicimos. Solo seguimos andando por la calle.

—¿Adónde vamos? —dije

—Nos vamos a dormir a casa de una señora que se llama la señora Jordon —me dijo Rosie.

Y allá que nos fuimos. No dije nada, porque papá se había olvidado de decir nada de que yo me había escabullido de la casa, al menos de momento lo había olvidado, así que si a lo mejor me iba a la cama y me quedaba quietecito se le olvidaría del todo hasta el día siguiente. Y, además, lo principal era echarle el guante al tío Rodney y conseguir mis veinte cuartos de dólar antes de que volviésemos a casa, y a lo mejor al día siguiente también eso estaría en orden. Así que allá nos fuimos y Rosie dijo que la casa queda allí mismo, y entramos por el jardín hasta que de golpe y porrazo Rosie vio a la zarigüeya. Estaba encaramada en un caqui en el jardín de la señora Jordon y la vi perfectamente a la luz de la luna, y di un grito.

—¡Corre! ¡Corre a traer la escalera de la señora Jordon!

—¿Escalera? Y un cuerno —dijo Rosie—. Tú te vas ahora mismito a la cama.

No la esperé. Eché a correr hacia la casa, con Rosie corriendo tras de mí y dando voces.

—¡Tú, Georgie! ¡Ven aquí ahora mismo!

Pero no me paré. Podíamos sacar la escalera y atrapar a la zarigüeya y dársela al abuelo junto con el costillar de buey, y no nos costaría ni cinco centavos y a lo mejor el abuelo también me podría dar otro cuarto, y cuando consiguiera los veinte cuartos del tío Rodney tendría veintiún cuartos de dólar, nada menos, y eso bien ha de estar.

WASH

Sutpen se quedó de pie junto al jergón de paja donde estaban tendidas la madre y el bebé. Por entre las alabeadas tablas de la pared caí el temprano sol mañanero en largas pinceladas, listando sus piernas abiertas y la fusta de cabalgar que llevaba en la mano, y cruzando la silueta inmóvil de la madre, que lo miraba con sus quietos, inescrutables y tristes ojos. A su costado yacía el hijo envuelto en un retazo de tela deshilachada pero limpia. Atrás de ellos, una vieja negra estaba sentada en cuclillas junto a la tosca chimenea donde se consumía una exigua fogata.

—Bueno, Milly —dijo Sutpen—. Lástima que no seas una yegua. Entonces podría darte un pesebre decente en el establo.

La del jergón no se movió. Siguió, sencillamente, mirándolo sin expresión, con su cara joven, triste, inescrutable y pálida todavía por el trance reciente. Sutpen se movió, descubriendo bajo las pinceladas astilladas de sol el rostro de un hombre de sesenta años. Dijo con voz queda a la negra sentada en cuclillas:

—Grisel parió esta mañana.

—¿Potro o potranca? —preguntó la negra..

—Un caballo. Un potro de lo más fino… ¿Qué es esto?

Y, al hablar, señaló con la mano que empuñaba la fusta el jergón de paja..

—Yegua, se me hace..

—Sí —insistió Sutpen—. Un potro de lo más fino. Va a ser el retrato mismo del viejo Rob Roy que monté cuando me fui para el Norte en el año 1861. ¿Recuerdas?

—Sí, amo.

—Escucha —le dijo, echando otra mirada al jergón.

Nadie podía decir si la madre seguía mirándolos o no. Él señaló con la fusta otra vez hacia la cama.

—Usa cuanto tenemos a mano para atender cualquier necesidad de los dos.

Salió, cruzando la puerta desvencijada y metiéndose por el espeso yuyal (contra el rincón del pórtico seguía todavía apoyada y poniéndose roñosa la guadaña que prestara a Wash hacía tres meses, para cortarlo), donde esperaba su caballo, que Wash sujetaba por las riendas.

Cuando el coronel Sutpen se fue a pelear contra los norteños, Wash no lo acompañó.

—Estoy atendiendo la hacienda y los negros del Coronel —decía a quien se lo preguntara y a algunos que no se lo preguntaban. Era un hombre flaco, castigado por el paludismo, de ojos interrogantes y descoloridos, que aparentaba treinta y cinco años, aunque todo el mundo sabía que no sólo tenía una hija sino también una nieta de ocho años.

Aquello era mentira, como sabían muy bien la mayor parte de las personas a quienes se lo decía… los escasos hombres que quedaban, entre los dieciocho y los cincuenta años de edad. También había algunos que creían que él mismo se lo creía, aunque veían que había tenido el seso suficiente para no poner su dicho a prueba con la señora Sutpen ni con los esclavos de Sutpen. Según murmuraban las malas lenguas, éstos estaban bien enterados, sólo que, acaso, eran demasiado indolentes y apáticos para hacer averiguaciones; ellos sabían que la única relación de Wash con la hacienda de Sutpen era que, durante muchos años, el Coronel le había permitido usar la choza desvencijada que Sutpen construyera en sus tiempos de soltero para cabaña de pesca en un pantano del río que cruzaba la hacienda y que, desde entonces, se había ido deteriorando por falta de uso, y ahora parecía una fiera o vieja que se hubiera arrastrado, derregándose hasta allá, para llenar de agua sus fauces mientras moría.

Los esclavos de Sutpen se habían enterado de lo que andaba diciendo, los hizo reír. No era la primera vez que se reían de él y que a sus espaldas lo llamaban basura blanca… Pero ya se iban atreviendo a preguntarle, cuando iban en grupo y se lo encontraban en la solitaria vereda que llevaba al pantano y al antiguo pescadero:

—¿Por qué no estás en la guerra, hombre blanco?

Él se detenía, miraba el coro de caras negras y blancos ojos y dientes, tras los cuales se adivinaba la burla, y decía:

—Porque tengo una hija y una familia a quien cuidar. ¡Fuera de mi camino, negros!

—¿Negros? —repetían ellos—. ¿Negros? —volvían a decir, riéndose ya descaradamente—. ¿Quién es él para llamarnos negros?

—Sí, yo no tengo negros para que cuiden a los míos si me voy.

—Ni otra cosa que esa cabaña donde el Coronel no nos deja vivir a nosotros.

Él entonces los injuriaba; a veces los perseguía con algún palo que agarraba del suelo poniéndolos en fuga, pero sin lograr que no volvieran a rodearlo de nuevo con aquellas risotadas negras, burlonas, huidizas, inevitables, que lo dejaban jadeante, impotente y furioso.

Cierta vez, ocurrió en el mismo patio trasero de la casona. Fue después de haberse recibido noticias desastrosas de las monatñas de Tenesí y de Vicksburg, cuando Sherman atravesó la plantación y la mayor parte de los negros lo siguieron. Casi todos los demás, se lo llevaron también las tropas federales, y la señora Sutpen mandó decir a Wash que podía comerse los racimos de uva chinche que maduraban en la parra del patio trasero. Ahora se trataba de una sirvienta de la casa, una de las pocas negras que se quedaron. Tuvo que huir por la escalera que subía a la cocina, pero desde ahí ella se dio vuelta:

—Quieto ahí, hombre blanco. No dé un paso más. Nunca ha entrado hasta acá cuando estaba el Coronel, y ahora no lo va a hacer tampoco.

Y era verdad. Pero por su propio orgullo: jamás lo había intentado; aunque estaba convencido de que si lo hubiese hecho, Sutpen se lo habría permitido y lo habría recibido.

"Pero no voy a consentir que una negra inmunda me diga que no puedo pasar donde me da la gana", pensó. "Ni voy a dar siquiera al Coronel ocasión para tener que maldecir a una negra por algo que yo haga".

Y eso, a pesar de que él y Sutpen habían pasado más de una tarde juntos, los escasos domingos en que no había gente en la casa. Acaso, en el fondo de su mente, sabía que aquello se debía a que Sutpen no tenía otra cosa que hacer, porque era un hombre que aguantaba siquiera su propia compañía. Sin embargo, seguía en pie el hecho de que los dos se pasaban tardes enteras bajo la parra, Sutpen acostado en la hamaca y Wash en cuclillas contra un poste. Entre ellos había un balde de agua y empinaban la misma damajuana para echarse un trago tras otro. Y, en los días de semana, contemplaba Wash la figura de aquel hombre montado sobre un arrogante potro negro, galopando por la hacienda. Los dos eran de la misma edad, casi exactamente, aunque ninguno de ellos lo creyó nunca, quizás porque Wash tenía un nieto y el hijo de Sutpen era un joven que seguía yendo a la escuela.

Cuando contemplaba aquella escena del galope, se le sosegaba el corazón y se sentía orgulloso. Acaso se le antojaba que aquel mundo de los negros, quienes, según la Biblia, habían sido creados y maldecidos por Dios para ser como bestias y esclavos al servicio de todos los hombres de piel blanca, y que vivían mejor y tenían mejor casa y hasta mejor ropa que él y los suyos; aquel mundo en el que siempre escuchaba el eco de las carcajadas negras burlándose de él, no era más que un sueño y una ilusión, y que el verdadero mundo era éste a través del cual su apoteosis solitaria parecía galopar a lomos de aquel potro pura raza, pensando cómo el Libro decía también que todos los hombres estaban creados a imagen de Dios y, por lo tanto, todos llevaban la misma imagen, a los ojos de Dios por lo menos; de tal manera que podía decir, como si hablara consigo mismo:

—Qué hombre tan arrogante y tan bien plantado. Si el mismo Dios bajase la tierra y cabalgase sobre ella, así es como sería.

Sutpen regresó en 1865, montando el caballo negro. Parecía haber envejecido diez años. Su hijo había perecido en el frente el mismo invierno en que falleciera su esposa. Regresó (después de haber recibido de manos del General Lee un diploma en que se acreditaba su valor) a la arruinada hacienda, donde su hija llevaba ya un año viviendo casi a expensas de la menguada generosidad del hombre a quien quince años antes, diera permiso para habitar la miserable choza del pescadero, de la que ni siquiera se acordaba ya. Allí estaba Wash esperando, con el mismo aspecto de siempre; enjuto todavía, sin que los años pasaran por él, con su mirada descolorida e interrogante, con su aire desconfiado, entre servil y familiar:

—Bueno, Coronel —lo saludó Wash—. Nos mataron pero no nos derrotaron todavía ¿verdad?

A eso, más o menos, se redujeron sus conversaciones durante los cinco años siguientes. El whisky que bebían ahora del mismo jarro de barro era de inferior calidad, y ya no se reunían bajo la parra. Ahora era en los fondos del tenducho que consiguió instalar Sutpen al costado de la carretera: una despensa cuadrada, con anaqueles, donde vendía, ayudado por Wash (que le servía de mozo y empleado), petróleo, productos alimenticios corrientes, golosinas rancias de colores y abalorios baratos y cintas a los negros o los blancos pobres como el mismo Wash, quienes llegaban a pie o en mulas escuálidas y regateaban hasta el aburrimiento una cuantas monedas de diez o de veinticinco centavos con el hombre a quien vieran en otros tiempos galopar (el caballo negro vivía todavía; la caballeriza que ocupaba su celosa cría estaba en mejores condiciones que la casa en que habitaba su mismo amo) más de dieciséis kilómetros sin salir de sus fértiles terrenos, y que había tenido a sus órdenes tropas valerosas en la guerra; hasta que

Sutpen, furioso, mandaba salir a todo el mundo del tenducho, cerraba las puertas y las atrancaba por dentro. Entonces se metían los dos en la parte de atrás y empezaban a beber. Pero ya la conversación no era tranquila, como cuando Sutpen se tumbaba en la hamaca, pronunciando un monólogo ampuloso, mientras Wash se mataba de risa sentado en cuclillas contra su poste. Ahora también se sentaban los dos, pero Sutpen ocupaba la única silla mientras Wash echaba mano de cualquier cajón o cacharro, y eso por poco tiempo; porque enseguida empezaba Sutpen a subirse por las paredes en un ataque de furia, impotente, levantándose como un desaforado y volviéndose a sentar, para declarar una vez más que iba a agarrar su pistola y a ensillar su caballo negro y y a salir galopando hasta Washington y matar a Lincoln, que ya entonces estaba muerto, y a Sherman quien entonces era un civil.

—Voy a matarlos —vociferaba—. ¡Voy a acribillarlos a tiros, como a perros, que es lo que son…!

—Sí, Coronel; sí, Coronel —decía entonces Wash, sujetándolo antes de que se cayera.

Después mandaba a parar la primera diligencia que pasara, y si no había ninguna, caminaba mil seiscientos metros hasta la casa más cercana y pedía prestado un carruaje con el que regresaba y se llevaba a Sutpen. Ahora ya entraba en la casa. Lo había venido haciendo desde mucho antes llevándose a Sutpen en el primer carruaje que pudiera conseguir prestado animándolo a que se moviera con murmullos halagadores, como si fuera un caballo o un potro. La hija salía a su encuentro y les abría la puerta sin decir palabra. Cargaba él entonces con su fardo a través de la entrada que en otros tiempos estaba reservada a muy pocos, antes blanca y todavía rematada por un abanico de cristales importados pieza por pieza de Europa, aunque faltaba uno de ellos y se había tapado su hueco con una tabla clavada. Luego seguía adentro, pasando la alfombra de terciopelo, sin peto ninguno ya, y subía la suntuosa escalinata que ahora no era más que un espectro desvencijado y descolorido de tarimas desnudas entre dos franjas de pintura desvaída, hasta llegar a la alcoba. Ya había oscurecido mientras tanto; dejaba su carga despatarrada en la cama, lo desnudaba y se sentaba en silencio a su lado en una silla. Al poco tiempo, se asomaba la hija a la puerta.

—Ya se arregló todo —solía decirle él—. No se preocupe, señorita Judith.

Luego oscurecía y, al cabo de un rato, se tendía en el suelo junto a la cama, aunque no se quedaba dormido, porque no tardaba el de la cama en agitarse —a veces antes de la media noche—, emitir un gruñido y luego preguntar:

—¿Wash?

—Aquí estoy, Coronel. Vuélvase a dormir. Todavía no nos han derrotado, ¿verdad? Con usted y conmigo no hay quien pueda.

Por aquellas fechas, ya había visto Wash la cinta que llevaba su nieta en la cintura. Tenía quince años y era mujer, según ocurría un tanto prematuramente a las muchachas como ella. Sabía la procedencia de aquella cinta; se la había venido viendo con todo lo demás diariamente desde hacía tres años; y de nada le hubiese valido mentirle sobre dónde la había conseguido, cosa que a ella no se le ocurrió, porque se sentía, al mismo tiempo, orgullosa, mohína y temerosa.

—No está mal —le dijo su abuelo—. Si el Coronel quiso regalártela, supongo que le habrás dado las gracias.

No se alarmó ni cuando vio el vestido y observó la expresión misteriosa, desafiante y atemorizada que había en su rostro mientras le decía que la señorita Judith la había ayudado a hacérselo. Pero se puso muy serio al acercarse a Sutpen aquella tarde cuando cerraron la tienda y se fueron al fondo del local.

—Tráete el jarro —le mandó Sutpen.

—Espere —contestole Wash—. Es sólo un momento.

Sutpen no le negó lo del vestido.

—¿Qué tiene de particular? —le preguntó.

Wash resistió su mirada fija y arrogante y le habló quedamente:

—Lo conozco a usted desde hace veinte años. Nunca me he opuesto a hacer lo que usted me ordena. Y ya voy para los sesenta... Y ella es una niña que no pasa de los quince años de edad.

—¿Estás insinuando que le he hecho algún mal? ¿Yo que soy tan viejo como tú?

—Si fuera usted otro hombre, yo diría que estaba tan viejo como yo. Pero, viejo o no viejo, no la dejaría quedarse con ese vestido ni nada que no viniese de la mano de usted. Pero usted es distinto.

—¿En qué consiste la diferencia?

Wash se limitó a clavarle los ojos descoloridos, inquisitivos y sobrios.

—¿Entonces es por eso por lo que me tiene miedo?

Ya la mirada de Wash dejó de ser interrogante. Era tranquila y serena.

—Yo no tengo miedo. Porque usted es valiente. No es porque fue valiente en un minuto o en un día de su vida, y pueda lucir un papel que le dio el general Lee para demostrarlo. No, usted es valiente, lo mismo que vive y respira, en eso consiste la diferencia. No hace falta escritura de nadie que me lo venga a decir. Y me consta que lo que maneje o toque usted, lo mismo un regimiento de hombres que una muchacha ignorante o un perro de presa, usted sabe lo que hace.

Ahora fue Sutpen el que apartó de él la vista, y con un movimiento brusco y repentino le dijo sin más:

—Tráete el jarro.

—Cómo no, Coronel.

Como íbamos diciendo, al amanecer de aquel domingo, dos años más tarde, su corazón siguió tranquilo, aunque preocupado, después de observar a la partera negra, a la que había ido a buscar tras una caminata de cuatro kilómetros, penetrar por la puerta desvencijada, del otro lado de la cual yacía su nieta quejándose. Sabían lo que todos habían venido diciendo… los negros de las cabañas de la hacienda y los blancos que rondaban todo el día por los alrededores de la hacienda, espiando en silencio a los tres, a Sutpen, a él y a su nieta, con aire provocativo y ligeramente retador a medida que su estado se iba haciendo cada día más visible y palmario. Eran como tres actores que entrasen y saliesen de escena.

"Ya sé lo que están chismorreándose al oído", pensó. "Casi me parece oírlo: Wash Jones se ha amarrado, por fin, al viejo Sutpen… Le ha llevado veinte años, pero por fin se salió con la suya".

Dentro de poco amanecería, pero todavía no. Desde el interior de la casa, donde la lámpara macilenta brillaba tenuemente más allá del marco torcido de la puerta, salía periódicamente, como al compás de algún reloj, la voz de su hija. Su pensamiento se deslizaba lento y aterrador, con dificultad, como si se mezclase a cierto rumor de cascos galopantes, hasta que, de repente, emergió a galope corto la silueta enhiesta del hombre a lomos de su caballo arrogante; y luego se destacó también con contornos claros lo que estaba perturbando su pensamiento; pero no como justificación ni explicación siquiera, sino como una apoteosis, solitaria, explicable, por encima del contacto grosero de los hombres:

Es más grande que todos esos norteños que mataron a su hijo y a su esposa y se llevaron a sus negros y arruinaron su plantación; más grande que esta maldita tierra en la cual encajaba a la medida y que le ha negado hasta una tienducha en el campo; más grande que la negativa que sintió en los labios tan amarga como la copa del Libro. ¿Cómo podía yo haber vivido tan cerca de él veinte años sin que me hubiese cambiado y tocado?

Acaso no sea tan grande como él o no he galopado como él. Pero he sabido llevarle la corriente. Entre él y yo sabemos hacerlo, sólo con que me diga qué es lo que quiere.

Amaneció. De repente distinguió la casa y la vieja negra que lo miraba desde la puerta. Luego notó que la voz de su nieta se había callado.

—Es una niña —le dijo la negra—. Puede ir a contárselo a él si quiere.

Y, con esto, volvió a entrar en la casa.

—Una niña —repetía Wash—. Una niña.

En su estupor, casi no oyó los cascos galopantes, ni la silueta arrogante que volvió a emerger. Se quedó observándola, como si la viese pasar al galope a través de acontecimientos que marcasen la acumulación de los años, del tiempo, hasta el momento sublime en que cabalgaba bajo el sable que blandía y una bandera desgarradora, precipitándose furiosamente contra un cielo del color del azufre explosivo. Era la primera vez en su vida que pensaba que acaso Sutpen fuese un hombre y un viejo como él mismo.

"Ha tenido una niña", reflexionaba en medio de aquel aturdimiento, con la sorpresa alborozada de un niño: "Sí, señor. Parece mentira pero he llegado a ser bisabuelo".

Entró en la Casa. Avanzaba a pasos torpes de puntillas, como si ya no viviese allí, como si el bebé que acababa de tomar su primer aliento y de llorar a la luz lo hubiese desposeído, aunque fuese de su misma sangre. Pero, sobre el camastro de paja, apenas divisaba otra cosa que la mancha difusa del rostro demacrado de la nieta. La negra, sentada en cuclillas junto al hogar, habló:

—Será mejor que se lo diga, si va a decírselo… Ya es de día.

Pero no hacía falta. Apenas torció la esquina del pórtico donde estaba apoyada la guadaña que pidió prestada a su amo tres meses antes, para segar las malezas que estaba pisando, cuando se presentó Sutpen a caballo. No se puso a pensar cómo se había enterado. Supuso sin más que era eso lo que había traído al otro a horas tan tempranas de la madrugada del domingo, y se quedó plantado hasta que desmontó, quitándole después las riendas de la mano. En su cara apergaminada había una expresión casi de imbecilidad, mientras le decía con cierto aire cansado de triunfo:

—Es niña, Coronel. Porque… usted es tan viejo como yo…

Sutpen lo dejó con la palabra en la boca, pasó por delante de él y penetró en la casa. Él se quedó con la brida en la mano oyendo los pasos de Sutpen que se acercaban al camastro. Oyó lo que dijo, y algo pareció morir en él antes de hacer el menor movimiento.

Ya había subido el sol, ese sol rápido de las latitudes del Misisipí, y se le ocurrió que estaba bajo un cielo desconocido, ante un escenario extraño, que sólo le resultaba familiar como las cosas que se ven en sueños… como el que sueña que se cae de una altura cuando jamás ha ascendido.

"No es posible que haya oído lo que creo que he oído", pensó sin abrir la boca. "Sé que no puede ser".

Sin embargo, la voz, aquella voz familiar que pronunciara las palabras, seguía todavía hablando, contándole a la vieja negra no sé qué de un perro recién parido aquella madrugada.

"Por eso se ha levantado tan temprano", pensó. "Eso es. Ni por mí ni por mi gente. Ni siquiera lo que es suyo le ha hecho levantarse de la cama".

Sutpen salió. Se metió por la maleza, andando a pasos lentos y pesados que habrían sido rápidos cuando era más joven. Todavía no había mirado cara a cara a Wash. Pero fue diciéndole:

—Va a quedarse Dicey a atenderla. Será mejor que tú…

Entonces pareció advertir que Wash se le estaba poniendo por delante y se detuvo.

—¿Qué? —inquirió.

—Dijo usted… —El mismo Wash se oía la voz como si sonase a hueco o a graznido, como la de un sordo—. Dijo usted que si fuese una yegua, podría darle un buen pesebre en la cuadra…

—¿Y qué? —le preguntó Sutpen.

Cuando Wash empezó a avanzar hacia él, con los hombros ligeramente caídos, se le abrieron y cerraron los ojos, como puños que se crispan y relajan. Por un momento Sutpen se quedó clavado en el suelo asombrado, observando a aquel hombre a quien, durante veinte años, no había visto hacer movimiento alguno sino a su mando, como el caballo que montaba. De nuevo se entornaron y se abrieron sus ojos. Aunque no se movió, le pareció que empezaba a retroceder de repente.

—¡Atrás! —le dijo brusca y destempladamente—. No me toques.

—Voy a tocarlo a usted, Coronel —le contestó Wash, sin dejar de avanzar, con aquella voz queda, tranquila y casi dulce.

Sutpen levantó la mano en que empuñaba la fusta; la vieja negra espió por la puerta derrengada con su cara de gárgola o de gnomo decrépito.

—Atrás, Wash —repitió Sutpen.

Y sacudió un fustazo. La vieja negra pegó un salto hacia la maleza con la agilidad de una cabra y se perdió de vista. Sutpen zurció de nuevo la cara de Wash con el látigo, haciéndolo caer de rodillas. Cuando se levantó, empuñaba en sus manos la guadaña que le prestara Sutpen tres meses antes y que ya no le iba a hacer falta para nada.

Cuando Wash entró en la casa, su nieta se agitó en el jergón y lo llamó con miedo.

—¿Qué fue eso? —le preguntó.

—¿Qué fue qué, hija?

—Ese alboroto ahí fuera.

—No fue nada—contestó él suavemente, arrodillándose a su lado y tocándole la frente con mano torpe—. ¿Quieres alguna cosa?

—Un trago de agua— murmuró ella con voz quejumbrosa—. Llevo ya mucho tiempo con ganas de tomar un trago de agua, pero no hay nadie que me haga caso ni a quien yo le importe nada.

—Ahora mismo —le dijo él cariñosamente.

Se levantó con movimiento tiesos, le trajo el cubo de agua, le levantó la cabeza para que pudiese beber y luego se la apoyó otra vez en el camastro, observando cómo se daba vuelta con cara de piedra hacia su criatura. Pero un momento después vio que estaba llorando en silencio.

—Vaya, vaya —le dijo, aplacándola—. No debes hacer eso. La vieja dice y asegura que es una nena muy bonita. Ya pasó todo. Ya pasó todo. No hay por qué llorar ahora.

Pero ella siguió vertiendo lágrimas silenciosas, melancólicamente, y él se levantó de nuevo y estuvo junto al camastro, inquieto, algún tiempo, posando lo mismo que cuando pasara por aquel trance su esposa primero y luego su hija:

"Estas mujeres… Son un misterio para mí. Parece que los quieren tener, pero cuando los tienen, se ponen a llorar. Son un misterio para mí. Para cualquier hombre".

Se apartó del camastro, arrimó una silla a la ventana y se sentó.

Estuvo así toda aquella larga, luminosa y soleada mañana, esperando junto a la ventana. De cuando en cuando, se levantaba y se aproximaba de puntas de pie al jergón. Pero ya su nieta se había quedado dormida, con la cara triste, tranquila y cansada, y la nena en el hueco de sus brazos.

Luego volvió a la silla, se sentó una vez más, esperó y se extrañó de cómo tardaban tanto, hasta que recordó que era domingo. Estaba tan tranquilo, en la misma postura, a media tarde, cuando dio la vuelta a la esquina de la casa un muchacho blanco y, al toparse con el cadáver, lanzó un grito ahogado, levantó los ojos y miró como hipnotizado, un momento, a Wash, quien seguía en la ventana, terminando por volverse y escapar a toda carrera. Luego Wash se levantó y se acercó de puntas de pie, como antes, al jergón.

Su nieta se había despertado, acaso al oír el pequeño grito del muchacho.

—Milly —le preguntó el abuelo—, ¿tienes hambre?

Ella no contestó y volvió la cara para otro lado.

Wash encendió una fogata en el hogar y se puso a preparar la comida que había llevado el día anterior: era un pedazo de mantequilla y pan frío de borona; echó agua en el pote rancio del café y la calentó. Pero ella no quiso probar nada cuando le llevó su ración; así que él comió solo y en silencio, dejando los platos como estaban, después de lo cual se volvió a la ventana.

Ahora le pareció sentir, casi tocar, a los hombres que deberían estarse reuniendo con caballos, escopetas y perros... Aquel grupo de curiosos y vengativos hombres de la calaña de Sutpen, quienes se sentaran con él a la mesa en aquellos tiempos en que Wash no podía acercarse a la casa más que hasta la parra, hombres que además habían enseñado a los inferiores cómo había que jugarse la vida en la batalla y tenían, acaso, también papeles firmados por los generales, atestiguando que estaban entre los valientes de primera fila, que galoparon arrogantes y ufanos, como Sutpen, en aquellos viejos tiempos, por las feraces plantaciones a lomos de caballos finos... símbolos, por lo tanto, de admiración y de esperanza, al mismo tiempo que instrumentos de desesperación y luto.

Ellos esperaban que huyera. Pero a él le parecía que tenía más de qué huir en relación a otras cosas que huir de esta gente. Si emprendía la fuga, todo se limitaría a volver la espalda a una gavilla de desalmados y fanfarrones para toparse con otros iguales a ellos, pero todos los de esa ralea eran de la misma clase, por lo menos en la tierra que él conocía... Y era viejo, demasiado viejo hasta para huir, si es que lo fuera a hacer. Jamás lograría escapar, por mucho que corriera y por muy lejos que fuera: un hombre con cerca de sesenta años de edad no podía ir muy lejos. No lo suficientemente lejos para rebasar las fronteras de la tierra en que vivían hombres como aquellos, que imponían el orden a su antojo y dictaban las normas de vida. Le pareció comprender ahora por primera vez, al cabo de cinco años, cómo fue que los norteños o cualquier otro tipo de ejército viviente había logrado derrotarlos: a ellos, los valientes, los pundonorosos, los bravos, los que tenían acreditado su honor, su nobleza y su hidalguía, y los escogidos como dechados de todos. Acaso si él hubiese ido a la guerra con ellos, lo hubiese descubierto antes. Pero si los hubiese descubierto antes, ¿qué habría sido de su vida después?, ¿cómo habría podido recordar durar cinco años su vida anterior?

Ya estaba acercándose el sol hacia su ocaso. La criatura había estado llorando; cuando se aproximó al camastro, vio a su nieta amamantándola con su misma cara amada, inescrutable.

—¿No tienes hambre todavía? —le dijo.

—No quiero nada.

—Tienes que comer.

Ella ya no contestó y miró a su bebé. Wash volvió a su silla y vio que se había puesto el sol.

"Ya no pueden tardar mucho", pensó.

Le parecía sentirlos ya muy cerca, al grupo de los curiosos y vengativos. Hasta se imaginaba que los estaba oyendo, que entendía lo que decían de él, lo que pensaban después de haberse sobrepuesto al primer arrebato de furia: "Ese viejo Wash Jones ha dado por fin un tropezón. Creyó tener atrapado a Sutpen, pero éste lo engañó. Creyó haber comprometido al Coronel a casarse con la muchacha o a pagar. Y el Coronel rehusó".

—¡Pero si yo nunca pensé en eso, Coronel! —exclamó en voz alta, sorprendiéndole el eco de su propia voz y volviendo enseguida la cabeza para encontrarse con los ojos de su nieta que lo miraba.

—¿Con quién estabas hablando? —le preguntó ella.

—No era nada. Pensaba, por lo visto, y se me escapó alguna palabra sin querer.

De nuevo su cara se fue desdibujando... ya él no la veía más que como una mancha lívida a la luz del crepúsculo.

—Ya decía yo... me parece que tienes que gritar más fuerte para que él te oiga, para que te oiga desde afuera de la casa. Y creo que vas a tener que hacer algo más que gritar para que él se presente aquí.

—Claro, claro —replicó Wash—. Pero no te apures ya. —Le costaba trabajo pensar, pero fue expresándose poco a poco—: Ya sabes que yo nunca... Ya sabes que yo nunca he esperado, ni pedido nada a nadie, sino lo que he esperado de ti... Y nunca le pedí tal cosa... No creí que fuese a hacer falta. Yo dije: "No hace falta. ¿Qué necesidad tiene un hombre como Wash Jones de sospechar o dudar de otro a quien el general Lee en persona da fe en un papel escrito de su puño y letra de que es un valiente?" Valiente —se quedó pensando—. Mejor sería que ninguno de ellos hubiese vuelto a casa en 1865. —Pero en realidad, pensaba:

"Mejor sería que ni él ni yo, ni los suyos ni los míos hubiésemos nacido en esta tierra. Mejor sería que cuantos quedamos de nosotros fuésemos arrojados a tiros de la faz de la tierra, antes que otro Wash Jones vea su vida entera arrancada a tiras, arrugándose y retorciéndose como un manojo seco arrojado al fuego".

Dejó de pensar y se quedó inmóvil. Oyó los caballos, de repente, sin lugar a dudas; poco después vio el reflejo de la linterna y las siluetas de hombres que se movían y percibió los relucientes caños de las escopetas, su inquieto fulgor. Pero no se movió Ya era casi noche cerrada. Oyó las voces y el rumor de los arbustos, según iban rodeando la casa. Apareció de lleno la linterna; sus reflejos iluminaron el cuerpo inerte que yacía entre los matorrales y se detuvo, proyectando altas sombras de caballos y jinetes. Un hombre desmontó y se agachó a la luz del farol sobre el cadáver. Empuñaba una pistola. Cuando se incorporó miró a la casa.

—Jones —dijo.

—Aquí estoy —contestó tranquilamente Wash desde la ventana—. ¿Es usted, mayor?

—Salga.

—Ahora mismo —contestó sin levantar la voz—. Espere que atienda primero a mi nieta.

—Nosotros la atenderemos. Salga, vamos.

—Ahora mismo, mayor. Un momento.

—Háganos una señal con la luz. Encienda su lámpara.

—Ahora mismo. En un momento.

Oyeron cómo se perdía su voz en el interior de la casa, aunque no pudieron ver cómo se acercaba rápidamente a la grieta de la chimenea donde guardaba su cuchillo de caza: lo único de valor que había en su vida y en su hogar.

Se enorgullecía de él por lo agudo de su filo. Se fue hacia el camastro, desde el cual salió la voz de su nieta:

—¿Quién es? Enciende la lámpara, abuelo.

—No va a hacer falta luz, hija. Sólo me va a llevar un momento —le contestó, arrodillándose, andando a tientas hacia el lugar desde donde saliera su voz y preguntándole en un susurro—. ¿Dónde estás?

—Aquí mismo —contestó ella con voz medrosa—. ¿Dónde quieres que esté? ¿Qué es lo que...? —la mano de él le tocó la cara—. ¿Qué es...? ¡Abuelo! ¡Abue...!

—Jones —repitió el otro—. ¡Salga afuera!

—Un momento nada más, mayor —replicó él.

Entonces se levantó y empezó a moverse rápidamente. Sabía a oscuras dónde estaba la lata de petróleo, y le constaba que estaba llena puesto que, no hacía dos días, la había llenado en la tienda y la tuvo guardada allí hasta que se la llevó a caballo a casa, porque pesaban mucho diecinueve litros. Todavía quedaban algunas brasas en el hogar; además, la destartalada casucha era como yesca: las brasas, la chimenea y las paredes explotaron en una sola llamarada azul.

Recortándose contra ella, los hombres que esperaban lo vieron abalanzarse hacia afuera, en un instante frenético, guadaña en mano, mientras los caballos retrocedían y corcoveaban aterrados. Los frenaron y lograron volverlos hacia el resplandor. La magra figura seguía destacándose fiera y serenamente, avanzando contra ellos y blandiendo la guadaña.

—¡Jones! —le gritó el jefe—. ¡Alto! ¡Alto o disparo! ¡Jones! ¡Jones!

La espectral y furiosa figura continuaba proyectándose contra el fondo encendido de las llamaradas crepitantes. Con la guadaña en alto arremetió contra ellos, contra los ojos desorbitados y empavorecidos de los caballos y los relampagueantes caños de las escopetas, sin un grito, sin una palabra.

VIRAJE

I

El americano, el de mayor edad, no llevaba los consabidos Bedford de pana, de tonalidad rosada, que llevaban todos los jóvenes oficiales del ejército del aire. Sus pantalones de montar eran de cordoncillo, como lo era la guerrera. Y la guerrera no era de las de faldón largo, el clásico corte londinense, de modo que bajo el cinturón y la correa diagonal los faldones de la guerrera caían rectos y cortos, como los de cualquier policía militar, bajo la cartuchera que colgaba del cinto. Y llevaba unas sencillas polainas y el calzado cómodo de un hombre de mediana edad, no las clásicas botas hechas a medida en Savile Row, si bien botas y polainas no eran del mismo tono, y el cinturón reglamentario no iba a juego con las unas ni las otras, y las alas del distintivo de piloto que se le veían en la pechera eran unas simples alas. En cambio, la cinta de la condecoración que ostentaba bajo las alas era una cinta de las buenas, y las insignias de las hombreras eran las barras gemelas de un capitán. No era muy alto. Tenía el rostro fino, un tanto aquilino, y unos ojos inteligentes y un tanto fatigados. Pasaba de los veinticinco años; viéndole, uno diría que no era un Phi Beta Kappa exactamente, sino tal vez de la Calavera y las Tibias, o un posible beneficiario de una beca Rhodes.

Uno de los hombres que se encontraban frente a él quizá no era capaz de verlo en modo alguno. Lo sostenían en pie dos policías militares del ejército americano. Estaba bastante borracho, y en contraste con el policía de recio mentón que lo sostenía erguido, de pie, pese a sus piernas largas, flacas, sin huesos, más parecía que fuese una chica en un baile de máscaras. Posiblemente rondaría los dieciocho, y tenía el rostro blanco y rosado, los ojos azules y una boca femenina. Vestía un chaquetón de marinero mal abotonado y con manchas de barro recientes; se cubría el cabello rubio, con esa inconfundible y jactanciosa inclinación que nadie es capaz de remedar ni de lejos, con la gorra de un oficial de la Royal Navy.

—¿Qué es esto, cabo? —dijo el capitán americano—. ¿Qué tripa se le ha roto? Ése es un inglés. Más le vale dejar que sea su policía militar la que se encargue del caso.

—Ya sé que es un inglés —dijo el policía. Hablaba con pesadez y respiraba con pesadez, con la voz de un hombre sometido a una considerable tensión física; a pesar de su femenil delicadeza de extremidades, el muchacho inglés era más pesado de lo que parecía, o acaso estaba más inanimado—. ¡En pie! —dijo el policía—. ¡Son oficiales!

El muchacho inglés hizo un esfuerzo. Se rehízo y enfocó la mirada. Se balanceó, se sujetó con un brazo al cuello del policía, y con la mano libre y temblorosa saludó con los dedos un tanto encogidos, llevándoselos a la oreja derecha cuando ya se bamboleaba de nuevo y por los pelos lograba mantener el equilibrio.

—Saludos, señor —dijo—. Espero que no sea usted Beatty.

—No —dijo el capitán.

—Ah —dijo el muchacho inglés—. Ya me lo suponía. El error es mío. No se lo tome a mal.

—No me lo tomo a mal —dijo el capitán en voz queda, aunque mirando al policía. El segundo de los americanos tomó la palabra. Era teniente y también piloto, pero no tenía veinticinco años, y llevaba unos pantalones de montar de tono rosado, las botas hechas en Londres, y una guerrera que podía haber sido de fabricación británica de no ser por el cuello.

—Es uno de esos mocosos de la marina —dijo—. Aquí los recogen de las cunetas durante toda la noche. Se ve que no viene usted a la ciudad con mucha frecuencia.

—Ah —dijo el capitán—, estoy al tanto. Ahora lo recuerdo —también comentó que aun cuando la calle estaba muy frecuentada, pues se encontraban frente a un café muy popular, y eran abundantes los transeúntes, soldados, civiles, mujeres, ninguno de ellos se había detenido a mirar, como si aquél fuese un espectáculo corriente. Estaba mirando al policía—. ¿No lo puede llevar usted a su barco?

—Eso ya lo había pensado antes que usted, capitán —dijo el policía—, pero dice que no puede subir a bordo de su barco después de anochecer porque es él quien ha de guardar el barco cuando se pone el sol.

—¿Que lo guarda?

—¡Soldado, téngase en pie! —dijo el policía con brusquedad, zarandeando su carga inerte—. A ver si el capitán logra entender qué quiere decir eso, porque a mí se me escapa del todo. Dice que guardan la embarcación debajo del muelle. De noche la meten bajo el muelle, y no es posible sacarla hasta que cambia la marea al amanecer.

—¿Bajo el muelle? ¿Una embarcación? ¿Se puede saber qué es esto? —estaba hablando con el teniente—. ¿O es que emplean alguna clase de motocicleta acuática?

—Algo así —dijo el teniente—. Las habrá visto usted, esas embarcaciones. Son unas lanchas camufladas y todo. Van y vienen por el puerto a toda velocidad. Las habrá visto usted. Eso es lo que hacen durante todo el día, y luego duermen la mona, de noche, en cualquier cuneta.

—Ah —dijo el capitán—. Tenía entendido que esas embarcaciones eran las lanchas de los oficiales de marina. ¿Pretende decirme que usan a los oficiales solo para…?

—No lo sé —dijo el teniente—. A lo mejor los usan tan solo para llevar agua caliente de un barco a otro. O unos panecillos. O a lo mejor van de uno a otro cuando se les han olvidado las servilletas, o lo que sea.

—Tonterías —dijo el capitán. Miró de nuevo al muchacho inglés.

—Eso es lo que hacen —dijo el teniente—. La ciudad está hecha un asco, estos mequetrefes la llenan durante toda la noche. Acaban tirados de cualquier manera por las cunetas, sus policías militares se los tienen que llevar en carros, como si fuesen niñeras en un parque. A lo mejor son los franceses los que les prestan las lanchas para no tener que sacarlos de las cunetas cuando es de día.

—Ah —dijo el capitán—, ya entiendo —pero estaba claro que no entendía nada, no estaba siquiera escuchando. Miró al muchacho inglés—. De todos modos, aquí no se le puede dejar estando como está —dijo.

El muchacho inglés trató de rehacerse.

—Muy bien, se lo digo yo —dijo con ojos vítreos, la voz animada, casi alegre, cortés—. Ya me he acostumbrado. Aunque es un pavés condenadamente duro, eso sí. A los franceses habría que obligarlos a que hicieran algo para remediarlo. Los del equipo visitante también nos merecemos un campo decente en el que jugar, ¿sí o no?

—Y bien que lo estaba usando, dicho sea de paso —dijo el policía malhumorado—. Éste debe de creerse que él solo es todo el equipo.

En ese momento llegó un quinto individuo. Era un policía militar del ejército británico.

—¿Qué hay, pues? —dijo—. ¡Hola! ¿Qué tenemos aquí? —vio entonces las insignias en el hombro del americano y se cuadró al saludar. Al oír su voz, el muchacho inglés se dio la vuelta y lo escudriñó.

—Ah, hola, Albert —dijo.

—¿Qué hay, pues?, señor Hope —dijo el policía británico. Y se dirigió al policía americano hablando por encima del hombro—. ¿Qué ha ocurrido esta vez?

—Seguramente poca cosa —dijo el americano—. Hay que ver cómo se lo montan ustedes en plena guerra. Pero yo de todos modos aquí no pinto nada. Tenga, lléveselo.

—¿Qué sucede, cabo? —dijo el capitán—. ¿Qué estaba haciendo?

—Él dirá que no ha sido nada —dijo el policía americano, que dedicó un gesto al policía británico—. Dirá que solo ha sido una payasada o cualquier cosa por el estilo. Hace un rato doblo la esquina y aparezco por esta calle, tres manzanas más allá, y me la encuentro bloqueada con una fila de camiones que vienen de los muelles. Todos los conductores gritaban a voz en cuello, sin saber qué carajo estaba pasando. Así que me adelanto y me encuentro que tienen además bloqueadas las bocacalles, y sigo caminando hasta llegar al lugar en que estaba el lío, y me encuentro a una docena de conductores allí reunidos en medio de la calle, con lo que me acerco a preguntar qué carajo estaba pasando allá, y me dejan pasar y me encuentro a este mequetrefe tumbado…

—Caballero, está usted hablando de un oficial del ejército de Su Majestad —dijo el policía británico.

—Ándese con cuidado, cabo —dijo el capitán—. Dice que encontró a este oficial…

—Le dio la ventolera de acostarse en mitad de la calle, con un cesto vacío a manera de almohada. Allí en medio estaba, con las manos cruzadas bajo la cabeza y las piernas cruzadas, discutiendo con los conductores y poniendo en duda que tuviera él que levantarse y despejar la vía pública. Decía que los camiones bien podían dar la vuelta y seguir camino por otra de las calles, pero que él no iba a usar ninguna otra, porque ésa era suya.

—¿La calle era suya?

El muchacho inglés había prestado atención, con interés, con simpatía.

—Alojamiento, ya ve usted —dijo—. Y va y dice que es preciso mantener el orden incluso en una emergencia militar. Alojamiento por sorteo. Dice que la calle es mía, nada de intrusos. Y que la calle siguiente es de Jamie Wutherspoon. Que los camiones pueden pasar por la calle siguiente, porque Jamie aún no la estaba utilizando. Aún no se había ido a la cama. Insomnio. Lo sabía de buena tinta. Se lo dijo a los conductores. Que los camiones fuesen por la otra calle. ¿Me explico?

—¿Eso ha sido todo, cabo? —dijo el capitán.

—Ya se lo ha dicho él. No pensaba levantarse. Se quedó tumbado en donde estaba, discutiendo con los conductores. A uno de ellos le dijo que fuese a no sé dónde y que se trajese un ejemplar de sus ordenanzas de guerra…

—El Reglamento del Rey, sí —dijo el capitán.

—… y que viese si en el libro se indicaba quién tiene derecho de paso, si él o los camiones. Y entonces lo puse en pie y apareció el capitán. Eso es todo. Con el permiso del capitán, lo entregaré ahora al ama de cría de Su Maj…

—Es suficiente, cabo —dijo el capitán—. Puede marcharse. Yo me encargaré de esto —el policía se cuadró al saludar y se marchó. El policía británico era el que sostenía en pie al muchacho inglés—. ¿Se lo puede llevar? —dijo el capitán—. ¿Dónde está acuartelado?

—No lo sé exactamente, señor. No sé si tienen un cuartel o no. Nosotros… yo… se les suele ver por las tabernas hasta que amanece. No parece que tengan un cuartel.

—¿Quiere decir que realmente no salen de los barcos?

—Verá, señor: podrían ser la tripulación de los barcos, aunque solo sea una manera de hablar. Pero habría que tener un poco más de sueño del que tiene éste para dormir en uno de los barcos.

—Entiendo —dijo el capitán. Miró al policía—. ¿Qué clase de barcos son ésos?

Esta vez el policía habló con una voz inmediata, tajante, carente por completo de inflexiones. Fue como una puerta cerrada.

—No lo sé con exactitud, señor.

—Ah —dijo el capitán—. En fin. De todos modos, no está en condiciones de quedarse rondando por las tabernas hasta que amanezca. Esta vez no.

—Tal vez pueda encontrarle una taberna en la que haya una mesa al fondo, donde pueda dormir la mona —dijo el policía. Pero el capitán no le estaba escuchando. Miraba al otro lado de la calle, donde las luces de otro café se derramaban sobre la acera. El muchacho inglés bostezaba de una forma terrible, como bostezan los niños, la boca rosada y abierta del todo, como la de un niño.

El capitán se volvió hacia el policía.

—¿Le importaría acercarse allá y preguntar por el chófer del capitán Bogard? Yo me ocuparé del señor Hope.

El policía acudió al café. El capitán sujetaba al muchacho inglés pasándole la mano por debajo del brazo. El muchacho volvió a bostezar como un niño cansado.

—Téngase en pie —dijo el capitán—. El coche no tardará ni un minuto.

—Entendido —dijo el muchacho inglés en pleno bostezo.

II

Una vez en el coche, se durmió de inmediato con la pacífica y repentina brusquedad de los niños pequeños, sentado entre los dos americanos. Pero aunque el aeródromo se hallaba a tan solo media hora ya había despertado cuando llegaron, aparentemente como si tal cosa, y había pedido un whisky. Cuando entraron en el comedor de oficiales parecía estar bastante sobrio, y solo pestañeó un poco en la sala iluminada, con la gorra ladeada y el chaquetón de marino mal abotonado y un pañuelo de seda al cuello, algo sucio, con el distintivo de un club bordado en una esquina, en el que Bogard reconoció el emblema de uno de los famosos colegios preparatorios.

—Ah —dijo con voz fresca, despejada del todo, no empañada, y bastante alegre, sonora, tanto que el resto de los que estaban en el comedor se volvió a mirarle—. Estupendo. Whisky, ¿eh? —se dirigió derecho como un perro perdiguero a la barra que había en la esquina, el teniente siguiendo sus pasos. Bogard se dio la vuelta y se encaminó al otro extremo de la sala, en donde había cinco hombres sentados en torno a una mesa de cartas.

—¿Y ése de qué es almirante? —dijo uno.

—De toda la armada de Escocia, al menos cuando lo encontré —dijo Bogard.

Otro alzó la mirada.

—Me parece que a ése le he visto yo por la ciudad —miró al recién llegado—. Puede que no lo haya reconocido porque entró caminando por su propio pie. Cuando yo lo suelo ver anda tumbado por cualquier cuneta.

—Ah —dijo el primero, y también miró en derredor—. ¿Es uno de esos muchachos?

—Claro. Ya los has visto. Se pasan las horas sentados en el bordillo, con un par de policías militares británicos sujetándolos por los brazos.

—Sí, los he visto —dijo el otro. Todos miraban al muchacho inglés. Estaba de pie en la barra, charlando con su voz animada, sonora—. Son todos igualitos que ése —dijo el que hablaba—. Diecisiete, dieciocho a lo sumo. Son los que pilotan esas embarcaciones pequeñas que a todas horas entran y salen disparadas del puerto.

—¿Eso es todo lo que hacen? —dijo un tercero—. ¿Quieres decir que hay un cuerpo de marina que actúa de auxiliar del Cuerpo Auxiliar de Mujeres del Ejército? Dios mío, pues entonces sí que cometí un error, y de los gordos, cuando me alisté. Claro que a esta guerra nunca se le ha dado publicidad como es debido.

—No lo sé —dijo Bogard—. Supongo que harán algo más, no solo dar vueltas por ahí en sus barcas.

Pero no le estaban escuchando. Estaban mirando al visitante.

—Van como un reloj —dijo el primero—. Basta con ver la pinta que tenga uno de ellos después de ponerse el sol para saber casi al dedillo qué hora es. Lo que no termino de entender es cómo puede un hombre que está en esas condiciones a la una de la madrugada, todas las noches, ver siquiera un barco de guerra al día siguiente.

—A lo mejor, cuando tienen un mensaje que transmitir a un barco —dijo otro—, hacen duplicados y enfilan la lancha hacia el barco y dan a cada uno un duplicado del mensaje y los dejan partir. Y los que no aciertan a dar con el barco se pasan el rato navegando de paseo por la ensenada hasta que dan con un muelle en donde sea.

—Tiene que ser algo más —dijo Bogard.

A punto estaba de añadir algo, pero en ese momento el recién llegado se dio la vuelta y regresó de la barra con un vaso en la mano. Caminaba con buen paso, aunque tenía encendido el color del rostro y los ojos brillantes, y hablaba en voz alta, animado, alegre, cuando llegó a la mesa.

—Y digo yo… si no quieren ustedes acompañarme… —calló. Pareció que acabara de percatarse de algo; los miraba a todos a la pechera—. Vaya, vaya. Anda que… Todos ustedes son aviadores, todos ustedes. ¡Dios mío! Seguro que se lo pasan en grande, ¿eh?

—Sí —dijo uno—. En grande.

—Pero tiene su peligro, ¿eh?

—Solo es algo más veloz que el tenis —dijo otro. El visitante lo miró luminoso, afable, atento.

—Bogard —dijo otro enseguida— dice que usted está al mando de un barco.

—Hombre, un barco, lo que se dice un barco, no es. Gracias, de todos modos. Y no, no estoy al mando. Al mando está Ronnie. Tiene más rango que yo. Por la edad.

—¿Ronnie?

—Sí. Un buen tipo. Simpático de trato. Aunque un poco mayor. Y siempre con ganas de discutir. Muy puntilloso.

—¿Puntilloso?

—De los que dan miedo. Es de no creer. Cada vez que avistamos una columna de humo y tengo yo los prismáticos, vira de largo. En todo momento mantiene el casco lejos de la vista del otro. Y así no hay quien gane, claro. Ayer hizo quince días que me ganó por dos a cero.

Los americanos se miraron unos a los otros.

—¿Así no se gana?

—A eso jugamos. Con los mástiles de cesto. Uno ve un mástil de cesto y ¡punto! Te anotas uno. Pero los Ergenstrasse ya no cuentan, ya no.

Los hombres sentados a la mesa se miraban unos a otros.

—Ya entiendo —dijo Bogard—. Cuando Ronnie o usted avistan un barco con mástiles de cesto, se anotan un punto sobre el otro. Entiendo. ¿Y qué son los Ergenstrasse?

—En alemán, los internados. Vapores de carga sin puerto fijo. Llevan un aparejo en el trinquete que parece un mástil de cesto. Las jarcias, los botalones, digo yo. A mí nunca me ha parecido que recuerde mucho a los mástiles de cesto. Pero Ronnie dice que sí. El otro día avistó uno. Luego, lo obligaron a recalar en puerto y le dije a Ronnie que ese punto no era válido. Por eso hemos decidido que ya no cuentan. ¿Me explico?

—Ah —dijo el que había hecho el comentario sobre el tenis—. Entiendo, sí. Usted y Ronnie van en la lancha y juegan a avistar barcos enemigos. Mmm. No está mal. ¿Y no han jugado a eso de anotarse los puntos con ninguna…?

—Jerry —dijo Bogard. El recién llegado ni siquiera se movió. Miró a quien había hecho el comentario sin dejar de sonreír, con los ojos bien abiertos.

Éste seguía mirándole.

—Y esa lancha que pilotan Ronnie y usted… ¿tiene la proa de color gallina?

—¿La proa de color gallina? —dijo el muchacho inglés. Ya no sonreía, aunque seguía mirando con cara de placidez.

—Ah, pensé que las embarcaciones con dos capitanes a lo mejor llevan pintada la proa de color gallina o algo así.

—Oh —dijo el visitante—. Burt y Reeves no son oficiales.

—Burt y Reeves —dijo el otro en tono pensativo—. Así que ellos van a lo mismo. ¿También juegan a anotarse puntos uno con el otro, o…?

—Jerry —dijo Bogard. El otro lo miró. Bogard hizo un gesto con el mentón—. Ven para acá —el otro se puso en pie e hicieron un aparte—. Déjalo en paz —dijo Bogard—. Te lo digo en serio. No es más que un chaval. Cuando tú tenías su edad, ¿te enterabas de algo? A lo sumo te enterabas de lo justo para llegar a tiempo a la capilla.

—Pero mi país no llevaba casi cuatro años en guerra —dijo Jerry—. Y aquí nos tienes, gastándonos el dinero y dejándonos acribillar a todas horas, y resulta que esta guerra ni siquiera es la nuestra, y eso que estos británicos de medio pelo llevarían fácilmente doce meses marcando el paso de la oca de no haber sido porque…

—He dicho que ya basta —dijo Bogard—. Hablas como la propaganda de los Bonos de Libertad.

—… y encima se toman la guerra a la ligera, como si fuese una feria o quién sabe qué. «Estupendo», dice el chaval. No te fastidia… —lo dijo en tono de falsete, arrastrando las vocales—. Me pregunto yo qué peligro hay en eso.

—Chissst —dijo Bogard.

—Ya me gustaría cazarlo a ése, con su Ronnie, al menos una vez en la bocana del puerto. En cualquier puerto. En Londres, me da lo mismo. No iba a necesitar nada más que un Jenny. ¡Qué digo un Jenny! ¡Con una bicicleta y unas aletas de bucear le enseñaba yo a ese mequetrefe qué es la guerra!

—Bueno, pero ahora lo dejas en paz. Se marchará muy pronto.

—¿Qué es lo que piensas hacer con él?

—Esta mañana lo voy a llevar conmigo. Le voy a dejar que ocupe el puesto de Harper, en el morro. Dice que sabe manejar una Lewis. Dice que es la misma ametralladora que llevan en la embarcación. Me ha contado que una vez dio de lleno en una luz de boya, de las que indican la profundidad del agua, a varios cientos de metros de distancia.

—Pues haz lo que te plazca. A lo mejor te gana.

—¿Que me gana? ¿En qué?

—En eso de jugar a los puntos. Y entonces podrás llevarte a Ronnie.

—Ya le voy a enseñar yo cómo es la guerra —dijo Bogard. Miró al visitante—. Los suyos llevan tres años metidos en esto, y cualquiera diría que éste aún se lo toma como un estudiante de primer curso que llega a la ciudad a ver el gran partido de la temporada —de nuevo volteó a ver a Jerry—. Pero tú ahora déjalo en paz.

Al acercarse los dos a la mesa, la voz del visitante seguía siendo sonora y animada.

—… si él alcanza antes los prismáticos es él quien se asoma a mirar, pero cuando los tengo yo va y resulta que vira de largo, de modo que no alcanzo a ver más que la columna de humo. Un puntilloso. Y, para colmo, con ganas de discutir. Pero como los Ergenstrasse ahora ya no cuentan, ahora el que cometa un error y aviste uno pierde dos puntos del total que lleve acumulado. Si Ronnie se despistara un momento y avistase uno, estaríamos empatados.

III

A las dos en punto el muchacho inglés seguía hablando por los codos, con una voz luminosa, inocente, animada. Les estaba contando que Suiza se echó a perder en 1914, y que en vez de las vacaciones que su padre le había prometido pasar allí cuando cumpliese dieciséis años, cuando llegó ese día él y su tutor tuvieron que conformarse con ir a pasar unos días a Gales. Pese a todo, el tutor y él habían subido unas cuantas montañas de gran altura, por lo que se atrevió a decir, con todos los debidos respetos a cualquiera de los presentes, a cualquiera que hubiese conocido las cumbres de Suiza, que probablemente desde Gales se alcanza a ver tanto como desde Suiza.

—En todo caso, se suda lo mismo y se respira con la misma dificultad —añadió. Y a su alrededor seguían sentados los americanos, un tanto encallecidos, un tanto sobrios, algo mayores, escuchándole con una suerte de frío asombro. Llevaban un rato levantándose a cada tanto unos y otros para volver con la ropa de vuelo, con los cascos y las gafas. Entró un ordenanza con una bandeja llena de tazas de café, y el visitante cayó en la cuenta de que llevaba un buen rato escuchando los motores en la oscuridad, allá fuera.

Bogard por fin se puso en pie.

—Venga, vamos —dijo—. Seguro que alguien podrá prestarle unos arreos.

Cuando salieron del comedor, el ruido de los motores era estruendoso, aunque fuese un tronar al ralentí. Alineada sobre un trecho de asfalto invisible se encontraba formada una fila difusa de breves bancadas compuestas por un fuego de llamaradas entre azules y verdosas, suspendidas aparentemente en el aire. Cruzaron el aeródromo hasta el cuartel de Bogard, en donde el teniente, McGinnis, estaba sentado en una litera atándose las botas de piloto. Bogard alcanzó un traje Sidcott y se lo lanzó.

—Póngase esto —dijo.

—¿Todo esto me hará falta? —dijo el visitante—. ¿Tanto tiempo vamos a pasar fuera?

—Es probable —dijo Bogard—. Mejor será que se lo ponga. En el piso de arriba hace frío.

El visitante tomó el traje de una pieza.

—Digo yo… digo yo —dijo— que Ronnie y yo también tenemos faena maña… quiero decir hoy. ¿Le parece a usted que a Ronnie le importará si llego un poco tarde? Ése es capaz de no esperarme.

—Volveremos antes de la hora de la merienda —dijo McGinnis. Parecía muy ajetreado con las botas—. Se lo prometo —el muchacho inglés lo miró.

—¿A qué hora tiene que estar de vuelta? —dijo Bogard.

—En fin —dijo el muchacho inglés—. Vamos a pensar que sí, que todo estará en orden. De todos modos, a Ronnie le permiten decidir cuándo se zarpa. Y seguro que me espera aunque llegue un poco tarde.

—Claro que le esperará —dijo Bogard—. Vamos, póngase el traje.

—Entendido —dijo el otro. Le ayudaron a enfundarse el mono—. Nunca he volado —dijo en tono charlatán, placentero—. Pero seguro que allá arriba se alcanza a ver mucho más que en los montes más altos, ¿eh?

—Se ve más, desde luego —dijo McGinnis—. Seguro que le gusta.

—Desde luego. Con tal de que Ronnie me espere… Vaya tomadura de pelo. Pero tiene su peligro, ¿eh?

—Vamos —dijo McGinnis—, no me tome el pelo.

—Cállate la boca, Mac —dijo Bogard—. Vámonos. ¿Quiere más café? —miró al visitante, pero fue McGinnis quien respondió.

—No, tengo algo mejor que el café. El café deja unas manchas horrorosas en las alas.

—¿En las alas? —dijo el muchacho inglés—. ¿Por qué el café en las alas?

—Guárdatelo, Mac. Ya me has oído —dijo Bogard—. Vamos.

Atravesaron de nuevo el aeródromo y se acercaron a las bancadas en que farfullaban las llamas. Al aproximarse, el visitante comenzó a discernir la forma, los perfiles del Handley-Page. Parecía un vagón Pullman que se hubiese inclinado hacia tierra y hubiese encallado en el esqueleto de la primera planta de un rascacielos sin terminar. El visitante lo miró en silencio.

—Es más grande que un crucero —dijo con su voz luminosa, con interés—. Y digo yo, ya sabe usted… Esto no puede volar de una sola pieza. A mí no me la dan así como así. Los he visto antes, y son de dos piezas: el capitán Bogard y yo vamos en una, y Mac y el otro tío en la otra, ¿eh?

—No —dijo McGinnis. Bogard había desaparecido—. Vuela todo de una pieza. Aquí no hay tomadura de pelo. Es un pajarraco de cuidado, ¿eh?

—¿Un pajarraco? —murmuró el visitante—. Ah, ya veo. Un crucero, solo que vuela. Ya veo, ya.

—Y escuche una cosa —dijo McGinnis. Adelantó su mano en la oscuridad, y algo frío rozó la mano del muchacho inglés. Una botella—. Cuando tenga la sensación de que se va a marear, ¿lo ve?, le pega un buen lingotazo.

—Ah. ¿Es que me voy a marear?

—Seguro. Nos pasa a todos. Forma parte del vuelo. Pero esto le ayudará a contenerse. Si no funciona, ¿entiende?

—¿Ver? ¿El qué? Vaya. ¿El qué?

—No lo haga por fuera. No se le ocurra asomarse a vomitar por fuera.

—¿Por fuera?

—Nos vendrá volando a la cara a Bogy y a mí. No veremos nada. Bingo, se acabó lo que se daba. ¿Entiende?

—Ah, creo que sí. ¿Y qué hago entonces? —hablaban en voz baja, parcos en palabras, serios como los conspiradores.

—Agache la cabeza y afloje. Entre las piernas, mismamente.

—Ah, entiendo, sí.

Regresó Bogard.

—Enséñale cómo subir a la cabina del morro, ¿quieres? —dijo. McGinnis abrió la marcha por la trampilla. Más adelante, subiendo un poco con la inclinación del fuselaje, el pasadizo se estrechaba. Sería preciso entrar a gatas.

—Cuélese ahí, a gatas, y siga hasta el morro —dijo McGinnis.

—Parece una perrera —dijo el visitante.

—¿Eso parece? Pues sí —convino McGinnis con buen ánimo—, sí que lo parece. Vamos, dese prisa —agachado, oyó al otro reptar hacia el morro del avión—. Ahí dentro encontrará una Lewis, la tiene a mano —dijo en la boca del túnel.

—La tengo —se oyó decir al visitante.

—El sargento de artillería subirá en un minuto y le mostrará si está cargada.

—Está cargada —dijo el visitante, y sin terminar casi de decirlo se disparó el arma, una ráfaga breve, en staccato. Hubo una serie de gritos, el más violento de los cuales salió de debajo del morro del aparato—. No pasa nada —se oyó decir a la voz del muchacho inglés—. Apunté al oeste antes de apretar. Por allí no hay nada más que las oficinas de la Marina y el cuartel general de su brigada de ustedes. Ronnie y yo siempre lo hacemos antes de zarpar. Mis disculpas si ha sido demasiado pronto. Ah, por cierto —añadió—: me llamo Claude. Creo que aún no se lo había dicho.

En tierra, Bogard departió con otros dos oficiales. Habían llegado a la carrera.

—Y encima dice que apuntó al oeste —dijo uno—. ¿Cómo demonios va a saber por dónde está el oeste?

—Es marino —dijo el otro—, no lo olvides.

—Pues también parece ser un buen artillero —dijo Bogard.

—Confiemos en que eso no se le olvide —dijo el primero.

IV

No obstante, Bogard mantuvo los ojos atentos a la cabeza silueteada que emergía en la cabina del ametrallador, en el morro del aparato, tres metros por delante de él.

—Supo accionar esa ametralladora —dijo a McGinnis, que iba a su lado—. Supo colocar el tambor él solo, ¿no?

—Sí —dijo McGinnis—. Con tal de que no se olvide, con tal de que no le dé por pensar que el arma es él cuando va con su tutor de paseo por los montes de Gales…

—Tal vez no debiésemos haberlo traído —dijo Bogard. McGinnis no contestó. Bogard accionó el volante. Delante de él, en la cabina del ametrallador, la cabeza del visitante se movía de continuo de un lado para otro, atento a todo—. En fin. Llegamos allá, descargamos y ganamos altura para volver aquí —dijo Bogard—. A lo mejor con la oscuridad… Maldita sea, sería una vergüenza para su país que llevase cuatro años metido en este follón y no supiera ver un arma que apunta hacia donde él se encuentra.

—Como no agache la cabeza, esta noche va a ver más de una —dijo McGinnis.

Pero el muchacho no hizo eso. Ni siquiera cuando alcanzaron el objetivo y McGinnis bajó a gatas a la panza del avión para accionar los controles de descarga de las bombas. Y cuando los reflectores los detectaron y Bogard hizo una señal al resto de los aparatos de la escuadrilla para descender en picado, con los dos motores rugiendo a toda velocidad y lanzándose de lleno hacia los proyectiles que estallaban en el cielo, atravesando las explosiones, ni siquiera entonces dejó de ver la cara del muchacho al resplandor de los reflectores, inclinado al máximo hacia un lado, destacándose como si fuera un rostro en el escenario, con una expresión de interés infantil, de deleite. «Pero está disparando con esa Lewis —pensó Bogard—. Está disparando derecho, además». Y aún picó más el descenso del aparato y lo vio apuntar con la mira de lleno al blanco, la mano derecha alzada, esperando a bajarla a la vista de McGinnis. Bajó la mano; por encima del estruendo de los motores creyó oír el clic, el silbido de las bombas escargadas en el aire en el momento en que el aparato, libre del peso, trazó un repentino arco ascendente y salió por un instante de la luz de los reflectores. Estuvo entonces muy ajetreado durante un buen rato, entrando y saliendo de los proyectiles que estallaban a un lado y al otro, atravesando un haz de luz y haciéndose a un lado, aunque esa vez el reflector los alcanzó y los acompañó durante tanto tiempo que vio al muchacho inglés inclinado al máximo por un lateral de la cabina, mirando más allá del ala derecha, hacia la panza del avión. «A lo mejor es que ha leído cómo se hace», pensó Bogard a la vez que se volvía atrás y localizaba el resto de los aparatos de la escuadrilla para reanudar el vuelo.

Al cabo todo terminó, la negrura volvió a ser fresca, desierta, apacible, casi reposada, con el único ruido constante de los motores. McGinnis regresó a la cabina del piloto y, de pie en su asiento, disparó la pistola de señales y permaneció unos instantes atento y mirando atrás, hacia donde los reflectores seguían sondeando y rasgando la noche. Se sentó de nuevo.

—Muy bien —dijo—. He localizado a los cuatro. Ganemos altura —miró hacia delante—. ¿Y qué ha sido de la joya de la corona? No lo habrás colgado de la escotilla de las bombas, ¿verdad? —Bogard miró y descubrió que la cabina del morro estaba vacía. Volvía a verse una tenue silueta, entre las estrellas, pero allí no había otra cosa además de la ametralladora—. No —dijo McGinnis—, no; ahí está. ¿Lo ves? Sigue asomado por el costado. Maldita sea, ¡le dije que no vomitara así! Ahí vuelve —la cabeza del visitante se vio otra vez de forma nítida. Pero de nuevo desapareció.

—Vuelve para acá —dijo Bogard—. Detenlo. Dile que en media hora vamos a tener a todas las escuadrillas del grupo del Canal de los hunos encima de nosotros.

McGinnis se volvió ágilmente para bajar a la panza del avión, a la entrada del pasadizo.

—¡A su puesto! —le gritó. El otro estaba casi fuera; los dos se habían acuclillado y estaban cara a cara, como dos perros, gritándose uno al otro por encima del ruido de los motores, aún a todo gas, a uno y otro lado de la tela de la carlinga. La voz del muchacho inglés era fina, aguda.

—¡La bomba! —exclamó.

—Sí —gritó McGinnis—, ¡eran bombas! ¡Una buena les hemos dado! Ahora vuelva a su puesto. ¡A su puesto, le digo! Dentro de diez minutos tendremos encima a todos los hunos de Francia. ¡Vuelva a ocuparse de su arma!

La voz del muchacho volvió a oírse, aguda y tenue, sobre el ruido de los motores.

—¡La bomba! —exclamó—. ¿Verdad?

—Sí, sí. ¡Todo en orden! ¡Vuelva a su puesto, maldita sea!

McGinnis regresó a gatas a la cabina del piloto.

—Ya ha vuelto —dijo—. ¿Quieres que lo lleve yo un rato?

—Bien —dijo Bogard. Pasó a McGinnis los mandos—. Afloja un poco. Preferiría que fuese de día cuando se nos echen encima.

—Entendido —dijo McGinnis. Movió de pronto el volante—. Eh, ¿qué le pasa a esa ala, la derecha? —dijo—. Mírala… ¿La ves? Voy volando sobre el alerón derecho y con poco timón. Compruébalo.

Bogard empuñó el volante un momento.

—No me había fijado. Algún desgarro en los cables, digo yo. No me pareció que ninguno de los proyectiles estallase tan cerca. No dejes de estar atento.

—Entendido —dijo McGinnis—. Así que mañana, quiero decir hoy, vas a salir con él en su barquito.

—Sí, se lo he prometido. Maldita sea, a un chaval tan joven no se le puede ofender así, de cualquier manera, ya lo sabes.

—¿Y si le dices a Collier que te acompañe con la mandolina? Así podrías dar una vuelta en su barquito y cantar a la vez.

—Se lo he prometido —dijo Bogard—. Endereza un poco esa ala.

—Entendido —dijo McGinnis.

Treinta minutos después empezaba a amanecer en un cielo gris.

—Bueno —dijo entonces McGinnis—, pues ahí los tenemos. ¡Mira tú…! Parecen mosquitos en septiembre. Espero que ahora no se arme un lío y, sobre todo, que no se vaya a creer que está jugando a los puntos. Como le dé por ahí, Ronnie le va a sacar uno de ventaja siempre y cuando atine… ¿Quieres los mandos?

V

A las ocho en punto se encontraban sobrevolando la playa, el Canal de la Mancha. A medio gas, el aparato fue en descenso a la vez que Bogard lo puso suavemente en la estela del viento del Canal. Tenía el rostro en tensión, se le notaba la fatiga.

También McGinnis parecía cansado y necesitado de un buen afeitado.

—¿A ti qué te parece que estará mirando ahora? —dijo. Y es que el inglés de nuevo se había asomado por el flanco derecho de la cabina, y miraba atrás y abajo, por debajo del ala derecha.

—No lo sé —dijo Bogard—. Tal vez sean algunos agujeros de bala —dio gas al motor de estribor—. Hay que decir a los mecánicos que lo revisen.

—Yo creo que algunas balas ya las ha visto más de cerca —dijo McGinnis—. Juraría que vi una trazadora pasar rozándole la espalda. Pero a lo mejor es que está contemplando el océano. Aunque eso ya lo tuvo que ver cuando vino de Inglaterra —Bogard enderezó entonces el aparato; se levantó bruscamente el morro, la arena, la ola que se rizaba a lo largo de la orilla. Pero el muchacho inglés seguía asomado al máximo y miraba atrás y abajo, algo tal vez situado bajo el ala derecha, que observaba con cara de embeleso, con un interés absolutamente pueril. Hasta que el aparato no se detuvo del todo no dejó de mirar embelesado. Entonces se agachó y con el brusco silencio de los motores los otros lo oyeron gatear por el pasadizo de acceso a la cabina. Salió en el momento en que los dos pilotos descendían envarados de la carlinga, con el rostro colorado, luminoso, ansioso, y la voz alta, excitada.

—¡Caray! ¡Dios mío! Qué dominio, qué manera de juzgar las distancias. ¡Si Ronnie lo hubiese visto…! ¡Dios mío! Claro que a lo mejor no son como las nuestras, a lo mejor éstas no se cargan solas en cuanto les da el aire.

Los americanos lo miraron atónitos.

—¿Que no qué? —dijo McGinnis.

—La bomba. Ha sido magnífico, digo yo, aunque digo yo… no, digo que no lo olvidaré jamás. ¡Caray! ¡Ha sido espléndido!

—¿La bomba? —dijo McGinnis pasados unos instantes, con voz apagada. Los dos pilotos se miraron el uno al otro y exclamaron al unísono—: ¡El ala derecha!

Los dos a la vez bajaron por la trampilla y, con el visitante pegado a los talones, dieron la vuelta al aparato a todo correr y miraron bajo el ala derecha. La bomba, suspendida por la cola, colgaba en vertical, como una plomada, junto a la rueda derecha del tren de aterrizaje, la punta rozando la arena. Y en paralelo a la huella de la rueda se veía la línea larga y delicada en la arena, por donde se había arrastrado la punta. A espaldas de ambos, la voz del muchacho inglés sonó alta, clara, infantil.

—Buen susto me he llevado, se lo aseguro. Intenté avisarles. Pero me di cuenta de que ustedes conocen su oficio mejor que yo. Qué pericia. Qué maravilla. Ya digo que no lo olvidaré jamás.

<h2 style="text-align:center">VI</h2>

Un infante de marina con la bayoneta calada pasó por delante de Bogard y lo acompañó al muelle, indicándole la embarcación. El muelle estaba desierto; no vio la embarcación hasta que se aproximó al borde del muelle y la vio debajo de sí, además de ver las espaldas de dos hombres encorvados, con pantalones de lona engrasada, que lo miraron un instante antes de encorvarse de nuevo.

Tendría unos nueve metros de eslora y algo menos de tres de manga. Estaba pintada de camuflaje, a manchas verdes y grises. Tenía un puente más elevado, sobre cubierta, a proa, con dos chimeneas de escape, achatadas e inclinadas hacia popa.

«Dios mío —pensó Bogard—. Si todo ese entrepuente es el motor…». Tras el puente se encontraba el asiento del piloto, donde vio una gran rueda de timón y un panel de instrumentos. Sin alcanzar medio metro sobre la obra muerta, y corrida desde la popa hasta el comienzo del puente, además de continuar sobre la parte posterior del puente y de ahí caer a la otra borda, hasta la regala de popa, una pantalla sólida, también pintada de camuflaje, rodeaba la lancha entera, salvo por la popa, que se encontraba abierta. Frente al asiento del timonel se había practicado un boquete en la pantalla, de unos veinte centímetros de diámetro. Y al mirar por ese boquete y el túnel alargado, estrecho, inmóvil, perverso, vio una ametralladora que pivotaba en popa, y miró entonces la pantalla baja —dentro de la cual toda la embarcación no levantaba más de un metro sobre el nivel del agua— y el ojo único que miraba a proa, y pensó en silencio: «Es acero. Está hecha de acero». Y se le ensombreció el rostro, pensativo el ademán, sobrio, y se echó la trinchera por encima y se la abotonó como si le estuviera entrando el frío.

Oyó pasos a su espalda y se volvió, pero solo era un ordenanza del aeródromo, acompañado por el infante de marina que portaba el fusil con la bayoneta calada. El ordenanza llevaba un bulto de cierto tamaño envuelto en un papel.

—Del teniente McGinnis para el capitán —dijo el ordenanza.

Bogard tomó el bulto. El ordenanza y el infante de marina se retiraron. Abrió el paquete. Contenía varios objetos y una nota manuscrita. Los objetos eran un cojín de seda color gallina, nuevecito, y un parasol de papel japonés, obviamente pedido en préstamo a alguien, además de un peine y un rollo de papel higiénico. La nota decía así:

No pude encontrar una cámara por ninguna parte, y Collier no me ha prestado su mandolina. Con suerte, Ronnie sabrá tocar el peine.

MAC

Bogard contempló los objetos, aunque sin que se le inmutase el semblante, pensativo y bastante serio. Volvió a envolverlos y se llevó el bulto al muelle, desde donde lo dejó caer al agua.

Al regresar hacia la embarcación invisible vio que dos hombres se acercaban. Al muchacho lo reconoció en el acto: alto, esbelto, charlando ya por los codos, voluble, con la cabeza un tanto ladeada hacia su compañero, de menor estatura, que caminaba a su lado con las manos en los bolsillos, fumando una pipa. El muchacho aún llevaba el chaquetón azul marino bajo un impermeable de hule que aleteaba, pero en vez de la gorra inclinada como si tal cosa llevaba un pasamontañas sucio, de infante de marina, por la trasera del cual flotaba, como si fuese el eco de su voz, una pieza de tela en forma de cortina que le cubría el cogote y media espalda.

—¡Hola! ¿Qué tal? —exclamó cuando aún estaba a un centenar de metros.

En cambio, era el segundo hombre el que había llamado la atención de Bogard, quien estaba pensando que nunca en la vida había visto una figura más curiosa que la suya. Tenía un aire flemático a más no poder en la forma misma de los hombros encorvados, en el rostro un tanto inclinado, imperturbable. El otro le sacaba una cabeza. También tenía el rostro colorado, aunque de un corte tan profundamente serio que resultaba casi agrio. Era el rostro de un hombre de veinte años que lleva uno intentando, incluso mientras duerme, dar la impresión de que tiene veintiuno. Vestía un jersey de cuello alto y unos pantalones de lona engrasada; por encima, una cazadora de cuero y, por encima, un abrigo de oficial de la marina, sucio y largo hasta los tobillos, del que le faltaba un trozo en una hombrera y todos los botones. Se había cubierto la cabeza con un gorro escocés, de cuadros, como los de los cazadores de ciervos, con visera por delante y por detrás, sujeto por una bufanda estrecha que la cruzaba y que bajaba cubriéndole las orejas, y enrollada una vez al cuello y atada con un nudo de lazo bajo la oreja izquierda. La bufanda estaba increíblemente sucia; con las manos hasta los codos en los bolsillos, con los hombros encorvados y la cabeza gacha, parecía la abuela de alguien a quien hubiesen ahorcado por prácticas de brujería. Sujeta del revés entre los dientes llevaba una corta pipa de brezo.

—¡Ahí está! —dijo el muchacho—. Capitán Bogard, le presento a Ronnie. Ronnie…

—¿Qué tal, cómo va? —dijo Bogard. Le tendió la mano. El otro no dijo ni palabra, aunque sí le tendió una mano sin fuerza. La tenía fría a la vez que dura, encallecida. Pero no dijo ni palabra, y se limitó a mirar brevemente a Bogard antes de apartar la vista. En ese instante, Bogard captó algo en su mirada, algo extraño, un mero atisbo, una suerte de respeto encubierto y curioso, algo semejante a un muchacho de quince años que mirase a un trapecista.

Pero no dijo ni palabra. Siguió cabizbajo su camino; Bogard lo vio desaparecer por el borde del muelle, como si hubiera saltado de pies al mar. Reparó entonces en que los motores de la embarcación invisible estaban en marcha.

—Ya podemos subir a bordo —dijo el muchacho. Se quedó mirando la embarcación y se detuvo. Tocó a Bogard en el brazo—. ¡Allá lejos! —chistó—. ¿Lo ve? —de nuevo hablaba con voz fina, casi aflautada por la emoción.

—¿El qué? —susurró Bogard; automáticamente alzó los ojos y miró a lo lejos. El otro lo sujetaba por el brazo y señalaba el extremo opuesto del puerto.

—Allí, allí mismo. El Ergenstrasse. Lo han vuelto a trasladar.

En la otra punta del puerto se veía un casco anticuado, herrumbroso, panzudo. Era pequeño y anodino, y, al acordarse, Bogard se fijó en que el trinquete era un extraño enredo de cables y botalones, algo semejante —aunque con una considerable licencia, o con una notable imprecisión en la imagen— a un mástil de cesto. A su lado, el muchacho casi reía de contento.

—¿Cree usted que Ronnie se habrá dado cuenta? —siseó—. ¿Le parece?

—Ah, pues no lo sé —dijo Bogard.

—¡Dios mío! Si le da por levantar la vista y lo señala antes de acordarse, habremos empatado. ¡Ay, Dios mío! En fin, vamos, venga —reanudó la marcha, y seguía riéndose—. Con cuidado —dijo—. Esta escalerilla es de las que dan miedo.

Bajó él primero, y los dos hombres de la embarcación se pusieron en pie y saludaron. Ronnie había desaparecido del todo, salvo la espalda, que llenaba una escotilla por la que se accedía al tambucho, bajo el puente de proa. Bogard descendió con cautela.

—Dios del amor —dijo—. ¿Tienen que subir y bajar a diario por esa escalerilla?

—Da miedo, ¿eh? —dijo el otro con su voz de contento habitual—. Pero eso ya lo sabe usted. Se empeñan en librar una guerra improvisándolo todo y luego se preguntan por qué se tarda tanto —el casco estrecho de la embarcación se deslizó y cabeceó con el peso añadido de Bogard—. Se asienta estupendamente, ya lo ve usted —dijo el muchacho—. Esto podría flotar incluso en el césped de un jardín, con un rocío intenso. Surca las olas, y lo que se tercie, como una hoja de papel.

—¿De veras?

—Pues claro, por descontado. Por eso es, ya lo ve —Bogard no vio nada de particular, aunque estaba demasiado afanoso por encontrar con toda la cautela posible un lugar donde sentarse. No había bancadas ni asientos en las bordas; no había más asiento que un largo y grueso saliente casi cilíndrico que recorría todo el fondo de la embarcación, desde el asiento del piloto hasta la popa. Ronnie de nuevo estaba a la vista. Se había acomodado ante la rueda del timón, encorvado sobre el panel de instrumentos. Pero cuando miró por encima del hombro no dijo nada; todo su rostro una mera interrogación. Tenía en el semblante una alargada mancha de grasa de motor. El rostro del muchacho también era de pronto inexpresivo.

—Bien —dijo. Miró adelante, a donde había ido uno de los marinos—. ¿Listos a proa?

—Sí, señor —dijo el marino.

El otro marino se encontraba a popa.

—¿Listos a popa?

—Sí, señor.

—Largad amarras.

La embarcación se separó del muelle con un ronroneo, con un hervor del agua bajo la popa. El muchacho miró a Bogard.

—Una tontería, mera formalidad. Pero hay que cumplir al pie de la letra. Nunca se sabe cuándo va a aparecer un gerifalte de la armada con sus tonterías… —cambió inmediatamente su rostro, más cercano, solícito—. Y digo yo… ¿no irá usted a pasar frío? No se me ocurrió ir a buscar…

—No, seguro que estoy bien —dijo Bogard. Pero el otro ya se estaba despojando de su impermeable de hule—. No, no —dijo Bogard—. No puedo aceptarlo.

—De acuerdo, pero si tiene frío, dígamelo.

—Sí, desde luego —estaba mirando el cilindro sobre el que había tomado asiento. Era en realidad medio cilindro, es decir, como si fuese el tanque de agua caliente de una calefacción gargantuesca, partido por la mitad y atornillado, con la sección abierta para abajo, a las planchas del fondo de la embarcación. La circunferencia llegaba a la altura de las tapas de regala, y entre ella y el casco, por un lado y por el otro, había sitio suficiente para que un hombre se pusiera de pie y pasara caminando.

—Ésa es Muriel —dijo el muchacho.

—¿Muriel?

—Sí. La anterior se llamaba Agatha. Por mi tía. La primera que tuvimos Ronnie y yo fue Alicia en el país de las maravillas. Ronnie y yo fuimos su Conejo Blanco. Fantástico, ¿que no?

—Ah. Es decir, que Ronnie y usted ya van por la tercera.

—Así es —dijo el muchacho. Se acuclilló—. No se ha dado cuenta, ¿eh? —susurró. De nuevo tenía el rostro animado, rebosante de contento—. Cuando volvamos, ya lo verá —añadió.

—Ah —dijo Bogard—. El Ergenstrasse —miró a popa y pensó: «¡Dios santo! Debemos de estar… esto debe de ser un viaje». Miró por la borda, de costado, y vio retroceder a gran velocidad la línea del puerto, y pensó que la lancha se movía casi a la misma velocidad a la que volaba el Handley-Page en el momento del despegue. Empezaban a dar botes contra la superficie del mar, incluso en la zona del mar más protegida por el puerto, rebotando de la cresta de una ola a la siguiente, con un choque nítido en cada impacto. Su mano descansaba aún en el cilindro en que se había acomodado. Lo miró una vez más, siguiéndolo por donde parecía emerger debajo del asiento que ocupaba Ronnie y hasta el bisel que formaba por la proa—. Debe de ser por el aire que lleva dentro, digo yo —comentó.

—¿El qué? —dijo el muchacho.

—El aire. El aire que lleva almacenado dentro. Eso es lo que hace que la embarcación rebote tanto.

—Ah, sí, tiene que ser eso. Es muy probable. La verdad es que no me había parado a pensarlo —se adelantó hacia proa, la protección posterior del impermeable aleteando contra la espalda con el batir del viento, y se sentó junto a Bogard. Llevaban los dos la cabeza justo por debajo de la pantalla de protección.

A popa huía el puerto a toda velocidad, desapareciendo, hundiéndose en el mar. La embarcación había comenzado a levantarse y cabeceaba en un constante subibaja, permaneciendo casi estática un momento antes de levantarse, cabecear, hundirse de nuevo; una ráfaga de espuma pulverizada entraba de vez en cuando por las amuras, como si fuese una palada de perdigones.

—Ojalá se pusiera el impermeable —dijo el muchacho.

Bogard no respondió. Se volvió a mirar su rostro iluminado.

—Ya estamos en alta mar, ¿verdad? —dijo en voz baja.

—Sí… Haga el favor de aceptarlo.

—No, gracias. De veras que estoy bien. De todos modos, no creo que tardemos en volver a puerto, ¿verdad?

—No. Ya no falta mucho. Un viraje y la cosa no se pondrá tan fea.

—Pues entonces perfecto. En cuanto demos ese viraje estaré mucho mejor —trazaron entonces el viraje anunciado. El movimiento de la embarcación dejó de ser tan brusco. Dicho de otro modo, la embarcación no golpeaba de proa contra las olas, retemblando ante cada nueva hinchazón del mar. Las olas entraban ahora por debajo de la proa, y la embarcación volaba a mayor velocidad, con un movimiento prolongado, una desviación que mareaba, primero de una borda y luego de la otra. Pero siguió su rumbo a buena marcha, y Bogard miraba a popa con la misma sobriedad con que miró por vez primera la embarcación desde el muelle—. Ahora vamos con rumbo este —dijo.

—Con un punto de nornoreste —dijo el muchacho—. Así avanza mejor, ¿no cree?

—Sí —dijo Bogard. Por popa ya no se veía más que la anchura del mar desierto y el sesgo delicado como una aguja de la ametralladora contra la estela que hervía y se deshacía en espuma, y los dos marineros agazapados en silencio, a popa—. Sí, va mucho mejor, mucho mejor —y dijo al rato—: ¿Hasta dónde iremos?

El muchacho se acercó un poco más y se inclinó hacia él. Habló con voz de contento, confiado, orgulloso, aunque algo más bajo que de costumbre.

—Es Ronnie el que monta el número. Lo ha pensado a fondo. No es que no lo hubiera pensado yo de haber tenido tiempo suficiente. Más que nada por gratitud y todo eso. Pero él es el mayor de los dos, dese cuenta. Es más rápido que yo cuando se trata de pensar. Cortesía, noblesse oblige y todo eso. Se le ocurrió esta misma mañana, en cuanto se lo dije. Le dije: «¿Sabes qué te digo? He estado allí, lo he visto todo», y él me dijo: «Pero no habrás ido volando», a lo que le dije yo que se lo juraba por lo más querido, y él me preguntó hasta dónde, y que no le fuese con mentiras, y le dije que no lo sabía a ciencia cierta, pero que fui lejos, muy lejos, tremendamente lejos, toda la noche, y él dijo… «Toda la noche volando… Tienes que haber llegado como poco a Berlín», a lo que le dije yo que no lo sabía, pero que tampoco me extrañaría nada, y él se paró a pensar. Se le veía pensar. Porque es mayor, claro. Tiene más experiencia en esto de la cortesía, que es lo que siempre conviene hacer. Y dijo entonces: «Berlín. A ese tío no le va a divertir nada salir al mar a toda velocidad y volver con nosotros». Y siguió pensando mientras yo esperaba que dijera algo, y le dije que no podíamos llevarlo a usted a Berlín, que está demasiado lejos, y que tampoco sabemos el camino, y él, veloz, como un tiro, va y me dice: «Pero está Kiel». Por eso supe…

—¿Cómo? —dijo Bogard. Sin haberse movido, todo el cuerpo se le disparó como un muelle—. ¿A Kiel? ¿En esto?

—Por supuesto. Se le ocurrió a Ronnie. Es un tío muy listo, por más discutidor que se ponga a veces. Dijo de pronto: «Zeebrugge no tendrá el menor encanto para ese tío. Y por él tendremos que hacer todo lo que podamos hacer. Berlín». Así lo dijo Ronnie. «¡Dios mío! ¡Berlín!»

—Escuche una cosa —dijo Bogard. Se había vuelto y daba la cara al otro, un rostro severo—. ¿Para qué se usa esta embarcación?

—¿Para qué?

—¿Para qué sirve? —y entonces, sabiendo de golpe la respuesta a su propia pregunta, puso la mano en la curva del cilindro—. ¿Qué es esto que llevan aquí? ¿Es un torpedo?

—Pensé que ya lo sabía —dijo el muchacho.

—No —dijo Bogard—, no lo sabía —pareció que su voz le llegase de lejos, seca, como el canto de un grillo—. ¿Cómo se dispara?

—¿Que cómo se dispara?

—¿Cómo sale de la embarcación? Cuando se abrió la escotilla al cabo de un rato de navegar vi que ahí están los motores. Están justo delante de la salida del tubo.

—Ah, bueno —dijo el muchacho—. Hay que accionar un mecanismo y el torpedo cae por popa. En cuanto la hélice toca el agua se pone a girar, y entonces el torpedo está listo, cargado. Entonces hay que virar de golpe y el torpedo sigue su ruta.

—¿Quiere decir...? —empezó a decir Bogard, y solo tras unos instantes su voz le obedeció otra vez con un nuevo temblor—. ¿Quiere decir que se apunta el torpedo en la dirección deseada con la embarcación, que se suelta y comienza a girar la hélice, y que entonces hay que dar un viraje y el torpedo pasa por el agua que la lancha acaba de dejar libre?

—Ya sabía yo que lo iba a pescar a la primera —señaló el muchacho—. Ya se lo dije a Ronnie. Es usted un aviador. Son más dóciles que las suyas, eso sí. Pero eso no se puede evitar. Lo haremos lo mejor que podamos, pero en el agua solo. Ya sabía yo que lo iba a pescar a la primera.

—Escuche un momento —dijo Bogard. Su propia voz le sonó bastante sosegada. La lancha seguía volando sobre las olas, saltándolas de una en una. Iba sentado, inmóvil. Le pareció que casi podría escucharse hablar consigo mismo: «Adelante, pregúntaselo. ¿Preguntarle el qué? Pregúntale cuánto es preciso acercarse al barco antes de disparar...»—. Escuche —dijo con esa voz sosegada—. Dígale a Ronnie, comprenda. Dígale tan solo... solo dígale... —notó cómo le fallaba de nuevo la voz, así que calló. Permaneció inmóvil, sentado, a la espera de que le volviese. El muchacho se había ladeado y le miraba a la cara. De nuevo habló con voz solícita.

—Y digo yo… yo diría que no se encuentra usted nada bien. Estas malditas embarcaciones, sin quilla apenas…

—No es eso —dijo Bogard—. Yo solo… ¿Sus órdenes indican Kiel?

—Oh, no. Las órdenes dejan que sea Ronnie quien decida. Se trata solo de volver con la lancha intacta. Esto lo hace por usted. Por gratitud. Es la idea que tiene Ronnie. Poca cosa. Bastante dócil, comparado con un vuelo. Pero siempre y cuando quiera, claro.

—Sí, un sitio más cercano estaría mejor. Comprenda, es que yo…

—Entiendo, entiendo. No hay vacaciones cuando estamos en guerra. Se lo diré a Ronnie —se adelantó hacia proa. Bogard no se movió. La lancha avanzaba en largos cabeceos, al sesgo de las olas. Bogard miró tranquilamente a popa, el mar picado, el cielo.

«¡Dios mío! —pensó—. ¡Con esto no hay quien pueda! ¡No hay quien pueda!».

Regresó el muchacho; Bogard se volvió a mirarlo con una cara del color del papel sucio.

—Muy bien, todo en orden —dijo el muchacho—. Nada de Kiel. Un punto más cercano, la caza probablemente sea igual de buena. Ronnie dice que sabe bien que usted lo entenderá —se daba tirones del bolsillo y sacó una botella—. Tenga. No he olvidado lo de anoche. Haga lo propio. Le asentará el estómago, ¿eh?

Bogard dio un trago largo, generoso. Hizo el gesto de devolverle la botella, pero el muchacho la rehusó.

—Nunca bebo cuando estoy de servicio —dijo—. No es como lo suyo. Esto es mucho más dócil, ¿eh?

La embarcación siguió su rumbo. El sol ya estaba bajo por el oeste, pero Bogard había perdido todo el sentido del tiempo y de la distancia. Allá delante veía la blancura del mar por el ojo redondo, junto al rostro de Ronnie, y la mano de Ronnie en la rueda del timón y el mentón granítico, de perfil, y la pipa apagada y sujeta del revés entre los labios. La embarcación seguía veloz.

El muchacho se acercó entonces a tocarle en el hombro. A medias se levantó. El muchacho señalaba algo. El sol estaba rojizo. Cerca del globo solar, más allá de donde estaban ellos, a unas dos millas de distancia, un navío: parecía un pesquero, parecía anclado, tenía un mástil alto.

—¡Buque faro! —gritó el muchacho—. De los suyos —más adelante Bogard acertó a vislumbrar una masa de escasa altura, la bocana de un puerto, un malecón—. ¡El canal de entrada! —gritó el muchacho. Barrió con la mano todo el espectro, en ambas direcciones—. ¡Minas! —su voz se la llevaba el viento—. Esto está tan plagado de minas que da asco. Las hay por todas partes. También debajo de nosotros. No es poca broma, ¿eh?

VII

Por encima de la masa de tierra batía un buen oleaje. Ahora la embarcación discurría a favor de la ola, con lo que parecía que saltase de una a la siguiente; en los intervalos en los que la hélice quedaba al aire, el motor parecía que se arrancase de cuajo de la obra muerta. Pero no por eso redujo la marcha; cuando pasó ante el saliente de tierra pareció que la lancha estuviera casi del todo erguida sobre el timón, como los peces vela. El malecón se encontraba a una milla de distancia. En el extremo de más afuera empezaban a titilar unas luces tenues como las luciérnagas.

—Agáchese —dijo el muchacho acercándose a él—. Ametralladoras. A lo mejor nos cae una ráfaga perdida.

—¿Qué he de hacer? —gritó Bogard—. ¿Qué puedo hacer?

—¡Así se habla! ¡Sí, señor! Vamos a darles una buena, ¿eh? ¡Ya sabía yo que esto le iba a gustar!

Agachado, Bogard miró al muchacho, que seguía en pie con el rostro desencajado.

—Puedo ocuparme de manejar la ametralladora.

—No será necesario —le gritó el muchacho a su vez—. Vamos a dejarles a ellos el saque. Seamos deportivos. Somos los visitantes, ¿eh? —miraba a proa con gran concentración—. Ahí lo tenemos. ¿Lo ve? —estaban en la bocana misma del puerto. Anclado en el canal de entrada se encontraba un gran carguero. Pintada en mitad del casco se destacaba una gran bandera de Argentina—. ¡He de volver a mi puesto! —le gritó el muchacho. En ese momento habló Ronnie por primera vez en toda la travesía. La lancha discurría veloz por un trecho de mar menos picado. No aminoró la velocidad, y Ronnie no volvió la cabeza cuando habló. Se limitó a ladear el mentón prominente y bailó un poco la pipa fría entre los labios; por la comisura de la boca farfulló una sola palabra.

—Punto.

El muchacho, encorvado sobre lo que había llamado su puesto, se irguió de un respingo, con una expresión de asombro y de hallarse ofendido. Bogard también miró a proa y vio el brazo con el que Ronnie señalaba por estribor. Era un destructor ligero, anclado a una milla de distancia. Tenía mástiles de cesto; cuando estaba mirando, uno de los cañones destelló en la torreta de popa.

—¡Maldita sea! —exclamó el muchacho—. ¡Eres un hacha! ¡Maldito seas, Ronnie! ¡Ahora me llevas tres de ventaja, caray!

Pero antes de que terminara de hablar ya se había encorvado en su puesto, con el rostro luminoso, vacío de toda emoción, de nuevo alerta, no del todo sobrio, pero sí tranquilo, a la espera de lo que pudiera ocurrir. Bogard de nuevo miró al frente y sintió que la lancha pivotaba sobre el timón y ponía proa directamente hacia el carguero, a una velocidad pavorosa. Ronnie iba con una mano en la rueda del timón y la otra extendida a la altura de la cabeza.

Pero a Bogard le dio la impresión de que nunca fuese a bajarla. Se acuclilló sin sentarse, viendo con una especie de espanto reposado cómo aumentaba de tamaño la bandera pintada en el casco del buque como si fuese una película en la que una locomotora avanza hacia la cámara, situada entre las dos vías. De nuevo disparó el arma desde el destructor, a espaldas de ellos; desde la popa del carguero también se abrió fuego a quemarropa contra la lancha. Bogard no oyó ninguno de los dos disparos.

—¡Vamos, hombre! —gritó—. ¡Vamos, por Dios!

Ronnie había bajado la mano. La embarcación volvió a virar en redondo sobre el timón. Bogard vio levantarse la amura, pivotar; contó con que el casco se estampara de costado contra el barco, pero no fue así. La lancha salió disparada por una tangente. Estaba esperando que trazase un amplio viraje, que pusiera proa a mar abierto, que dejara a popa al carguero, y volvió a pensar en el destructor. «Esta vez sí que nos va a alcanzar una ráfaga en cuanto hayamos salvado al destructor», pensó. Recordó entonces el carguero, el torpedo, y se volvió a mirar al carguero con la idea de ver cómo daba el torpedo en el blanco, pero vio con espanto que la embarcación volvía derecha hacia el destructor, trazando un viraje en redondo. Como si fuera un sueño, se vio precipitarse contra el navío y pasar a toda velocidad bajo el saliente de popa, todavía en pleno viraje, tan cerca que distinguiría las caras de los hombres en cubierta. «Han fallado el tiro y van a seguir la trazada del torpedo para capturarlo y dispararlo de nuevo», pensó como si estuviera idiotizado.

Por eso, el muchacho tuvo que tocarle en el hombro sin que él se diera cuenta de que estaba a su espalda. El muchacho habló con voz sosegada.

—Ahí, bajo el asiento de Ronnie. Hay una manivela. Si me la pudiera alcanzar…

Encontró la manivela. Se la pasó. Estaba pensando como si aún siguiera en un sueño: «Mac hubiera dicho que tienen un teléfono a bordo». Pero no miró de inmediato a ver qué era lo que estaba haciendo el muchacho con la manivela, pues presa de ese horror aquietado y apacible en que estaba apresado se hallaba mirando a Ronnie, la pipa fría en el mentón rígido, tripulando la lancha a toda velocidad alrededor del carguero, tan cerca que llegó a ver los remaches de las planchas en el casco. Miró entonces a popa con el rostro desencajado, inoportuno, y vio lo que estaba haciendo el muchacho con la manivela. La había encajado en lo que a todas luces era un pequeño torno, en la parte baja, en uno de los flancos del tubo, cerca de la cabeza. Levantó los ojos y vio la cara de Bogard.

—¡No ha salido esta vez! —gritó con buen ánimo.

—¿Que no ha salido? —gritó Bogard—. ¿No? ¿El torpedo no…?

El muchacho y uno de los marineros trajinaban agachados sobre el torno y el tubo.

—No. Qué engorro. En fin, pasa una y otra vez. Esos listillos, los ingenieros, deberían afinar… Y afinan, pero son cosas que pasan. Hay que volver a meterlo y lanzarlo de nuevo.

—¡Pero el morro, la espoleta…! —gritó Bogard—. Sigue estando en el tubo, ¿no es así? Está entero, ¿no es así?

—Por descontado, tranquilícese. Pero ahora funciona. Está cargado. La hélice ya está en marcha. Hay que volver a meterlo y lanzarlo de nuevo. Primero, meterlo en el tubo. ¡Bingo! ¿Ya está?

Bogard se había puesto en pie, sujeto al terrible tiovivo de la lancha. Muy por encima de donde estaba, el carguero parecía virar sobre sí mismo como una imagen con truco en una película.

—¡Páseme el cabrestante! —gritó.

—¡Tranquilo, despacio! —dijo el muchacho—. No conviene meterlo demasiado deprisa. Ya lo encajamos nosotros en la cabeza del tubo. ¡Bingo otra vez! Mejor será que nos deje. Zapatero, cada cual a sus zapatos, ¿eh?

—Desde luego —dijo Bogard—. Completamente de acuerdo.

Era como si fuese otro el que estuviera sirviéndose de su boca al hablar. Se inclinó, sujeto con las manos sobre el frío metal del tubo, junto a los otros. Por dentro tenía calor, pero por fuera estaba helado. Notaba que todas sus carnes se sacudían de frío mientras miraba la mano roma y venosa del marinero que accionaba el torno trazando arcos breves, minúsculos, con facilidad, mientras en la cabeza del tubo el muchacho golpeaba el cilindro levemente con una llave inglesa, la cabeza vuelta, con una expresión tan delicada y concentrada como la de un relojero. La lancha se desplazaba trazando lentos, furiosos virajes al sesgo de las olas. Bogard vio un hilo largo, lento, flojo, que caía de la boca de alguien, entre sus manos, y descubrió que el hilo de saliva caía de su propia boca.

No oyó decir nada al muchacho, ni tampoco notó en qué momento se incorporó. Solo reparó en que la lancha se enderezaba, por lo que cayó de rodillas junto al tubo. El marinero había vuelto a popa y el muchacho de nuevo estaba encorvado sobre su puesto. Bogard se arrodilló del todo, francamente mareado. No percibió el nuevo viraje que trazó la embarcación, ni oyó disparar de nuevo el cañón del destructor, que no se habían atrevido a disparar por miedo a dar al carguero, y el del carguero, que no pudo disparar antes por estar ellos demasiado cerca. No sintió nada en absoluto cuando vio la bandera enorme, pintada, justo encima de su cabeza, aumentando de tamaño a una velocidad de locomotora, ni vio siquiera a Ronnie bajar la mano. Pero esta vez sí supo que el torpedo había salido; al pivotar y virar en redondo esta vez toda la embarcación pareció que saliera del agua; vio la amura de proa dispararse hacia el cielo como el morro de una lancha motora al iniciar una curva. Luego, su estómago hecho trizas renegó de él. Ni vio el géiser ni oyó la detonación al caer tendido en paralelo al tubo. Solo notó que una mano lo sujetaba por el cogote de la trinchera y oyó la voz de uno de los marineros:

—Tranquilos todos, capitán. Ya lo tengo bien sujeto.

VIII

Una voz le ayudó a volver en sí, una mano. Estaba a medias sentado en el estrecho pasillo de babor, a medias tendido sobre el tubo. Llevaba allí un buen rato; bastante antes había notado que alguien le echaba una prenda de abrigo por encima. Pero no había levantado la cabeza.

—Estoy bien —dijo entonces—. No me hace falta.

—Que no le hace falta… —dijo el muchacho—. Bueno, ya vamos de regreso.

—Siento mucho haber… —dijo Bogard.

—Claro. Estas malditas embarcaciones, sin quilla apenas… A cualquiera le ponen el estómago del revés, a cualquiera, mientras no se acostumbre uno. Ronnie y yo, los dos, al principio, era igual. Todas las veces. Era de no creérselo. Tenga —era la botella—. Esto le sentará bien. Péguese un buen lingotazo, y si es enorme pues mejor. Le asentará el estómago.

Bogard bebió. Poco después se fue sintiendo mejor, entró en calor. Cuando la mano lo tocó más tarde, descubrió que se había dormido.

Fue de nuevo el muchacho. El chaquetón azul marino le quedaba demasiado pequeño; encogido, seguramente. Por debajo de los puños sus muñecas largas y esbeltas, de muchacha, estaban azuladas por el frío. Bogard descubrió entonces cuál era la prenda con la que lo habían abrigado. Pero antes de que pudiera decir nada, el muchacho se inclinó hacia él y le habló en un susurro, con el rostro contento.

—¡No se ha dado cuenta!

—¿De qué?

—¡El Ergenstrasse! No se ha dado cuenta de que lo han trasladado. Dios, si lo viese solo me sacaría un punto de ventaja —miró a Bogard con los ojos luminosos, con ansia—. Un punto, ya lo sabe usted. Y… digo yo… yo diría que parece que ya se encuentra algo mejor, ¿eh?

—Sí —dijo Bogard—, estoy mejor.

—No se ha dado cuenta en absoluto. ¡Ay, Dios! ¡Ay de mí!

Bogard se incorporó, se puso en pie, se sentó en la curvatura del tubo. La bocana del puerto estaba a la vista, la embarcación redujo la velocidad. Empezaba a oscurecer.

—¿Y esto sucede a menudo? —dijo en voz baja. El muchacho lo miró. Bogard dio una palmada en el tubo—. Me refiero a esto, a que falle cuando se ha de disparar.

—Ah, pues sí. Por eso les han puesto los tornos y los cabrestantes. Pero eso fue más adelante. Primero se empezó a fabricar la lancha. Una vez estalló entera por los aires. Por eso le han puesto los tornos.

—Pero… ¿sigue ocurriendo a menudo, incluso ahora? Es decir, ¿siguen estallando por los aires, a pesar del torno?

—Bueno, pues no sabría decirle, claro. Las embarcaciones salen a mar abierto. A veces no regresan, claro. Es posible que… No siempre se sabe lo que sucede, claro que no. No tengo yo noticia de que ninguna haya sido capturada. Es posible, claro. A nosotros no nos ha pasado, al menos de momento.

—Sí —dijo Bogard—. Sí.

Entraron en puerto, la lancha aún a velocidad considerable, pero ya sin gas, surcando la lisa superficie del mar, la dársena en la que se amontonaban las sombras. El muchacho volvió a inclinarse con una voz que rebosaba contento.

—¡Ahora, ni una palabra! —chistó—. ¡Todos atentos! —se puso en pie y alzó la voz—. Oye, Ronnie… —Ronnie no se volvió, aunque Bogard se dio cuenta de que lo escuchaba con atención—. Qué curioso ese buque de bandera argentina, ¿eh? ¿Cómo supones que se nos ha pasado hasta allá? Igualmente podría haber recalado aquí, digo yo. Los franceses le hubiesen comprado el trigo que transporte en la bodega —hizo una pausa diabólica, un Maquiavelo con el rostro de un ángel extraviado—. Digo yo… ¿Cuánto hace que tuvimos aquí un barco extranjero? Meses han pasado, ¿eh? —se volvió a inclinar un momento y habló con voz queda—. Atento, atento ahora a la jugada —pero Bogard no vio que Ronnie moviese la cabeza siquiera un centímetro—. ¡Ya está mirando! —susurró el muchacho. Y Ronnie estaba mirando, aunque no hubiera movido un ápice la cabeza. Apareció entonces a la vista, silueteada contra el cielo ya en sombra, la forma difusa de un cesto en el trinquete del barco internado. Ronnie alzó el brazo en el acto, señalando; habló de nuevo sin volver la cabeza, por la comisura de la boca farfulló una sola palabra.

—Punto.

El muchacho se movió como un muelle, como un perro atado al que de pronto se deja en libertad.

—¡Maldito seas! —exclamó—. ¡Serás un hacha, pero ése es el Ergenstrasse! ¡Ja! Ahora ya solo me llevas un punto de ventaja —de una zancada pasó por encima de Bogard y se acercó a Ronnie—. ¿Eh? —la lancha había reducido mucho la velocidad al enfilar el muelle; avanzaba en punto muerto—. Ya solo es uno, ¿eh, Ronnie? No me llevas más que uno de ventaja.

La lancha siguió su curso; el marinero volvió a gatas al entrepuente de proa. Ronnie tomó la palabra por tercera y última vez.

—Cierto —dijo.

IX

—Quiero —dijo Bogard— una caja de whisky escocés. El mejor que tengamos. Y que la embalen bien. Es para mandarla a la ciudad. Y quiero que un hombre se haga responsable de la entrega —llegó el responsable—. Esto es para un niño —dijo Bogard, y le señaló el embalaje—. Lo encontrará usted en la calle de las Doce Horas, en las inmediaciones del café Doce Horas. Estará tirado de cualquier manera en la cuneta. No tiene pérdida. Es un niño de un metro ochenta de estatura. Cualquier policía militar británico se lo sabrá encontrar. Si está dormido, no me lo despierte. Espere a su lado hasta que se espabile. Y entonces le hace entrega de esto y le dice que es de parte del capitán Bogard.

X

Más o menos al cabo de un mes apareció perdido por el aeródromo de los americanos un ejemplar de la English Gazette en el que se había publicado este breve entre la lista de caídos:

DESAPARECIDOS: Lancha torpedera XOO1. Guardiamarinas R. Boyce Smith y L. C. W. Hope, de la Reserva de la Royal Navy; contramaestre, Burt; marino, Reeves. Flota del Canal, División de Torpederos Ligeros. No regresaron tras un servicio de patrulla por la costa.

Poco después, en el cuartel general de Aviación Norteamericana se difundió un boletín:

Por su valor extraordinario, por encima de las obligaciones rutinarias del servicio, se distingue al capitán H. S. Bogard y a su tripulación, compuesta por el teniente Darrel McGinnis y los artilleros de aviación Watts y Harper, por haber realizado una incursión diurna y sin protección de escolta alguna, en la que destruyeron por medio de sus bombas un depósito de municiones situado varias millas por detrás de las líneas enemigas. Desde ese punto, y acosados por aparatos de la aviación enemiga que los superaban en número, estos hombres acudieron con las bombas que les quedaban a bordo al cuartel general enemigo, situado en ——, y demolieron parcialmente el château en que se hallaba, antes de volver sanos y salvos y sin pérdida de ningún hombre.

Y en relación con esta hazaña, podría haberse añadido que, caso de que fracasara y caso de que el capitán Bogard hubiera salido indemne de la misma, hubiera sido sometido de inmediato y sin remisión a un consejo de guerra.

Con las dos bombas que les quedaban a bordo, voló en picado al mando del Handley-Page sobre el château en donde se encontraban los generales enemigos almorzando, hasta que McGinnis, a los controles de descarga de las bombas, justo debajo de él, comenzó a darle gritos antes de que diera la señal. No dio la señal de descarga hasta que pudo distinguir con toda claridad las tejas de pizarra que cubrían el edificio. Entonces bajó la mano y ascendió disparado, y así mantuvo el avión, con un grito despavorido, con los labios entreabiertos, conteniendo la respiración con un gruñido, pensando… «¡Dios! ¡Dios! ¡Si estuvieran todos ahí, todos los generales y los almirantes, los presidentes y los reyes, los suyos y los nuestros, si estuvieran todos…!»